PROGRAMMING *for* CHEMICAL ENGINEERS

Using C,C++,MATLAB®

CD포함

www.ajin.to

화공전산

C,C++,MATLAB®

여영구 역

Raul Raymond A. Kapuno, Jr 저

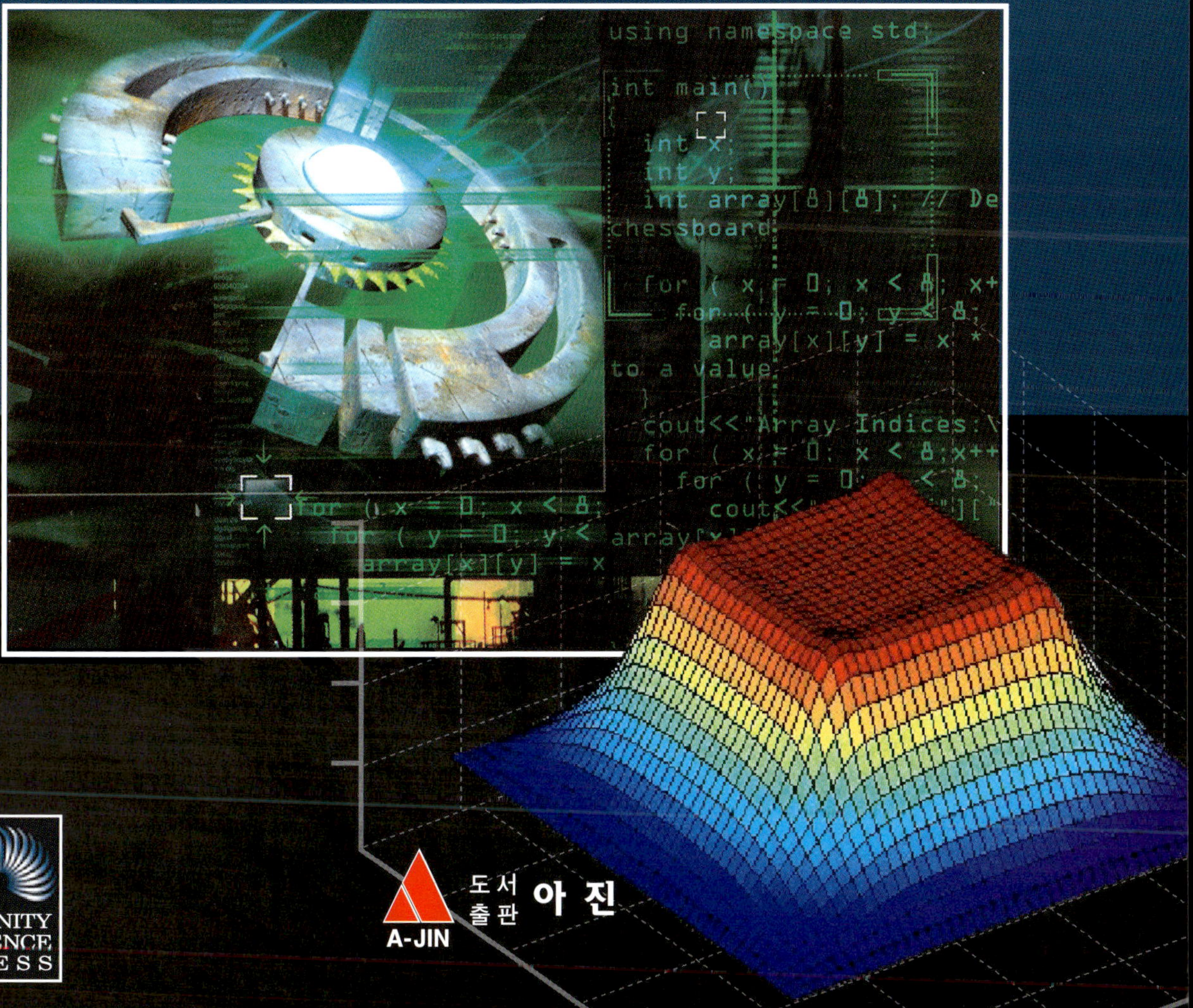

INFINITY SCIENCE PRESS

A-JIN 도서출판 아진

Programming for Chemical Engineers

Using C, C++, & MATLAB

R. Kapuno

"나의 가는 길은 오직 그가 아시나니 그가 나를 단련하신 후에는
내가 정금같이 나오리라 (욥23 : 10)"

This edition of ***Programming for Chemical Engineers Using C, C++, & MATLAB*** by ***R. Kapuno*** is published by arrangement with INFINITY SCIENCE PRESS LLC.

Translated Edition ISBN : 978895761
Translated by A-jin Publishing Co.
Printed in Korea

저자에 대하여

Raul Raymond Kapuno, Jr는 (필리핀) Cebu Institute of Technology의 교수로서 화학공학과 컴퓨터 프로그래밍 과목들을 가르치고 있다. 그는 화학공학과 산업공학의 학위를 지니고 있으며 이들 분야의 저널들에 다수의 논문들을 발표하였다. 그는 과거 미국의 코카콜라와 한국의 대우자동차에서 근무한 바 있다.

감 사

화학공학에 대한 관심 이외에도 본인은 언제나 컴퓨터 프로그래밍에 매료되어 왔다. 이들 두 분야의 지식을 통합하는 책을 쓰기로 작정한 것은 이러한 관심에서 비롯된 것이다. 책을 쓰고자 하는 생각은 본인이 담당하는 컴퓨터 응용 과목들에 대한 참고서적의 필요성으로부터 더욱 확고해 졌다.

책을 만들고자 하는 생각은 본인의 노력 외에도 소중한 분들의 도움이 없었다면 그 실현은 불가능하였을 것이다. 따라서 본인은 Cebu Institute of Technology의 화학공학과 학과장 Amis Pacamalan; Camila Yagonia 및 Cebu Institute of Technology의 나머지 동료들에게 감사를 드리고 싶다. 특히 많은 시간을 들여 원고를 검토해 준 것에 대하여 Coleta Esplanada, Concordia Bacalso, Jofranz Gallego, Jeveeh Azucena, Carlo Pestano, 그리고 ChE 422 과목의 수강생들에게 특별한 감사를 드리고자 한다. 아울러 컴퓨터 프로그램들의 일부를 도와준 Jefty Negapatan 군에게도 고마움을 표하고자 한다. 무엇보다도 책을 구상할 때부터 완성할 때까지 지속적으로 지원해 준 본인의 부모님과 아내 Alpha, 그리고 딸 Raili에게 감사를 드린다.

머리말

이 책은 화학공학을 전공하는 학생들과 산업 현장의 기술자들을 위하여 고안된 것으로서 독자들에게 다음과 같은 과정을 제시함으로써 반복사용이 가능한 컴퓨터 프로그램들의 개발과정을 상세히 다루고 있다:

- 일반적인 이론적 개념의 설정;
- 적용 가능한 수치적 방법의 결정;
- 실제 계산을 통한 알고리듬의 시험;
- 알고리듬에 근거한 컴퓨터 프로그램의 작성과 디버깅;
- 통계적 분석을 이용한 결과의 검증

개발된 각 프로그램들에 대해서 자세한 설명이 제시되고 있지만 학습 과정에 있는 독자들을 도와주기 위해 요령들과 경고 메시지들이 아울러 제공되고 있다. 이 책의 특징은 다음과 같다:

- 컴퓨터 프로그래밍 지식과 화학공학 원리들의 결합을 도와주도록 구성
- 현재 전반적인 산업분야와 화학공학 교과과정에서 이용되고 있는 세 가지의 가장 잘 알려진 프로그램 언어들(C, C++, 그리고 MATLAB)을 사용
- 텍스트 편집기에 복사한 다음 컴파일하여 즉시 수행할 수 있는 완전한 프로그램 목록들을 포함
- 각 프로그램을 자세히 설명함으로써 각기 다른 명령어들의 흐름과 기능들을 규명
- 교과서로서의 사용을 위해 보조적인 웹 사이트와 강사 자료들을 제공

이 책의 모든 프로그램들은 현재 전반적인 산업분야와 화학공학 교과과정에서 이용되고 있는 세 가지의 가장 잘 알려진 프로그램 언어들(C, C++, 그리고 MATLAB)을 사용하여 작성되었다. 이 책은 화학공학자에 의하여 쓰여졌으므로 실무자들과 학생들은 적절한 주제에 대한 프로그램 작성방법을 익히게 될 것이다.

차 례

제 2 부 MATLAB®의 사용 ▷ 175

서 론

이 책의 목적

오늘날 사람들은 아주 복잡한 문제들의 해결을 위해 컴퓨터를 이용한다. 이러한 문제들을 직접 손으로 해결하고자 한다면 시간이 너무나 많이 소요될 것이다. 고속 컴퓨터의 등장으로 복잡한 계산은 순식간에 이루어질 수 있게 되었다.

시간이 지남에 따라 점점 더 많은 화학공학도, 교육자, 그리고 기술자들이 다양한 컴퓨터 프로그램 언어들을 접하게 되고 있다. 이 책은 이러한 이유로 쓰여진 것이다. 이 책은 사용자의 컴퓨터 프로그래밍 지식을 화학공학 원리들과 결합시키는 것을 도와줌으로써 사용자가 반복적으로 사용될 수 있는 컴퓨터 프로그램을 작성할 수 있는 준비를 갖추게 하고 있다.

이 책은 또한 다음과 같은 분석 영역들을 다루는 문제 해결을 위한 소프트웨어를 개발하고 컴퓨터를 사용하는 데 있어서 단계별 도움을 제공하는 것을 지향하고 있다:

- 물질수지
- 에너지 수지
- 유체유동
- 물질 및 열전달
- 최적화
- 반응속도

이 책은 일반적인 이론적 개념들을 설정하는 것으로 시작하여 활용 가능한 적절한 수치적 방법들을 결정하고 수동 계산을 통하여 알고리듬을 테스트하며 알고리듬에 근거하는 컴퓨터 프로그램을 작성하고 디버깅함과 아울러 통계적 분석을 이용하여 결과를 검증하는 것으로 구성되어 있다.

보기들이 포함되어 있지만 이들은 이 책에서 다루지 않는 다른 영역들에 대한 컴퓨터 프로그래밍 기법의 향상을 도와주기 위해 의도적으로 화학공학의 모든 측면들을 포함하지 않도록 제공되어 있음을 유의하자.

사용된 컴퓨터 프로그램 언어

이 책에서 이용된 세 가지의 컴퓨터 프로그램 도구들은 C, C++ 및 MATLAB들로서 오늘날 화학공학 분야에서 가장 널리 이용되는 언어들이다.

C와 C++는 구조체(C)와 객체지향(C++)의 두 가지 프로그래밍 스타일을 보여준다. 이러한 접근방법들은 BASIC 프로그램에서와 같이 명령의 흐름이 혼란스러운 코드에 비해 더욱 나은 프로그래밍 습관을 발달시키는 것을 가능하게 하여준다. 또한 C나 C++로 작성된 프로그램들을 하나의 컴퓨터에서 운영환경이 상이한 다른 컴퓨터로 옮기는 것이 쉽다.

이 책의 C 및 C++ 프로그램들은 Open Watcom C/C++ 컴파일러를 이용하여 테스트되고 컴파일되었음을 유의하자. Open Watcom C/C++는 공개 다중 플랫폼 C 및 C++ 컴파일러이다. 이 소프트웨어는 DOS, Novell NLMs, 16-비트 OS/2, 32-비트 Window 3.x, Windows 95/98/Me, Win32w, 그리고 Windows NT/2000/XP를 위한 16-비트 및 32-비트 애플리케이션들을 개발하고 디버깅하기 위한 포괄적인 툴을 지니고 있다. 이 컴파일러는 http://www.openwatcom.org/로부터 내려받을 수 있다.

인터넷에서 무료로 확보가 가능한 다른 C/C++ 컴파일러들도 있다. 이에 대한 목록은 Free Byte 웹 사이트인 http://www.freebyte.com/programming/cpp/#cppcompilers에서 찾아볼 수 있다. 부록 A는 Open Watcom C/C++에 대한 세부 사항들 및 다른 C/C++ 컴파일러들의 사용에 대한 지침을 제공하고 있다.

세 번째로 사용되는 프로그래밍 도구는 MATLAB이다. MATLAB은 MATrix LABoratory를 의미하며 수학적 계산을 위한 고급 언어이다. MATLAB은 프로그래밍, 가시화, 그리고 문제의 계산을 통합하는 환경을 제공하여 준다. MATLAB은 MathWorks 사에 의하여 개발되었는데 이 회사의 웹 사이트 주소는 http://www.mathworks.com/이다.

이 책의 사용방법

이 책은 독자가 컴퓨터 프로그래밍에 약간의 배경지식을 지니고 있으며 컴퓨터 프로그램 개발의 논리적 순서에 익숙하고 컴퓨터 및 컴퓨터가 갖는 제한들을 알고 있는 것으로 간주하고 있다. 이 책은 사용되는 프로그램 언어들에 대한 간단한 개요를 제시하고 있지만 이용가능한 모든 함수들을 자세히 다루지는 않을 것이며 이 책 안에서 이용되는 함수들만을 논의할 것이다.

이 책에서는 또한 독자들이 화학공학에 대한 기본 지식을 지니고 있는 것으로 간주하고 있기 때문에 이 책은 독자의 지식을 화학공학도들이 사용할 수 있는 응용 프로그램들을 구성하는 것과 통합시키는 방법에 초점을 맞추고 있다.

이 책에서 제시된 모든 프로그램들은 그대로 완전한 것으로서 코드를 텍스트 편집기에 복사하고 이용 가능한 C/C++ 컴파일러를 사용하여 컴파일시킴으로써 즉시 수행될 수 있으며 혹은 MATLAB 명령어 창에서 이를 바로 수행할 수 있다. 각 프로그램에는 자세한 설명이 제시되어 있어서 독자들이 프로그램의 흐름과 상이한 명령어들의 기능들을 이해하는 데에 도움을 주고 있다. 아울러 독자들을 돕기 위하여 요령들과 경고 메시지들이 제공되어 있다. 각 장의 말미에는 연습문제들이 주어져 있어서 논의된 내용에 대한 이해 정도를 확인하고 익힌 것을 토대로 프로그램 기법을 연습하도록 하고 있다.

각각의 보기문제와 프로그램, 그림, 표, 그리고 방정식들에는 쉽게 찾아볼 수 있도록 참조 코드가 부여되어 있다. 이 코드들은 그것이 위치하는 장을 나타내는 숫자와 점 기호, 그리고 그 장에서 나타나는 순서를 의미하는 일련의 숫자로 구성되어 있다.

주의사항

이 책의 데이터와 정보는 여러 가지 문헌들로부터 얻어진 것들이다. (다양한 물질들의 물성치와 같은) 데이터의 수집과 컴퓨터 프로그램의 테스트에 상당한 노력이 투입되었지만 저자는 데이터나 계산들의 신뢰성이나 정확도에 대하여 권한이나 보증을 주장하지 않을 것이다.

컴퓨터 프로그램으로부터 얻어진 모든 계산결과들은 근사적인 결과들로서 정확한 정보를 필요로 하는 설계에는 적합하지 않을 수 있다. 이 책이나 이 책에 포함된 컴퓨터 프로그램들로부터 얻은 데이터를 검증하고 이들 프로그램들의 결과들이 정확하며 어느 특정 목적에 적합한지의 여부를 결정하는 것은 오로지 독자들의 몫이다. 어떤 목적을 위한 정확도나 적합도를 저자가 보증하는 것은 아니다.

제 1 부

C 및 C++의 사용

제 1 장

C 프로그래밍

C 컴퓨터 언어에 대하여 우리가 지금까지 알고 있는 것을 둘러보는 것으로 시작하기로 한다. 비록 C가 강력한 프로그램 언어이기는 하지만 익히기가 매우 쉽다. 이 장에서는 C 프로그래밍을 살펴보고 있으며 다음 사항들을 포함하고 있다:

상수 및 변수이름의 선언

상수이름 선언
변수이름 선언

기본적인 출력 및 입력문

출력문
입력문

연산자

산술 연산자
할당 연산자
관계 연산자
논리 연산자

조건문

if-else 문
중첩된 if-else if 문
switch/case 문

루프문

for 루프문
while 루프문
do-while 루프문

배열

함수의 생성

CD 이 장에서 논의되는 모든 프로그램들은 CD-ROM에서 찾아볼 수 있다.

\Program Listings\Chapter 1\PL1_1.c	프로그램 1.1
\Program Listings\Chapter 1\PL1_2.c	프로그램 1.2
\Program Listings\Chapter 1\PL1_3.c	프로그램 1.3
\Program Listings\Chapter 1\PL1_4.c	프로그램 1.4
\Program Listings\Chapter 1\PL1_5.c	프로그램 1.5
\Program Listings\Chapter 1\PL1_6.c	프로그램 1.6
\Program Listings\Chapter 1\PL1_7.c	프로그램 1.7
\Program Listings\Chapter 1\PL1_8.c	프로그램 1.8
\Program Listings\Chapter 1\PL1_9.c	프로그램 1.9
\Program Listings\Chapter 1\PL1_10.c	프로그램 1.10
\Program Listings\Chapter 1\multiply.h	multiply 헤더 파일

상수와 변수이름 선언

어떤 상수나 변수 이름을 C 프로그램에서 사용하려면 먼저 이를 선언해 주어야 한다. 그러나 상수와 변수의 이름들을 정할 때에는 다음과 같은 몇 가지의 제한요소들이 있다:

- 이름은 글자(a에서 z, A에서 Z), 숫자(0에서 9), 그리고 밑줄 등으로 구성되어야 한다.
- 사이에 빈 칸이 있는 두 단어 이상으로 이름을 붙일 수 없다.
- switch, do, for, while, break, case 등과 같은 내장 명령어들이나 지정된 단어들은 상수나 변수 이름으로 사용할 수 없다.

- C는 대문자와 소문자에 민감하므로 이들을 서로 다르게 취급해야 한다.
- 이름의 처음 31번째 문자까지만 유효하다.

이와 같은 제약요건들을 염두에 두어서 상수와 변수 이름들을 효과적으로 선언해 주어야 한다.

이름의 선언

상수 이름을 선언하려면 #define 명령을 사용한다. 예를 들어 R(기체상수, cal/gmole-K)을 선언하는 경우 다음과 같이 한다:

```
#define R 1.9872
```

위에서는 프로그램 전체에 걸쳐 1.9872의 값을 지니는 기호상수 R을 정의하고 있다. 이러한 기호상수는 지정된 값으로 대체될 것이다.

변수이름 선언

변수 이름은 데이터 형식에 부합되어야 한다. 표 1.1은 변수 이름들이 정의될 수 있는 데이터 형식들을 보여주고 있다.

표 1.1: 데이터 형식

형식	지정자	의미	범위/보기
int	%d	정수	32768~+32768
float	%f	소수점으로 나타낸 수	±3.4E-38~±3.4E38
char	%c	하나의 글자/문자	'r', '*'
double	%lf	긴 자리의 소수점으로 나타낸 수	±1.7E-308~±1.7E308
char (string)	%s	문자들의 열	"hello world"

요령 변수와 상수 이름들은 그 변수나 상수가 무엇을 의미하는지를 나타내 주어야 한다.

예를 들어 정수 데이터 형식, 부동 소수점, 혹은 문자로 변수를 선언하는 경우 다음과 같은 포맷을 이용한다:

```
int num;
float temp;
char response;
```

유사한 데이터 형식의 변수들을 하나의 목록으로 모으는 것 역시 가능하다:

```
int num1, num2, sum;
float temp, pressure, weight;
char response, letter;
```

요령 컴파일러로부터 경고메시지가 발생되는 것을 막기 위하여 변수들을 어떤 값들로 초기화시켜 주는 것이 좋은 습관이다. 초기화되지 않은 변수들은 쓸모없는 정보를 지니고 있으며 이 정보가 대체되지 않는다면 디버깅이나 추적이 어려운 잘못된 결과를 초래할 것이다.

기본적인 출력문과 입력문

출력문

가장 흔히 사용되는 출력문은 printf() 함수로서 다음과 같은 포맷을 갖는다:

```
printf(<format string>,<variables>..);
```

이 함수는 임의의 변수, 방정식 풀이의 결과, 단어 열, 혹은 다른 정보를 스크린에 나타내어 준다. format string은 인용부호로 싸인 임의의 단어들의 열(예: "similar to this")이다. 변수 값을 프린트하려면 인용부호 사이에 포맷 기호를 넣고 뒤에 변수 이름을 위치시키면 된다:

```
printf("The temperature of the room is %5.3f.", temp);
```

위에서 %5.3f로 나타나는 포맷 지정자를 구성하는 요소들은 다음과 같다:

- 표시(%): 이는 포맷 지정자를 사용할 때 언제나 포함시켜야 한다.
- 필드 너비(5, 혹은 임의의 숫자): 선택사항으로서 나타낼 값의 총 길이를 지정하여 준다.
- 정밀도(3, 혹은 임의의 숫자): 선택사항으로서 나타낼 값에서 소수점 이하 자리수를 지정하여 준다.

- **데이터 형식**(d, f, g, c, 혹은 s): 꼭 필요한 요소로서 글자는 해당 변수의 데이터 형식을 의미한다(표 1.1 참조).

출력을 더 제어하기 위해서 인용되는 문자열에 추가의 문자가 삽입될 수 있다. 표 1.2는 C 언어에서 이용 가능한 제어 문자들의 일부를 보이고 있다.

표 1.2: 제어문자

문자	의미
\a	경보 문자
\b	한 칸 뒤로
\n	새 줄/다음 줄
\r	Return/Enter 키
\t	수평 탭
\v	수직 탭
\\	백슬래쉬

스크린 프린트를 위하여 스크린 내용을 지우려면 system("cls")를 사용한다. 이 함수는 프린트하기 전에 스크린상의 자질구레한 것들을 없애는 데에 유용하다.

입력문

무언가를 프린트하거나 데이터를 처리하기 전에 필요로 하는 값을 요구할 필요가 있다. 이를 위해서는 scanf() 및 getch()와 같은 입력문들을 사용한다.

scanf()는 출력문 printf()와 대등한 입력문으로서 다음과 같은 포맷을 취한다:

```
scanf(<format string>, <variable_address>);
```

포맷 문자열 뒤의 항목들은 변수 이름이 아닌 & 기호를 갖는 변수의 주소여야 함을 유의하자:

```
scanf("Enter pressure: ", &pressure);
```

다른 중요한 입력함수는 getch() 함수이다. 이 함수는 하나의 문자의 입력을 가능하게 하여주며 스크린 상에 타이프된 문자를 나타내지 않는다. 이 함수의 주된 목적은 선택된 키의 문자값을 취하여 이를 해당되는 변수에 할당하는 것이다.

```
char response;
```

```
response = getch();
```

대부분의 경우 우리는 하나의 키가 눌려질 때까지 프로그램을 정지시키기 위하여 system("pause") 라는 시스템 함수 명령어를 사용한다. 이 명령어는 프로그램이 종료되어 DOS 창이 닫히기 전에 결과를 볼 수 있는 시간을 허용하여 준다.

부록 C에는 표준 및 입력/출력 헤더 파일(stdio.h 및 conio.h)에 포함되어 있는 다른 함수들이 열거되어 있다.

연산자

입력문을 적용하여 얻은 데이터는 다양한 연산자들을 이용하여 처리할 수 있다.

산술 연산자

C는 덧셈, 뺄셈 및 다른 계산들을 위한 산술 연산자들을 지원한다(표 1.3 참조). % 연산자 역시 표의 목록에서 찾아볼 수 있는데 이 연산자는 계수 연산자로도 알려져 있으며 나눗셈 연산에서 나머지를 구하여 준다. 프로그램 내에서 수학적인 계산들을 수행할 때 이러한 산술 연산자들을 접하게 될 것이다.

그러나 산술 연산, 특히 더하기 연산자(+)는 문자열에도 적용될 수 있음을 주목하자. 예를 들면:

```
string firstname, surname, fullname;
firstname' "John";
surname = "Smith";
fullname = firstname +surname;
```

surname을 firstname에 붙여줌으로써 fullname 변수는 문자열 "John Smith"를 포함하게 될 것이다. 산술 연산자들 사이의 우선순위는 약어로 MDAS(곱하기, 나누기, 더하기, 빼기), 혹은 % 연산자가 포함된다면 MDRAS(* / % + −)로 나타낼 수 있다.

할당 연산자

할당 연산자는 아마도 C에서 가장 중요한 연산자일 것이다. 이 연산자는 등호(=)로 표시된다. 우리는 이전 절들에서 이미 이 연산자를 사용한 바 있다.

할당 연산에서 등호의 우변 값은 좌변에 있는 변수의 값이 된다. 예를 들면:

```
pressure = 14.7
```

다음과 같이 변수가 두 개 있는 경우 할당의 순서는 오른쪽으로부터 왼쪽이므로 14.7은 변수 psia와 같게 되며 이 변수는 다시 pressure와 같아지게 되어 두 변수들이 모두 14.7의 동일한 값을 가지게 된다:

```
pressure = psia = 14.7;
```

표 1.3으로부터 산술연산과 조합되어 있는 다른 할당 연산자들을 찾아볼 수 있다. 그러므로 sum=sum+number를 나타내는 다른 방법은 sum+=number이며 product=product*number는 product*=number로 나타낼 수 있다. 변수가 1씩 증가한다면 이는 number=number+1이나 number+=1, 혹은 number++로 나타낼 수 있다.

표 1.3: C 연산자

<table>
<tr><th>연산자</th><th>기호</th><th>의미</th></tr>
<tr><td>산술 연산자</td><td>+</td><td>더하기</td></tr>
<tr><td></td><td>-</td><td>빼기</td></tr>
<tr><td></td><td>*</td><td>곱하기</td></tr>
<tr><td></td><td>/</td><td>나누기</td></tr>
<tr><td></td><td>%</td><td>나머지/계수</td></tr>
<tr><td>할당 연산자</td><td>=</td><td>같음</td></tr>
<tr><td></td><td>+-</td><td>더하여 같음</td></tr>
<tr><td></td><td>-=</td><td>빼서 같음</td></tr>
<tr><td></td><td>*=</td><td>곱하여 같음</td></tr>
<tr><td></td><td>/=</td><td>나누어 같늠</td></tr>
<tr><td></td><td>%=</td><td>나머지와 같음</td></tr>
<tr><td></td><td>--</td><td>1씩 감소</td></tr>
<tr><td></td><td>++</td><td>1씩 증가</td></tr>
<tr><td>관계 연산자</td><td>></td><td>~보다 큼</td></tr>
<tr><td></td><td>>=</td><td>~보다 크거나 같음</td></tr>
<tr><td></td><td><</td><td>~보다 작음</td></tr>
<tr><td></td><td><=</td><td>~보다 작거나 같음</td></tr>
<tr><td></td><td>==</td><td>~와 같음</td></tr>
<tr><td></td><td>!=</td><td>~와 같지 않음</td></tr>
<tr><td>논리 연산자</td><td>&&</td><td>그리고</td></tr>
<tr><td></td><td>||</td><td>혹은</td></tr>
<tr><td></td><td>!</td><td>아님</td></tr>
<tr><td></td><td>!=</td><td>~와 같지 않음</td></tr>
</table>

관계 연산자

관계 연산자들을 이용하여 두 개의 값들을 비교하고 그 결과가 참인지, 거짓인지를 알아볼 수 있다. 만일 비교 결과가 참이라면 함수는 1의 이진값을 반환하며 거짓이라면 0의 이진값을 반환한다. 이들은 대부분 조건문들에서 사용된다. 표 1.3에서 여러 가지 관계 연산자들을 찾아볼 수 있다. 두 연산수들 사이에 관계 연산자를 갖는 프로그램 문은 관계표현이라고 알려져 있다.

논리 연산자

논리 연산자들은 주어진 논리표현이 참인지, 혹은 거짓인지를 결정한다. 표 1.3에 이 연산자들에 대한 요약이 제시되어 있다.

&& 연산자, 혹은 논리 AND 연산자는 두 개의 논리표현을 취하여 이들 두 표현들이 모두 참이면 참값(즉 1)을 반환한다. 그러나 이 표현들 가운데 하나만 참이거나 모두가 참이 아니라면 거짓값(즉 0)을 반환한다.

&& 연산자와는 달리 || 연산자(논리 OR 연산자로도 알려져 있다)는 하나의 표현만이 참일 때 참값을 반환한다. 그러나 두 개의 표현들이 모두 이미 거짓이면 거짓값이 될 것이다. 한편 ! 연산자, 혹은 논리 NOT 연산자는 표현이 참일 경우 거짓값을 반환함으로써 반환값이 반대가 된다.

⚠ **경고** 할당 연산자(=)의 사용을 "~와 같은"을 나타내는 관계연산자(==)와 혼동해서는 안된다. 조건문에서는 할당 연산자(=)가 아닌 대등(==) 기호가 사용된다. 한편 수학적 연산에서는 할당 연산자(=)가 사용되어야 한다.

이제 컴퓨터 프로그램을 작성하여 지금까지 살펴보았던 것들을 적용하여 보기로 한다.

보기 1.1. 두 숫자들의 곱을 계산하는 C 프로그램을 작성하여라.

프로그램 1.1: 두 숫자들의 곱

```
/* 표준적인 입출력 함수들인 printf()와 scanf()를 포함하는 <stdio.h> 헤더
파일의 사용을 C 컴파일러에게 지시 */
#include <stdio.h>
#include <stdlib.h>    /* system() 함수를 포함 */
/* 모든 C 프로그램에서 main() 함수가 필요 */
int main()
```

```
{
int product,num1,num2;         /* 변수들을 정수로 선언 */
/* printf() 함수는 문장을 스크린에 프린트. \n은 문장이 프린트되기 전에 새 줄
에서 시작하도록 하여준다. */
printf(" Enter two whole numbers. \n");
printf("\n  First Number: ");
scanf("%d",&num1);   /* 사용자로부터 값을 받아 num1에 저장 */
printf("\n  Second Number: ");
scanf("%d",&num2);   /* 사용자로부터 값을 받아 num2에 저장 */
/* 두 변수들을 곱셈연산(*)으로 처리하고 그 결과를 변수 product에 저장 */
product=num1*num2;
printf("\n The product is %d.\n",product);   /* product를 프린트 */
system("pause");              /* 사용자가 키를 누를 때까지 대기 */
return(0);                    /* 프로그램 종료 전에 null 값을 반환 */
}
```

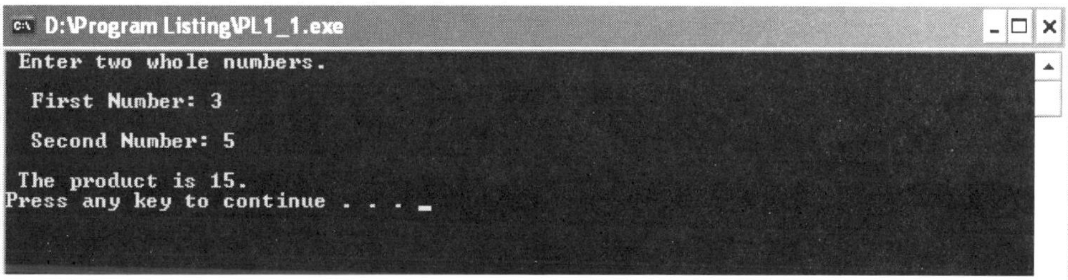

그림 1.1: 프로그램 1.1의 수행결과

보기 1.2. 입력되는 세 숫자들의 평균을 계산할 수 있는 C 프로그램을 작성하여라.

프로그램 1.2: 세 숫자들의 평균

```
/* #include 문은 C 컴파일러에게 표준 입출력 함수 printf(), scanf() 및
system() 함수들을 포함하는 <stdio.h> 및 <stdlib.h> 헤더 파일들의 사용을
지시 */
#include <stdio.h>
#include <stdlib.h>
int main()     /* 프로그램의 주 연산이 이루어지는 함수 */
{
/* 변수들을 double 데이터 형식으로 선언 */
double num1,num2,num3;
double ave;
/* printf() 함수는 문장을 스크린에 프린트. \n은 문장이 프린트되기 전에 새 줄
```

```
에서 시작하도록 하여준다. */
printf(" Enter three numbers\n");
printf("\n First number: ");
/* scanf() 함수는 사용자에게 값들의 입력을 요구하고 입력된 값을 해당 변수들에
저장한다. */
scanf("%lf",&num1);
printf("\n Second number: ");
scanf("%lf",&num2);
printf("\n Third number: ");
scanf("%lf",&num3);
/* 세 변수들을 덧셈(+)과 나눗셈(/)으로 처리하고 그 결과값을 변수 ave에 할당
*/
ave=(num1+num2+num3)/3;
printf("\n The average is %lf.\n",ave);   /* ave를 프린트 */
system("pause");        /* 사용자가 키를 누를 때까지 대기 */
return(0);              /* 프로그램 종료 전에 null 값을 반환 */
}
```

⚠ **경고** 각 프로그램 문장은 언제나 세미콜론(;)으로 끝나는 것을 기억해 두어야 한다. 많은 시간을 들여 오류를 추적한 결과 겨우 세미콜론의 누락이 원인임을 발견하는 경우가 매우 흔하다.

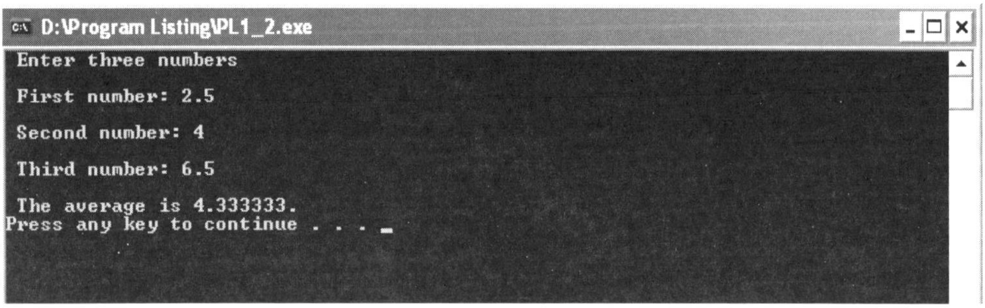

그림 1.2: 프로그램 1.2의 수행결과

조건문

프로그램의 조건문들은 주어진 일련의 선택사항들에 근거하여 컴퓨터에게 결정을 내리도록 지시한다. 우리가 사용할 수 있는 조건문들에는 if-else, 중첩된 if-else, 그리고 switch/case 문과 같은 세 가지 형태가 있다.

if-else 조건문

이 조건문은 다음과 같은 포맷을 취한다:

```
if (condition1)
   statement 1;
else (condition 2)
   statement 2;
```

보기 1.3. 입력된 Reynolds 수가 층류(2100 미만)이거나 층류가 아님(2100 이상)을 보여주는지를 결정하는 C 프로그램을 작성하여라.

프로그램 1.3: if-else 문의 사용

```
#include <stdio.h>
#include <stdlib.h>
#define LIMIT 2100   /* #define을 이용하여 상수 LIMIT의 값을 정의 */
int main()
{
int nre;   /* 변수 nre를 정수로 선언 */
printf(" Enter Reynolds number: ");
/* 사용자로부터 Reynolds 수의 입력을 요구하고 입력값을 nre 변수에 저장 */
scanf("%d",&nre);
/* if-else 조건문. 조건이 충족되면 해당되는 printf() 함수는 원하는 출력 메
시지를 프린트. */
if(nre<LIMIT)
printf("\n The flow is laminar. ");
else
printf("\n The flow is not laminar. ");
system("pause");
return(0);
}
```

그림 1.3: 프로그램 1.3의 수행결과

중첩된 if-else 조건문

이 조건문은 다음과 같은 포맷을 취한다:

```
if (condition1)
   statement 1;
else if (condition 2)
   statement 2;
else if (condition 3)
   statement 3;
else statement 4;
```

보기 1.4. 섭씨온도값을 받아들인 다음 물의 상태(고체, 액체, 혹은 기체)를 결정하는 C 프로그램을 작성하여라.

프로그램 1.4: 중첩된 if-else 문의 사용

```
#include <stdio.h>
#include <stdlib.h>
int main()
{
int temp;        /* temp를 정수로 선언 */
printf("\n Enter the temperature in deg C: ");
scanf("%d" ,&temp);   /* 사용자가 입력한 값을 temp 변수에 저장 */
/* 중첩된 if-else 문. 조건들이 충족되면 해당되는 printf() 함수는 원하는 출
력문을 프린트. */
if(temp>100)
printf("\n The water is in gas phase.\n");
/* && 논리연산자는 temp가 100 이하이면서 0보다 클 때에만 조건이 참임을 컴퓨
터에 지시 */
else if(temp <=100 && temp>0)
printf("\n The water is in liquid phase.\n");
else
printf("\n Water is in solid phase.\n");
system("pause");
return(0);
}
```

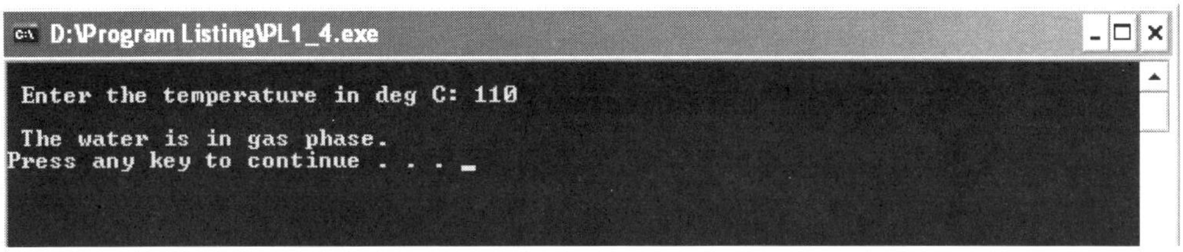

그림 1.4: 프로그램 1.4의 수행결과

switch/case 조건문

이 조건문은 다음과 같은 포맷을 취한다:

```
switch (var-expression) {
case const-value: statement 1; break;
case const-value: statement 2; break;
case const-value: statement 3; break;
case const-value: statement n; break;
default: statement;
}
```

보기 1.5. 온도의 단위를 변환시켜 주는 C 프로그램을 작성하여라. 사용가자 온도의 단위를 선택할 수 있도록 한다.

프로그램 1.5: switch/case 문의 사용

```
#include <stdio.h>
#include <stdlib.h>
/*콘솔 입출력 함수 getch()를 포함하는 <conio.h> 헤더파일의 사용을 C 컴파일
러에게 지시 */
#include <conio.h>
int main()
{
double init_temp, final_temp;  /* 변수들을 double로 선언 */
char unit;                     /* unit를 문자로 선언 */
printf("\n Enter value to be converted: ");
/* 사용자로부터 값의 입력을 요구하고 입력값을 init_temp에 저장 */
scanf("%lf",&init_temp);
printf("\n Select initial and final units:");
printf("\n A) deg C to F");
printf("\n B) deg C to K");
```

```
printf("\n C) deg F to R");
printf("\n D) deg F to C");
printf("\n E) K to deg C");
printf("\n F) R to deg F \n");
unit=getche();  /* 선택된 옵션을 취하여 이를 unit 문자에 저장 */
switch(unit){   /* 조건이 충족되면 원하는 출력 메시지를 프린트 */
/* C는 대소문자를 구별하므로 해당문자의 대문자와 소문자 모두를 선택사항으로 설
정 */
  case 'A':case 'a': final_temp=(init_temp*1.8)+32;break;
  case 'B': case 'b': final_temp=(init_temp+273);break;
  case 'C': case 'c': final_temp=(init_temp+460);break;
  case 'D': case 'd': final_temp=(init_temp-32)/1.8;break;
  case 'E': case 'e': final_temp=(init_temp-273);break;
  case 'F': case 'f': final_temp=(init_temp-460);break;
  /* break 명령어는 다른 조건들을 건너뛰는 데에 사용 */
  default: printf("\n Choice unavailable");break;
 }
printf("\n\nThe converted value is: %lf.\n", final_temp);
system("pause");
return 0;
}
```

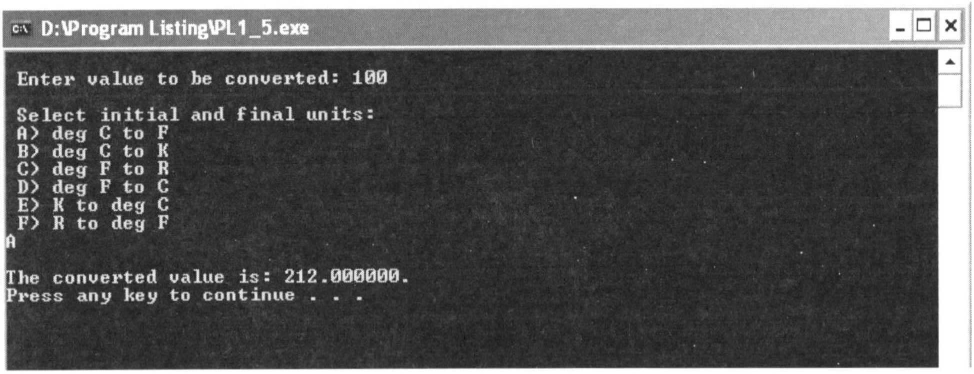

그림 1.5: 프로그램 1.5의 수행결과

루프 문

프로그램의 루프 문들은 어떤 명령문들이나 일련의 문장들을 지정된 횟수만큼, 혹은 어떤 조건이 충족될 때까지 반복할 것을 컴퓨터에 지시한다.

for 루프 문

이 루프 문은 다음과 같은 포맷을 취한다:

```
for (init; condition; increment/decrement)
{
    statements;
}
```

보기 1.6. 0차 반응 $A \rightarrow B$에서 반응이 시작된 시점으로부터 1분까지 10초 간격으로 A의 농도를 계산하는 C 프로그램을 작성하여라. $C_{A0} = 15\ gmol/l$이며 k는 0.0567 gmol/liter-sec이다.

프로그램 1.6: for 루프 문의 사용

```
#include <stdio.h>
#include <stdlib.h>
int main()
{
 double conc, init_con,k;
 int time;
 init_con = 15.00;    /* 초기화 */
 k = 0.0567;
 printf("\nTIME(sec)  CONC.(g mol/L)\n");
 for (time=0; time<=60; time = time+10)
 {
  conc = init_con - (k*time);
  printf("  %d\t\t%lf\n",time,conc);
 }    /* time 값이 60 이상이 되면 루프가 정지 */
 system("pause");
 return 0;
}
```

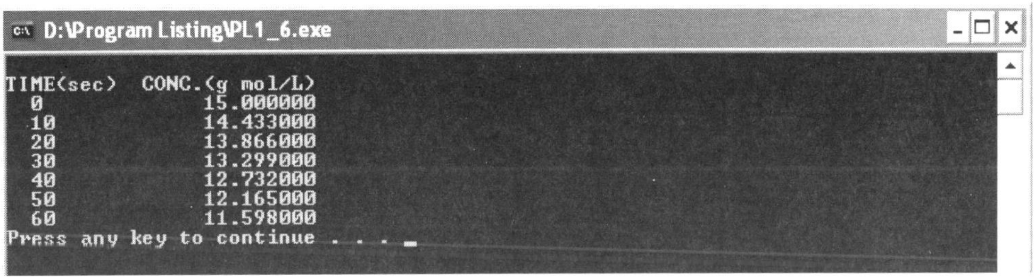

그림 1.6: 프로그램 1.6의 수행결과

while 루프 문

이 루프 문은 다음과 같은 포맷을 취한다:

```
initialization;
while (condition) {
    statements;
    increment/decrement;
}
```

보기 1.6을 다시 살펴보기로 한다.

프로그램 1.7: while 루프 문의 사용

```
#include <stdio.h>
#include <stdlib.h>
int main()
{
 double conc, init_con,k;
 int time;
 init_con = 15.00;
 k = 0.0567;
 time =0;
 printf("\nTIME(sec)  CONC.(g mol/L)\n");
 while (time<=60)  /* time 값이 60 이상이 되면 루프가 정지 */
 {
  conc = init_con - (k*time);
  printf("  %d\t\t%lf\n",time,conc);
  time=time+10;
 }
 system("pause");
 return 0;
}
```

그림 1.7: 프로그램 1.7의 수행결과

do-while 루프 문

이 루프 문은 다음과 같은 포맷을 취한다:

```
initialization;
do {
    statements;
    increment/decrement;
} while (condition);
```

do-while 문에서는 초기 조건에 상관없이 프로그램 본체({}로 싸인 부분)가 적어도 한 번은 수행됨을 주목하자. 보기 1.6을 다시 살펴보기로 한다.

프로그램 1.8: do-while 루프 문의 사용

```
#include <stdio.h>
#include <stdlib.h>
int main()
{
 double conc, init_con,k;
 int time;
 init_con = 15.00;
 k = 0.0567;
 time =0;
 printf("\nTIME(sec)  CONC.(g mol/L)\n");
 do
 {
  conc = init_con - (k*time);
  printf("  %d\t\t%lf\n",time,conc);
  time=time+10;
  }while (time<70);  /* time 값이 70 이하인 동안 루프를 수행 */
 system("pause");
 return 0;
}
```

그림 1.8: 프로그램 1.8의 수행결과

배열

배열은 유사한 데이터 형태를 갖는 하나, 혹은 그 이상의 값들을 저장할 수 있는 변수 행태로서 하나의 변수 이름으로 나타내어진다. 이는 한 쌍의 대괄호([])에 의하여 인식될 수 있다. 1차원 배열형태 구문은 다음과 같다:

```
Datatype array_name[index];
array[0]=10; array[1]=20; array[2]=30;
```

이는 다음과 같이 초기화될 수도 있다:

```
int array[3]={10,20,30};
```

2차원 배열 형태의 구문은 다음과 같다:

```
Datatype array_name [row][col];
array[0][0] = 10; array[0][1] = 20; array[0][2] = 30;
array[1][0] = 40; array[1][1] = 50; array[1][2] = 60;
array[2][0] = 70; array[2][1] = 80; array[2][2] = 90;
```

보기 1.7. 스크린 상에 온도변환표를 프린트하는 C 프로그램을 작성하여라. 이 표는 주어진 섭씨온도값과 이에 해당되는 화씨온도, 캘빈온도 및 Rankine 온도 값들을 보여 주어야 한다.

프로그램 1.9: 배열의 사용

```
#include <stdio.h>
#include <stdlib.h>
int main()
{
int temp[4][4],i;   /* 변수 i를 정수로, temp[][]를 정수배열로 선언 */
/* 수행되는 수학적 조작을 바탕으로 temp[][] 배열을 상이한 정수값들로 초기화
*/
for(i=0;i<4;i++)
{
  temp[i][0] = (i*50)+100;
  temp[i][1] = (temp[i][0]*1.8)+32;
  temp[i][2] = temp[i][0]+273;
  temp[i][3] = temp[i][1]+460;
```

```
}
printf("\nTable of Temperature Conversion\n");
printf(" deg C   deg F     K       R\n");
/* for 루프를 이용하여 배열 temp[][]의 값들을 프린트 */
for(i=0;i<4;i++)
printf("  %d     %d     %d     %d\n", temp[i][0], temp[i][1],...
        temp[i][2], temp[i][3]);
system("pause");
return 0;
}
```

그림 1.9: 프로그램 1.9의 수행결과

함수의 생성

함수들은 C 프로그램의 구축돌이다. 이들은 명령문들의 그룹이거나 특정 작업을 수행하는 지시문들의 집합이다. 함수들은 다음과 같은 일반적인 형태를 따른다:

```
return_type function_name (parameters)
{
body of the function;
return(value);
}
```

return() 함수는 그것이 들어있는 함수로부터 빠져 나오게 하거나 어떤 값을 반환한다.

모든 함수들은 void 형태로 선언된 것을 제외하고는 어떤 값을 반환한다. return() 함수는 이 값을 명시적으로 지정한다. 사실 매우 유용한 함수들의 일부를 헤더 파일(확장자가 .h인 파일)에 저장할 수 있다. 이렇게 하면 간단히 #include에 의하여 우리가 프로그램을 작성할 때 이를 포함시킴으로써 필요에 따라 그 함수를 호출할 수 있다.

보기 1.8. 프로그램 1.1을 수정하여 별도의 multiply.h 헤더 피일에 포함되어 있는 새로운 함수 multiply()를 사용하여 보라.

프로그램 1.10: 새로운 헤더 파일 multiply.h에 대한 프로그램

```
#include <stdio.h>
int multiply(int n1, int n2)
{
int ans;
ans = n1*n2;
return(ans);
}
```

주 프로그램은 다음과 같다:

```
#include <stdio.h>
#include <stdlib.h>
/* multiply() 함수를 사용할 수 있도록 multiply.h 헤더 파일을 포함시킨다. */
#include "multiply.h"
int main()
{
 int product,num1,num2;
 printf(" Enter two whole numbers. \n");
 printf("\n First Number: ");
 scanf("%d", &num1);
 printf("\n Second Number: ");
 scanf("%d", &num2);
/*num1과 num2를 처리하는 multiply() 함수를 호출. 결과를 product 변수에 저
장*/
 product=multiply(num1,num2);
 printf("\n The product is %d.\n",product);
 system("pause");
 return 0;
}
```

그림 1.10: 프로그램 1.10의 수행결과

연습문제

1. g/ml 단위의 밀도를 lb/ft^3 단위로 전환시키는 컴퓨터 프로그램을 작성하여라. 범위는 0.5~1.5g/ml로 하며 0.1g/ml씩 증가하는 것으로 한다. 각각의 전환 결과를 스크린에 프린트하여라.

2. 8kg(8000g)의 이산화탄소 기체가 −80℃, 60기압의 실린더형 탱크에 충진되어 있다. van der Waals 방정식 $V^3-\left(nb+\frac{nRT}{P}\right)V^2+\frac{n^2a}{P}V-\frac{n^3ab}{P}=0$을 이용하여 탱크 내의 기체의 부피를 구하여라. 이산화탄소의 임계상수는 $a=3.60\times10^6 atm\left(\frac{cm^3}{gmol}\right)^2$, $b=42.8\left(\frac{cm^3}{gmol}\right)$이다. 반복계산에 의하여 V를 구하는 프로그램을 작성하여라. 힌트: V의 초기값은 $PV=nRT$ 로부터 얻은 값으로 한다.

3. lb/in^2 단위의 압력을 mmHg와 atm 단위로 전환시키는 프로그램을 작성하여라. 사용자가 시작값과 종료값을 입력하도록 하며 두 값들 사이에서 $5lb/in^2$씩 증가하면서 변하도록 한다.

4. 프로그램 1.3을 수정하여 사용자가 모든 필요한 정보를 입력하도록 함으로써 Reynolds 수에 대하여 푼 다음 결과 및 흐름이 층류인지의 여부를 프린트하도록 하여라. $N_{Re}=\frac{Dv\rho}{\mu}$를 이용한다. 여기에서 D는 튜브의 직경, v는 유체의 유속, ρ는 유체의 밀도, 그리고 μ는 유체의 점도이다.

5. 프로그램 1.6을 수정하여 사용자가 C_{a0} 및 k에 대한 값을 제공할 수 있도록 하여라.

제 2 장

수치계산

컴퓨터의 수많은 활용분야 가운데 하나는 수치계산이다. 사실 컴퓨터는 때로는 수많은 횟수의 지루한 계산들을 처리할 수 있는 크고 강력한 계산기로 간주된다. 그러나 사람이 개입하지 않으면 컴퓨터는 이러한 계산들을 수행할 수 없다. 컴퓨터는 복잡한 수치계산들을 수행하기 위하여 코드 형태의 지시들을 필요로 한다.

이 장에서는 아래와 같은 내용들을 포함하는 컴퓨터 프로그램을 작성하고자 한다:

선형 방정식의 풀이

- 행렬 대수
- Cramer의 규칙과 행렬값
- Gauss-Jordan 방법
- 수치적 방법
- Jacobi 방법/Gauss-Seidel 방법

회귀분석

- 선형맞춤
- 비선형 관계에 대한 선형맞춤
- 다항식 맞춤

통계적 분석을 통한 검증

- 상관계수와 결정계수
- 표준 추정오차
- 중요도 테스트

안집작 분석

선형 안집작

Lagrange 다항식 안집작

선형 계획

Simplex 방법

CD 이 장에서 논의되는 모든 프로그램들은 CD-ROM에서 찾아볼 수 있다.

\Program Listings\Chapter 2\PL2_1.c	프로그램 2.1
\Program Listings\Chapter 2\PL2_2.c	프로그램 2.2
\Program Listings\Chapter 2\PL2_3.c	프로그램 2.3
\Program Listings\Chapter 2\PL2_4.c	프로그램 2.4
\Program Listings\Chapter 2\PL2_5.c	프로그램 2.5
\Program Listings\Chapter 2\PL2_6.c	프로그램 2.6
\Program Listings\Chapter 2\PL2_7.c	프로그램 2.7
\Program Listings\Chapter 2\PL2_8.c	프로그램 2.8

선형 방정식의 풀이

화학공학에서는 특히 물질 및 열 수지에서 선형 방정식들이 빈번하게 이용된다. 해를 구하는 가장 보편적인 방법에서는 행렬 대수와 수치적 방법들이 이용된다.

행렬 대수

선형 대수 방정식은 다음과 같이 나타낼 수 있다:

$$
\begin{aligned}
a_{11}x_1 + a_{12}x_2 + \cdots + a_{1n}x_n &= b_1 \\
a_{21}x_1 + a_{22}x_2 + \cdots + a_{2n}x_n &= b_2 \\
&\vdots \\
a_{n1}x_1 + a_{n2}x_2 + \cdots + a_{nn}x_n &= b_n
\end{aligned}
$$

위에서 x_1, x_2, $\cdots$, x_n은 미지변수, a_{11}, a_{12}, $\cdots$, a_{nn}은 일정 상수, b_1, b_2, $\cdots$, b_n은 알고 있는 상수들이다.

Cramer의 규칙과 행렬값

Cramer의 규칙은 방정식들의 수가 작을 경우 선호되는 풀이기법이다. 이 규칙에 따르면 선형 대수 방정식 시스템의 각 미지변수는 두 행렬값들의 비로 표시될 수 있는데 이 비에서 분모는 d이며 분자는 d에서 방정식의 미지수의 계수들로 이루어지는 열을 상수 b_1, b_2 및 b_3들로 대체함으로써 얻어진다.

$$
\begin{aligned}
a_{11}x_1 + a_{12}x_2 + a_{13}x_3 &= b_1 \\
a_{21}x_1 + a_{22}x_2 + a_{23}x_3 &= b_2 \\
a_{31}x_1 + a_{32}x_2 + a_{33}x_3 &= b_3
\end{aligned}
$$

미지수에 대하여 풀면

$$x_1 = (x_{1a}/d);\ x_2 = (x_{2a}/d);\ x_3 = (x_{3a}/d)$$

로 주어진다. 여기에서

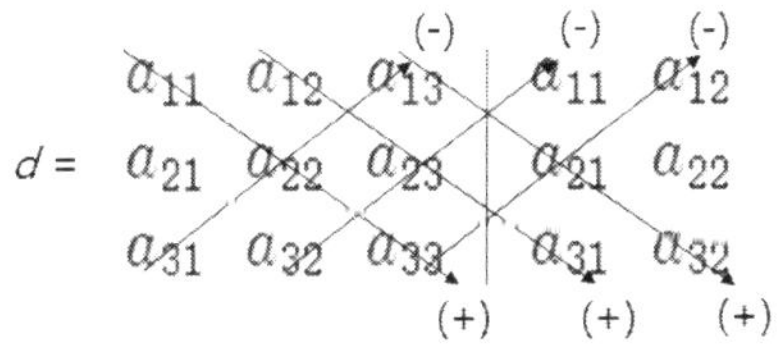

$$d = (a_{11}a_{22}a_{33}) + (a_{12}a_{23}a_{31}) + (a_{13}a_{21}a_{32}) - (a_{13}a_{22}a_{31}) - (a_{11}a_{23}a_{32}) - (a_{12}a_{21}a_{33}) \qquad (2.1)$$

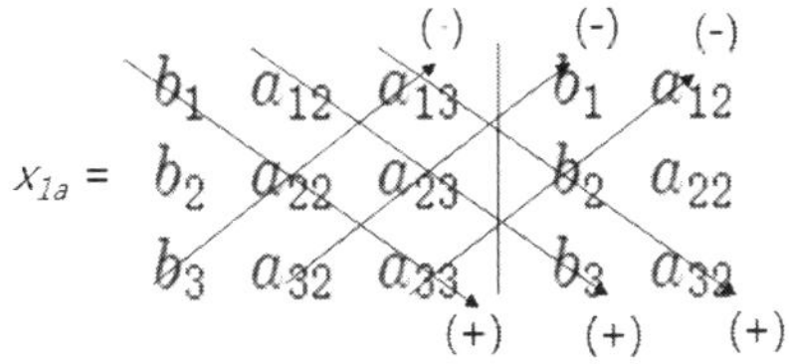

$$x_{1a} = (b_1a_{22}a_{33}) + (a_{12}a_{23}b_3) + (a_{13}b_2a_{32}) - (a_{13}a_{22}b_3) - (b_1a_{23}a_{32}) - (a_{12}b_2a_{33}) \qquad (2.2)$$

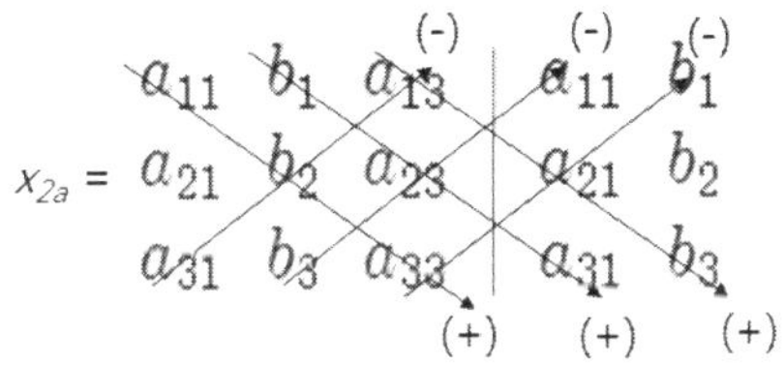

$$x_{2a} = (a_{11}b_2a_{33}) + (b_1a_{23}b_3) + (a_{13}b_2a_{32}) - (a_{13}b_2a_{31}) - (b_1a_{23}b_3) - (a_{12}b_2a_{33}) \qquad (2.3)$$

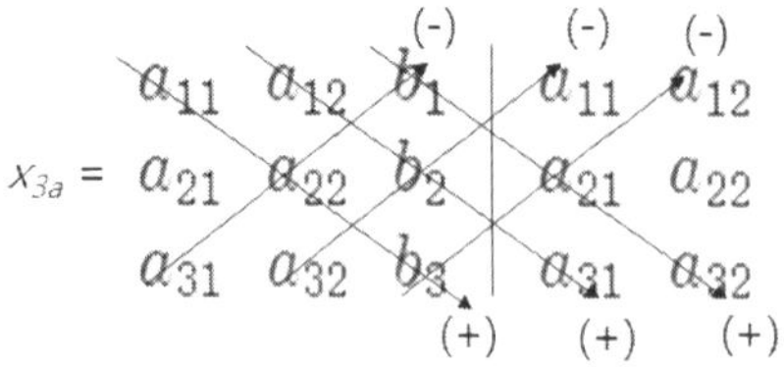

$$x_{3a} = (a_{11}a_{22}b_3) + (a_{12}b_2a_{31}) + (b_1a_{21}a_{32}) - (b_1a_{22}a_{31}) - (a_{11}b_2a_{32}) - (a_{12}a_{21}b_3) \tag{2.4}$$

이제 보기를 통하여 위에서 익힌 것을 적용하여 보자.

보기 2.1. 다음에 주어진 선형 방정식에서 Cramer 규칙을 이용하여 x_1, x_2, 그리고 x_3를 결정하여라:

$$3x_1 + x_2 + x_3 = 25$$
$$x_1 - 3x_2 + 2x_3 = 10$$
$$2x_1 + x_2 - x_3 = 6$$

식 (2.1)~(2.4)를 이용하면

$$\text{d} = [(3)(-3)(-1)+(1)(2)(2)+(1)(1)(1)]-[(2)(-3)(1)+(1)(1)(-1)+(3)(1)(2)] = 15$$
$$x_{1a} = [(25)(-3)(-1)+(1)(2)(6)+(1)(10)(1)]-[(6)(-3)(1)+(10)(1)(-1)+(25)(1)(2)] = 75$$
$$x_{2a} = [(3)(10)(-1)+(25)(2)(2)+(1)(1)(6)]-[(2)(10)(1)+(1)(25)(-1)+(3)(6)(2)] = 45$$
$$x_{3a} = [(3)(-3)(6)+(1)(10)(2)+(25)(1)(1)]-[(2)(-3)(25)+(1)(1)(6)+(3)(1)(10)] = 105$$

미지수에 대하여 풀면 $x_1 = 75/15 = 3, x_2 = 45/15 = 3,\ x_3 = 105/15 = 7.$

프로그램을 작성한 후에는 식 (2.1)~(2.4)에서 소요되는 모든 정보를 알 필요가 있다. 이제 출력/입력문들을 적용하고 입력된 모든 값들을 서로 다른 변수들에 할당하기로 한다. 다음에 방정식들을 프로그램 코드로 전환시켜서 컴퓨터가 모든 수학적 연산들을 수행할 수 있도록 한다.

프로그램 2.1: Cramer의 규칙 프로그램

```
/* 표준적인 입출력 함수 printf()과 scanf() 및 system()을 포함하는
<stdio.h> 및 <stdlib.h> 헤더 파일의 사용을 C 컴파일러에 지시 */
#include <stdio.h>
```

```
#include <stdlib.h>
int main()
{
 int r,c;     /* r과 c를 정수 변수로 선언 */
 double a[3][3],b[3];
 double x1a,x2a,x3a,x1,x2,x3,d;
/* 문장을 스크린에 프린트. \n은 문장이 새 줄에 프린트되도록 지시 */
 printf("\n Solving for 3 Equations - 3 Unknowns\n");
/* 상수 계수 a[][]와 상수 b[]의 값을 확보 */
for (r=0; r<3; r++)
 {
  for(c=0; c<3; c++)
   {
    printf(" Enter a[%d][%d]: ",r,c);
    scanf("%lf",&a[r][c]);
   }
  printf(" Enter b[%d]: ",r);
  scanf("%lf",&b[r]);
 }

/* 식 (2.1)~(2.4)에 따라 데이터를 처리하여 d, x1a, x2a, x3a 값을 얻는다. */
d=(a[0][0]*a[1][1]*a[2][2])+(a[0][1]*a[1][2]*a[2][0])+(a[0][2]*a[
1][0]*a[2][1])-(a[0][2]*a[1][1]*a[2][0])-(a[0][0]*a[1][2]*a[2][1]
)-(a[0][1]*a[1][0]*a[2][2]);

x1a=(b[0]*a[1][1]*a[2][2])+(a[0][1]*a[1][2]*b[2])+(a[0][2]*b[1]*a
[2][1])-(a[0][2]*a[1][1]*b[2])-(b[0]*a[1][2]*a[2][1])-(a[0][1]*b[
1]*a[2][2]);

x2a=(a[0][0]*b[1]*a[2][2])+(b[0]*a[1][2]*a[2][0])+(a[0][2]*a[1][0
]*b[2])-(a[0][2]*b[1]*a[2][0])-(a[0][0]*a[1][2]*b[2])-(b[0]*a[1][
0]*a[2][2]);

x3a=(a[0][0]*a[1][1]*b[2])+(a[0][1]*b[1]*a[2][0])+(b[0]*a[1][0]*a
[2][1])-(b[0]*a[1][1]*a[2][0])-(a[0][0]*b[1]*a[2][1])-(a[0][1]*a[
1][0]*b[2]);

/* 미지수 x1, x2, x3의 계산 */
x1=x1a/d; x2=x2a/d; x3=x3a/d;
 printf("\n X1 = %lf, X2 = %lf, X3 = %lf\n",x1,x2,x3);
 system("pause");
 return 0;
}
```

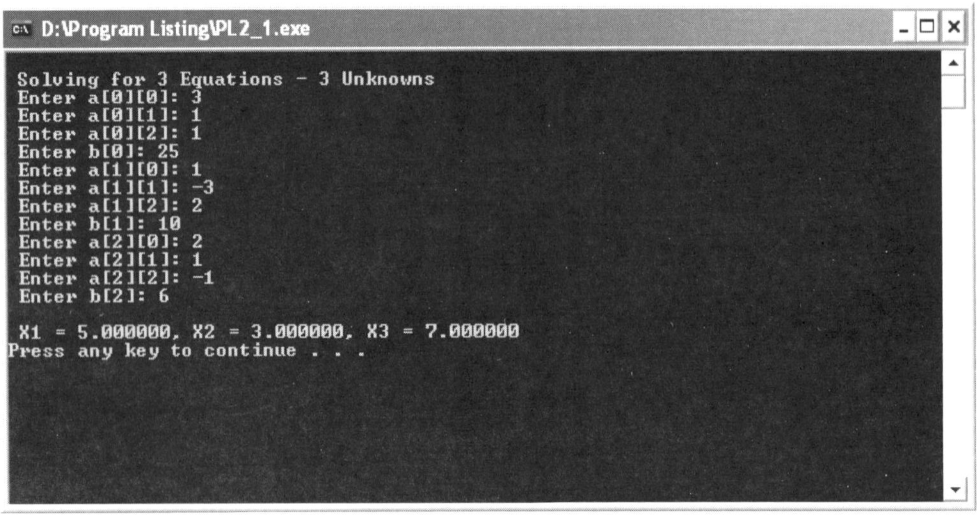

```
D:\Program Listing\PL2_1.exe
Solving for 3 Equations - 3 Unknowns
Enter a[0][0]: 3
Enter a[0][1]: 1
Enter a[0][2]: 1
Enter b[0]: 25
Enter a[1][0]: 1
Enter a[1][1]: -3
Enter a[1][2]: 2
Enter b[1]: 10
Enter a[2][0]: 2
Enter a[2][1]: 1
Enter a[2][2]: -1
Enter b[2]: 6

X1 = 5.000000, X2 = 3.000000, X3 = 7.000000
Press any key to continue . . .
```

그림 2.1: 프로그램 2.1의 출력

Gauss-Jordan 방법

Gauss-Jordan 방법은 계수 행렬을 풀이가 더 쉬운 다른 행렬로 전환시킨다. 확장된 행렬로 나타나는 새로운 시스템은 기본적으로 원래의 선형 방정식 시스템과 동일한 해를 갖는다. 행렬의 전환으로 Gauss-Jordan 소거방법은 능률적이고 효과적인 방법이 되고 있다.

정방행렬 [A]가 주어졌다고 하자:

$$[A] = \begin{bmatrix} a_{11} & a_{12} & a_{13} \\ a_{21} & a_{22} & a_{23} \\ a_{31} & a_{32} & a_{33} \end{bmatrix}$$

이의 역행렬은 다음과 같이 쓸 수 있다:

$$[A]^{-1} = \begin{bmatrix} a_{11}^{-1} & a_{12}^{-1} & a_{13}^{-1} \\ a_{21}^{-1} & a_{22}^{-1} & a_{23}^{-1} \\ a_{31}^{-1} & a_{32}^{-1} & a_{33}^{-1} \end{bmatrix}$$

역행렬을 얻기 위해 Gauss-Jordan 방법을 적용한다:

$$\left|\begin{array}{ccc|ccc} a_{11} & a_{12} & a_{13} & 1 & 0 & 0 \\ a_{21} & a_{22} & a_{23} & 0 & 1 & 0 \\ a_{31} & a_{32} & a_{33} & 0 & 0 & 1 \end{array}\right| \rightarrow \left|\begin{array}{ccc|ccc} 1 & 0 & 0 & a_{11}^{-1} & a_{12}^{-1} & a_{13}^{-1} \\ 0 & 1 & 0 & a_{21}^{-1} & a_{22}^{-1} & a_{23}^{-1} \\ 0 & 0 & 1 & a_{31}^{-1} & a_{32}^{-1} & a_{33}^{-1} \end{array}\right|$$

계수 행렬을 항등행렬 [I]로 축소시키기 위하여 Gauss-Jordan 방법을 이용한다:

$$[I] = \begin{bmatrix} 1 & 0 & 0 \\ 0 & 1 & 0 \\ 0 & 0 & 1 \end{bmatrix}$$

이러한 과정이 완료되면 확장행렬의 우변은 역행렬을 포함하게 될 것이다. 일단 $[A]^{-1}$이 얻어지면 여기에 해당되는 우변 벡터 [b]를 곱하여 준다:

$$[b] = \begin{bmatrix} b_1 \\ b_2 \\ b_3 \end{bmatrix}$$

행렬의 곱셈은 역행렬 계산보다 더 빠르고 쉽기 때문에 역행렬을 한 번 구한 다음에는 곱셈을 이용하여 추가의 해를 구한다.

$$\begin{aligned} x_1 &= a_{11}^{-1} b_1 + a_{12}^{-1} b_2 + a_{13}^{-1} b_3 \\ x_2 &= a_{21}^{-1} b_1 + a_{22}^{-1} b_2 + a_{23}^{-1} b_3 \\ x_3 &= a_{31}^{-1} b_1 + a_{32}^{-1} b_2 + a_{33}^{-1} b_3 \end{aligned}$$

보기 2.2. 다음에 주어진 선형 방정식에서 Gauss-Jordan 소거법(역행렬 계산과 곱셈 루틴)을 이용하여 x_1, x_2, 그리고 x_3를 결정하여라:

$$\begin{aligned} 3x_1 + x_2 + x_3 &= 25 \\ x_1 - 3x_2 + 2x_3 &= 10 \\ 2x_1 + x_2 - x_3 &= 6 \end{aligned}$$

Gauss-Jordan 방법을 이용하여 역행렬을 얻는다:

$$\left|\begin{array}{ccc|ccc} 3 & 1 & 1 & 1 & 0 & 0 \\ 1 & -3 & 2 & 0 & 1 & 0 \\ 2 & 1 & -1 & 0 & 0 & 1 \end{array}\right| \begin{array}{l} \rightarrow \text{1행} \\ \rightarrow \text{2행} \\ \rightarrow \text{3행} \end{array}$$

$$\left|\begin{array}{ccc|ccc} 1 & -3 & 2 & 0 & 1 & 0 \\ 2 & 1 & -1 & 0 & 0 & 1 \\ 3 & 1 & 1 & 1 & 0 & 0 \end{array}\right| \begin{array}{l} \\ \rightarrow \text{1행}\times(-2)+\text{2행} \\ \rightarrow \text{1행}\times(-3)+\text{3행} \end{array}$$

$$\left|\begin{array}{ccc|ccc} 1 & -3 & 2 & 0 & 1 & 0 \\ 0 & 7 & -5 & 0 & -2 & 1 \\ 0 & 10 & -5 & 1 & -3 & 0 \end{array}\right| \begin{array}{l} \\ \rightarrow \text{2행}\times(1/7) \\ \\ \end{array}$$

$$\left|\begin{array}{ccc|ccc} 1 & -3 & 2 & 0 & 1 & 0 \\ 0 & 1 & -5/7 & 0 & -2/7 & 1/7 \\ 0 & 10 & -5 & 1 & -3 & 0 \end{array}\right| \begin{array}{l} \rightarrow \text{2행}\times 3+\text{1행} \\ \\ \rightarrow \text{2행}\times(-10)+\text{3행} \end{array}$$

$$\left|\begin{array}{ccc|ccc} 1 & 0 & -1/7 & 0 & 1/7 & 3/7 \\ 0 & 1 & -5/7 & 0 & -2/7 & 1/7 \\ 0 & 0 & 15/7 & 1 & -1/7 & -10/7 \end{array}\right| \begin{array}{l} \\ \\ \rightarrow \text{3행}\times(7/15) \end{array}$$

$$\left|\begin{array}{ccc|ccc} 1 & 0 & -1/7 & 0 & 1/7 & 3/7 \\ 0 & 1 & -5/7 & 0 & -2/7 & 1/7 \\ 0 & 0 & 1 & 7/15 & -1/15 & -10/15 \end{array}\right| \begin{array}{l} \rightarrow \text{3행}\times(1/7)+\text{1행} \\ \rightarrow \text{3행}\times(5/7)+\text{2행} \\ \\ \end{array}$$

$$\left|\begin{array}{ccc|ccc} 1 & 0 & 0 & 7/105 & 14/105 & 35/105 \\ 0 & 1 & 0 & 35/105 & -35/105 & -35/105 \\ 0 & 0 & 1 & 7/15 & -1/15 & -10/15 \end{array}\right| \qquad [b] = \begin{bmatrix} 25 \\ 10 \\ 6 \end{bmatrix}$$

곱셈을 수행하면 다음과 같은 해를 얻는다:

$$x_1 = (7\times25)/105 + (14\times10)/105 + (35\times6)/105 = 5$$
$$x_2 = (35\times25)/105 - (35\times10)/105 - (35\times6)/105 = 3$$
$$x_3 = (7\times25)/15 - (1\times10)/15 - (10\times6)/15 = 7$$

프로그램에 포함될 두 개의 주요 루틴들은 역행렬 계산과 행렬의 곱셈계산이다. 이 루틴들을 작성함에 있어서는 for 루프문을 이용하여 모든 반복적인 수학 연산들을 수행한다.

프로그램 2.2: Gauss-Jordan 프로그램

```
#include <stdio.h>
#include <stdlib.h>
int main()
{
 int r,c,i;    /* 정수로 선언 */
 double a[6][6],b[6];
 double d,x[6],e1;
 printf("\n Solving for 3 Equations - 3 Unknowns\n");
/* 상수 계수 a[][]와 상수 b[]의 값을 확보 */
 for (r=0; r<3; r++)
 {
  for (c=0; c<3; c++)
  {
   printf(" Enter a[%d][%d]: ",r,c)
   scanf("%lf",&a[r][c]);
  }
  printf(" Enter b[%d]: ",r);
  scanf("%lf",&b[r]);
  x[r]=0;    /* 모든 x값들을 0으로 조기화 */
 }
/*역행렬의 계산 */
 for(r=0;r<3;r++)
 {
  d=-1/a[r][r];
  for(c=0;c<3;c++)
  {
   if (c==r)(c++);
   a[r][c]=a[r][c]*d;
  }
  d=-d;
  for(i-0;i<3;i++)
  {
   if(i==r)(i++);
```

```
    e1=a[i][r];
    for(c=0;c<3;c++)
    {
     if(c==r)(a[i][r]=a[i][r]*d);
     else(a[i][c]=a[i][c]+a[r][c]*e1);
    }
   }
  a[r][r]=d;
 }
/*행렬 곱의 계산 */
 for(i=0;i<3;i++)
 {
  for(c=0;c<3;c++)
  x[i]=x[i]+b[c]*a[i][c];
 }
 for(i=0;i<3;i++)
 printf("variable x[%d]= %lf\n",i,x[i]);
 system("pause");
 return 0;
}
```

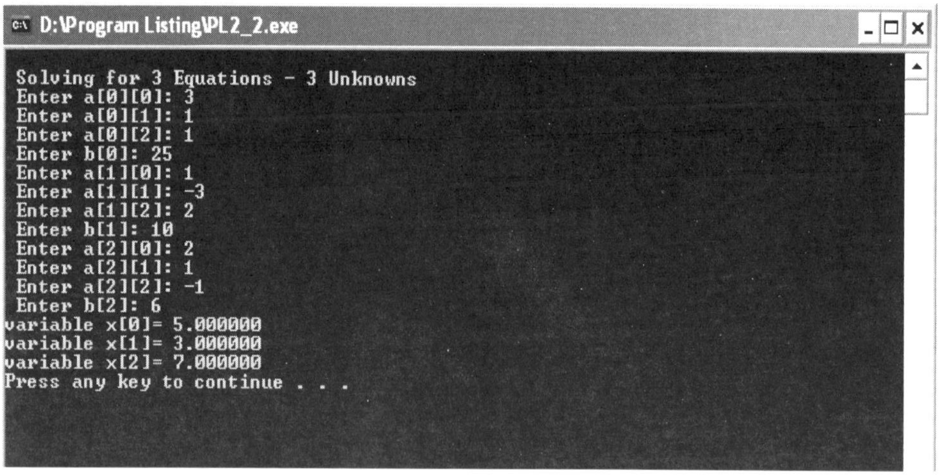

그림 2.2: 프로그램 2.2의 출력

수치적 방법

수치적 방법은 반복계산을 이용하여 미지수를 구한다. 이를 컴퓨터 프로그램에 결합시키면 기본적인 반복계산을 수행하는 컴퓨터의 능력을 십분 활용할 수 있다. 이 절에서는 이 방법에 대한 두 가지 보기들을 다루고자 한다.

Jacobi 방법과 Gauss-Seidel 방법

이전에 제시하였던 n개의 선형 방정식들을 재정렬하여 각각의 미지수가 다른 미지수들로 나타내어지도록 한다:

$$
\begin{aligned}
x_l &= \frac{b_1 - (a_{12}x_2 + \cdots + a_{1n}x_n)}{a_{11}} \\
x_2 &= \frac{b_2 - (a_{21}x_1 + a_{23}x_3 + \cdots + a_{2n}x_n)}{a_{22}} \\
&\vdots \\
x_n &= \frac{b_n - (a_{n1}x_1 + \cdots + a_{nn-1}x_{n-1})}{a_{nn}}
\end{aligned}
\tag{2.5}
$$

위 식의 우변의 미지수들을 가정하는 것으로 풀이를 시작한다. 0이 가장 편리한 값이므로 0을 식 (2.5)에 대입한다. 첫 번째의 대입으로부터 얻어지는 미지수들은 다음과 같다:

$$x_1 = b_1/a_{11},\ x_2 = b_2/a_{22},\ \cdots,\ x_n = b_n/a_{nn} \tag{2.6}$$

이 값들을 다시 식의 우변에 대입하여 다른 x 값들을 얻는다. 얻어지는 값들이 이전 값들과 거의 같아질 때까지 이 과정을 반복 수행한다.

Jacobi 방법과 Gauss-Seidel 방법은 모두 유사한 방법들인데 다만 Gauss-Seidel 방법에시는 새로운 미지수 값들이 생성됨에 따라 다음 식에 삽입된다는 점이 다르다. 이 때문에 이 방법에서는 Jacobi 방법에서보다 적은 반복과정이 요구된다.

보기를 살펴보기로 한다.

보기 2.3. 다음에 주어진 선형 방정식에서 Gauss-Seidel 반복법을 이용하여 x_1, x_2, 그리고 x_3를 결정하여라:

$$
\begin{aligned}
3x_1 + x_2 + x_3 &= 25 \\
x_1 - 3x_2 + 2x_3 &= 10 \\
2x_1 + x_2 - x_3 &= 6
\end{aligned}
$$

반복 1:

$$
\begin{aligned}
&x_1 - 25/3 - 8.333333 \\
&x_2 = [10 - (1)(8.333333)]/(-3) = -0.555556 \\
&x_3 = [6 - (2)(8.333333) - (1)(-0.555556)]/(-1) = 10.111111
\end{aligned}
$$

반복 2:

$$x_1 = \{25 - [(1)(-0.555556) + (1)(10.1111111)]\}/3 = 5.148148$$
$$x_2 = \{10 - [(1)(5.148148) + (2)(10.1111111)]\}/(-3) = 5.123456$$
$$x_3 = \{6 - [(2)(5.148148) + (1)(5.123456)]\}/(-1) = 9.419752$$

표 2.1: Gauss-Seidel 반복법의 결과

반복횟수	x_1	x_2	x_3
2	5.148148	5.123456	9.419752
3	3.485597	4.108367	5.079561
4	5.270690	1.809938	6.351318
5	5.612915	2.771851	7.997680
6	4.743490	3.579617	7.066596
7	4.784596	2.972596	6.541788
⋮			
67	5.000000	3.000000	5.000000

Gauss-Seidel 프로그램의 작성에서는 루프문들을 사용하여 일련의 지시들을 수행한다. 아울러 충족될 경우 반복과정을 종료시키는 조건을 제공하여 준다.

프로그램 2.3: Gauss-Seidel 프로그램

```
#include <stdio.h>
#include <stdlib.h>
#include <math.h>
int main()
{
 int r,c;
 double a[3][3],b[3];
 double x[3],x_temp[3],x_prev[3],flag;
 printf("\n Solving for 3 Equations - 3 Unknowns\n");
/* 상수 계수 a[][]와 상수 b[]의 값을 확보 */
for (r=0; r<3; r++)
 {
  for (c=0; c<3; c++)
  {
   printf(" Enter a[%d][%d]: ",r,c);
   scanf("%lf",&a[r][c]);
  }
```

```
  printf(" Enter b[%d]: ",r);
  scanf("%lf",&b[r]);
 }
/*모든 x와 x_temp들을 0으로 초기화 */
for (r=0; r<3; r++)
 {
  x[r]=0;
  x_temp[r]=0;
 }
/* 식 (2.5)와 (2.6)에 따른 수학적 연산의 첫 번째 루프를 수행 */
for (r=0; r<3; r++)
 {
  for (c=0; c<3; c++)
  {
   x_temp[r]=x_temp[r]+(a[r][c]*x[c]);
  }
  x[r]=(b[r]-x_temp[r])/a[r][r];
  x_temp[r]=0;
  x_prev[r]=x[r];
 }
/* 조건이 충족될 때까지 반복과정을 수행 */
 do{
    for (r=0; r<3; r++)
    {
     for (c=0; c<3;c++)
     {
      if(c==r) x_temp[r]=x_temp[r]+(a[r][c]*0);
      else x_temp[r]=x_temp[r]+(a[r][c]*x[c]);
     }
     x[r]=(b[r]-x_temp[r])/a[r][r];
     x_temp[r]=0;
     flag=fabs(x_prev[r]-x[r]);
     x_prev[r]=x[r];
    }
 }while(flag>0.00000000001);
 printf("\n X1 = %lf, X2 = %lf, X3 = %lf\n",x[0],x[1],x[2]);
 system("pause");
 return 0;
}
```

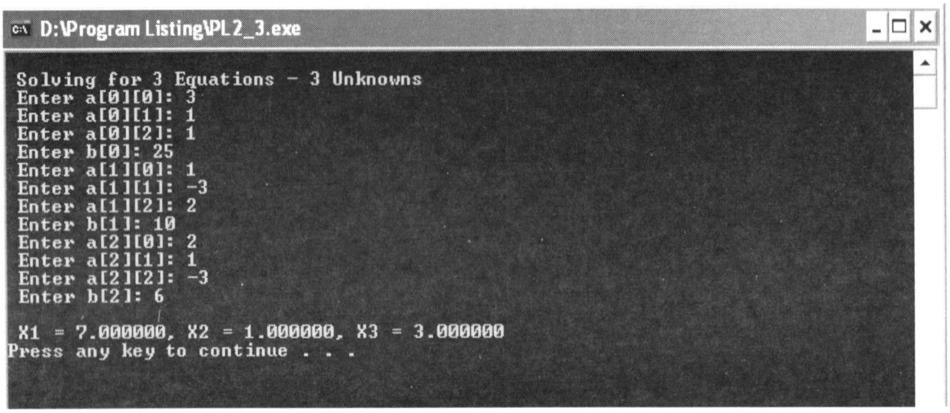

그림 2.3: 프로그램 2.3의 출력

회귀분석

각각의 데이터 집합은 독립변수 x와 이에 해당되는 종속변수 값 y로 구성된다. 회귀분석의 목적은 종속변수 y와 독립변수 x 사이의 수학적 관계를 규명하는 것이다. 선택된 관계는 최소의 오차로서 종속변수의 값을 예측한다.

이 절에서는 선형 회귀와 다항식 회귀의 두 가지 회귀분석을 다루고 있다.

선형 회귀

때로는 제한된 범위에서 물리적 데이터를 나타내는 데에 직선 관계가 적합할 수 있다. 이 경우 식

$$y = a + bx \tag{2.7}$$

에서 계수 a와 b의 값을 정하는 것이 목적이 된다. 주어진 일련의 x와 y 값들을 바탕으로 다음 식 (2.8)과 (2.9)를 이용하여 이 계수들을 구할 수 있다:

$$a = \frac{\sum y_i}{n} - \frac{b\sum x_i}{n} \tag{2.8}$$

$$b = \frac{\sum x_i y_i - \left[\dfrac{\sum x_i \sum y_i}{n}\right]}{\sum x_i^2 - \left[\dfrac{\left(\sum x_i\right)^2}{n}\right]} \tag{2.9}$$

요령 데이터 점들이 직선을 따르는가를 결정하는 가장 좋은 방법은 이 점들을 x-y 그래프에 나타내어 보는 것이다. 통계적 분석 역시 선형성을 검증하는 데에 이용될 수 있다.

선형 회귀 분석을 예시하여 보기 위하여 보기를 살펴보기로 한다.

보기 2.4. 데이터 (x,y)=(1,4.3), (3,4.64), (5,4.98), (7,5.32), 그리고 (9,5.7) 들을 가장 잘 나타내는 직선의 식을 결정하여라.

먼저 x, y, xy 및 x^2의 합을 구한다.

표 2.2: x, y, xy **및** x^2 **값들의 요약**

	x	y	xy	x^2
	1	4.3	4.3	1
	3	4.64	13.92	9
	5	4.98	24.9	25
	7	5.32	37.24	49
	9	5.7	51.3	81
합계	25	24.94	131.66	165

얻어지는 a와 b는 다음과 같다:

$$b = (131.66 - [(25)(24.94)/5])/(165 - [(25)^2/5]) = 0.174$$
$$a = (24.95/5) - (0.1740)(25)/5 = 4.118$$

따라서 직선의 식은 $y = 4.118 + 0.174x$가 된다.

프로그램 2.4: 선형 회귀 프로그램

```
#include <stdio.h>
#include <stdlib.h>
int main()
{
 int n,i;
 double x,y,sumx,sum_sqx,sumy,sumxy,b,a;
```

```
/* x와 y 쌍의 입력을 요구하고 이 값들을 n에 저장 */
printf("\nEnter number of x and y pairs: ");
 scanf("%d",&n);
 sumx=0;sum_sqx=0;sumy=0;sumxy=0;  /* 초기값들을 0으로 설정 */
/* for루프를 이용하여 주어진 n을 바탕으로 x와 y값을 취한 다음 초기계산을 수행 */
 for(i=0;i<n;i++)
 {
  printf("Enter x: ");
  scanf("%lf",&x);
  printf("Enter y: ");
  scanf("%lf",&y);
  sumx=sumx+x;
  sum_sqx=sum_sqx+(x*x);
  sumy=sumy+y;
  sumxy=sumxy+(x*y);
 }
 b=(sumxy-(sumx*sumy)/n)/(sum_sqx-(sumx*sumx)/n);  /* 식 (2.9)를 계산 */
 a=(sumy/n)-(b*sumx/n);   /* 식 (2.8)을 계산 */
 printf("\nEquation of line is Y = %lf + %lfX\n",a,b);
 system("pause");
 return 0;
}
```

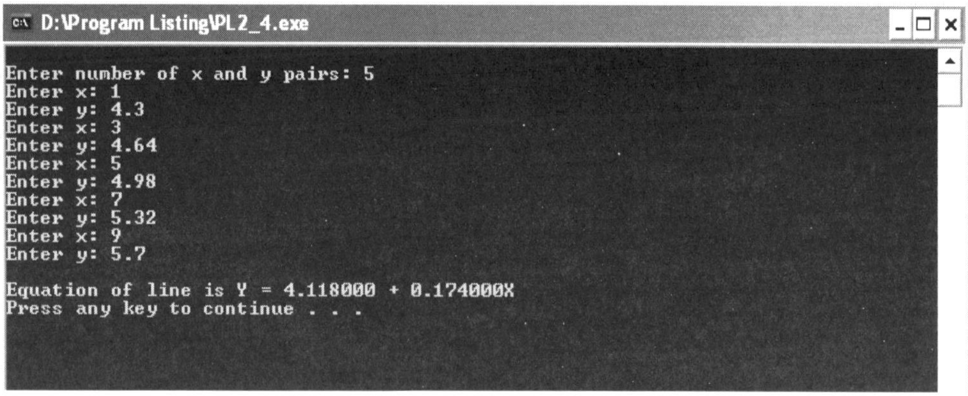

그림 2.4: 프로그램 2.4의 출력

비선형 관계의 선형 회귀

선형 회귀는 선형 관계들에만 국한되지 않는다. x−y 그래프로 나타내었을 때 처음에는 곡선 모양이지만 x와 y 좌표를 약간 수정하면 선형으로 나타나는 데이터도 있다. 이러한 특성은 다음과 같은 형태의 방정식들로 나타낼 수 있다:

지수 방정식

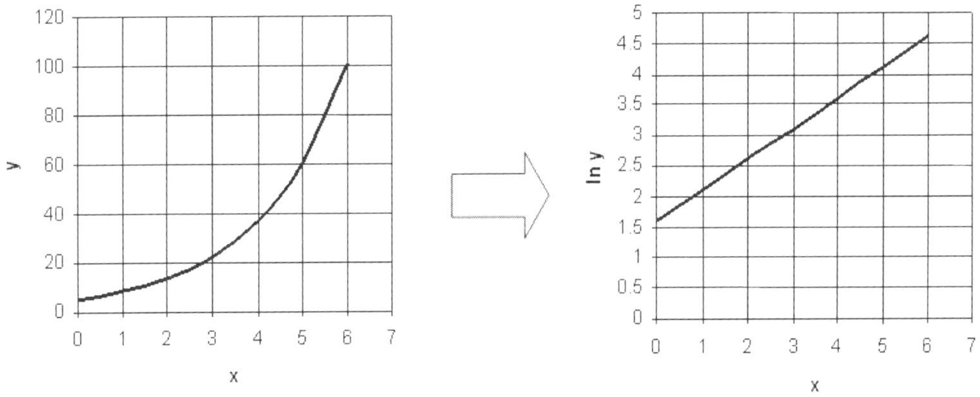

그림 2.5: 선형 관계에 대한 지수

$$\ln y = \ln a + bx \ln e = \ln a + bx \quad (\text{기울기}=b,\ y-\text{절편}=\ln a)$$

양 변에 역로그를 취하면

$$y = ae^{bx} \tag{2.10}$$

보기 2.5. 데이터 (x,y)=(1,1), (2,2), (3,4), (4,8.2), (5,16.6), 그리고 (6,33.3)에 대하여 x-y 관계를 가장 잘 나타내어 주는 지수식을 결정하여라.

y의 자연로그를 취하면 다음을 얻는다.

표 2.3: x, y, 및 $\ln y$ 값들의 요약

x	y	$\ln y$
1	1	0.00000
2	2.03	0.70804
3	4.08	1.40610
4	8.22	2.10657
5	16.56	2.80699
6	33.34	3.50676

선형 회귀 프로그램(프로그램 2.4)을 이용하면

$$\ln y = -0.697369 + 0.7x$$

를 얻는다. 양 변에 역로그를 취하면

$$y = 0.498e^{0.7x}$$

로그 방정식

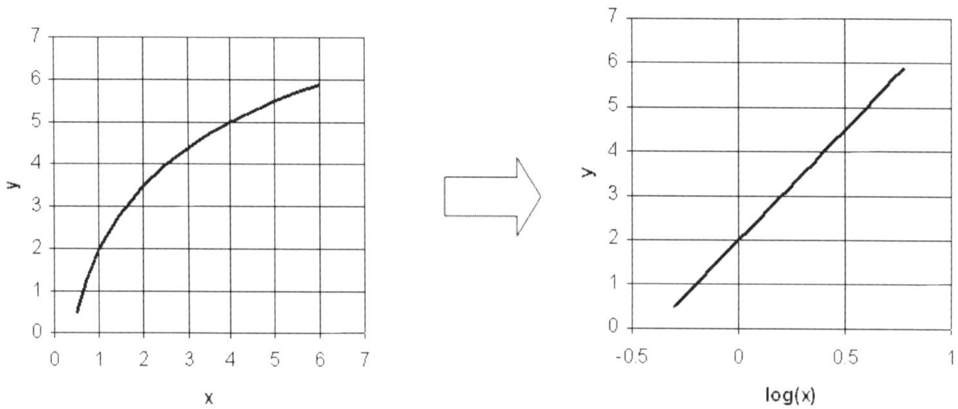

그림 2.6: 선형 관계에 대한 로그

$$y = a + b\log(x) \tag{2.11}$$

보기 2.6. 데이터 (x,y)=(1,1), (2,1.9), (3,2.43), (4,2.81), (5,3.1), 그리고 (6,3.33)에 대하여 x-y 관계를 가장 잘 나타내어 주는 로그 방정식을 결정하여라.

y의 log를 취하면 다음을 얻는다.

표 2.4: x, $\log(x)$ 및 y 값들의 요약

x	$\log(x)$	y
1	0	1
2	0.30103	1.9
3	0.477121	2.43
4	0.60206	2.81
5	0.69897	3.1
6	0.778151	3.33

선형 회귀 프로그램(프로그램 2.4)을 이용하면

$$y = 0.999248 + 3.0\log(x)$$

를 얻는다.

멱급수식

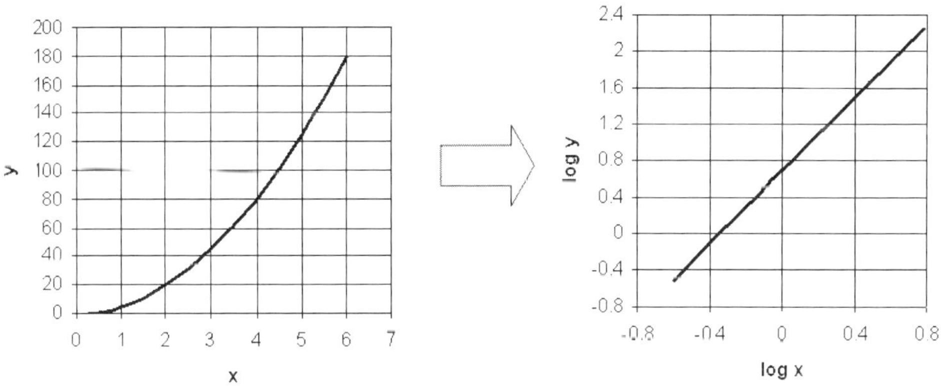

그림 2.7: 선형 관계에 대한 멱급수

$$\log y = \log a + b\log x \quad (\text{기울기}=\text{b},\ \text{y}-\text{절편}=\log a)$$

양 변에 역로그를 취하면

$$y - ax^b \tag{2.12}$$

보기 2.7. 데이터 (x,y)=(1,1), (2,2.83), (3,5.20), (4,8), (5,11.18), 그리고 (6,14.7)에 대하여 x-y 관계를 가장 잘 나타내어 주는 멱급수 방정식을 결정하여라.

x와 y의 log를 취하면 다음을 얻는다.

표 2.5: x, $\log(x)$, y **및** $\log(y)$ **값들의 요약**

x	$\log(x)$	y	$\log(y)$
1	0	1	0
2	0.30103	2.83	0.451786
3	0.477121	5.20	0.716003
4	0.60206	8	0.90309
5	0.69897	11.18	1.048442
6	0.778151	14.7	1.167317

선형 회귀 프로그램(프로그램 2.4)을 이용하면

$$\log(y) = 0.000127 + 1.499958\log(x)$$

를 얻는다. 양 변에 역로그를 취하면

$$y = 1.000127x^{1.499958}$$

가 된다.

포화율 방정식

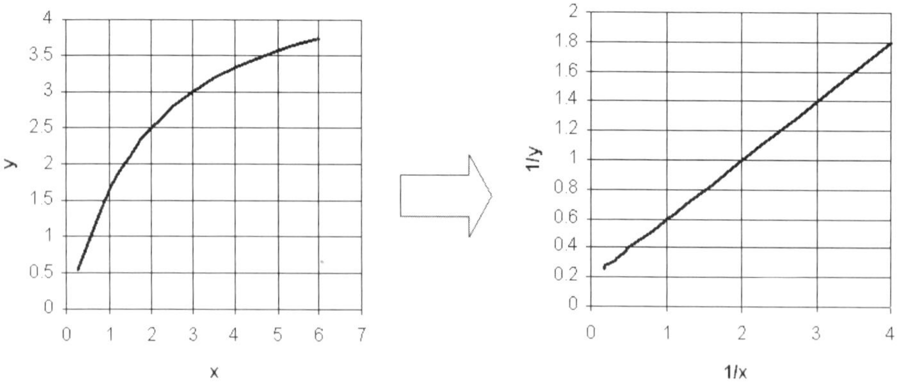

그림 2.8: 선형 관계에 대한 포화율

$$\frac{1}{y}=\frac{1}{a}+\frac{b}{ax}\quad(\text{기울기}=\frac{b}{a},\ \text{y-절편}=\frac{1}{a})$$

양 변의 역을 취하면

$$y=\frac{ax}{b+x} \tag{2.13}$$

를 얻는다.

보기 2.8. 데이터 (x,y)=(1,0.38), (2,0.6), (3,0.75), (4,0.86), (5,0.94), 그리고 (6,1)에 대하여 x-y 관계를 가장 잘 나타내어 주는 포화율 방정식을 결정하여라.

x와 y의 역을 취하면 다음을 얻는다.

표 2.6: x, $\log(x)$, y **및** $\log(y)$ **값들의 요약**

x	$1/x$	y	$1/y$
1	1	0.38	2.666667
2	0.5	0.6	1.666667
3	0.333333	0.75	1.333333
4	0.25	0.86	1.166667
5	0.2	0.94	1.066667
6	0.166667	1	1

선형 회귀 프로그램(프로그램 2.4)을 이용하면

$$\frac{1}{y}=0.666667+\frac{2}{x}$$

를 얻는다. 양 변의 역을 취하면

$$y=\frac{1.5x}{3+x}$$

가 된다.

다항식 회귀

선형 회귀가 만족스럽지 않은 경우에는 고차의 다항식 회귀가 필요할 수 있다. 다항식 회귀를 통하여 데이터를 나타내기에 가장 적합한 최선의 다항식 곡선을 구할 수 있다.

데이터를 다음과 같은 n차의 다항식에 맞추는 데에는 최소자승 방법이 적용될 수 있다.

$$y = a_0 + a_1 x + a_2 x^2 + \cdots + a_n x^n$$

각각의 데이터 점에 대하여 독립변수 x와 관계식에 의하여 예측되는 종속변수 y 값들이 존재한다; a_0, a_1, a_2, $\cdots$, a_n들은 데이터 분석을 통하여 그 값들이 정해지는 파라미터들이다. 따라서 m 개의 데이터들이 있다면 각각에 대하여 다음과 같은 다항 관계식을 쓸 수 있다:

$$\begin{aligned}
y_0 &= a_0 + a_1 x_0 + a_2 x_0^2 + \cdots + a_n x_0^n \\
y_1 &= a_0 + a_1 x_1 + a_2 x_1^2 + \cdots + a_n x_1^n \\
y_2 &= a_0 + a_1 x_2 + a_2 x_2^2 + \cdots + a_n x_2^n \\
&\vdots \\
y_{m-1} &= a_0 + a_1 x_{m-1} + a_2 x_{m-1}^2 + \cdots + a_n x_{m-1}^n
\end{aligned}$$

다항식의 각 계수들에 대하여 미분하고 이를 0으로 둘 수 있다. 좀 더 진행하면 다음과 같은 정규 방정식들을 얻을 수 있다:

$$\begin{aligned}
a_0 m + a_1 \sum x_i + a_2 \sum x_i^2 + \cdots + a_n \sum x_i^n &= \sum y_i \\
a_0 \sum x_i + a_1 \sum x_i^2 + a_2 \sum x_i^3 + \cdots + a_n \sum x_i^{n+1} &= \sum x_i y_i \\
a_0 \sum x_i^2 + a_1 \sum x_i^3 + a_2 \sum x_i^4 + \cdots + a_n \sum x_i^{n+2} &= \sum x_i^2 y_i \\
&\vdots \\
a_0 \sum x_i^n + a_1 \sum x_i^{n+1} + a_2 \sum x_i^{n+2} + \cdots + a_n \sum x_i^{2n} &= \sum x_i^n y_i
\end{aligned} \tag{2.14}$$

a_0에서 a_n까지의 변수들은 선형 방정식 풀이방법을 적용하여 구할 수 있다. 다음 보기를 통하여 회귀에 의해 다항식이 얻어지는 방법을 살펴보기로 한다.

보기 2.9. 데이터 (x,y)=(1,1), (2,7), (3,11), (4,13), (5,15), (6,17), (8,20), (9,21), (10,22), 그리고 (11,23)을 가장 잘 나타내어 주는 2차 다항식을 구하여라.

표 2.7: x, y, x^2, x^3, x^4, xy, **그리고** x^2y **값들의 요약**

	x	y	x^2	x^3	x^4	xy	x^2y
	1	1	1	1	1	1	1
	2	7	4	8	16	14	28
	3	11	9	27	81	33	99
	4	13	16	64	256	52	208
	5	15	25	125	625	75	375
	6	17	36	216	1296	102	612
	7	19	49	343	2401	133	931
	8	20	64	512	4096	160	1280
	9	21	81	729	6561	189	1701
	10	22	100	1000	10000	220	2200
	11	23	121	1331	14641	253	2783
합계	66	169	506	4356	39974	1232	10218

$$\sum x_i = 66,\ \sum y_i = 169,\ \sum x_i y_i = 1232,\ \sum x_i^2 y_i = 10218,$$
$$\sum x_i^2 = 506,\ \sum x_i^3 = 4356,\ \sum x_i^4 = 39974$$
$$m = 11$$
$$11a_0 + 66a_1 + 506a_2 = 169$$
$$66a_0 + 506a_1 + 4356a_2 = 1232$$
$$506a_0 + 4356a_1 + 39974a_2 = 10218$$

이 식들을 풀면 다음과 같은 계수들을 얻는다:

$$a_0 = -1.739394,\quad a_1 = 4.387413,\quad a_2 = -0.200466$$

다항식으로 나타내면

$$y = -1.739394 + 4.387413x - 0.200466x^2$$

와 같다.

프로그램 2.5: 다항식 회귀 프로그램

```
#include<stdio.h>
#include<stdlib.h>
int main()
 {
  int r,c,num,i,j,deg,n,k;  /* 정수로 선언 */
  double a[40][40],b[40],yval[20],xval[20];
  double d,x[40],e1,sumx[20],sumxy[20],tempx;
  printf("\nEnter the order of polynomial: ");
  scanf("%d",&deg);
  /* 다항식 차수와 x, y를 입력 */
  printf("Enter the number of x and y pairs: ");
  scanf("%d",&n);
  /* 주어진 n에 대하여 x와 y를 입력 */
  for(i=0;i<n;i++)
  {
   printf("\nEnter x: ");
   scanf("%lf",&xval[i]);
   printf("Enter y: ");
   scanf("%lf",&yval[i]);
  }
  /* 모든 계수들과 식 (2.14)의 우변 상수들의 초기화 계산 */
  for(j=0;j<((2*deg)+1);j++)
  {
   sumx[j]=0;
   sumxy[j]=0
   tempx=1;
   for(i=0;i<n;i++)
   {
    for(k=0;k<(j+1);k++)
    {
     if (k==0) tempx=1;
     else tempx=tempx*xval[i];
    }
    sumx[j]=sumx[j]+tempx;
    sumxy[j]=sumxy[j]+(tempx*yval[i]);
   }
  }
  num=deg+1;
  for (r=0; r<num; r++)
  {
   for (c=0; c<num; c++)
```

```
    {
     a[r][c]=sumx[r+c];
    }
   b[r]=sumxy[r];
   x[r]=0;
  }
  /* 역행렬과 곱 계산을 통하여 선형 방정식 (2.14)를 풀이 */
  for(r=0;r<num;r++)
  {
   d=-1/a[r][r];
   for(c=0;c<num;c++)
   {
    if (c==r)(c++);
    a[r][c]=a[r][c]*d;
   }
   d=-d;
   for(i=0;i<num;i++)
   {
    if(i==r)(i++);
    e1=a[i][r];
    for(c=0;c<num;c++)
    {
     if(c==r)(a[i][r]=a[i][r]*d);
     else(a[i][c]=a[i][c]+a[r][c]*e1);
    }
   }
   a[r][r]=d;
  }
  for(i=0;i<num;i++)
  {
   for(c=0;c<num;c++)
   x[i]=x[i]+b[c]*a[i][c];
  }
  printf("\nY = %lf + %lfX",x[0],x[1]);
  for(i=2;i<num;i++) printf("+ %lfX^%d",x[i],i);
  printf("\n");
  system("pause");
  return 0;
}
```

```
D:\Program Listing\PL2_5.exe

Enter the order of polynomial: 2
Enter the number of x and y pairs: 11

Enter x: 1
Enter y: 1

Enter x: 2
Enter y: 7

Enter x: 3
Enter y: 11

Enter x: 4
Enter y: 13

Enter x: 5
Enter y: 15

Enter x: 6
Enter y: 17

Enter x: 7
Enter y: 19

Enter x: 8
Enter y: 20

Enter x: 9
Enter y: 21

Enter x: 10
Enter y: 22

Enter x: 11
Enter y: 23

Y = -1.739394 + 4.387413X+ -0.200466X^2
Press any key to continue . . .
```

그림 2.9: 프로그램 2.5의 출력

통계적 분석을 통한 검증

상관계수와 계수의 결정

앞에서 언급한 바와 같이 다항식이 데이터를 잘 나타내어 주는지를 검증하는 한 가지 방법은 결정계수를 통한 방법이다.

먼저 종속변수(y)와 평균과의 차이에 대한 제곱의 합을 구하고 이를 S_t라고 이름붙인다. 이는 곡선맞춤 전에 존재하는 종속변수의 분산을 나타내는 양이다. 곡선맞춤을 수행하고 나면 회귀곡선 주위의 잔류의 제곱의 합인 S_r을 계산한다. 이는 곡선맞춤 후에 남아있는 분산을 나타낸다.

$$S_t = \sum(y - \bar{y})^2 \tag{2.15}$$

$$S_r = \sum(y - y_e)^2 \tag{2.16}$$

위에서 $\bar{y}$는 평균이며 y_e는 식으로부터 얻은 y 값이다. S_t와 S_r의 차이를 총 오차에 대하여 정규화시켜 다음을 얻는다:

$$r^2 = \frac{S_t - S_r}{S_t} \tag{2.17}$$

위에서 r^2는 결정계수이며 r은 상관계수이다. 곡선맞춤이 완전하다면 $S_r = 0$이고 $r^2 = 1$이다. 이는 이 조건에서 곡선식이 전적으로 유효함을 보여주는 것이다. 보기를 통하여 이를 살펴보기로 한다.

보기 2.10. 보기 2.9에서 얻은 식 $y = -1.739394 + 4.387413x - 0.200466x^2$의 상관계수와 결정계수를 구하여라. y는 보기 2.9에 주어진 실제 y 값과 같고 y_e는 앞의 다항식으로부터 얻은 y 값들이다.

표 2.8: $(y-\bar{y})^2$와 $(y-y_e)^2$를 얻기 위한 표

x	y	y_e	$(y-\bar{y})^2$	$(y-y_e)^2$
1	1	2.447553	206.314050	2.095410
2	7	6.233568	69.950413	0.587418
3	11	9.618651	19.041322	1.908125
4	13	12.602802	5.586777	0.157766
5	15	15.186021	0.132231	0.034604
6	17	17.368308	2.677686	0.135651
7	19	19.149663	13.223140	0.022399
8	20	20.530086	21.495868	0.280991
9	21	21.509577	31.768595	0.259669
10	22	22.088136	44.041322	0.007768
11	23	22.265763	58.314050	0.539104

$$\bar{y} = 15.363636, \quad S_t = 472.545455, \quad S_r = 6.028904$$

따라서 결정계수 r^2와 상관계수 r은 각각

$$r^2 = 0.987242, \quad r = 0.993600$$

와 같다.

추정 표준오차

y_e를 곡선식으로부터 유도된 y의 추정값이라고 한다면 회귀곡선 주위로의 분산을 나타내는 척도는 다음과 같이 나타낼 수 있다:

$$S_{y,x} = \sqrt{\frac{\sum(y-y_e)^2}{\nu}} \tag{2.18}$$

위에서 $S_{y,x}$는 추정치의 표준오차이다. 아래첨자 y,x는 오차가 특정한 x에 해당하는 예측된 y값에 대한 것임을 나타낸다. 분모 ν는 자유도 수로서 주어진 n개의 데이터 점들로부터 결정될 수 있다. 즉 선형식의 경우 $\nu = n-2$이며 2차식의 경우 $\nu = n-3$이다.

앞 절의 식 (2.16)에서 $\sum(y-y_e)^2$를 S_r로 나타내었으므로 식 (2.18)을

$$S_{y,x} = \sqrt{\frac{S_r}{\nu}} \tag{2.19}$$

와 같이 다시 쓸 수 있다.

최선의 곡선식을 선택함에 있어서는 추정치의 표준오차가 가장 작은 것을 선택한다. $S_{y,x}$가 0과 같다는 것은 곡선이 모든 데이터 점들을 지나며 따라서 주어진 점들에 대하여 최선의 접합임을 의미한다.

보기 2.11 보기 2.9에 주어진 자료로부터 식 $y = -1.739394 + 4.387413x - 0.200466x^2$의 표준 추정오차 $S_{y,x}$를 구하여라.

표 2.8을 이용하여 S_r을 구할 수 있다. 다른 값들을 식 (2.19)에 대입하면

$$S_{y,x} = \sqrt{\frac{S_r}{n-3}} = \sqrt{\frac{6.028904}{8}} = 0.868109$$

를 얻는다.

요령 결정계수(r^2)와 표준 추정오차($S_{y,x}$)의 계산에서 상충되는 결과가 얻어지는 경우 데이터 점들을 더 많이 취하면 이러한 비일관성 문제를 해결할 수 있다. 계산중에 상식적인 감각을 무시하면 안된다.

유의성(有意性) 테스트

유의성 테스트는 데이터로부터 얻은 모델의 적합성 정도를 알아보기 위해 수행된다. 이를 통하여 유도된 선형식이나 다항식의 의미를 평가할 수 있다. 이 테스트에서는 샘플 상관계수 r에 의하여 추정된 개체 상관계수가 0과 같은지의 여부를 결정한다. r 값이 1에 근접하면 모델에서 생성된 데이터와 제공된 실제 데이터 사이에 강한 연관성이 존재한다. 그러나 r이 0에 근접하면 연관성은 거의 존재하지 않게 된다. 이는 선형식이나 다항식의 사용 여부를 결정하는 데에 도움이 된다.

일반적으로 학생의 t 분산을 포함하는 통계가 사용될 수 있다:

$$t = \frac{r\sqrt{\nu}}{\sqrt{1-r^2}} \tag{2.20}$$

위에서 ν는 자유도(i차 다항식의 경우 $\nu = n-(i+1)$), r^2는 결정계수, 그리고 r은 상관계수이다. 회귀에서 유의성에 대한 t-테스트에 의하여 검정되는 전제들은 다음과 같다:

H_0: 상관계수가 0이다; 유도된 식으로부터 얻은 값들과 제공된 실제 데이터 사이에 아무런 상관관계가 존재하지 않는다.

H_1: 상관계수가 0이 아니다; 유도된 식으로부터 얻은 값들과 제공된 실제 데이터 사이에 상관관계가 존재한다.

$t \leq t_{critical}$이면 H_0을 취하지만 $t > t_{critical}$이면 이를 취하지 않는다. $t_{critical}$은 주어진 자유도와 퍼센트(%) 신뢰구간을 이용하는 학생의 t 분산표(부록 J)를 사용하여 얻을 수 있다.

H_0를 취하지 않는다는 것은 회귀모델(유도된 식)이 독립변수에 근거한 종속변수의 변동을 나타내어 주는 것으로 간주하는 것이기 때문에 이를 취하지 않는 것이 바람직하다. 따라

서 식으로부터 얻은 값들을 이용 가능하다고 결론지을 수 있다.

보기 2.9를 다시 고려하여 보자. 이전의 계산으로부터 다음을 얻었다:

$$\nu = 8,\ r^2 = 0.987242,\ r = 0.993600,\ t = \frac{r\sqrt{\nu}}{\sqrt{1-r^2}} = \frac{0.9936\sqrt{8}}{\sqrt{1-0.987242}} = 24.881$$

부록 J로부터 5.04의 $t_{critical}(\nu = 8$, 유의도=0.001, 혹은 신뢰수준=99.95%)을 얻었으며 $t > t_{critical}$이므로 H_0를 취하지 않는다. 따라서 식 $y = -1.739394 + 4.387413x - 0.200466x^2$는 보기에서 제공되는 x-y 값들을 나타내는 데에 사용될 수 있다고 결론지을 수 있다.

안짐작 분석

때로는 정밀한 데이터 점들 사이의 값들을 추정할 필요가 있다. 이를 위해 가장 널리 사용되는 방법은 안짐작이다. 이 절에서는 선형 안짐작과 Lagrange 다항식 안짐작의 두 가지를 다루고 있다.

선형 안짐작

가장 간단한 안짐작 형태는 두 데이터 점들을 직선으로 연결하는 방법이다. 이 기법은 선형 안짐작이라고 불리며 다음 식으로 나타낼 수 있다:

$$\frac{y-y_0}{x-x_0} = \frac{y_i-y_0}{x_i-x_0}$$

이를 다시 정리하면

$$y = y_0 + \frac{y_i-y_0}{x_i-x_0}(x-x_0) \tag{2.21}$$

일반적으로 데이터 점들 사이의 간격이 작을수록 더 우수한 근사값이 얻어진다.

보기 2.12. 수증기의 포화온도와 이에 해당하는 압력이 주어졌을 때 212°F에서 수증기가 포화되는 압력을 구하여라. 14.123 psia에서의 수증기 포화온도는 210°F이며 15.561 psia에서의 수증기 포화온도는 215°F이다.

선형 안짐작을 통하여 수증기 온도가 212°F일 때 압력에 대하여 풀 수 있다:

$$\text{압력(psia)} = 14.123 + \frac{15.561 - 14.123}{215 - 210}(212 - 210) = 14.6982$$

프로그램 2.6: 선형 안짐작 프로그램

```
#include <stdio.h>
#include <stdlib.h>
int main()
{
 int n,i;
 double x[2],y[2],ansy,valx;
 printf("\nEnter two (2) x and y pairs");
 n = 2;
 ansy=0;
 /* 두 쌍의 x와 y 값들을 입력 */
 for(i=0;i<n;i++)
 {
  printf("\nEnter x: ");
  scanf("%lf",&x[i]);
  printf("Enter y: ");
  scanf("%lf",&y[i]);
 }
 printf("\nEnter the value of x for interpolation: ");
 scanf("%lf",&valx);
 /* 식 (2.21)에 의한 계산을 수행 */
 ansy = y[0] + (((y[1]-y[0])/(x[1]-x[0]))*(valx-x[0]));
 printf("\nThe interpolated value is: %lf\n",ansy);
 system("pause");
 return 0;
}
```

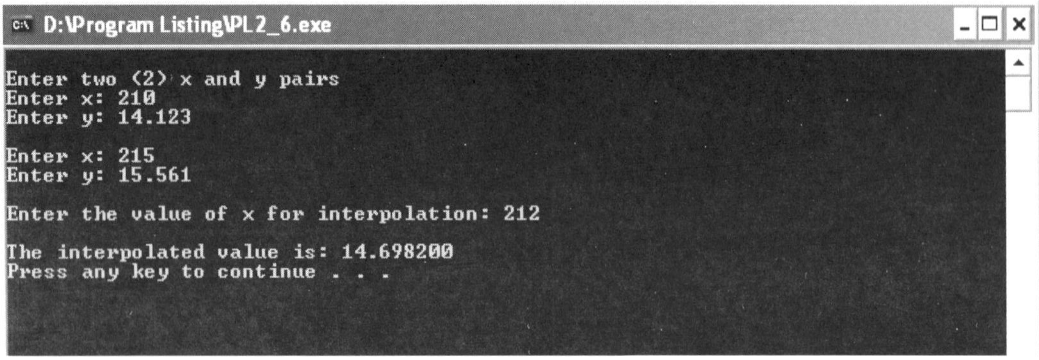

그림 2.10: 프로그램 2.6의 출력

Lagrange 다항식 안짐작

선형적으로 나타낼 수 없는 데이터의 경우 Lagrage 다항식 안짐작을 이용할 수 있다. 이 안짐작 방법은 균일하게, 혹은 불규칙적으로 나열된 데이터에 모두 적용될 수 있다. 회귀와는 달리 방정식을 풀어 다항식을 구할 필요는 없다. 또한 컴퓨터 프로그램을 작성함으로써 보다 고차의 다항식을 처리한다고 하더라도 상당한 양의 계산이 컴퓨터에 의하여 이루어지게 된다.

Lagrange 안짐작 다항식은 다음과 같이 간결하게 나타낼 수 있다:

$$y = \sum_{i=0}^{n} L_i(x) y_i \tag{2.22}$$

위에서

$$L_i(x) = \prod_{j=0, j \neq i}^{n} \frac{x - x_j}{x_i - x_j} \tag{2.23}$$

이다. $\prod$는 식의 곱을 나타낸다. 보기를 살펴보기로 하자.

보기 2.13. 4쌍의 x와 y값들이 (x,y)=(0,0), (0.02,0.134), (0.08,0.365), 그리고 (0.15,0.517)와 같이 주어졌다고 하자. x=0.06일 때 y 값을 구하여라.

$$L_0(0.06)=\frac{0.06-0.02}{0-0.02}\times\frac{0.06-0.08}{0-0.08}\times\frac{0.06-0.15}{0-0.15}=-0.3$$
$$L_1(0.06)=\frac{0.06-0}{0.02-0}\times\frac{0.06-0.08}{0.02-0.08}\times\frac{0.06-0.15}{0.02-0.15}=0.6923$$
$$L_2(0.06)=\frac{0.06-0}{0.08-0}\times\frac{0.06-0.02}{0.08-0.02}\times\frac{0.06-0.15}{0.08-0.15}=0.6428$$
$$L_3(0.06)=\frac{0.06-0}{0.15-0}\times\frac{0.06-0.02}{0.15-0.02}\times\frac{0.06-0.08}{0.15-0.08}=-0.0352$$
$$y=(-0.3)(0)+(0.6923)(0.134)+(0.6428)(0.365)+(-0.0352)(0.517)=0.309232$$

이 알고리듬은 쉽게 프로그램으로 만들 수 있다. 프로그램 2.7은 Lagrange 다항식을 계산하는 프로그램이다.

프로그램 2.7: Lagrange 다항식 안짐작 프로그램

```
#include <stdio.h>
#include <stdlib.h>
#include <conio.h>
int main()
{
 int i,j,n;
 double xval, yval, x[20], y[20],L[20];
 /* res를 문자로 선언하고 n으로 초기화 */
 char res;
 res='n';
 /* x와 y 쌍을 입력하고 이를 변수 n에 저장 */
 printf("\nEnter number of x and y pairs: ");
 scanf("%d",&n);
 for(i=0;i<n;i++)
 {
  printf("\nEnter x[%d]: ",i);
  scanf("%lf",&x[i]);
  printf("Enter y[%d]: ",i);
  scanf("%lf",&y[i]);
 }
 do{
   /* 미지 종속변수 y에 대한 주어진 x를 입력 */
   printf("\nEnter value of x for unknown y: ");
   scanf("%lf",&xval);
   yval=0.0;
   /* 식 (2.22)와 (2.23)을 계산 */
   for(i=0;i<n;i++)
```

```
    {
     L[i]=1;
     for(j=0;j<n;j++)
     {
      if (j!=i) L[i]=L[i]*((xval-x[j])/(x[i]-x[j]));
     }
     yval=yval+(L[i]*y[i]);
    }
    printf("\nThe value of y is %lf",yval);
    printf("\nTry again (y/n)?\n");
    res=getch();
 }while(res=='Y' || res=='y');
 system("pause");
 return 0;
}
```

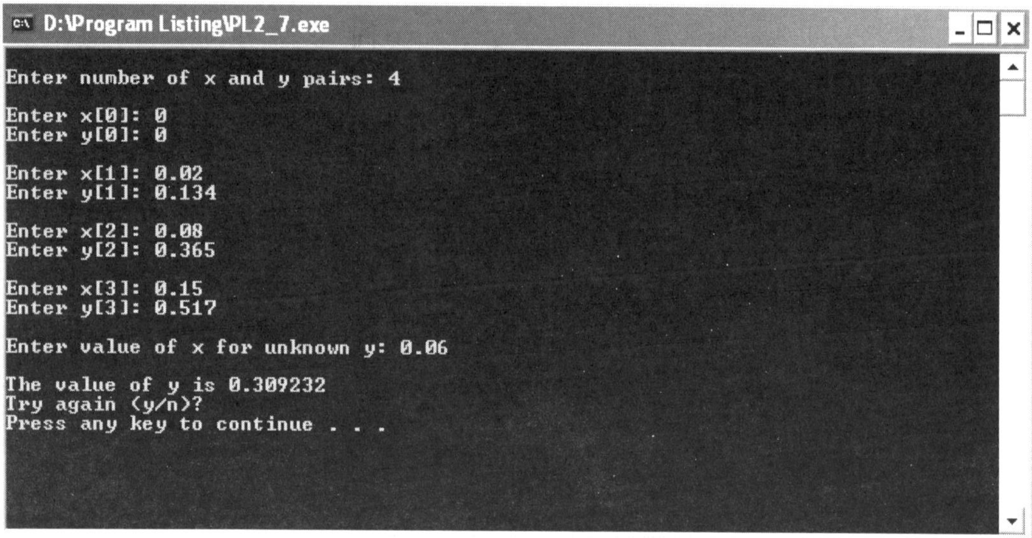

그림 2.11: 프로그램 2.7의 출력

선형 계획법

선형 계획법(혹은 최적화)은 수많은 경우들로부터 가능한 최선의 방법으로 제한된 경우들만의 할당을 필요로 하는 문제를 나타내기 위한 수학적 모델을 이용한다. 선형 계획법에 따른 최적화 문제의 효율적인 풀이법은 심플렉스(simplex) 방법이다.

심플렉스 방법

심플렉스 방법은 원하는 결과가 얻어질 때까지 반복되는 조직적인 풀이과정을 따른다. 이 방법은 변수들을 행렬 형태로 이용하는데 최적해는 선형 방정식들의 극점들 가운데 어느 하나가 되며 가능한 해 영역의 극점으로부터 시작하여 반복과정을 이용하여 그 최적해 점을 찾아나간다.

기본적인 형태는 다음과 같이 나타낼 수 있다:

$$z = c_1x_1 + c_2x_2 + c_3x_3 + \cdots + c_nx_n$$

여기에서 z는 목적함수이고 c는 목적함수의 계수들이다. 임의의 수의 제약조건들(등식이나 부등식)이 제공될 수 있지만 심플렉스 방법은 제약조건들이 하나의 최대값으로 제한되는 경우들만을 고려하며 x들은 양의 값을 갖는다.

$$a_{11}x_1 + a_{12}x_2 + a_{13}x_3 + \cdots + a_{1n}x_n \le b_1$$

목적함수가 최소화되는 경우에는 b는 음수가 될 것이다.

심플렉스 방법은 부등식 제약조건들을 대등한 등식 제약조건들로 전환시키는 것으로부터 시작한다. 이러한 전환은 이완(slack) 변수들을 이용하여 이루어지는데 이로부터 모델의 확장된 형태가 얻어진다.

$$a_{11}x_1 + a_{12}x_2 + a_{13}x_3 + \cdots + a_{1n}x_n + x_{n+m} = b_1$$

얻어진 새로운 형태는 대수처리 및 극점을 인식하는 것이 더욱 편리하다.

이로부터 심플렉스 표라고 불리는 행렬표가 구성된다:

표 2.9: 심플렉스 표

z	x_1	x_2	x_3	x_4	x_5		
1	$-c_1$	$-c_2$	$-c_3$	0	0	0	1행
0	a_{11}	a_{12}	a_{13}	1	0	b_1	2행
0	a_{21}	a_{22}	a_{23}	0	1	b_2	3행

표를 보면서 1행에서 절대값이 가장 큰 음의 계수에 해당되는 변수를 선택하고 x의 계수들의 열을 피봇열이라고 표시한다. 상수 열의 각 수를 피봇열의 해당되는 수로 나누는데 0이나 음수는 무시한다. 몫이 가장 작은 피봇행을 피봇수로 나타내는데 이는 피봇행과 피봇열의 교차점이 된다.

다음에 피봇행을 피봇수로 나누는 것으로 피봇연산을 수행한다. 각각의 비제한 행에 대하여 새로 전환된 피봇행에 비제한 행의 피봇열의 음의 계수를 곱하여 준다. 그 결과를 비제한 행에 더하여 준다. 모든 계수들이 음수가 안될 때까지 1행에서 절대값이 가장 큰 음의 계수를 찾는 과정을 반복한다. 그러면 최적해가 얻어진다. 다음의 보기를 살펴보기로 하자.

보기 2.14. $z = 80x_1 + 100x_2$**(목적함수)를 최대화시켜라.**

제약조건:

$$0.5x_1 + 0.5x_2 \le 25$$
$$0.2x_1 + 0.6x_2 \le 10$$
$$0.8x_1 + 0.4x_2 \le 14$$

$$x_1 \ge 0,\ x_2 \ge 0$$

+

이완변수들을 도입하여 부등식 제약조건들을 등식으로 전환시킨다:

$$0.5x_1 + 0.5x_2 + x_3 = 25$$
$$0.2x_1 + 0.6x_2 + x_4 = 10$$
$$0.8x_1 + 0.4x_2 + x_5 = 14$$

심플렉스 표를 구성한다:

표 2.10: 초기 심플렉스 표

z	x_1	x_2	x_3	x_4	x_5		
1	-80	-100	0	0	0	0	
0	0.5	0.5	1	0	0	25	→ 25/0.5=50
0	0.2	0.6	0	1	0	10	→ 10/0.6=16.67
0	0.8	0.4	0	0	1	14	→ 14/0.4=35

표로부터 −100은 절대값이 가장 큰 음수이며 가장 작은 몫은 16.67이다. 이로부터 피봇열과 피봇행의 위치가 정해진다(진하게 칠해진 영역). 따라서 피봇수는 0.6이다.

다음 단계에서는 피봇 연산을 수행한다. 피봇행(3행)으로부터

- 3행: [0.2/0.6=0.33], [0.6/0.6=1], [0/0.6=0], [1/0.6=1.66], [0/0.6=0], [10/0.6=16.66]
- 1행: [−80+(100)(0.33)=−46.66], [−100+(100)(1)=0], [0+(100)(0)=0], [0+(100)(1.66)=166.6], [0+(100)(0)=0], [0+(100)(16.66)=1666.66]
- 2행: [0.5−(0.5)(0.33)=0.66], [0.5−(0.5)(1)=0], [1−(0.5)(0)=1], [0−(0.5)(1.67)=−0.83], [0−(0.5)(0)=0], [25−(0.5)(16.66)=16.66]
- 4행: [0.8−(0.4)(0.33)=0.66], [0.4−(0.4)(1)=0], [0−(0.4)(0)=0], [0−(0.4)(1.66)=−0.66], [1−(0.4)(0)=1], [14−(0.4)(16.67)=7.33]

이로부터 새로운 심플렉스 표가 얻어진다.

표 2.11: 두 번째 심플렉스 표

z	x_1	x_2	x_3	x_4	x_5		
1	-46.66	0	0	166.6	0	1666.66	
0	0.66	0	1	-0.83	0	16.66	→ 16.66/0.66=25
0	0.33	1	0	1.66	0	16.66	→ 16.66/0.33=50
0	0.66	0	0	-0.66	1	7.33	→ 7.33/0.66=11

절대값이 가장 큰 음의 값은 −46.66이므로 이 값의 위치가 새로운 피봇열이 되며 몫이 가장 적은 피봇행은 4행이다.

새로운 피봇행(4행)으로부터

- 4행: [0.66/06.6=1], [0/0.66=0], [0/0.66=0], [−0.66/0.66=−1], [1/0.66=1.5], [7.33/0.66=11]
- 1행: [−46.66+(46.66)(1)=0], [0+(46.66)(0)=0], [0+(46.66)(0)=0], [166.66+(46.66)(−1)=120], [0+(46.66)(1.5)=70], [1666.66+(46.66)(11)=2180]
- 2행: [0.66−(0.66)(1)=0], [0−(0.66)(0)=0], [1−(0.66)(0)=1], [−0.83−(0.66)(−1)=−16], [0−(0.66)(1.5)=−1],

[16.66−(0.66)(11)=9.33]

- 3행: [0.33−(0.33)(1)=0], [1−(0.33)(0)=1], [0−(0.33)(0)=0], [1.66−(0.33)(−1)=2], [0−(0.33)(1.5)=−0.5], [16.66−(0.33)(11)=13]

연산을 다시 수행하여 최종적인 표를 얻는다:

표 2.12: 최종 심플렉스 표

z	x_1	x_2	x_3	x_4	x_5	
1	0	0	0	120	70	2180
0	0	0	1	-0.16	-1	9.33
0	0	1	0	2	-0.5	13
0	1	0	0	-1	1.5	11

이는 최적해로서 $x_1 = 11$, $x_2 = 13$이며 z=2180이다.

프로그램 2.8: 심플렉스 방법 프로그램

```
#include <stdio.h>
#include <stdlib.h>
#include <math.h>
int main()
{
 int nc,ne,nopt,pivot1,pivot2,xerr=0,i,j;
 double cf1,cf2,simtab[20][20],flag,aux,xmax;
 char res;
 printf("\n LINEAR PROGRAMMING - SIMPLEX METHOD\n\n");
 printf("<A> Maximize or <B> Minimize: ");
 scanf("%c",&res);
 printf("\n Enter Number of Variables in Objective Function: ");
 scanf("%d",&ne);
 printf(" Enter Number of Constraints: ");
 scanf("%d",&nc);
 if (res == 'A' || res=='a')
  cf1 = 1.0;
 else
  cf1 = -1.0;
 printf("\n Enter Coefficients of Function:\n");
 for (j = 1; j<=ne; j++)
```

```
{
 printf("\tCoefficient #%d = ",j);
 scanf("%lf",&cf2);
 simtab[1][j+1] = cf2 * cf1;
}
cf2=0;
simtab[1][1] = cf2 * cf1;
for (i = 1; i<=nc; i++)
{
 printf("\n Constraint #%d:\n",i);
 for (j = 1; j<=ne; j++)
 {
  printf("\tCoefficient #%d = ",j);
  scanf("%lf",&cf2);
  simtab[i + 1][j + 1] = -cf2;
 }
 printf("\tValue at right side = ");
 scanf("%lf",&simtab[i+1][1]);
}
printf("\n________________________\n\n");
/* 행렬 피봇 연산을 수행 */
for(j=1; j<=ne; j++)  simtab[0][j+1] = j;
for(i=ne+1; i<=ne+nc; i++)  simtab[i-ne+1][0] = i;
do{
  xmax = 0.0;
  for(j=2; j<=ne+1; j++)
  {
   if (simtab[1][j] > 0.0 && simtab[1][j] > xmax)
   {
    xmax = simtab[1][j];
    pivot2 = j;
   }
  }
  flag = 1000000.0;
  for (i=2; i<=nc+1; i++)
  {
   if (simtab[i][pivot2] < 0.0)
    {
     aux = fabs(simtab[i][1] / simtab[i][pivot2]);
     if (aux < flag)
     {
      flag = aux;
      pivot1 = i;
```

```
    }
   }
  }
  aux = simtab[0][pivot2];
  simtab[0][pivot2] = simtab[pivot1][0];
  simtab[pivot1][0] = aux;
/* 소서법에 근거한 수학 루틴을 수행 */
for (i=1; i<=nc+1; i++)
  {
   if (i != pivot1)
   {
    for (j=1; j<=ne+1; j++)
    {
     if (j != pivot2) simtab[i][j] -= simtab[pivot1][j] * ...
        simtab [i][pivot2] /
           simtab[pivot1][pivot2];
    }
   }
  }
  simtab[pivot1][pivot2] = 1.0 / simtab[pivot1][pivot2];
  for (j=1; j<=ne+1; j++)
  {
   if (j != pivot2) simtab[pivot1][j] *= fabs(simtab[pivot1][pivot2]);
  }
  for (i=1; i<=nc+1; i++)
  {
   if (i != pivot1) simtab[i][pivot2] *= simtab[pivot1][pivot2];
  }
  /* 최적해인지를 조사 */
  for (i=2; i<=nc+1; i++)
  if (simtab[i][1] < 0.0)  xerr = 1;
  nopt = 0;
  if (xerr != 1)
  {
   for (j=2 j<=ne+1; j++)
   if (simtab[1][j] > 0.0)  nopt = 1;
  }
 }while(nopt==1);
 if (xerr == 0)
 {
  for (i=1; i<=ne; i++)
  for (j=2; j<=nc+1; j++)
  {
```

```
       if (simtab[j][0] == 1.0*i)
       printf(" Variable #%d: %f\n",i,simtab[j][1])
      }
     printf("\nValue of Objective: %f\n",simtab[1][1]);
    }
   else printf("No Feasible Solution.\n");
   system("pause");
   return 0;
 }
```

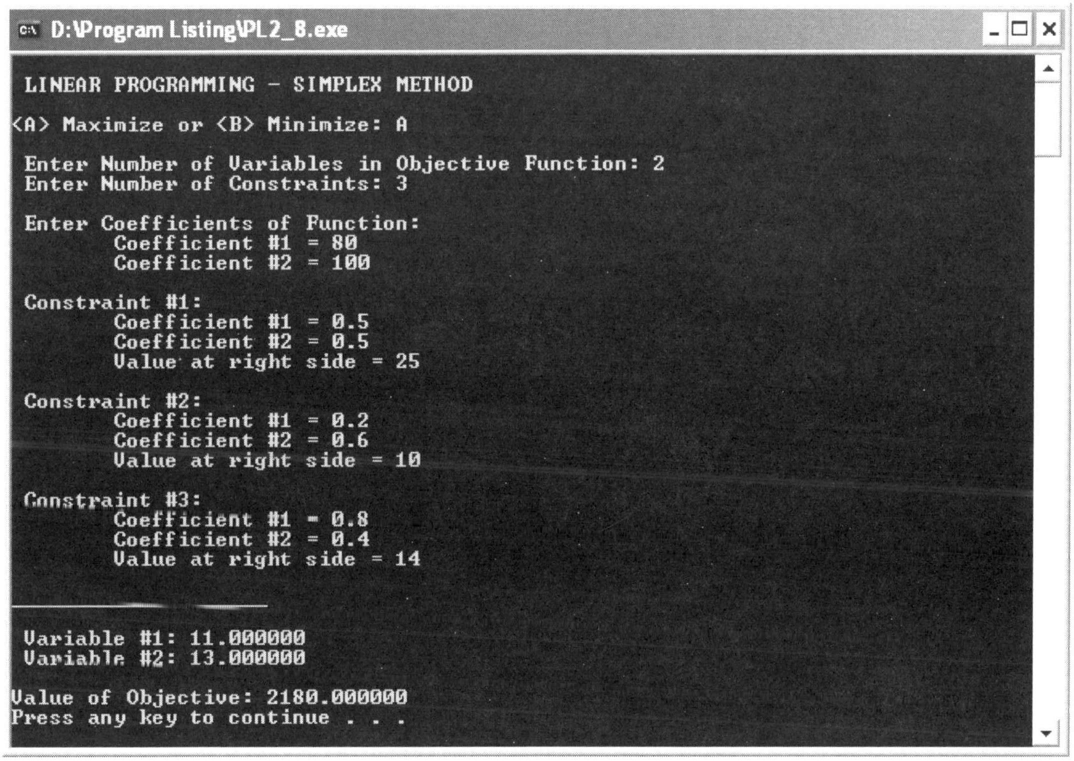

그림 2.12: 프로그램 2.8의 출력

연습문제

1. Gauss-Seidel 프로그램(프로그램 2.3)을 변경하여 Jacobi 방법을 이용하도록 하여보라. 다음의 선형 방정식 풀이에서 요구되는 반복계산 횟수들을 서로 비교하여 보라.

1) $8x_1 + 3x_2 + 4x_3 = 231$
$2x_1 + 9x_2 + 3x_3 = 143$
$3x_1 + 8x_2 + 7x_3 = 264$

2) $4x_1 + x_2 + 6x_3 = 195$
$5x_1 + 2x_2 + 7x_3 = 209$
$4x_1 + 7x_2 + 5x_3 = 199$

2. 순수한 반응물 A의 유량을 시간당 15리터로 하고 촉매의 양을 여러 가지로 변화시켜 가면서 관 흐름 반응기에서 촉매반응 $A \to 4R$ 을 조사하고 있다. 속도식 $4\ln\left(\frac{1}{1-x_A}\right) - 3x_A = k\left(\frac{V_r}{15}\right)$에 근거한 분석결과는 아래 표와 같다. 선형회귀를 이용하여 기울기 k((리터-유체)/(리터-촉매)(hr))를 구하여라. r^2와 $S_{y,x}$를 구하여 적합도를 판명하여 보라.

$V_r/15$ (리터-촉매)(hr)/(리터-유체)	$4\ln(1/1-x_A)-3x_A$
0.001	0.0726
0.002	0.1817
0.004	0.3720
0.006	0.5585
0.008	0.7479

3. 16개까지의 식과 미지수들을 받아들일 수 있도록 Gauss-Jordan 프로그램(프로그램 2.2)을 변경하여라. 다음과 같은 방정식들을 풀어서 변경된 프로그램을 시험하여 보라:

$$
\begin{aligned}
&6x_1+2x_2+7x_3+2x_4+4x_5+2x_6+5x_7+7x_8+8x_9+9x_{10}+4x_{11}+3x_{12}+6x_{13}+7x_{14}+8x_{15}+5x_{16}=479\\
&4x_1+9x_2+2x_3+5x_4+5x_5+8x_6+x_7+7x_8+4x_9+2x_{10}+8x_{11}+x_{12}+x_{13}+6x_{14}+3x_{15}+8x_{16}=393\\
&9x_1+4x_2+5x_3+x_4+6x_5+7x_6+x_7+5x_8+4x_9+5x_{10}+3x_{11}+8x_{12}+x_{13}+9x_{14}+6x_{15}+2x_{16}=401\\
&7x_1+2x_2+x_3+9x_4+x_5+8x_6+6x_7+4x_8+7x_9+9x_{10}+8x_{11}+6x_{12}+8x_{13}+7x_{14}+8x_{15}+5x_{16}=479\\
&2x_1+5x_2+8x_3+8x_4+5x_5+x_6+4x_7+5x_8+4x_9+x_{10}+7x_{11}+4x_{12}+4x_{13}+3x_{14}+3x_{15}+x_{16}=365\\
&8x_1+3x_2+3x_3+x_4+5x_5+6x_6+5x_7+9x_8+x_9+8x_{10}+6x_{11}+2x_{12}+7x_{13}+8x_{14}+8x_{15}+4x_{16}=461\\
&9x_1+7x_2+9x_3+2x_4+8x_5+9x_6+9x_7+3x_8+4x_9+7x_{10}+5x_{11}+4x_{12}+5x_{13}+6x_{14}+4x_{15}+7x_{16}=521
\end{aligned}
$$

$$
\begin{aligned}
&6x_1+9x_2+8x_3+4x_4+3x_5+x_6+3x_7+5x_8+2x_9+6x_{10}+9x_{11}+8x_{12}+3x_{13}+3x_{14}+7x_{15}+4x_{16}=418\\
&5x_1+x_2+3x_3+5x_4+2x_5+4x_6+9x_7+4x_8+7x_9+5x_{10}+6x_{11}+3x_{12}+4x_{13}+x_{14}+6x_{15}+8x_{16}=419\\
&x_1+5x_2+5x_3+8x_4+8x_5+5x_6+8x_7+9x_8+3x_9+2x_{10}+4x_{11}+6x_{12}+7x_{13}+8x_{14}+3x_{15}+7x_{16}=502\\
&8x_1+3x_2+6x_3+4x_4+7x_5+8x_6+2x_7+3x_8+2x_9+6x_{10}+7x_{11}+5x_{12}+8x_{13}+3x_{14}+x_{15}+5x_{16}=420\\
&2x_1+4x_2+5x_3+3x_4+8x_5+9x_6+7x_7+2x_8+9x_9+4x_{10}+5x_{11}+7x_{12}+x_{13}+2x_{14}+6x_{15}+6x_{16}=469\\
&5x_1+8x_2+6x_3+2x_4+x_5+7x_6+8x_7+2x_8+3x_9+7x_{10}+6x_{11}+9x_{12}+3x_{13}+x_{14}+7x_{15}+7x_{16}=438\\
&7x_1+7x_2+7x_3+x_4+6x_5+6x_6+2x_7+7x_8+4x_9+2x_{10}+3x_{11}+8x_{12}+8x_{13}+9x_{14}+6x_{15}+5x_{16}=450\\
&x_1+2x_2+x_3+5x_4+5x_5+5x_6+7x_7+3x_8+5x_9+x_{10}+6x_{11}+9x_{12}+6x_{13}+5x_{14}+2x_{15}+2x_{16}=394\\
&6x_1+x_2+2x_3+6x_4+4x_5+2x_6+3x_7+x_8+2x_9+5x_{10}+x_{11}+6x_{12}+3x_{13}+6x_{14}+5x_{15}+4x_{16}=287
\end{aligned}
$$

4. 주어진 세 점 $\{(x_0,y_0),\ (x_1,y_1),\ (x_2,y_2)\}$과 x 값으로부터 2차 안짐작을 수행하는 C 프로그램을 작성하고 식으로부터 미지의 y 값을 구하여라:

$$y = a_0 + a_1 x + a_2 x^2$$

위에서 $a_0 = b_0 - b_1 x_0 + b_2 x_0 x_1$, $a_1 = b_1 - b_2 x_0 - b_2 x_1$, $a_2 = b_2$이며 주어진 점들에 대하여

$$b_0 = y_0, \quad b_1 = \frac{y_1 - y_0}{x_1 - x_0}, \quad b_2 = \frac{\dfrac{y_2 - y_1}{x_2 - x_1} - \dfrac{y_1 - y_0}{x_1 - x_0}}{x_2 - x_0}$$ 이다.

제 3 장

물성치의 예측과 근사

그래프에 의한 풀이는 거의 언제나 시스템의 거동 특성을 파악하는 데에 이용된다. 다양한 물질들의 물성치들은 문헌에 그래프나 표로 제시되어 있다. 이 그래프나 표들로부터 특정한 값을 원하지만 이에 대한 정보를 직접 얻을 수 없는 경우에는 수학적인 계산을 이용한다. 이 장의 목적은 제 2장에서 익힌 것들을 적용하여 그래프에 의한 풀이를 컴퓨터 프로그램으로 쉽게 구성할 수 있는 수학식으로 전환시키는 데에 있다.

이 장에서는 다음을 포함하는 C 프로그램의 생성을 다룰 것이다:

상 평형

2성분 시스템

Antoine 식

벤젠-톨루엔 평형 시스템

포화 수증기 데이터

포화압력

밀도 및 비부피

엔탈피

엔트로피

습도

상대습도

이슬점

절대습도

Duhring 선(BPE)

NaOH-물 시스템

엔탈피-농도

NaOH-물 시스템

마찰인자

Reynolds 수와 마찰인자의 관계

CD 이 장에서 논의되는 모든 프로그램들은 CD-ROM에서 찾아볼 수 있다.

\Program Listings\Chapter 3\PL3_1.c 프로그램 3.1
\Program Listings\Chapter 3\PL3_2.c 프로그램 3.2
\Program Listings\Chapter 3\PL3_3.c 프로그램 3.3
\Program Listings\Chapter 3\PL3_4.c 프로그램 3.4
\Program Listings\Chapter 3\PL3_5.c 프로그램 3.5
\Program Listings\Chapter 3\PL3_6.c 프로그램 3.6
\Program Listings\Chapter 3\benz_tol.h 벤젠-톨루엔 헤더파일
\Program Listings\Chapter 3\humidity.h 습도 헤더파일
\Program Listings\Chapter 3\pipe.h 파이프 헤더파일
\Program Listings\Chapter 3\steam.h 수증기 헤더파일

상 평형

2성분 시스템

상 평형 시스템에서 데이터는 x 좌표(액상조성)와 y 좌표(기상조성)에 표시된다. 압력이 일정하다면 하나의 변수(이를테면 x)는 독립적으로 변할 수 있으며 다른 변수(온도 및 y)가 이를 따르게 된다. 이 데이터 점들을 그래프로 나타내면 평형곡선을 얻는다. 2성분 혼합물의 경우 평형관계는 하나의 곡선으로 나타난다.

2성분 시스템에 대한 상 평형 정보는 벤젠-톨루엔에 대하여 그림 3.1에 보인 바와 같이 x-y 그래프로 잘 나타낼 수 있다. 그러나 이러한 그래프를 그리려면 주어진 x 값들에 대하여 서로 다른 y 값들을 구할 필요가 있다. 이를 위한 한 가지 방법은 Antoine 식을 이용하는 것이다.

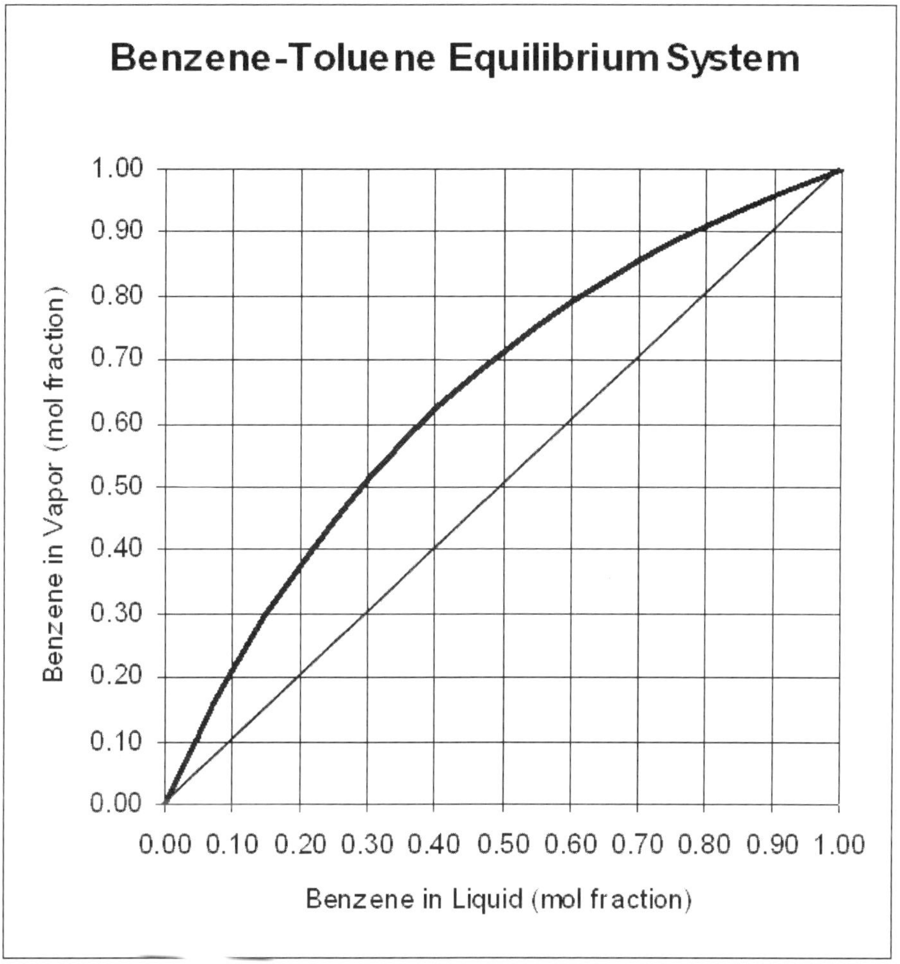

그림 3.1: 벤젠-톨루엔 상 평형 곡선.

Antoine 식

기-액 상 평형 시스템의 증기압-온도 계산에 널리 이용되는 Antoine 식은 다음과 같은 형태를 갖는다:

$$\log p_a^* = A_a - \frac{B_a}{T+C_a}, \quad \log p_b^* = A_b - \frac{B_b}{T+C_b} \tag{3.1}$$

2성분 시스템을 다루고 있음을 고려하면 이래첨자 a와 b는 각 성분을 나타낸다. a 성분의 액상 몰분율(x)이 주어지면 a의 분압(p_a)을 구할 수 있다.

$$p_a = xp_a^*, \quad p_b = (1-x)p_b^* \tag{3.2}$$

기상에서의 a 성분의 몰분율(y)은

$$y = \frac{p_a}{p_a + p_b} \tag{3.3}$$

로부터 얻어진다. x가 주어졌을 때 y를 구하는 알고리듬은 다음과 같다:

- x-y 관계에서 근거로 할 전압에 대한 일정한 값을 설정한다.
- 주어진 x에 대하여 온도(T)를 가정한다.
- 식 (3.1)을 이용하여 각 성분(a와 b)에 대한 $\log p^*$를 계산하고 이들로부터 역로그를 취하여 p_a^*와 p_b^*를 구한다. 각 물질에 대한 Antoine 식의 상수 A, B, 그리고 C 값들은 부록 I를 참조한다.
- 식 (3.2)를 이용하여 p_a와 p_b를 구한다.
- p_a와 p_b의 합을 구하고 이를 전압 값과 비교한다. 이들이 서로 같지 않으면 T를 다시 가정한다. 값들이 수렴할 때까지 이 과정을 반복한다.
- 최종적으로 올바른 온도(T)가 얻어지면 식 (3.3)을 이용하여 y를 계산한다.
- 다른 x 값들에 대하여 위의 과정을 반복하여 해당되는 y 값들을 얻는다.

보기 3.1. 벤젠-톨루엔 시스템에서 x가 0.0으로부터 1.0까지 0.1씩 증가할 때 y 값을 계산하여라. 각각의 x에 대하여 $p_a + p_b = 1.013$ bar가 되는 온도 T(K)를 구하여라.

부록 H로부터 다음과 같은 Antoine 상수들을 얻는다:

벤젠(a): A=4.72583, B=1660.652, C=−1.461
톨루엔(b): A=4.08245, B=1346.382, C=−53.508

$$\log p_a^* = 4.72583 - \frac{1660.652}{T-1.461}, \quad \log p_b^* = 4.08245 - \frac{1346.382}{T-53.508}$$

전압이 1.013 bar(1기압과 대등)로 주어졌다면 x=0에 대하여 T는 373K라고 가정한다.

이들을 위의 식에 대입하여 $\log p_a^* = 0.256$, $p_a^* = 10^{0.256} = 1.804$를 얻는다. 마찬가지로 하여 $\log p_b^* = -0.132$, $p_b^* = 10^{-0.132} = 0.738$을 얻는다.

x=0.0이므로 $p_a = xp_a = (0.0)(1.804) = 0.0$, $p_b = (1-x)p_b^* = (1.0)(0.738) = 0.738$ 이다. 두 분압의 합은 $p_a + p_b = 0.738$인데 이는 우리가 얻고자 하는 값인 1.013 bar와는 차이가 있다.

온도를 383K로 증가시키고 위의 과정을 반복한다. 새로 가정한 온도를 식에 대입하면 $\log p_a^* = 0.373$, $p_a^* = 10^{0.373} = 2.362$, 그리고 $\log p_b^* = -0.004$, $p_b^* = 10^{-0.004} = 0.991$을 얻는다. 새로운 p_a 및 p_b는 각각 0.0 및 0.991이며 이들의 합은 0.991로서 1.013 bar에 좀 더 근접하였다.

온도를 증가시켜 383.75K라고 가정하면 $p_a + p_b = 1.013$이 되는데 이는 원하는 압력과 동일하다. 이로부터 이 온도에서의 y 값을 구한다:

$$y = \frac{p_a}{p_a + p_b} = \frac{0.0}{0.0 + 1.013} = 0.0$$

다른 x 값들에 대해서도 같은 과정을 반복하면 다음과 같은 y들을 얻는다.

표 3.1: x 및 이에 해당되는 y 값들의 표.

x	T	p_a^*	p_b^*	p_a	p_b	$p_a + p_b$	y
0.000	383.750	2.409	1.013	0.000	1.013	1.013	0.000
0.100	379.200	2.136	0.888	0.214	0.799	1.013	0.211
0.200	375.150	1.914	0.788	0.383	0.630	1.013	0.378
0.300	371.520	1.731	0.706	0.519	0.494	1.013	0.512
0.400	368.200	1.576	0.637	0.631	0.382	1.013	0.623
0.500	365.200	1.447	0.579	0.723	0.290	1.013	0.714
0.600	362.450	1.335	0.530	0.801	0.212	1.013	0.791
0.700	359.900	1.238	0.488	0.867	0.146	1.013	0.856
0.800	357.550	1.154	0.451	0.923	0.090	1.013	0.911
0.900	355.350	1.080	0.419	0.972	0.042	1.013	0.959
1.000	353.270	1.013	0.390	1.013	0.000	1.013	1.000

이 과정은 매우 지루하며 x가 무한히 많을 때에는 모든 y를 구할 수 없다. 그러나 이 관계를 나타내어 주는 식을 근사할 수 있으며 다항식 회귀를 이용하여 이 식을 얻을 수 있다.

벤젠-톨루엔 평형 시스템

보기 3.2. 다음에 주어진 기상과 액상에서의 벤젠의 몰분율을 이용하여 벤젠-톨루엔 평형도를 가장 잘 나타내어 주는 다항식 곡선을 구하여라.

표 3.2: 기상과 액상에서의 벤젠의 몰분율.

벤젠의 액상 몰분율(x)	벤젠의 기상 몰분율(y)
0.000	0.000
0.100	0.211
0.200	0.378
0.300	0.512
0.400	0.623
0.500	0.714
0.600	0.791
0.700	0.856
0.800	0.911
0.900	0.959
1.000	1.000

다항식 회귀 프로그램(프로그램 2.5)을 이용하여 다항식 차수를 3차, 4차 및 5차로 취하여 보면 다음과 같은 결과가 얻어진다.

3차 다항식: $y = 0.004406 + 2.196888x - 1.882051x^2 + 0.684149x^3$

4차 다항식: $y = 0.000587 + 2.329464x - 2.544930x^2 + 1.744755x^3 - 0.530303x^4$

5차 다항식: $y = 0.000068 + 2.370166x - 2.880267x^2 + 2.689467x^3 - 1.612034x^4 + 0.432692x^5$

평균=0.632273, $S_t = 1.058036$

r^2	0.999885	0.999995	0.999999
r	0.999943	0.999997	1.000000
v	7	6	5
S_{yx}	0.004161	0.000947	0.000376

표 3.3: 다항식 차수에 따른 y_e

x	y	y_e(3차)	y_e(4차)	y_e(5차)
0.000	0.000	0.004406	0.000587	0.000068
0.100	0.211	0.205958	0.209776	0.210815
0.200	0.378	0.373975	0.377792	0.377965
0.300	0.512	0.512560	0.513195	0.512503
0.400	0.623	0.625819	0.623272	0.622580
0.500	0.714	0.717856	0.714037	0.714037
0.600	0.791	0.792777	0.790230	0.790923
0.700	0.856	0.854686	0.855321	0.856014
0.800	0.911	0.907688	0.911505	0.911332
0.900	0.959	0.955889	0.959706	0.958667
1.000	1.000	1.003392	0.999573	1.000092

표 3.2의 x 값을 대입하면 표 3.3에 보인 y 값들을 얻는다.

세 식들 가운데 표 3.2의 데이터를 가장 잘 나타내어 주는 식을 선택하기 위하여 S_t와 S_r을 풀어 결정계수 r^2를 구한다. 표 3.3에 보인 결과에 근거하면 5차 다항식이 가장 큰 결정계수 $r^2 = 0.999999$(1에 근접)를 갖는다. 마찬가지로 5차 다항식은 가장 작은 표준 추정 오차를 보여 주므로 이 식이 벤젠-톨루엔 곡선을 나타내는 데에 이용될 수 있다:

$$y = 0.000068 + 2.370166x - 2.880267x^2 + 2.689467x^3 - 1.612034x^4 + 0.432692x^5$$

마찬가지로 하여

$$x = -0.000053 + 0.473581y - 0.276536y^2 + 1.749841y^3 - 2.133077y^4 + 1.185847y^5$$

주의 표 3.2의 모든 y를 x로, x를 y로 두고 회귀 프로그램을 다시 수행함으로써 위의 두 번째 식을 얻을 수 있다.

5차 다항식을 이용하여 헤더파일 "benz_tol.h"를 구성한다:

```
#include <stdio.h>
#include <conio.h>
#include <math.h>
```

```
float benzenetoluene(float xy1,int xory)
{
 float ans;
 if(xory==2)
 {
  ans=0.000068+(2.370166*xy1)-(2.880267*pow(xy1,2)) +...
        (2.689467*pow(xy1,3))-(1.612034*pow(xy1,4)) + ...
        (0.432692*pow(xy1,5))
 }
 else
 {
  ans=-0.000053+(0.473581*xy1)-(0.276536*pow(xy1,2))+...
        (1.749841*pow(xy1,3))-(2.133077*pow(xy1,4)) +...
        (1.185847*pow(xy1,5));
 }
 return(ans);
}
```

프로그램 3.1: 벤젠-톨루엔 평형계 프로그램

```
#include <stdio.h>
#include <stdlib.h>
#include <conio.h>
/* benzenetoluene() 함수를 사용할 수 있도록 benz_tol.h 헤더파일을 연결 */
#include "benz_tol.h"
int main()
{
 char try='y';
 int lv;
 double val,res;
 do{
   do{
     system("cls");
     printf("This Program will provide data for Benzene-Toluene
Equilibrium System\n");
/* 어떤 상의 벤젠 질량 분율을 고려할 것인지를 결정 */
     printf("\nWhich fraction of benzene do you want to determine?
\n1) Liquid 2) Vapor Select number: ");
     scanf("%d",&lv);
    }while(lv<1 || lv>2);
    if(lv==1)
    {
     printf("\nEnter the mole fraction of vapor benzene: ");
```

```
      scanf("%lf",&val);
      res=benzenetoluene(val,lv);
      printf("\nThe corresponding liquid fraction is %lf",res);
     }
     else
     {
      printf("\nEnter the mole fraction of liquid benzene: ");
      scanf("%lf",&val);
      res=benzenetoluene(val,lv);
      printf("\nThe corresponding vapor fraction is %lf",res);
     }
     printf("\nDo you want to try again? (Y/N)\n");
     try=getch();
  }while(try=='y'||try=='Y');
  return 0;
 }
```

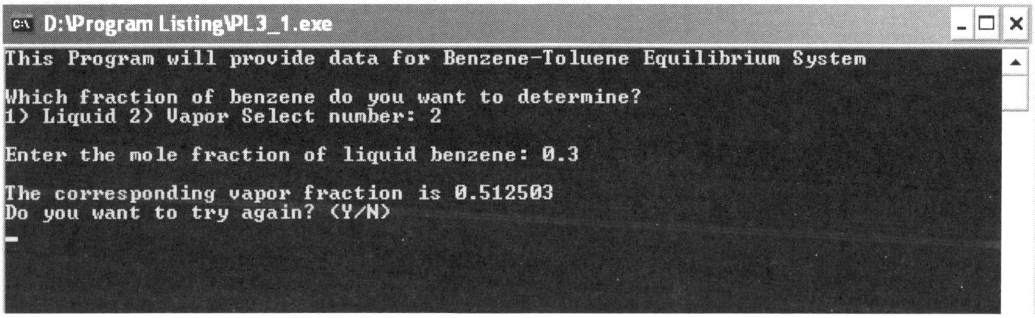

그림 3.2: 프로그램 3.1의 수행결과

포화 수증기 데이터

물과 수증기의 열역학적 물성들에 대하여 많은 연구들이 수행되어 왔다. 실제로 수년에 걸쳐 수증기/물 물성들을 근사하는 다양한 기구들이 소개되어 왔다. 다음은 이들 가운데 잘 알려진 몇 가지 기구들이다:

- 산업용 물 및 수증기 조성의 물성치를 위한 국제연합(IAPWS-IF97)
- 일반 및 과학용 물 및 수증기 조성의 물성치를 위한 국제연합(IAPWS-95)
- 캐나다 국립연구위원회 및 국립표준국(NBS/NRC-84)
- Keenan, Keyes, and Moore; "Thermodynamic Properties of Water

Including Vapor, Liquid, and Solid Phase"(1969)

- The Industrial Formulation of 1967(IFC-67)

이 절에서는 273.15 K에서 647.14 K 범위에서 유효한 포화 수증기의 열역학적 물성치에 초점을 맞추고자 한다. 아울러 *IAPWS에 의하여 개정된 물의 포화 물성치에 대한 보완판*(1992년 9월)에 제시된 다른 공식들을 살펴볼 것이다.

참조할 상수들은 다음과 같이 주어진다:

$$T_c = 647.096K, \quad p_c = 22064000Pa, \quad \rho_c = 322kg/m^3, \quad \alpha_0 = 1000J/kg$$
$$\phi_0 = \frac{\alpha_0}{T_c}, \quad \theta = \frac{T}{T_c}, \quad \tau = 1-\theta$$

포화압력

주어진 온도 T(K)에서 포화 증기압은 다음과 같이 근사된다:

$$p = p_c \exp\left[\frac{T_c}{T}\left(a_1\tau + a_2\tau^{1.5} + a_3\tau^3 + a_4\tau^{3.5} + a_5\tau^4 + a_6\tau^{7.5}\right)\right] \tag{3.4}$$

포화온도에 대한 증기압의 미분은 다음과 같다:

$$\frac{dp}{dT} = \left(-\frac{p}{T}\right)\left[7.5a_6\tau^{6.5} + 4a_5\tau^3 + 3.5a_4\tau^{2.5} + 3a_3\tau^2 + 1.5a_2\tau^{0.5} + a_1 + \ln\left(\frac{p}{p_c}\right)\right] \tag{3.5}$$

상수들은 다음과 같다:

$$a_1 = -7.85951783, \quad a_2 = 1.84408259, \quad a_3 = -11.7866497,$$
$$a_4 = 22.6807411, \quad a_5 = -15.9618719, \quad a_6 = 1.80122502$$

밀도(ρ)와 비부피(v)

주어진 온도 T에서 포화액체의 밀도는 다음과 같이 주어진다:

$$\rho' = \rho_c\left[1 + b_1\tau^{1/3} + b_2\tau^{2/3} + b_3\tau^{5/3} + b_4\tau^{16/3} + b_5\tau^{43/3} + b_6\tau^{110/3}\right] \tag{3.6}$$

상수들은 다음과 같다:

$$\begin{aligned}
&b_1 = 1.99274064, \quad b_2 = 1.09965342, \quad b_3 = -0.510839303, \\
&b_4 = -1.75493479, \quad b_5 = -45.5170352, \quad b_6 = -674694.450
\end{aligned}$$

포화증기의 경우

$$\rho'' = \rho_c \exp\left(c_1\tau^{1/3} + c_2\tau^{2/3} + c_3\tau^{4/3} + c_4\tau^3 + c_5\tau^{37/6} + c_6\tau^{71/6}\right) \tag{3.7}$$

상수들은 다음과 같다:

$$\begin{aligned}
&c_1 = -2.03150240, \quad c_2 = -2.68302940, \quad c_3 = -5.38626492, \\
&c_4 = -17.2991605, \quad c_5 = -44.7586581, \quad c_6 = -63.9201063
\end{aligned}$$

비엔탈피

주어진 온도 T에서 포화액체의 비엔탈피는 다음 관계로부터 얻을 수 있다:

$$h' = \alpha + \frac{T}{\rho'}\frac{dp}{dT} \tag{3.8}$$

$$\alpha = \alpha_0\left[d_\alpha + d_1\theta^{-19} + d_2\theta + d_3\theta^{4.5} + d_4\theta^5 + d_5\theta^{54.5}\right] \tag{3.9}$$

$$\begin{aligned}
&d_1 = -0.0000000565134998, \quad d_2 = 2690.66631, \quad d_3 = 127.287297, \\
&d_4 = -135.003439, \quad d_5 = 0.981825814, \\
&d_\alpha = -1135.905627715, \quad d_\phi = 2319.5246
\end{aligned}$$

포화증기의 비엔탈피는 다음으로부터 얻는다:

$$h'' = \alpha + \frac{T}{\rho''}\frac{dp}{dT} \tag{3.10}$$

비엔트로피

주어진 온도 T에서 포화액체의 비엔트로피는 다음 관계로부터 얻을 수 있다:

$$s' = \phi + \frac{1}{\rho'}\frac{dp}{dT} \tag{3.11}$$

위에서

$$\phi = \phi_0 \left[d_\phi + \frac{19}{20} d_1 \theta^{-20} + d_2 \ln\theta + \frac{9}{7} d_3 \theta^{3.5} + \frac{5}{4} d_4 \theta^4 + \frac{109}{107} d_5 \theta^{53.5} \right] \tag{3.12}$$

포화증기의 비엔트로피는 다음으로부터 얻는다:

$$s'' = \phi + \frac{1}{\rho''} \frac{dp}{dT} \tag{3.13}$$

이 식들을 통하여 주어진 온도에서 수증기의 열역학적 물성치를 구하는 프로그램을 작성할 수 있다.

```
/* steam.h */
#include <stdio.h>
#include <math.h>
#include <stdlib.h>

#define Tc 647.096 /* K */
#define pc 22064000 /* Pa */
#define rho_c 322 /* kg/cu_m */
#define alpha_0 1000 /* J/kg */

double phi_0 = 1000/647.096;
double a[6]={-7.85951783, 1.84408259,
           -11.7866497, 22.6807411,
           -15.9618719, 1.80122502};
double b[6]={1.99274064, 1.09965342,
           -0.510839303, -1.75493479,
           -45.5170352, -674694.45};
double c[6]={-2.03150240, -2.68302940,
           -5.38626492, -17.2991605,
           -44.7586581, -63.9201063};
double d[5]={-0.0000000565134998,
           2690.66631, 127.287297,
           -135.003439, 0.981825814};
double d_alpha = -1135.905627715;
double d_phi = 2319.5246;

double sat_pres(double sat_temp)
```

```
{
 double ans, temp_var, theta, tau;
 theta = sat_temp/Tc;
 tau = 1 - theta;
 temp_var = (Tc/sat_temp)*(
          a[0]*tau +
          a[1]*pow(tau,1.5) +
          a[2]*pow(tau,3) +
          a[3]*pow(tau,3.5) +
          a[4]*pow(tau,4) +
          a[5]*pow(tau,7.5));
 ans = pc*exp(temp_var);
 return ans;
}

double rho_l(double sat_temp)
{
 double ans, temp_var, theta, tau, lntau;
 theta = sat_temp/Tc;
 tau = 1 - theta;
 lntau=log(tau);
 temp_var = 1 +
          b[0]*exp(lntau/3.0) +
          b[1]*exp(2.0*lntau/3.0) +
          b[2]*exp(5.0*lntau/3.0) +
          b[3]*exp(16.0*lntau/3.0) +
          b[4]*exp(43.0*lntau/3.0) +
          b[5]*exp(110.0*lntau/3.0);
 ans = rho_c* (temp_var*1.0);
 return ans;
}

double rho_v(double sat_temp)
{
 double ans, temp_var, theta, tau, lntau;
 theta = sat_temp/Tc;
 tau = 1 - theta;
 lntau=log(tau);
 temp_var = c[0]*exp(lntau/3.0) +
          c[1]*exp(2.0*lntau/3.0) +
          c[2]*exp(4.0*lntau/3.0) +
          c[3]*exp(3.0*lntau) +
          c[4]*exp(37.0*lntau/6.0) +
```

```
           c[5]*exp(71.0*lntau/6.0);
 ans = rho_c* exp(temp_var*1.0);
 return ans;
}

double sp_vol_l(double sat_temp)
{
 double ans;
 ans = 1/rho_l(sat_temp);
 return ans;
}

double sp_vol_v(double sat_temp)
{
 double ans;
 ans = 1/rho_v(sat_temp);
 return ans;
}

double alpha(double sat_temp)
{
 double ans, temp_var, theta;
 theta = sat_temp/Tc;
 temp_var = d_alpha +
           d[0]*pow(theta,-19) +
           d[1]*pow(theta,1) +
           d[2]*pow(theta,4.5) +
           d[3]*pow(theta,5) +
           d[4]*pow(theta,54.5);
 ans = alpha_0*temp_var;
 return ans;
}

double phi(double sat_temp)
{
 double ans, temp_var, theta, lntheta;
 theta = sat_temp/Tc;
 lntheta = log(theta);
 temp_var = d_phi +
           ((19.0/20.0)*d[0]*exp(-20.0*lntheta)) +
           d[1]*lntheta +
           ((9.0/7.0)*d[2]*exp(3.5*lntheta)) +
           ((5.0/4.0)*d[3]*exp(4.0*lntheta)) +
```

```
           ((109.0/107.0)*d[4]*exp(53.5*lntheta));
 ans = phi_0*(temp_var*1.0);
 return ans;
}

double dp_dT(double pres, double sat_temp)
{
 double ans, temp_var, theta, tau, ln_tau0,ln_tau1, ln_tau2;
 theta = sat_temp/Tc;
 tau = 1 - theta;
 ln_tau0 = 6.5*log(tau);
 ln_tau1 = 2.5*log(tau);
 ln_tau2 = 0.5*log(tau);
 temp_var = (7.5*a[5]*exp(ln_tau0)) +
           (4*a[4]*pow(tau,3)) +
           (3.5*a[3]*exp(ln_tau1)) +
           (3*a[2]*pow(tau,2)) +
           (1.5*a[1]*exp(ln_tau2)) +
           a[0]+
           (log(pres/pc));
 ans = -1*(pres/sat_temp)*temp_var;
 return ans;
}

double enthalpy_l(double sat_temp)
{
 double ans, pres;
 pres=sat_pres(sat_temp);
 ans= alpha(sat_temp)+((sat_temp/rho_l(sat_temp))*...
      dp_dT(pres,sat_temp));
 return ans;
}

double enthalpy_v(double sat_temp)
{
 double ans, pres;
 pres=sat_pres(sat_temp);
 ans= alpha(sat_temp)+((sat_temp/rho_v(sat_temp))*...
      dp_dT(pres,sat_temp));
 return ans;
}

double entropy_l(double sat_temp)
```

```
{
 double ans, pres;
 pres=sat_pres(sat_temp);
 ans= phi(sat_temp)+((1.0/rho_l(sat_temp))*dp_dT(pres,sat_temp));
 return ans;
}

double entropy_v(double sat_temp)
{
 double ans, pres;
 pres=sat_pres(sat_temp);
 ans= phi(sat_temp)+((1.0/rho_v(sat_temp))*dp_dT(pres,sat_temp));
 return ans;
}
```

보기 3.3. 주어진 온도에서 다음과 같은 열역학적 물성치를 제공하여 주는 C 프로그램을 작성하여라:

- 포화압력
- 밀도(액체 및 증기)
- 비부피(액체 및 증기)
- 엔탈피(액체 및 증기)
- 엔트로피(액체 및 증기)

373.15K에서 프로그램을 테스트하여 보라.

프로그램 3.2: 수증기 물성

```
#include <stdio.h>
#include <math.h>
#include <stdlib.h>
#include "steam.h"
int main()
{
 double temp,pres,dens_l,dens_v,vol_l,vol_v,h_l,h_v,s_l,s_v;
 printf("Steam Property Program for 273.15K > T < 647.14 K\n");
 printf("Enter temperature (K): ")
 scanf("%lf",&temp);
 pres = sat_pres(temp);
```

```
    dens_l = rho_l(temp);
    dens_v = rho_v(temp);
    vol_l = sp_vol_l(temp);
    vol_v = sp_vol_v(temp);
    h_l = enthalpy_l(temp);
    h_v = enthalpy_v(temp);
    s_l = entropy_l(temp);
    s_v = entropy_v(temp);
    printf("\n The saturated pressure is %lf Pa\n", pres);
    printf(" The density (liquid) is %lf kg/cu m\n", dens_l);
    printf(" The density (vapor) is %lf kg/ cu m\n", dens_v);
    printf(" The specific volume (liquid) is %lf cu m/kg\n", vol_l);
    printf(" The specific volume (vapor) is %lf cu m/kg\n", vol_v);
    printf(" The enthalpy (liquid) is %lf J/kg\n", h_l);
    printf(" The enthalpy (vapor) is %lf J/kg\n", h_v);
    printf(" The entropy (liquid) is %lf J/kg-K\n", s_l);
    printf(" The entropy (vapor) is %lf J/kg-K\n", s_v);
    system("pause");
    return 0;
}
```

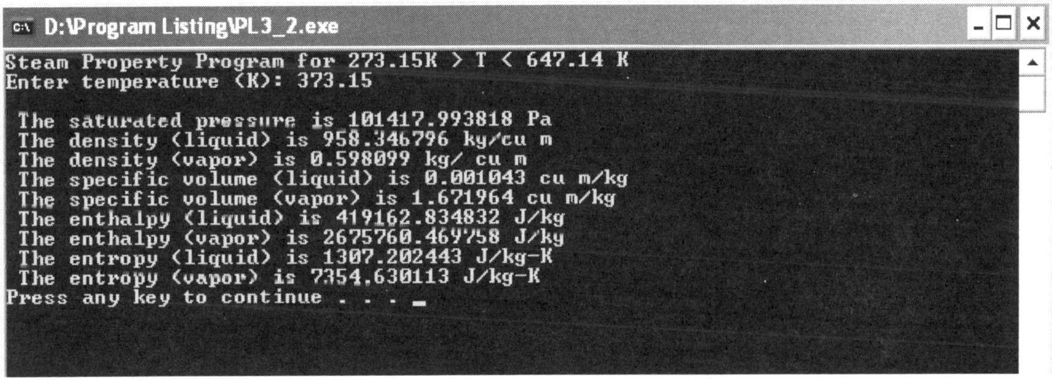

그림 3.3: 프로그램 3.2의 수행결과

포화 수증기의 압력-온도 관계

포화 수증기 압력이 주어졌을 때 포화온도의 규명을 요구하는 공학적 문제들이 있다. 앞 절에서 우리는 주어진 온도에서 압력을 구하는 방법을 익혔다. 이에 사용된 공식들의 역을 구하는 것은 복잡한 일이다. 그러나 회귀를 통하여 압력과 온도 사이의 관계를 구하는 것은 보다 쉽다.

포화증기에 대하여 서로 다른 포화온도를 그래프로 나타내면 다음과 같다.

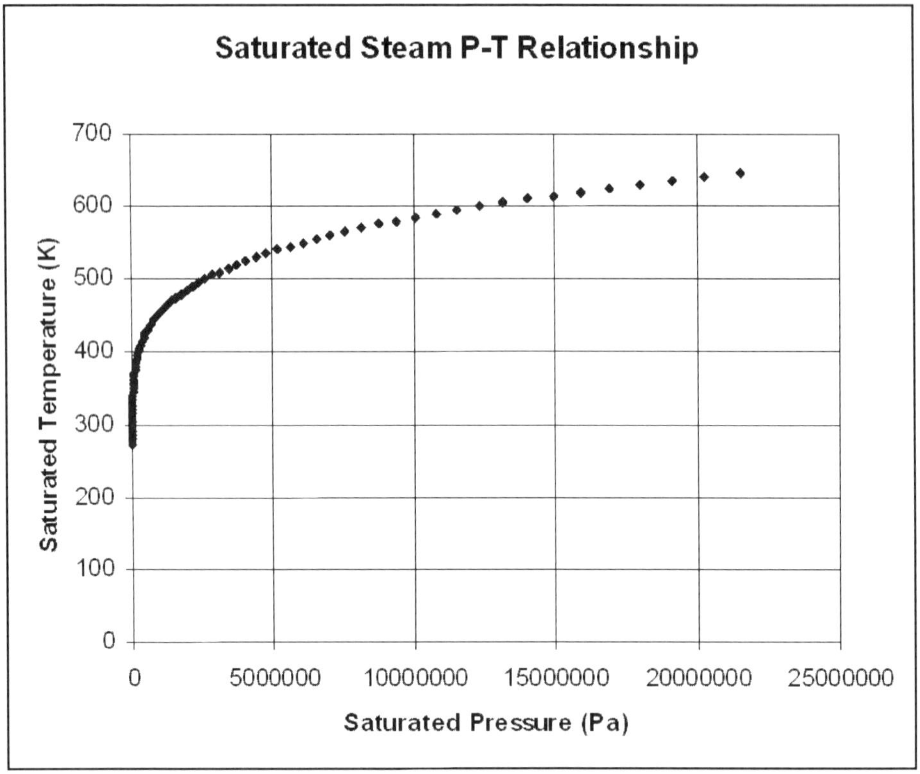

그림 3.4: 포화압력-온도 사이의 관계.

회귀분석으로부터 압력구간마다 포화 수증기의 P-T 관계를 나타내는 식을 구함으로써 결정계수를 얻는다.

표 3.4: 포화 수증기의 P-T 관계.

압력범위(Pa)	3차 다항식(온도:K)
615~2250	$y = 2.806712e-9x^3 - 1.54137e-5x^2 + 3.718675e-3x + 255.555589$
2251~12500	$y = 2.530233e-11x^3 - 7.262444e-7x^2 + 9.024094e-3x + 275.9391$
12501~68500	$y = 1.687943e-13x^3 - 2.8014759e-8x^2 + 2.011675e-3x + 302.6508$
68501~355000	$y = 1.348662e-15x^3 - 1.208023e-9x^2 + 4.775155e-4x + 335.5453$
355001~1700000	$y = 1.438385e-17x^3 - 6.381275e-11x^2 + 1.273902e-4x + 375.2343$
1700001~7350000	$y = 2.096919e-19x^3 - 4.182417e-12x^2 + 3.830535e-5x + 423.9684$
7350001~21500000	$y = 6.59654e-21x^3 - 4.54657e-13x^2 + 1.4498245e-5x + 477.9405$

이를 토대로 sat_p2t() 함수가 작성되어 steam.h 헤더파일에 포함되어 있다.

```
double  sat_p2t(double pres)
{
 double ans;
 if(pres >614 && pres <=2250)
   ans = (2.806712*exp(-9*log(10))* pow(pres,3))
          - (1.54137*exp(-5*log(10))*pow(pres,2))
          + (3.718675*exp(-2*log(10))*pres) + 255.555589;
 else if(pres >2250 && pres <=12500)
   ans = (2.530233*exp(-11*log(10))* pow(pres,3))
          - (7.262444*exp(-7*log(10))*pow(pres,2))
          + (9.024094*exp(-3*log(10))*pres) + 275.9391;
 else if(pres >12500 && pres <=68500)
   ans = (1.687943*exp(-13*log(10))* pow(pres,3))
          - (2.8014759*exp(-8*log(10))*pow(pres,2))
          + (2.011675*exp(-3*log(10))*pres) + 302.6508;
 else if(pres >68500 && pres <=355000)
   ans = (1.348662*exp(-15*log(10))* pow(pres,3))
          - (1.208023*exp(-9*log(10))*pow(pres,2))
          + (4.775155*exp(-4*log(10))*pres) + 335.5453;
 else if(pres >355000 && pres <=1700000)
   ans = (1.438385*exp(-17*log(10))* pow(pres,3))
          - (6.381275*exp(-11*log(10))*pow(pres,2))
          + (1.273902*exp(-4*log(10))*pres) + 375.2343;
 else if(pres >1700000 && pres <=7350000)
   ans = (2.096919*exp(-19*log(10))* pow(pres,3))
          - (4.182417*exp(-12*log(10))*pow(pres,2))
          + (3.830535*exp(-5*log(10))*pres) + 423.9684;
 else if(pres >7350000 && pres <=22070000)
   ans = (6.59654*exp(-21*log(10))* pow(pres,3))
          - (4.54657*exp(-13*log(10))*pow(pres,2))
          + (1.4498245*exp(-5*log(10))*pres) + 477.9405;
 else ans=0;
 return ans;
}
```

습도

상대습도

공기-물 시스템에서 상대습도(%RH)는 주어진 온도(공기 온도와 유사)에서의 물의 증기압에 대한 실제 수증기 압력의 비로 정의된다. 일반적으로 상대습도는 퍼센트로 나타낸다.

$$\text{상대습도: } \%RH = 100\% \frac{p_w}{P_w} \tag{3.14}$$

위에서 p_w는 수증기의 분압이며 P_w는 주어진 온도에서 물의 증기압이다. 이 관계는 또한

$$\%RH = 100\% \frac{p_{actual}}{p_{saturation}} \tag{3.15}$$

로 나타낼 수도 있다. 위에서 p_{actual}은 실제 증기압이고 $p_{saturation}$은 주어진 온도에서의 포화 증기압이다. $p_{saturation}$은 식 (3.4)로부터 구할 수 있다.

절대습도

위와 유사하게 물-공기 시스템에서 절대습도(H)는 수증기가 없는 공기 단위질량당의 현 수증기의 질량으로 정의된다. 전압(수증기 분압과 공기 분압의 합)이 일정할 경우 절대습도는 수증기-공기 혼합물에서 수증기에 의하여 가해지는 압력에만 의존한다.

$$\text{절대습도: } H = \frac{M_w p_a}{M_a p_w} = \frac{M_w p_a}{M_a (P_T - p_a)} \tag{3.16}$$

위에서 M_a와 M_w는 각각 공기와 수증기의 몰분율이며 p_a와 p_w는 각각 공기와 수증기의 분압이다. P_T는 전압으로서 대기압으로 취할 수 있다.

H를 계산하는 다른 방법은 이상기체 방정식을 이용하는 것이다. 기본적으로 H는 공기중의 수증기 밀도로 나타낼 수도 있다. 그러므로 이상기체 방정식을 이용하여 H를

$$H = \frac{p_{actual}}{R_w T} \tag{3.17}$$

로 나타낼 수 있다. 여기에서 $R_w = 461.512244565\ J/(kg \cdot K)$이다.

이슬점(Dew point, DP)

이슬점(DP)은 공기-물 혼합물 중의 수증기가 포화되는 온도이다. 이슬점은 수증기-공기 혼합물을 수증기가 응축되기 시작하여 액적이 형성되기 시작하는 온도로 냉각시킴으로써 알아낼 수 있는데 이 온도가 이슬점이 된다.

이슬점을 구하기 위해서는 주어진 실제 증기압 p_{actual}의 포화온도를 알아낼 필요가 있는데 이를 위해 포화 수증기압-온도 관계(그림 3.4 참조)에 대한 다항식 회귀 방정식을 이용할 수 있다.

이 식들을 이용하여 이제 상대습도와 온도(건구)가 주어졌을 때 실제 수증기압 p_{actual}, 절대습도 H, 그리고 이슬점 DP를 구하기 위한 프로그램을 생성할 수 있다.

```
#include <math.h>
#include "steam.h"

#define Rw 461.512244565
#define absT 273.15
double act_P(double RH, double Tdry)
{
  double ans;
  Tdry=Tdry+absT;
  ans =sat_pres(Tdry);
  ans =(RH/100)*ans;
 return ans;
}

double absH(double RH, double Tdry)
{
  double ans, p_act;
  Tdry=Tdry+absT;
  p_act =sat_pres(Tdry);
  p_act = (RH/100)*p_act;
  ans = p_act*1000/((Tdry)*Rw);
  return ans;
}

double dewpoint( double RH, double Tdry)
{
  double ans, p_act;
  Tdry=Tdry+absT;
  p_act =sat_pres(Tdry);
  p_act = (RH/100)*p_act;
```

```
  ans = sat_p2t(p_act);
  return (ans-absT);
}
```

프로그램 3.3: 습도 프로그램

```
#include <stdio.h>
#include <stdlib.h>
#include <conio.h>
/* act_P(), absH(), 그리고 dewpoint() 함수들을 사용할 수 있도록
humidity.h 헤더파일을 연결 */
#include "humidity.h"

int main()
{
 double relhum, temp, pres,dp,H;
 char res;
 do
 {
  printf("Humidity Calculator\n");
  /* 상대습도를 입력 */
  printf("Enter percent relative humidity : ");
  scanf("%lf",&relhum);
  /* 건구온도를 입력 */
  printf("Enter temperature (deg C) : ");
  scanf("%lf",&temp);
  /* 실제압력, 습도, 이슬점을 계산 */
  pres = act_P(relhum,temp);
  H = absH(relhum,temp);
  dp = dewpoint(relhum,temp);
  printf("\nActual vapor pressure : %lf Pa\n",pres);
  printf("Absolute humidity : %lf g/cu m\n",H);
  printf("Dew point : %f deg C\n",dp);
  printf("\nDo you want to try again? (Y/N)\n");
  res = getch();
  system("cls");
 }while (res =='y' || res == 'Y');
 return 0;
}
```

```
D:\Program Listing\PL3_3.exe
Humidity Calculator
Enter percent relative humidity : 50
Enter temperature (deg C) : 30

Actual vapor pressure : 2123.459964 Pa
Absolute humidity : 15.177606 g/cu m
Dew point : 18.742385 deg C

Do you want to try again? (Y/N)
```

그림 3.5: 프로그램 3.3의 수행결과

표 3.5는 프로그램 3.3의 출력을 요약한 것이다. 이 표는 절대습도(H)를 g/m^3로, 그리고 공기의 이슬점(DP)을 상대습도(%RH)의 함수로서 ℃로 나타내고 있다.

표 3.5: 절대습도(H)와 이슬점(DP)

상대습도(%RH) 건구온도(℃)		10%	30%	50%	70%	90%
50	H, g/m^3	8.28	24.85	41.41	57.98	74.54
	DP, ℃	10.11	27.54	36.78	42.88	48.12
45	H, g/m^3	6.53	19.60	32.67	45.74	58.81
	DP, ℃	6.38	23.35	32.16	38.30	42.85
40	H, g/m^3	5.11	15.33	25.55	35.77	46.00
	DP, ℃	2.59	19.66	27.48	33.53	38.11
35	H, g/m^3		11.87	19.79	27.71	35.62
	DP, ℃		14.76	23.00	28.62	33.16
30	H, g/m^3		9.11	15.18	21.25	27.32
	DP, ℃		10.57	18.74	23.86	28.08
25	H, g/m^3		6.91	11.52	16.13	20.73
	DP, ℃		6.24	13.80	19.69	23.21
20	H, g/m^3		5.19	8.65	12.10	15.56
	DP, ℃		1.88	9.30	14.29	18.57
15	H, g/m^3			6.41	8.98	11.54
	DP, ℃			4.65	9.61	13.32
10	H, g/m^3			4.70	6.58	8.46
	DP, ℃			0.08	4.77	8.47
5	H, g/m^3					6.12
	DP, ℃					3.46

프로그램의 제한으로 인하여 0보다 작은 이슬점 값은 생성될 수 없음을 유의하자.

Duhring의 규칙(비등점 상승)

일반적으로 수용액의 증기압은 같은 온도에서의 순수한 물의 증기압보다 작다. 따라서 주어진 압력에서 용액의 비등점은 물보다 높다. 물보다 비등점이 증가하는 것은 용액의 비등점 상승(Boiling point elevation, BPE)으로 알려져 있다.

농축 용액에서 BPE의 정도를 예측하는 쉬운 방법은 사실상 없다. 여러 농도에서 많은 용액들에 대한 비등점 데이터가 문헌들에 표로 제시되어 있으며 이들은 **Duhring의 규칙**으로 알려진 관계를 이용하여 확장될 수 있다. 이 규칙에 따르면 주어진 용액의 비등점은 같은 압력에서 순수한 물의 비등점의 선형 함수이다. 그래프로 나타낸 이러한 선형 관계는 Duhring 선이라고 불린다.

따라서 대개는 물인 기준액체의 증기압-온도 관계를 취하고 증발되는 용액의 증기압-온도 곡선상의 두 점을 알고 있다면 Duhring 선 도표를 이용하여 다양한 압력에서 증발되는 용액의 비등점들을 얻을 수 있다. Duhring 선은 일정농도에서 선에 따라 안짐작을 수행함으로써 다양한 압력과 농도에서의 용액의 비등점을 제시하여 줄 수 있다.

NaOH-물 시스템

많은 문헌들에서 찾아볼 수 있는 NaOH-물 시스템에 대한 도표를 컴퓨터 프로그램으로 전환시키기 위하여 먼저 도표상의 각 질량분율을 나타내어주는 선의 방정식을 추정한다. 이로부터 두 쌍의 x 및 y 좌표들과 선형 회귀 프로그램(프로그램 2,4)을 이용하여 선 방정식을 생성한다. 표 3.6은 NaOH의 질량분율에 근거하는 용액의 비등점들을 나타내는 서로 다른 선형식들을 보여주고 있다.

표 3.6: NaOH 농도와 비등점 데이터

NaOH 질량분율	(x_1,y_1)	(x_2,y_2)	생성된 선형식
0.00	(50,50)	(350,350)	$y=x$
0.10	(50,55)	(350,355)	$y=5+x$
0.20	(50,60)	(350,370)	$y=8.33+1.033x$
0.30	(50,70)	(350,382)	$y=18+1.04x$
0.35	(50,80)	(350,392)	$y=28+1.04x$
0.40	(50,90)	(350,408)	$y=37+1.05x$
0.45	(50,110)	(350,425)	$y=57.5+1.06x$
0.50	(50,117)	(350,438)	$y=63.5+1.07x$
0.60	(50,140)	(325,440)	$y=85.45+1.09x$
0.65	(50,160)	(300,435)	$y=105+1.1x$
0.70	(50,173)	(250,400)	$y=116.25+1.135x$

다양한 자료들로부터의 (NaOH−물 시스템에 대한) Duhring 선 그래프로부터 데이터 점들을 근사하고 그에 대한 평균을 구하였다. 이들은 실험실의 실험결과가 아니므로 부정확할 수 있다.

프로그램 3.4는 표 3.6에 나타나지 않은 농도들에 대한 선형 안짐작 루틴을 수행한다.

프로그램 3.4: NaOH−물 Duhring 선 프로그램

```
#include <stdio.h>
#include <stdlib.h>
#include <conio.h>
int main()
{
 double x[2],y[2],ansy,valx,boilwater,conc;
 char res;
 do{
  ansy=0;res='n';
  system("cls");
  printf("DUHRING LINE Program for NaOH - Water System");
  printf("\n\nEnter boiling temperature of water in deg F: ");
  scanf("%lf",&boilwater);
  do{
   printf("\nEnter mass fraction of NaOH in solution: ");
   scanf("%lf",&conc);
  }while (conc>1);
  if(conc <= 0.1)
  {
   x[0]-0;x[1]=0.1;
   y[0]=boilwater;y[1]=5+boilwater;
  }
  else if(conc <=0.2 && conc >0.1)
  {
   x[0]=.1;x[1]=0.2;
   y[0]=5+boilwater;y[1]=8.33+(1.033*boilwater);
  }
  else if(conc <=0.3 && conc >0.2)
  {
   x[0]=.2;x[1]=0.3;
   y[1]=18+(1.04*boilwater);y[0]=8.33+(1.033*boilwater);
  }
  else if(conc <=0.35 && conc >0.3)
  {
   x[0]=.3;x[1]=0.35;
```

```
  y[0]=18+(1.04*boilwater);y[1]=28+(1.04*boilwater);
 }
 else if(conc <=0.4 && conc >0.35)
 {
  x[0]=.35;x[1]=0.4;
  y[1]=37+(1.06*boilwater);y[0]=28+(1.04*boilwater);
 }
 else if(conc <=0.45 && conc >0.4)
 {
  x[0]=.4;x[1]=0.45;
  y[0]=37+(1.06*boilwater);y[1]=57.5+(1.05*boilwater);
 }
 else if(conc <=0.5 && conc >0.45)
 {
  x[0]=.45;x[1]=0.5;
  y[1]=63.5+(1.07*boilwater);y[0]=57.5+(1.05*boilwater);
 }
 else if(conc <=0.6 && conc >0.5)
 {
  x[0]=.5;x[1]=0.6;
  y[0]=63.5+(1.07*boilwater);y[1]=85.45+(1.09*boilwater);
 }
 else if(conc <=0.65 && conc >0.6)
 {
  x[0]=.6;x[1]=0.65;
  y[1]=105+(1.1*boilwater);y[0]=85.45+(1.09*boilwater);
 }
 else
 {
  x[0]=.65;x[1]=0.7;
  y[0]=105+(1.1*boilwater);y[1]=116.25+(1.135*boilwater);
 }
 valx=conc;
 ansy = y[0] + (((y[1]-y[0])/(x[1]-x[0]))*(valx-x[0]));
 printf("\nThe boiling temp of NaOH Solution: %lf\n",ansy);
 printf("\nTry again (y/n)?\n");
 res=getch();
}while (res=='Y' || res=='y');
return 0;
}
```

보기 3.4. 프로그램 3.4를 이용하여 물 용매의 비등점이 150°F인 40% 농도의 NaOH 용액의 비등점을 구하여라.

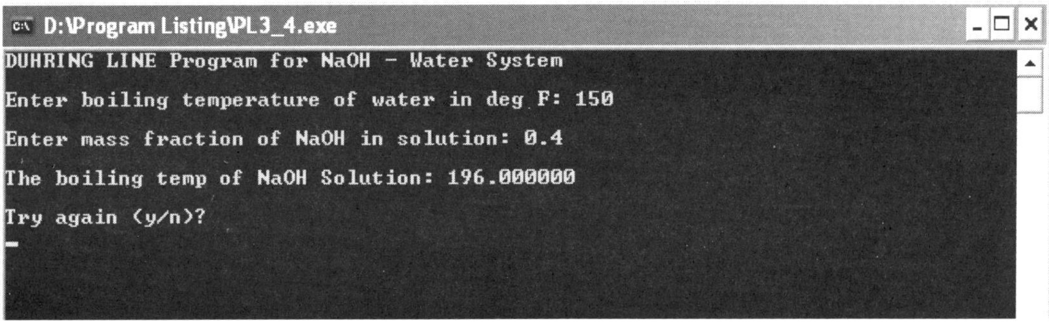

그림 3.6: 프로그램 3.4의 수행결과

엔탈피-농도

NaOH-물 시스템

표 3.7에 보인 바와 같이 NaOH-물 시스템에 대한 엔탈피-농도 데이터가 주어졌다면 다항식 근사(5차)를 이용하여 이를 해당되는 식으로 쉽게 전환시킬 수 있다.

표 3.7: NaOH 농도-엔탈피

질량분율	온도에서의 엔탈피(H)						
	40°F	50°F	100°F	150°F	200°F	300°F	400°F
0.0	8	18	67	118	167	268	375
0.1	6	15.5	61	107	152.5	244	335
0.2	5	14	57	101	144	232	322
0.3	13	21	64	106.5	151	237	324
0.4	42	53	93	133	177	260	344
0.5	92.5	103	140	182	223	300	375
0.6	163	175	210	243	285	352	422
0.7	250	257	281	314	352	415	480

다양한 자료들로부터의 (NaOH-물 시스템에 대한) 엔탈피-농도 도표들로부터 데이터 점들을 근사하고 그에 대한 평균을 구하였다. 이들은 실험실의 실험결과가 아니므로 부정확할 수 있다.

40°F 에서:

$$y = 7.931235 + 39.015734x - 847.741842x^2 + 3216.127623x^3 - 2093.531469x^4 + 176.282052x^5$$

50°F 에서:

$$y = 17.94172 + 39.26282x - 923.615968x^2 + 3445.148602x^3 - 2099.358975x^4 + 80.128205x^5$$

100°F 에서:

$$y = 67.042541 - 46.906177x - 258.406177x^2 + 890.297203x^3 + 2145.97902x^4 - 2660.2564x^5$$

150°F 에서:

$$y = 117.88578 - 61.953963x - 748.12063x^2 + 3657.4155x^3 - 3116.258742x^4 + 592.948718x^5$$

200°F 에서:

$$y = 167.022727 - 144.0000x - 218.560606x^2 + 2035.037879x^3 - 833.33333x^4 - 625.0000x^5$$

300°F 에서:

$$y = 267.981352 - 263.4662x + 15.442890x^2 + 2624.41725x^3 - 3432.40093x^4 + 1474.35897x^5$$

400°F 에서:

$$y = 374.96212 - 571.931818x + 2048.2954x^2 - 3414.77273x^3 + 4261.36364x^4 - 2083.3333x^5$$

프로그램 3.5: NaOH 용액에 대한 엔탈피-농도 프로그램

```
#include <stdio.h>
#include <conio.h>
#include <stdlib.h>
#include <math.h>
int main()
{
 double x[2],y[2],ansy,valx,tempsol,conc;
 char res;
 do{
  system("cls");
  ansy=0;res='n';
  printf("ENTHALPY-CONCENTRATION Program for NaOH - Water System");
  do{
   printf("\n\nEnter temperature of solution in deg F (Min 40F): ");
   scanf("%lf",&tempsol);
   printf("\nEnter mass fraction of NaOH in solution: ");
   scanf("%lf",&conc);
  }while (conc >1 || tempsol <40);
  if(tempsol <=50)
  {
   x[0]=40;y[0]=7.931235+(39.015734*conc)
```

```
        -(847.741842* pow(conc,2))+(3216.127623*pow(conc,3))
        -(2093.531469*pow(conc,4))+(176.282052*pow(conc,5));
 x[1]=50;y[1]=17.941725+(39.262821*conc)
        -(923.615968* pow(conc,2))+(3445.148602*pow(conc,3))
        -(2099.358975*pow(conc,4))-(80.128205*pow(conc,5));
}
else if(tempsol <=100 && tempsol >50)
{
 x[1]=100;y[1]=67.042541-(46.906177*conc)
        -(258.406177* pow(conc,2))+(890.297203*pow(conc,3))
        +(2145.979021* pow(conc,4))-(2660.256410*pow(conc,5));
 x[0]=50;y[0]=17.941725+(39.262821*conc)
        -(923.615968* pow(conc,2))+(3445.148602*pow(conc,3))
        -(2099.358975*pow(conc,4))-(80.128205*pow(conc,5));  }
else if(tempsol <=150 && tempsol >100)
{
 x[0]=100;y[0]=67.042541-(46.906177*conc)
        -(258.406177* pow(conc,2))+(890.297203*pow(conc,3))
        +(2145.979021* pow(conc,4))-(2660.256410*pow(conc,5));
 x[1]=150;y[1]=117.885781-(61.953963*conc)
        -(748.120630* pow(conc,2))+(3657.415502*pow(conc,3))
        -(3116.258742* pow(conc,4))+(592.948718*pow(conc,5));
}
else if(tempsol <=200 && tempsol>150)
{
 x[1]=200;y[1]=167.022727-(144.000000*conc)
        -(218.560606*pow(conc,2))+(2035.037879*pow(conc,3))
        -(833.333333*pow(conc,4))-(625.000000*pow(conc,5));
 x[0]=150;y[0]=117.885781-(61.953963*conc)
        -(748.120630* pow(conc,2))+(3657.415502*pow(conc,3))
        -(3116.258742* pow(conc,4))+(592.948718*pow(conc,5));
}
else if(tempsol <=300 && tempsol>200)
{
 x[0]=200;y[0]=167.022727-(144.000000*conc)
        -(218.560606*pow(conc,2))+(2035.037879*pow(conc,3))
        -(833.333333*pow(conc,4))-(625.000000*pow(conc,5));
 x[1]=300;y[1]=267.981352-(263.466200*conc)
        +(15.442890*pow(conc,2))+(2624.417250*pow(conc,3))
        -(3432.400932*pow(conc,4))+(1474.358974*pow(conc,5));
}
else
{
```

```
  x[1]=400;y[1]=374.962121-(571.931818*conc)
         +(2048.295454* pow(conc,2))-(3414.772728*pow(conc,3))
         +(4261.363637*pow(conc,4))-(2083.333334*pow(conc,5));
  x[0]=300;y[0]=267.981352-(263.466200*conc)
         +(15.442890*pow(conc,2))+(2624.417250*pow(conc,3))
         -(3432.400932*pow(conc,4))+(1474.358974*pow(conc,5));
 }
 valx=tempsol;
 ansy = y[0] + (((y[1]-y[0])/(x[1]-x[0]))*(valx-x[0]));
 printf("\nThe Enthalpy of NaOH Solution: %lf Btu/lb\n",ansy);
 printf("\nTry again (y/n)?\n");
 res=getch();
}while (res=='Y' || res=='y');
return 0;
}
```

보기 3.5. 160°F에서 농도가 50%인 NaOH-물 시스템의 엔탈피를 구하여라.

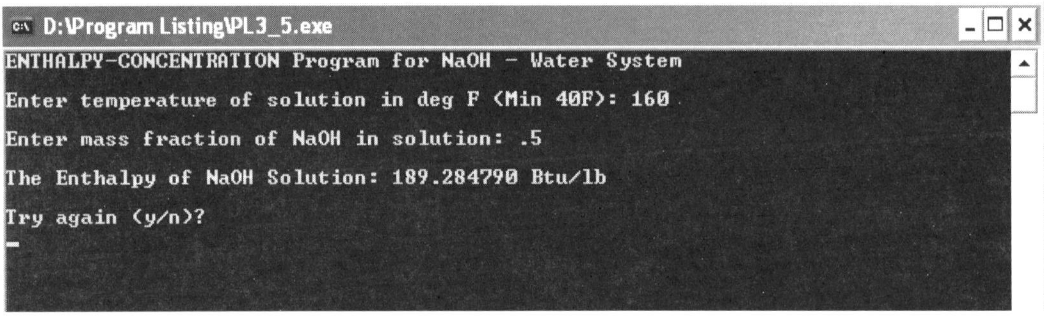

그림 3.7: 프로그램 3.5의 수행결과

마찰인자

유체의 흐름을 다룰 때 우리가 접하게 되는 일반적인 파라미터들 가운데 하나는 마찰인자 f이다. 난류 및 층류 흐름에서 마찰인자는 흐름의 성격을 나타내는 Reynolds 수 N_{Re}에 따라 좌우된다. 이전의 논의에서 Reynolds 수는

$$N_{Re} = \frac{Dv\rho}{\mu} \tag{3.18}$$

에 의하여 계산할 수 있음을 알았다. 여기에서 D는 원형 파이프 직경, v는 유속, ρ는 유체의 밀도, μ는 유체의 밀도를 나타낸다.

Reynolds 수 이외에 난류 흐름에 대한 마찰인자 역시 파이프의 표면의 거칠 정도에 따라 좌우된다. 그러나 층류에서는 거칠 정도는 뚜렷한 효과를 보여주지 않는다. 여러 문헌들로부터 매끄러운 파이프 및 다양한 거칠정도를 갖는 파이프들에 대한 마찰인자의 실험 데이터를 찾아볼 수 있다.

일단 마찰인자를 알고 있다면 다른 정보를 얻을 수 있다. 층류 및 난류 흐름에서 마찰 압력강하 $\triangle p_f$는

$$\triangle p_f = 2f\rho\frac{Lv^2}{Dg_c} \tag{3.19}$$

로부터 얻을 수 있다. 여기에서 f는 무차원 마찰인자, L은 파이프의 길이, g_c는 상수로서 1 $(kg)(m)/(N)(\sec^2)$, 혹은 $32.174(lb_m)(ft)/(lb_f)(\sec^2)$이다.

아울러 Fanning 식으로 알려진 다음과 같은 실험식을 통하여 마찰손실 F_f를 구할 수 있다:

$$F_f = \frac{\triangle p_f}{\rho} = 2f\frac{Lv^2}{Dg_c} \tag{3.20}$$

이 파라미터들의 값은 유체유동 문제의 풀이에 매우 중요하다.

Reynolds 수와 마찰인자 사이의 관계

보기 3.6. 다음 표에 주어진 데이터를 이용하여 Reynolds 수와 마찰인자 사이의 관계를 나타내어 주는 실험식을 구하여라:

표 3.8: Reynolds 수(N_{Re})와 마찰인자(f) 사이의 관계

N_{Re}	f
8500	0.008
20000	0.0065
30000	0.006
60000	0.005
700000	0.003
1000000	0.0028
10000000	0.002

Reynolds 수와 마찰인자 사이의 관계는 로그-로그 그래프를 이용하여 가장 잘 나타낼 수 있다. 표 3.8에 주어진 데이터로부터 N_{Re}를 x축으로, f를 y축으로 하는 그래프를 구성한다.

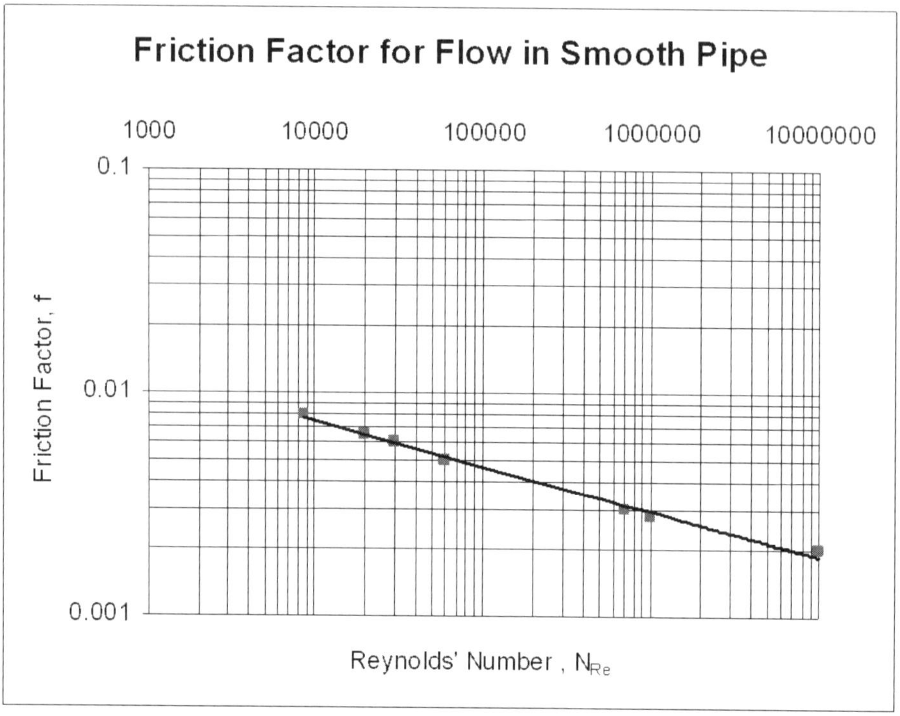

그림 3.8: 매끄러운 파이프에서의 흐름에 대한 마찰인자.

로그 척도에서 x-y 관계는 직선으로 나타남을 알 수 있다. 이로부터 x와 y의 로그 값들이 주어졌을 때 선형 회귀를 이용하여 방정식을 구할 수 있다.

표 3.9: N_{Re}과 f의 로그값.

log(N_{Re})	log(f)
3.929419	−2.09691
4.30103	−2.18709
4.477121	−2.22185
4.778151	−2.30103
5.846098	−2.52288
6	−2.55284
7	−2.69897

선형회귀 프로그램(프로그램 2.4)을 이용하여

$$\log y = -1.330166 - 0.200117\log x$$

를 얻는다. 역로그를 취하면 $y = 0.04675x^{-0.20012}$가 된다. 따라서 매끄러운 파이프에 대하여 N_{Re}과 f의 관계를 나타내는 실험적 관계식은

$$f = 0.04675N_{Re}^{-0.20012} \tag{3.21}$$

로 쓸 수 있다.

주의 x와 y의 로그값을 이용하는 회귀방법은 하나의 멱급수 방정식으로 지칭될 수 있다(식 (2.12) 참조).

위의 식을 통하여 앞의 관계에 대한 함수를 구성할 수 있으며 이를 pipe.h에 저장할 수 있다.

```
#include <stdio.h>
#include <math.h>

double friction(double Nrc)
  {
  double ans;
  ans = 0.04675*exp(-0.20012*log(Nre));
  return(ans);
}
```

프로그램 3.6: 마찰인자 프로그램

```
#include <stdio.h>
#include <stdlib.h>
#include <conio.h>
#include "pipe.h"
int main()
{
 char try;
 double Nre, f;
 do{
```

```
    system("cls");;
    printf("Friction Factor for smooth pipe.\n");
    printf("\nEnter the Reynolds Number ( >2100 ): ");
    scanf("%lf",&Nre);
    /* friction()을 이용하여 주어진 Reynolds 수에 대한 마찰인자를 계산 */
    f=friction(Nre);
    printf("\nThe friction factor is %lf\n",f);
    printf("\nDo you want to try again? (Y/N)\n");
    try=getch();
  }while(try=='y'||try=='Y');
 return 0;
 }
```

보기 3.7. Reynolds 수가 200000인 경우 매끄러운 파이프에서의 흐름에 대한 마찰인자를 구하여라.

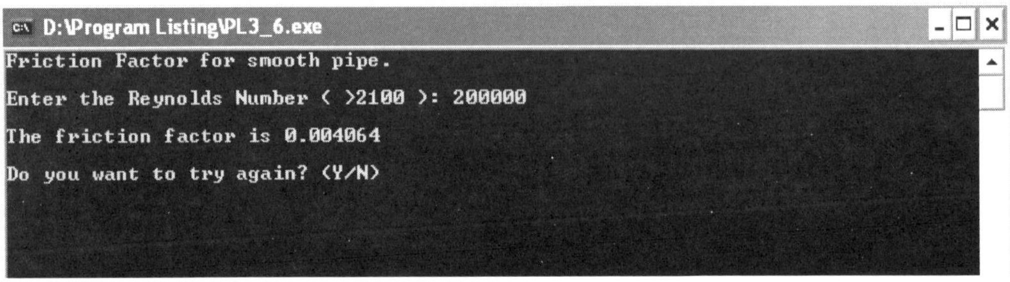

그림 3.9: 프로그램 3.6의 수행결과

연습문제

1. 염의 질량농도와 물의 비등점(°F 및 K)이 주어졌을 때 염화나트륨(NaCl) 염 용액의 비등점을 제시하여 줄 수 있는 프로그램을 작성하여라. 그림 3E.1에 보인 도표를 이용하도록 한다.

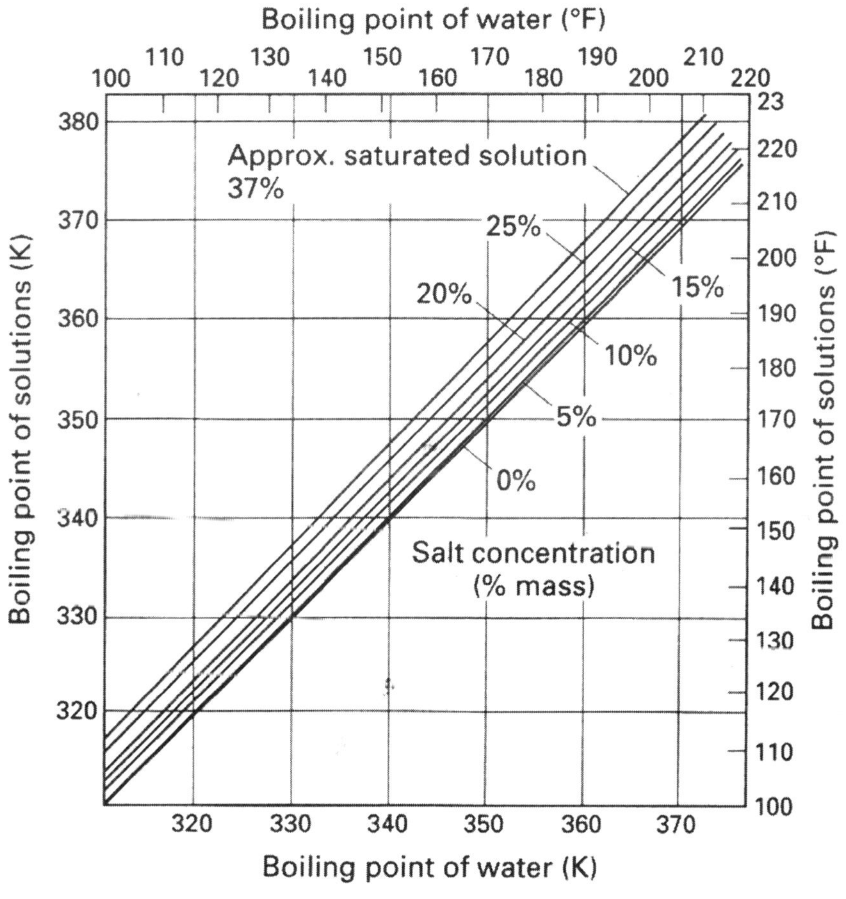

그림 3E.1. NaCl-물 용액에 대한 Duhring 선 도표 (Elsevier, Inc.의 승인하에 *Chemical Engineering* Vol. 2, Issue 4, J. M. Coulson and J. F. Richardson, *Particle Technology and Separation Process*, p.624, Copyright(1991)로부터 전재).

2. Jensen et al.(1990)의 방정식들을 이용하여 주어진 상대습도(%RH)와 온도(T)에서 포화 증기압(p_{sat}), 이슬점(dp), 그리고 절대습도(H)를 계산하는 프로그램을 작성하여라.

$$p_{sat} = 0.611\exp\left[\frac{17.27T}{T+237.3}\right] \quad (\text{kPa})$$

$$p_{act} = p^{*}_{sat}(\%RH/100) \quad (\text{kPa})$$

$$dp = \frac{116.9 + 237.3\ln p_{act}}{16.78 - \ln p_{act}} \quad (℃)$$

$$H = \frac{1000 \cdot p_{act}}{(T+273.15) \cdot R_w} \quad (kg/m^3)$$

$$R_w = 461.512244565 \ J/kg-K \ (\text{수증기에 대한 기체상수})$$

3. 다음에 주어진 데이터를 이용하여 층류 흐름에 대한 마찰인자 방정식을 구하여라. 식의 유도에 있어서 선형 회귀 분석을 이용한다.

N_{Re}	f
100	0.16
200	0.08
400	0.04
800	0.02
1600	0.01
2000	0.008

4. Antoine 식을 이용하여 누락되어 있는 y 값을 구하여라. 아울러 다음에 주어진 액체중의 메탄올의 몰분율(x)과 기상중의 메탄올의 몰분율(y)을 이용하여 메탄올-물 시스템을 가장 잘 나타낼 수 있는 다항식 곡선 방정식을 구하여라. 얻은 식을 결정계수 및 표준 추정오차를 통하여 검증하여라.

액체중의 메탄올의 몰분율(x)	기상중의 메탄올의 몰분율(y)
0	0.000
0.10	0.285
0.20	0.478
0.30	0.616
0.40	0.718
0.50	–
0.60	–
0.70	–
0.80	–
0.90	–
1.0	–

5. 포화온도가 주어졌을 때 포화증기의 압력을 제공하여 주는 새로운 함수 sat_pres2()를 작성하여라. 식 (3.4)를 사용하는 대신 다항식 회귀를 이용하여 식을 구성하고 통계적 분석을 통하여 검증하여라.

제 4 장

C를 이용한 응용

이 장은 이 책의 제 1부의 핵심이 된다. 지금까지 우리는 C 언어의 기본적인 내용을 살펴보았고 수치적 계산을 익혔으며 물질의 물성치들을 예측하는 함수와 헤더파일들을 만들어 보았다. 이 장에서는 이전의 내용들을 토대로 하여 우리가 대하게 되는 몇 가지의 화학공학 문제들을 풀어보기로 한다.

이 장에서는 다음 것들을 포함하는 복잡한 문제들의 풀이를 위한 코드를 작성하게 된다:

물질수지

다중 반응기

응축

에너지 수지

다중효용 증발기

유체유동

압력강하의 결정

파이프 직경 계산

물질 및 열전달

2차원 전도에서의 온도결정

증발

증류

최적화

공정설계

플랜트 운전

이 장에서 논의되는 모든 프로그램들은 CD-ROM에서 찾아볼 수 있다.

\Program Listings\Chapter 4\PL4_1.c	프로그램 4.1
\Program Listings\Chapter 4\PL4_2.c	프로그램 4.2
\Program Listings\Chapter 4\PL4_3.c	프로그램 4.3
\Program Listings\Chapter 4\PL4_4.c	프로그램 4.4
\Program Listings\Chapter 4\PL4_5.c	프로그램 4.5
\Program Listings\Chapter 4\benz_tol.h	벤젠-톨루엔 헤더파일
\Program Listings\Chapter 4\pipe.h	파이프 헤더파일
\Program Listings\Chapter 4\steam.h	수증기 헤더파일

물질수지

물질수지는 질량보존의 법칙을 따르는데 여기에서 시스템에 유입되는 모든 물질은 시스템에 축적되거나 시스템으로부터 유출된다. 이에 따른 질량의 손실이나 생성은 없다. 이 절에서 다루는 시스템은 그러한 법칙을 따르며 입력은 출력과 같다는 간단한 형태를 나타낸다.

다중 반응기

보기 4.1. 그림 4.1에 보인 4개의 반응기들은 파이프들로 연결되어 있으며 흐름의 방향은 화살표로 나타내어져 있다. 반응탱크에서 유체의 전달속도는 유량(Q, 리터/초)과 농도(C, 그램/리터)의 곱으로 주어진다. 유입유량이 유출유량과 같을 때 물질수지식을 세우고 각 반응탱크에서의 유체 농도에 대하여 풀어보라.

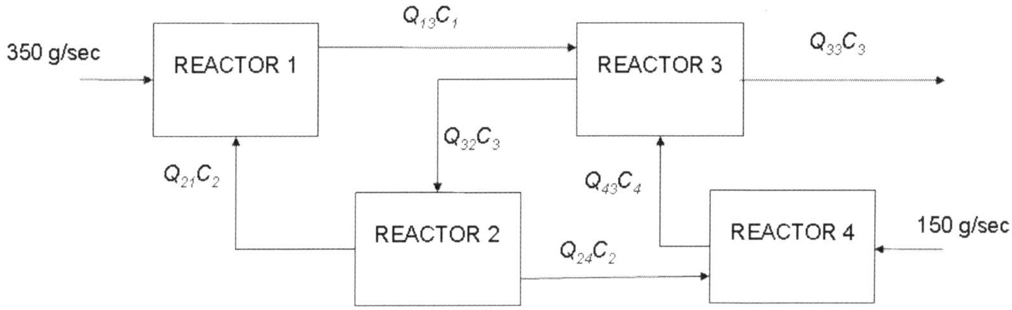

그림 4.1: 다중 반응탱크.

$$
\begin{aligned}
&Q_{13} = 75\ l/\mathrm{sec}, \quad Q_{24} = 20\ l/\mathrm{sec}, \quad Q_{33} = 60\ l/\mathrm{sec}, \\
&Q_{21} = 25\ l/\mathrm{sec}, \quad Q_{32} = 45\ l/\mathrm{sec}, \quad Q_{43} = 30\ l/\mathrm{sec}
\end{aligned}
$$

각 반응기에 대하여 물질수지를 세우면 다음을 얻는다:

반응기 1:

$$350 + Q_{21}C_2 = Q_{13}C_1, \quad 350 + 25C_2 = 75C_1, \quad 75C_1 - 25C_2 = 350 \tag{4.1}$$

반응기 2:

$$Q_{32}C_3 = Q_{21}C_2 + Q_{24}C_2, \quad 45C_3 = 25C_2 + 20C_2, \quad 45C_3 - 425C_2 = 0 \tag{4.2}$$

반응기 3:

$$Q_{13}C_1 + Q_{43}C_4 = Q_{32}C_3 + Q_{33}C_3, \ 75C_1 + 30C_4 = 45C_3 + 60C_3, \ 75C_1 + 30C_4 - 105C_3 = 0 \tag{4.3}$$

반응기 4:

$$150 + Q_{24}C_2 = Q_{43}C_4, \quad 150 + 20C_2 = 30C_4, \quad 30C_4 - 20C_2 = 150 \tag{4.4}$$

식 (4.1), (4.2), (4.3) 및 (4.4)를 요약하면 다음을 얻는다:

$$
\begin{array}{llllr}
75C_1 & -25C_2 & & & = 350 \\
 & -45C_2 & +45C_3 & & = 0 \\
75C_1 & & -105C_3 & +30C_4 & = 0 \\
 & -20C_2 & & +30C_4 & = 150
\end{array}
$$

이는 행렬 형태로 나타낼 수 있으므로 제 2장에서 작성한 프로그램들 가운데 하나를 이용하여 선형방정식들에 대한 해를 얻을 수 있다. 4×4 행렬을 다루고 있으므로 배열의 차원에 약간의 변형을 가한 Gauss-Jordan 프로그램(프로그램 2.2)을 사용할 수 있다.

프로그램 4.1: 수정된 Gauss-Jordan 프로그램

```
#include <stdio.h>
#include <stdlib.h>
int main()
{
 int r,c,i, numeq;
 double a[20][20],b[20];
 double d,x[40],e1;
 do{
  system("cls");
  printf("\nCan solve up to 20 Equations - 20 Unknowns\n");
  printf("\nEnter number of unknowns (max 20): ");
  scanf("%d",&numeq);
 }while(numeq>20);
  for (r=0; r<numeq; r++)
 {
  for (c=0; c<numeq; c++)
  {
   printf(" Enter a[%d][%d]: ",r,c);
   scanf("%lf",&a[r][c]);
  }
  printf(" Enter b[%d]: ",r);
  scanf("%lf",&b[r]);
  x[r]=0;
 }
 for(r=0;r<numeq;r++)
 {
  d=-1/a[r][r];
  for(c=0;c<numeq;c++)
  {
   if (c==r)(c++);
   a[r][c]=a[r][c]*d;
  }
  d=-d;
  for(i=0;i<numeq;i++)
  {
   if(i==r)(i++);
   e1=a[i][r];
   for(c=0;c<numeq;c++)
   {
```

```
        if(c==r)(a[i][r]=a[i][r]*d);
        else(a[i][c]=a[i][c]+a[r][c]*e1);
       }
      }
     a[r][r]=d;
    }
    for(i=0;i<numeq;i++)
    {
     for(c=0;c<numeq;c++)
     x[i]=x[i]+b[c]*a[i][c];
    }
    for(i=0;i<numeq;i++)
    printf("variable x[%d]= %lf\n",i,x[i]);
    system("pause");
    return 0;
   }
```

위의 프로그램을 이용하여 다음과 같은 농도값을 얻을 수 있다:

$$C_1 = 7.444444\,g/l, \quad C_2 = 8.333333\ g/l, \quad C_3 = 8.333333\ g/l, \quad C_4 = 10.555556\,g/l$$

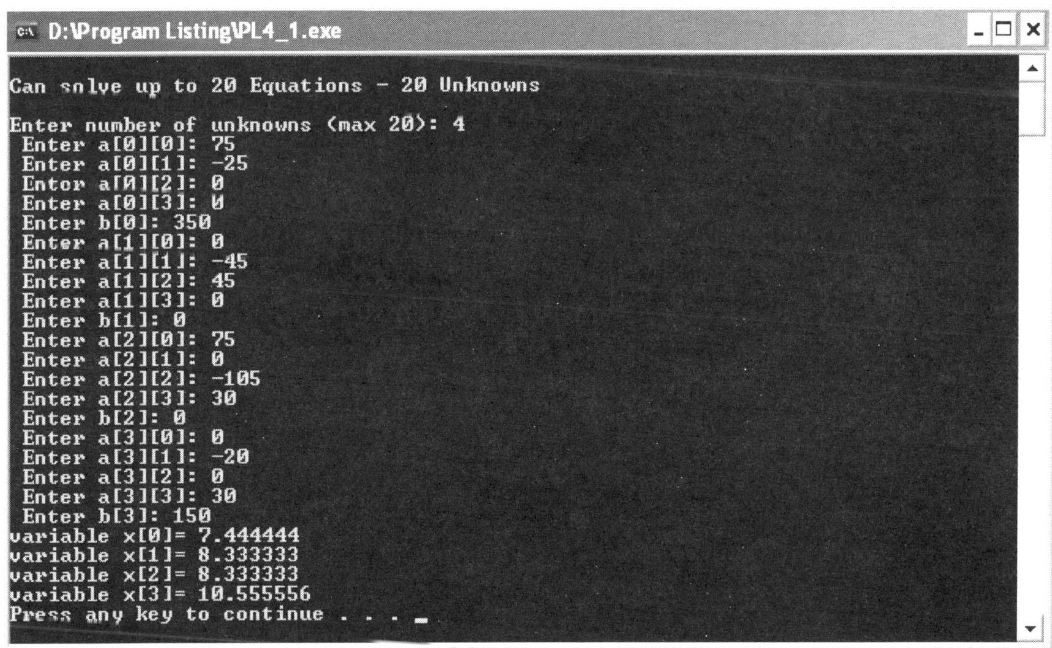

그림 4.2: 프로그램 4.1의 수행결과.

응축

공기는 다양한 범위의 수증기를 포함한다. 공기의 온도가 증가할수록 공기중의 수증기가 포화되는 이슬점에 이를 때까지 상대습도가 증가한다. 이 온도에서 계속 냉각시키면 응축에 이르게 되며 공기중의 수분의 양은 감소하게 된다.

이 절에서는 응축을 포함하는 물질수지 문제에 대한 해를 다루고 있다. 제 3장에서 우리는 (건구)온도와 관련되는 절대습도에 대한 컴퓨터 프로그램을 작성한 바 있다. 또한 상대습도에 대한 이슬점을 결정하였다. 이제 이 프로그램을 이용하여 다음 문제를 풀어보기로 한다.

보기 4.2. 찬 저장실 내의 최초 공기온도는 28℃이며 상대습도는 73%이다. 시간이 흐름에 따라 저장실 내의 공기는 16℃, 상대습도는 55%로 감소되었다. 저장실 문을 하루 종일 열지 않았다고 가정하고 내부의 총 공기량이 150m^3라고 할 때 응축된 물의 양을 구하여라.

풀이:

처음상태: 건구온도=28℃, %RH=73%. 절대습도 프로그램(프로그램 3.3)을 사용하면 이 조건에서의 수분함량은 19.869656 g/m^3이다. 최종상태: 건구온도=16℃, %RH=55%. 절대습도 프로그램(프로그램 3.3)을 사용하면 이 조건에서의 수분함량은 7.495775 g/m^3이다.

이로부터 응축된 물의 양은

$$(19.869656 - 7.495775)g/m^3(150\ m^3) = 1856.08g,\text{ 혹은 } 1.856\text{ kg.}$$

에너지 수지

에너지 수지를 구하는 경우에는 거시적 관점에서 시스템을 고찰하는 것이 좋다. 이렇게 하면 시스템으로부터 어떤 에너지가 유입되고 유출되었는지를 파악하는 데에 도움이 된다. 이러한 원칙은 물질수지에서와 유사하며 생성되고 소모된 에너지를 구하여 얼마만큼이 축적되었는지를 예측할 수 있다.

다음 보기들은 에너지가 들어오고 나가는 기본적인 형태를 예시하고 있다.

다중효용 증발기

이 절에서는 증발문제를 바로 고찰하지는 않고 다만 다음 장에서 다루게 될 증발에 관한 문제의 설정에 있어서 에너지 수지에 초점을 두고자 한다.

보기 4.3. 그림 4.3에 보인 다중효용 증발기를 고려하여 보기로 한다.

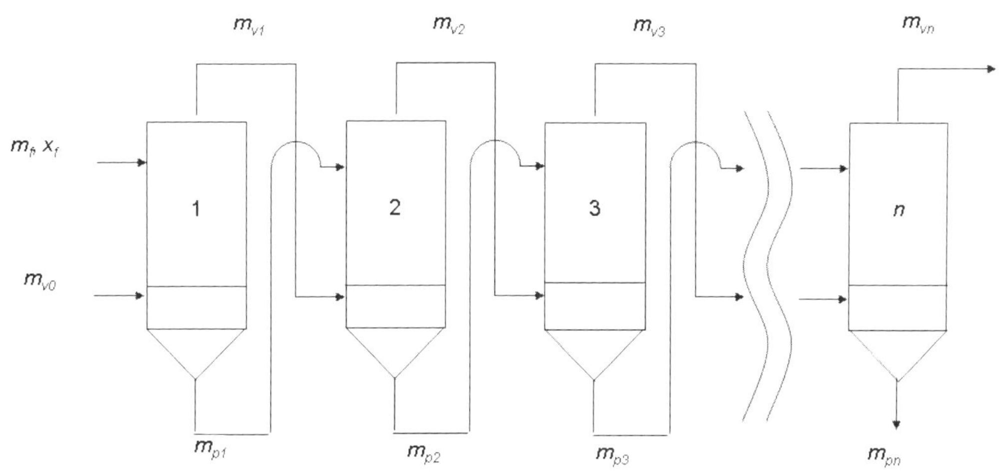

그림 4.3: 다중효용 증발기

수증기(m_{v0})는 첫 번째 증발기로 도입되어 농도(x_f)를 알고 있는 원료를 가열시킨다. 첫 번째 증발기를 나가는 용액(m_{p1})은 두 번째 증발기로 도입되어 첫 번째 증발기로부터의 증기(m_{v1})를 가열매체로 하여 추가로 농축된다. 이러한 과정은 n번째 증발기까지 계속되는데 n번째 증발기로부터는 원하는 농도(x_p)의 제품이 얻어진다.

주어진 n개의 증발기 시스템에 대하여 에너지 수지를 세운다. 최초 증발기의 경우

$$m_f h_f + m_{v0}(H_{v0} - h_{v0}) = m_{v1}H_{v1} + m_{p1}h_{p1}, \quad m_{p1} = m_f - m_{v1}$$

이를 다시 정리하면

$$m_{v0}(H_{v0} - h_{v0}) + m_{v1}(h_{p1} - H_{v1}) = m_f(h_{p1} - h_f) \tag{4.5}$$

두 번째 증발기의 경우

$$m_{p1}h_{p1} + m_{v1}(H_{v1} - h_{v1}) = m_{v2}H_{v2} - m_{p2}h_{p2}, \quad m_{p2} = m_{p1} - m_{v2} = m_f - m_{v1} - m_{v2}$$

이를 다시 정리하면

$$m_{v1}(H_{v1} + h_{v2} - h_{p1} - h_{v1}) + m_{v2}(h_{p2} - H_{v2}) = m_f(h_{p2} - h_{p1}) \tag{4.6}$$

세 번째 증발기의 경우 마찬가지로 하여

$$m_{v1}(h_{p3} - h_{p2}) + m_{v2}(H_{v2} + h_{p3} - h_{p2} - h_{v2}) + m_{v3}(h_{p3} - H_{v3}) = m_f(h_{p3} - h_{p2}) \tag{4.7}$$

을 얻는다. n 번째 증발기의 경우에는

$$\begin{aligned} &m_{v1}(H_{vn} - h_{pn-1}) + m_{c2}(H_{vn} - h_{pn-1}) + \cdots + m_{vn}(H_{vn} + H_{vn-1} - h_{pn-1} - h_{vn-1}) \\ &\quad = m_f[H_{vn} - h_{pn-1} + \frac{x_f}{x_p}(h_{pn} - H_{vn})] \end{aligned} \tag{4.8}$$

위에서 H_{vi}와 h_{vi}는 각각 i 번째 증발기에서의 증기와 응축액의 엔탈피이다. h_{pi}는 i 번째 증발기로부터 얻어지는 제품의 엔탈피이며 아래첨자 i는 1부터 n까지이다.

모든 식들을 요약하여

$$Ax = b \tag{4.9}$$

와 같은 벡터-행렬 형태로 나타낼 수 있다. 여기에서

$$A = \begin{vmatrix} H_{v0} - h_{v0} & h_{p1} - H_{v1} & 0 & 0 & 0 \\ 0 & H_{v1} + h_{p2} - h_{p1} - h_{v1} & h_{p2} - H_{v2} & 0 & 0 \\ 0 & h_{p3} - h_{p2} & H_{v2} + h_{p3} - h_{p2} - h_{v2} & h_{p3} - H_{v3} & 0 \\ \vdots & \vdots & \vdots & \vdots & \vdots \\ 0 & h_{pn-1} - h_{pn-2} & h_{pn-1} - h_{pn-2} & H_{vn-2} + h_{pn-1} - h_{pn-2} - h_{vn-2} & h_{pn-1} - H_{vn-1} \\ 0 & H_{vn} - h_{pn-1} & H_{vn} - h_{pn-1} & H_{vn} - h_{pn-1} & H_{vn} + H_{vn-1} - h_{pn-1} - h_{vn-1} \end{vmatrix}$$

$$x = \begin{bmatrix} m_{v0} \\ m_{v1} \\ m_{v2} \\ \vdots \\ m_{vn-2} \\ m_{vn-1} \end{bmatrix}, \quad b = \begin{bmatrix} m_f(h_{p1} - h_f) \\ m_f(h_{p2} - h_{p1}) \\ m_f(h_{p3} - h_{p2}) \\ \vdots \\ m_f(h_{pn-1} - h_{pn-2}) \\ m_f\left[H_{vn} - h_{pn-1} + \dfrac{x_f}{x_p}(h_{pn} - H_{vn})\right] \end{bmatrix}$$

위의 행렬식을 풀어 m_{v0}, m_{v1}, m_{v2}, m_{v3}, $\cdots$, m_{vn-1}들을 구한다. 다음에 물질수지 $m_{vn} = \dfrac{m_f x_f}{x_p} - m_{v1} - m_{v2} - \cdots - m_{vn-1}$를 풀어 m_{vn}을 얻는다.

요령 엔탈피 대신 비열(C_p)이 주어지면 용액의 비등점을 기준온도(T_{base})로 이용함으로써 해당되는 h_f와 h_l을 구할 수 있다:

$$h_f = C_{pf}(T_f - T_{base}), \quad h_p = C_{p_p}(T_{Base} - T_{base}) = 0$$

위에서 h_f와 h_p는 각각 원료와 제품의 엔탈피이다.

유체유동

화학공학 엔지니어들은 종종 파이프를 통하여 어느 한 장소로부터 다른 장소로 유체를 이송시키기 위한 구조의 설계에 관여하게 된다. 이에는 무엇보다도 압력강하, 마찰손실, 그리고 파이프의 규격 등의 결정이 수반된다. 이 절에서는 이러한 사항들의 일부를 고찰해 보고 컴퓨터가 어떻게 계산이 빠르게 이루어지도록 도울 수 있는지를 예시해 보고자 한다.

압력강하의 결정

보기 4.4. 내경 0.1m인 매끄러운 파이프를 통하여 물이 21℃에서 0.5m/sec의 유속으로 흐르고 있다. 파이프의 길이는 200m이다. 압력강하를 구하여라.

21℃에서 물의 물성: $\rho = 997.92 kg/m^3$, $\mu = 0.000982 kg/m/s$

식 (3.18)로부터 Reynolds 수는 $N_{Re} = \dfrac{Dv\rho}{\mu} = 50{,}810.59$ 이다. N_{Re}는 프로그램 3.6에서

마찰인자 프로그램으로부터 마찰인자를 구하는 데에 이용되며 이로부터 $f = 0.005347$을 얻는다.

마지막으로 식 (3.19)를 이용하여 다음과 같이 압력강하를 얻을 수 있다:

$$\triangle p_f = 2f\rho\frac{Lv^2}{Dg_c} = 5335.88\ \ N/m^2$$

파이프 직경의 계산

보기 4.5. 길이 250m인 매끄러운 파이프 내를 0.0085m^3/s의 유량으로 흐르는 물의 온도는 21℃이다. $F_f = 27.5J/kg$의 마찰손실을 극복하기 위하여 상류 부분은 높은 곳에 위치하고 있다. 이 파이프의 직경을 구하여라.

21℃에서 물의 물성: $\rho = 997.92kg/m^3$, $\mu = 0.000982kg/m/s$

파이프 직경을 구하는 것은 가정한 파이프 직경에 근거하는 시행착오 과정이 된다. 먼저 D=0.1m라고 가정하고 단면적을 구하면 $\pi D^2/4 = 0.007854m^2$을 얻는다. 따라서 유속 v=(유량)/(단면적)=0.0085/0.007854=1.08225m/s를 얻는다. 식 (3.18)을 이용하여 Reynolds 수를 구하면 $N_{Re} = \dfrac{Dv\rho}{\mu} = 109,979.89$ 이다. N_{Re}는 프로그램 3.6에서 마찰인자를 구하는 데에 이용되며 이로부터 $f = 0.004581$을 얻는다.

$F_f = 27.5J/kg$으로 주어졌으므로 식 (3.20)에 따라 $F_f = 2f\dfrac{Lv^2}{Dg_c}$로부터 $f = 0.004581$을 대입하고 D에 대하여 푼다. 이로부터 D=0.098m를 얻는다. 이는 처음 가정한 D(=0.1m)에 충분히 근접한 값이다. 정확한 D 값은 이들 두 값 사이에 위치한다고 말할 수 있다.

시행착오 과정을 반복하면 정확한 파이프 직경은 0.0995m(즉 9.95cm)가 됨을 알 수 있다. 수동계산을 이용하여 이러한 문제를 푸는 것은 매우 지루하며 컴퓨터 프로그램은 이러한 경우 지극히 유용한 수단이 된다. 프로그램 4.2는 미지의 파이프 직경에 대한 유체유동 문제를 다루고 있다.

프로그램 4.2: 파이프 직경의 계산

```
#include <stdio.h>
#include <stdlib.h>
#include <conio.h>
/* friction() 함수를 이용할 수 있도록 pipe.h 헤더파일을 포함 */
#include "pipe.h"
int main()
{
 char try;
 double density, visco, dia1, rate, Nre, f, length, area,Ff,dia2,
velocity;
 system("cls");
 printf("Solving for diameter of smooth pipe.\nPlease ensure all SI
units are consistent.\n");
 printf("\nEnter density of the fluid: ");
 scanf("%lf",&density);
 printf("Enter viscosity of the fluid: ");
 scanf("%lf",&visco);
 printf("Enter pipe length: ");
 scanf("%lf",&length);
 printf("Enter flow rate: ");
 scanf("%lf",&rate);
 printf("Enter friction loss: ");
 scanf("%lf",&Ff);
 /* do-while 루프에서 시행착오 풀이과정을 수행 */
 do{
   printf("\nEnter assumed pipe diameter: ");
   scanf("%lf",&dia1);
   area=3.1416*(dia1*dia1)/4;   /* 단면적을 계산 */
   velocity = rate/area;
   Nre= dia1*velocity*density/visco;  /* Reynolds 수를 계산 */
   f=friction(Nre);
   /* 마찰손실과 마찰인자로부터 파이프 직경을 계산 */
   dia2=2*f*length*velocity*velocity/(Ff);
   printf("The derived diameter is %lf",dia2);
   printf("\n\nDo you want to enter new diameter? (Y/N)\n");
   try=getch();
   }while(try=='y'||try=='Y');
 return 0;
}
```

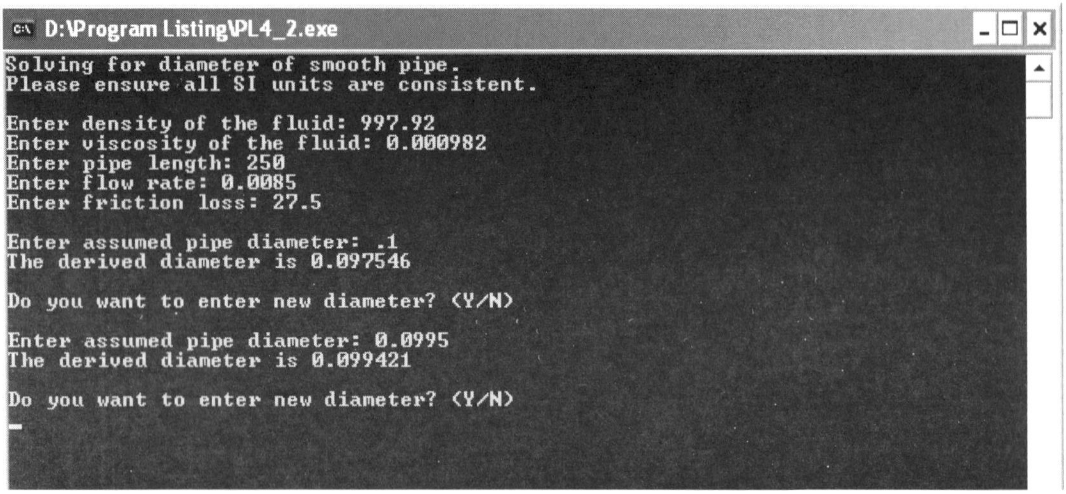

그림 4.4: 프로그램 4.2의 수행결과.

물질 및 열전달

화학공학 엔지니어들이 다루는 거의 모든 조작들은 물질과 열의 전달을 수반한다. 이에는 열 전도, 용매의 증발, 그리고 혼합액체의 증류 등이 포함된다. 전달을 야기하는 구동력은 대개 물질의 경우 농도, 그리고 열의 경우 온도가 된다. 이 절에서는 앞에서 작성한 프로그램들을 이용하여 물질 및 열전달 문제들을 다루고 있다. 좀 더 복잡한 문제를 처리하기 위하여 새로운 프로그램을 작성하기도 할 것이다.

2차원 열전도에서의 온도계산

보기 4.6. 그림 4.5에 보인 바와 같이 x 및 y 축을 따라 일정한 열전도가 일어나는 긴 사각형 굴뚝을 고려하여 보자.

양 끝부분은 대칭이므로 그림의 1/8부분만을 고려하면 된다. 이 부분에서 직선으로 이루어진 노드 망을 구성할 수 있다. 샘플 노드(4)의 부피에 대한 열수지로부터

$$q_4 = \frac{kA}{\Delta x}(T_5 - T_4) + \frac{kA}{\Delta x}(T_9 - T_4) + \frac{kA}{\Delta y}(T_5 - T_4) + \frac{kA}{\Delta y}(T_9 - T_4)$$

를 얻는다. 정방형 망이라면 Δx는 Δy와 같으므로 위의 식을 다시 정리하면

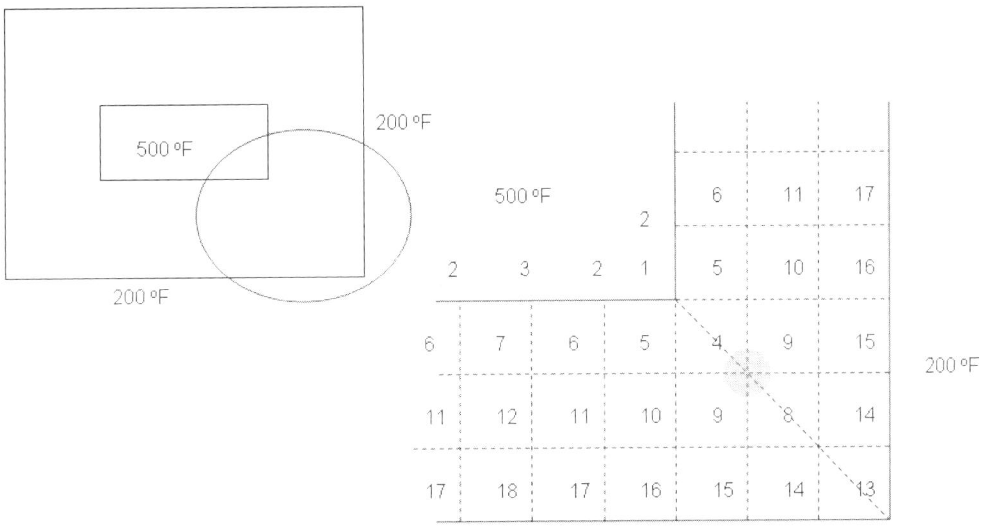

그림 4.5: 사각형 굴뚝

$$\frac{q_4 \Delta x}{kA} = 2T_5 + 2T_9 - 4T_4$$

가 된다. 정상상태에 도달하면 가상의 열 싱크인 $\frac{q_4}{kA}$는 0이 된다. 따라서 여러 노드들에서 같은 수지식을 세우면 다음 결과를 얻는다:

$$T_1 = T_2 = T_3 = 500^\circ\mathrm{F}$$
$$T_{13} = T_{14} = T_{15} = T_{16} = T_{17} = T_{18} = 200^\circ\mathrm{F}$$

노드 4: $-4T_4 + 2T_5 + 2T_9 = 0$
노드 5: $T_4 - 4T_5 + T_6 + T_{10} = -500$
노드 6: $T_5 - 4T_6 + T_7 + T_{11} = -500$
노드 7: $2T_6 - 4T_7 + T_{12} = -500$
노드 8: $-4T_8 + 2T_9 = -400$
노드 9: $T_4 + T_8 - 4T_9 + T_{10} = -200$
노드 10: $T_5 + T_9 - 4T_{10} + T_{11} = -200$
노드 11: $T_6 + T_{10} - 4T_{11} + T_{12} = -200$

노드 12: $T_7 + 2T_{11} - 4T_{12} = -200$

선형 방정식 시스템의 풀이를 위해 작성된 프로그램을 이용하면 다음과 같은 결과를 얻는다:

$$T_4 = 312.006169°\text{F}, \quad T_5 = 369.593072°\text{F}, \quad T_6 = 387.904852°\text{F},$$
$$T_7 = 392.193617°\text{F}, \quad T_8 = 227.209633°\text{F}, \quad T_9 = 254.419267°\text{F},$$
$$T_{10} = 278.461265°\text{F}, \quad T_{11} = 289.832720°\text{F}, \quad T_{12} = 292.964765°\text{F}$$

증발

대개 물과 같은 휘발성 용매중에 비휘발성 용질이 들어있는 용액을 농축시키는 데에는 증발이 선호된다. 실제 증발기에서는 성능에 영향을 미치는 고려해야 할 인자들이 많이 있다. 고체물질의 혼입, 증기중의 비농축성 기체의 압력, 그리고 튜브에 미치는 수두의 영향 등은 고려해야 할 사항 가운데 일부들이다. 그러나 초기 설계에서는 이러한 요소들은 모두 무시된다. 나아가 모든 열손실도 무시되며 수증기의 과열 및 응축액의 과냉각 역시 일어나지 않는다고 간주한다.

그림 4.6에 보인 증발기를 고려하여 보자.

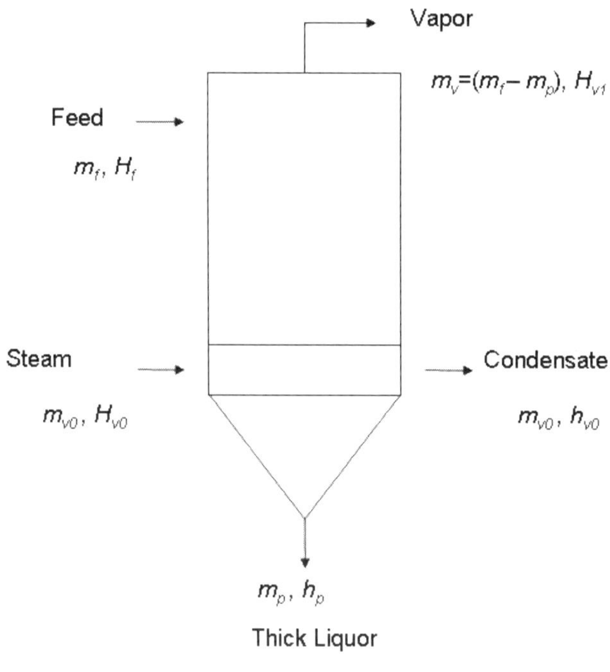

그림 4.6: 단일효용 증발기.

수증기 과열과 응축액의 과냉각을 무시한다면 수증기에 대한 엔탈피 수지는

$$q_{v0} = m_{v0}(h_{v0} - H_{v0}) = -m_{v0}\lambda_{v0}$$

로 쓸 수 있다. 여기에서 h_{v0}는 응축액의 엔탈피, H_{v0}는 수증기의 엔탈피, m_{v0}는 수증기의 질량유량, q_{v0}는 가열표면을 통한 수증기로의 열전달속도, 그리고 λ_{v0}는 수증기의 응축잠열이다.

액체에 대한 엔탈피 수지는

$$q = (m_f - m_p)H_{v1} - m_f h_f + m_p h_p$$

이다. 여기에서 h_f는 액체 원료의 엔탈피, H_{v1}은 증기의 엔탈피, q는 가열표면을 통한 액체로의 열전달 속도, 그리고 h_p는 농축액의 엔탈피이다.

주의 농축액이 용매와 유사한 특성을 지니고 있으며 BPE가 없다면 $h_v = h_p$이다.

열손실이 없다고 가정하면 $q = -q_{v0}$, 혹은 $q = m_{v0}\lambda_{v0} = (m_f - m_p)H_{v1} - m_f h_f + m_p h_p$이다. h_f와 h_p는 온도와 농도에 따라 좌우된다(예로서 표 3.7의 NaOH 농도-엔탈피 도표를 참조). 일단 엔탈피와 물질수지가 수립되면 다음을 알 수 있다:

$$\text{열전달 면적(A)} = \frac{q}{U(T_{v0} - T_{v1})}$$

$$\text{용량} = m_f - m_p$$

$$\text{수증기 양} = \frac{m_f - m_p}{m_s}$$

보기 4.7. **하나의 수직튜브 증발기를 이용하여 29,000 lb/hr의 유기 콜로이드(60°F) 용액을 25%에서 60%(고체함량)로 농축하고 있다. 용액의 비등점 상승은 무시하며 용액의 물성은 모든 온도범위에서 물과 유사하다고 간주한다. 25 psia에서 포화 수증기가 유입되고 있으며 응축기의 압력은 1.69 psia이다. 총괄 열전달 계수는 300 Btu/ft^2-h-°F이다. 열전달 면적(ft^2)과 수증기 소모량(lb/hr)을 구하여라(그림 4.7 참조).**

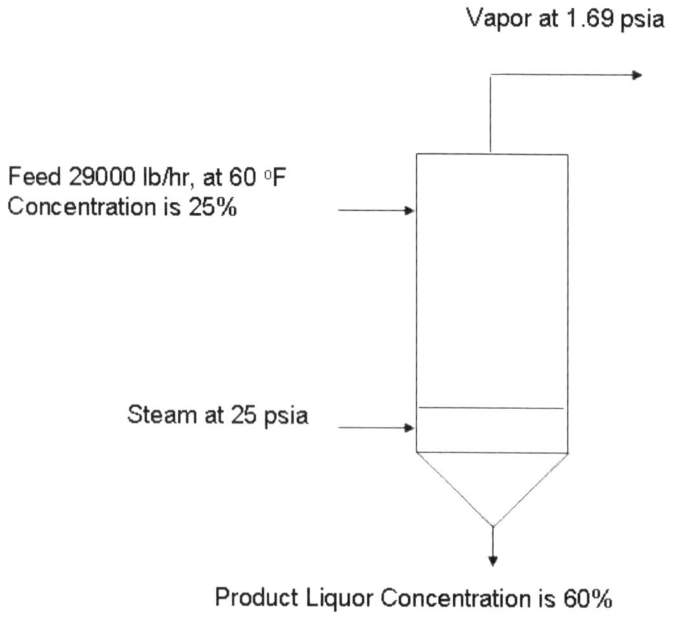

그림 4.7: 보기 4.7의 단일효용 증발기 유통도.

물질수지를 세우면 생성되는 농축액의 양을 구할 수 있다.

$$m_p = (x_f/x_p)m_f = (0.25/0.6)(29000) = 12083.33\ \ lb/hr$$
$$m_{v1} = m_f - m_p = 29000 - 12083.33 = 16916.67\ \ lb/hr$$

프로그램 4.3을 이용하여 수증기와 증기의 포화온도를 구하면

$$T_{v0} = 240.29°\mathrm{F}, \quad T_{v1} = 120.86°\mathrm{F}$$

를 얻는다. 시스템으로의 용액 원료는 물의 특성을 따르며 임의의 농도에서 BPE가 없으므로 $h_p = h_v$로 둘 수 있다.

프로그램 4.3을 이용하여 다양한 엔탈피 값들을 구한다.

$$H_{v0} = 1160.73\ \ Btu/lb, \quad H_{v1} = 1113.59\ \ Btu/lb, \quad h_f = 28.08\ \ Btu/lb,$$
$$h_{v0} = 208.78\ \ Btu/lb, \quad h_{v1} = 88.86\ \ Btu/lb$$

증발기에 대한 엔탈피 수지로부터 다음을 얻는다:

$$m_{v0}(H_{v0}-h_{v0}) = q = m_{v1}H_{v1} - m_f h_f + m_p h_{v1}$$

$$q = 16916.67(1113.59) - 29000(28.08) + 12083.33(88.86) = 19097639.25 \ \ Btu/hr$$

$$m_{v0} = \frac{19097639.25}{1160.73-208.78} = 20061.60 \ \ lb/hr$$

$$A = \frac{19097639.25}{(300)(240.29-120.86)} = 533.02 \ \ ft^2$$

요령 포화액체에 대한 엔탈피 기호를 포화증기에 대한 기호와 구분하려면 전자의 경우 소문자(h), 후자에 대해서는 대문자(H)를 사용한다

프로그램 4.3: 수증기 엔탈피 프로그램

```
#include <stdio.h>
#include <stdlib.h>
#include <conio.h>
#include "steam.h"
int main()
{
  double pres, temp, hl, hv;
  char res,opt;
  do
    {
     system("cls");
     printf("Input: Pressure or Temperature? (P/T)\n");
     opt=getch();
     if(opt=='p' || opt =='P')
     {
      printf("\nEnter pressure in psia: ");
      scanf("%lf", &pres);
      pres = pres * 6894.757;
      temp = sat_p2t(pres);
     }
     else
     {
      printf("\nEnter temperature in deg F: ");
      scanf("%lf", &temp);
      temp=((temp-32)/1.8)+273.15;
     }
     hl = enthalpy_l(temp);
     hl = hl/(1055.056*2.2046226);
```

```
        hv = enthalpy_v(temp);
        hv =hv/(1055.056*2.2046226);
        temp = ((temp-273.15)*1.8)+32;
        printf("\n");
        if(opt=='p' || opt =='P')
         printf("Saturation temperature is  %lf deg F\n",temp);
        printf("Enthalpy (liquid) is %lf Btu/lb\n",hl);
        printf("Enthalpy (vapor) is %lf Btu/lb\n",hv);
        printf("\nTry again? (Y/N)\n");
        res=getch();
      }while(res == 'y' || res == 'Y');
    return 0;
  }
```

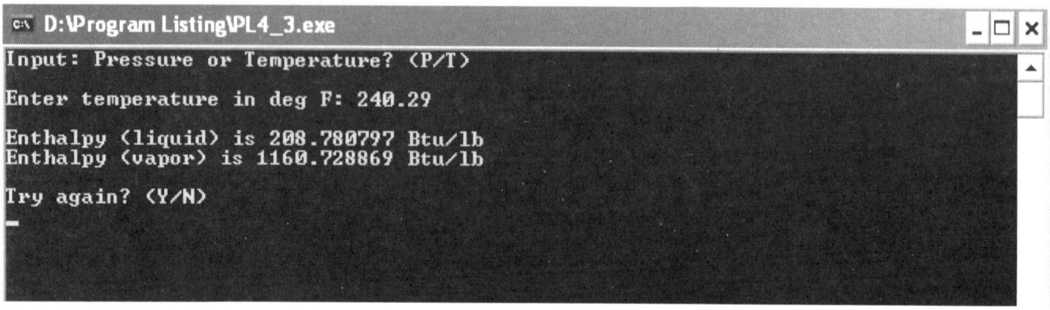

그림 4.8: 프로그램 4.3의 수행결과.

다중효용 증발

원료공급 방법에 따라 여러 가지 형태의 다중효용 증발기들이 존재한다. 그러나 이 절에서는 전면공급 형태에만 초점을 맞추기로 한다. 이 형태에서는 그림 4.3에 보인 바와 같이 원료는 첫 번째 증발기로 공급되며 이어지는 증발기들을 통과하게 된다. 각 증발기에서 증발이 일어남에 따라 원료가 증발기들을 통과하면서 농도가 증가하게 된다. 첫 번째 증발기의 가열을 위해 수증기가 이용되며 첫 번째 증발기로부터 생성되는 증기나 증발된 용매는 두 번째 및 이어지는 증발기들에서의 가열원으로 이용된다.

열전달 면적(A)은 모두 동일한데 이는 통상적인 경우이다. 다중효용 증발기의 풀이에서는 열전달 면적의 결정을 필요로 하므로 $A_1 = A_2 = \cdots = A_n$으로서 면적이 모두 같고 정상상태에서의 열전달율이 모두 같다면 온도 분포는 다음과 같다고 가정할 수 있다:

$$\Delta T_1 = \frac{\frac{1}{U_1}}{\frac{1}{U_1}+\frac{1}{U_2}+\cdots+\frac{1}{U_n}} \cdot (\Delta T_{total}), \qquad \Delta T_n = \frac{U_1}{U_n}\Delta T_1$$

물질 및 열수지로부터 각 증발기에서의 열전달율(q)을 얻을 수 있다. 이로부터 열전달 면적(A)이 계산되는데 A가 서로 같지 않다면 각 증발기에서의 면적이 거의 같아질 때까지 온도를 조정하고 계산을 반복한다. 다음의 보기를 살펴보기로 하자.

보기 4.8. 3중 전면공급 증발기들을 이용하여 유기 콜로이드 용액을 13%에서 55%(고체함량)로 농축하고 있다. 용액의 비등점 상승은 무시하며 29.82 psia의 수증기가 이용되며 세 번째 증발기에서의 압력은 1.27 psia이다. 원료는 60°F에서 45000lb/hr의 유량으로 유입되고 있으며 모든 농도에서 용액의 비열은 물과 같다. 총괄 열전달 계수는 U_1=530, U_2=350, U_3=195 Btu/ft^2-h-°F이다. 각 증발기의 면적은 서로 같다. 열전달 면적(A)과 수증기 소모량(m_{v0})을 구하여라.

먼저 물질수지를 세워 m_p와 m_{vtotal}을 구한다:

$$m_p = \frac{x_f m_f}{x_p} = (0.13)(45000)/(0.55) = 10636.36 lb/hr$$
$$m_{vtotal} = m_f - m_p = 45000 - 10636.36 = 34363.64 lb/hr$$

프로그램 4.3을 이용하여 수증기와 증기의 포화온도를 구한다:

$$T_{v0} = 250.21°\text{F}\,(P = 29.82 psia\text{에서}), \quad T_{v31} = 109.60°\text{F}\,(P = 1.27 psia\text{에서})$$

따라서 $\Delta T_{total} = 140.61°\text{F}$이다.

각 증발기에 대하여 주어진 U_1=530, U_2=350, U_3=195 Btu/ft^2-h-°F를 이용하여 ΔT를 추정한다:

$$\Delta T_1 = \frac{140.61/530}{\frac{1}{530}+\frac{1}{350}+\frac{1}{195}} = 26.87, \quad \Delta T_2 = \frac{140.61/350}{\frac{1}{530}+\frac{1}{350}+\frac{1}{195}} = 40.70,$$

$$\Delta T_3 = \frac{140.61/195}{\frac{1}{530}+\frac{1}{350}+\frac{1}{195}} = 73.04$$

따라서

$$T_1 = 250.21 - 26.87 = 223.34°\text{F}, \quad T_2 = 223.34 - 40.70 = 182.64°\text{F}, \\ T_3 = 182.64 - 73.04 = 109.60°\text{F}$$

를 얻는다. 온도가 모두 얻어졌으므로 프로그램 4.3을 이용하여 각 증발기로부터의 (수증기와 물에 대한) 엔탈피들을 각각 구한다. 시스템으로 공급된 용액은 BPE가 없으며 물의 특성을 따르므로 임의의 농도에서 $h_p = h_v$로 둘 수 있다. 엔탈피 값들은 다음과 같다:

$$\begin{aligned} &h_f = 28.08 \ (60°\text{F에서}) \\ &H_{v0} = 1164.19, \quad h_{v0} = 218.84 \quad (250.21°\text{F에서}) \\ &H_{v1} = 1154.60, \quad h_{v1} = 191.64 \quad (223.34°\text{F에서}) \\ &H_{v2} = 1138.99, \quad h_{v2} = 150.69 \quad (182.64°\text{F에서}) \\ &H_{v3} = 1108.83, \quad h_{v3} = 77.62 \quad (109.60°\text{F에서}) \end{aligned}$$

아울러 $m_f = 45000lb/hr$, $x_f = 0.13$, $x_p = 0.55$를 다음의 행렬식에 대입한다:

$$\begin{bmatrix} H_{v0} - h_{v0} & h_{v1} - H_{v1} & 0 \\ 0 & H_{v1} + h_{v2} - 2h_{v1} & h_{v2} - H_{v2} \\ 0 & H_{v3} - h_{v2} & H_{v3} + H_{v2} - 2h_{v2} \end{bmatrix} \begin{bmatrix} m_{v0} \\ m_{v1} \\ m_{v2} \end{bmatrix} = \begin{bmatrix} m_f(h_{v1} - h_f) \\ m_f(h_{v2} - h_{v1}) \\ m_f\left[H_{v3} - h_{v2} + \frac{x_f}{x_p}(h_{v3} - H_{v3})\right] \end{bmatrix}$$

모든 값들을 대입하면

$$\begin{bmatrix} 945.35 & -962.96 & 0 \\ 0 & 922.01 & -988.30 \\ 0 & 958.14 & 1946.44 \end{bmatrix} \begin{bmatrix} m_{v0} \\ m_{v1} \\ m_{v2} \end{bmatrix} = \begin{bmatrix} 7360200 \\ -1842750 \\ 32147975.45 \end{bmatrix}$$

프로그램 2.2(Gauss-Jordan 프로그램)를 이용하여 이를 풀면 다음을 얻는다:

$$m_{v0} = 18257.83lb/hr, \quad m_{v1} = 10280.63lb/hr, \quad m_{v2} = 11455.63lb/hr$$

마찬가지로 하여 $m_{v3} = 34363.64 - 10280.63 - 11455.63 = 12627.38 lb/hr$ 를 얻는다.

일단 각 증발기에서의 수증기 및 증기들의 질량유속을 얻었다면 열전달율 q와 가열면적 A에 대하여 풀 수 있다.

$$
\begin{aligned}
q_1 &= m_{v0}(H_{v0} - h_{v0}) = 18257.83(945.35) = 17260039.59 \ \ Btu/hr \\
A_1 &= \frac{q_1}{U_1 \triangle T_1} = \frac{17260039.59}{(530)(26.87)} = 1211.99 ft^2 \\
q_2 &= m_{v1}(H_{v1} - h_{v1}) = 10283.63(962.96) = 9902724.34 \ \ Btu/hr \\
A_2 &= \frac{q_2}{U_2 \triangle T_2} = \frac{9902724.34}{(350)(40.70)} = 695.17 ft^2 \\
q_3 &= m_{v2}(H_{v2} - h_{v2}) = 11455.631(988.30) = 11321599.13 \ \ Btu/hr \\
A_3 &= \frac{q_3}{U_3 \triangle T_3} = \frac{11321599.13}{(195)(73.04)} = 794.90 ft^2
\end{aligned}
$$

그런데 위에서 $A_1 \neq A_2 \neq A_3$ 이므로 온도를 조정하여 위의 과정을 다시 반복할 필요가 있다. 이를 위해 세 증발기들의 열전달 면적의 평균을 구한다:

$$A_{average} = (1211.99 + 695.17 + 794.90)/3 = 900.69 ft^2$$

$\triangle T$를 조정하여 다음을 얻는다:

$$
\begin{aligned}
\triangle T_1 &= 26.87(1211.99/900.69) = 36.16 \\
\triangle T_2 &= 40.70(695.17/900.69) = 31.41 \\
\triangle T_3 &- 73.07(794.90/900.69) - 64.49
\end{aligned}
$$

총괄 온도차는 $\triangle T = 36.16 + 31.41 + 64.49 = 132.06$ 인데 이는 140.61과 다르므로 이를 더 조정할 필요가 있다:

$$
\begin{aligned}
\triangle T_1 &= 36.16(140.61/132.06) = 38.50 \\
\triangle T_2 &= 31.41(140.61/132.06) = 33.54 \\
\triangle T_3 &= 64.49(140.61/132.06) = 68.67 \\
\triangle T_{total} &= 38.50 + 33.54 + 68.67 = 140.61
\end{aligned}
$$

이로부터 각 증발기에서의 추정온도는

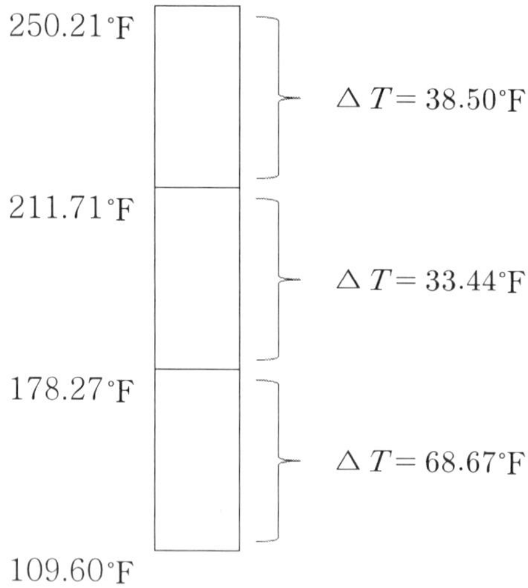

$$T_1 = 250.21 - 38.50 = 211.71°F$$
$$T_2 = 211.71 - 33.44 = 178.27°F$$
$$T_3 = 178.27 - 68.67 = 109.60°F$$

새로 얻은 온도를 이용하여 전체 계산과정을 다시 반복 수행한다. 각 증발기에서 거의 동일한 가열표면 면적을 얻으면 반복과정을 중단한다. 이 문제의 경우 모든 증발기에 대한 가열면적 A는 $846.25ft^2$이며 수증기 소모량 m_{v0}는 17968.4 lb/hr, 그리고 수증기 경제성은 1.91이다.

위의 알고리듬을 취하여 다음 프로그램을 작성한다.

프로그램 4.4: 증발 프로그램

```
#include<stdio.h>
#include<conio.h>
#include<stdlib.h>
/* sat_p2t(), enthalpy_v(), enthalpy_l() 함수들을 사용할 수 있도록
steam.h 헤더파일을 포함 */
#include "steam.h"

int main()
{
int k,w,j,i;
double xmatrx[20][20],constant[20],d,vapor[20],e1,area[20];
double hv[20],hl[20],hd[20],f,aream,tarea,heat,stmecon,temp_t;
double tv[20],tl[20],p,vt,totv,ut,dta,dtn,dtr,dt[20],u[20],...
```

```
conc[20],ps,pk,ts;
char flag;

/* hl, dt, hd 들을 0으로 초기화 */
hl[0]=0;
dt[0]=0;
hd[0]=0;
printf("Solving Problems on Multiple Effect Evaporators - Assuming
no BPE\n");
printf("\nEnter number of evaporators: ");
scanf("%d",&k);
printf("Enter feed concentration in fraction: ");
scanf("%lf",&conc[0]);
printf("Enter feed temperature in deg F: ");
scanf("%lf",&tl[0]);
printf("Enter product concentration in fraction: ");
scanf("%lf",&conc[k]);
printf("Enter amount of feed in lb/hr: ");
scanf("%lf",&f);
printf("Enter steam pressure in psia: ");
scanf("%lf",&ps);
printf("Enter pressure (psia) at evaporator no. %d : ",k);
scanf("%lf",&pk);
for(j=1;j<=k;j++)
 {
 printf("Enter OHT Coefficient for evaporator no. %d : ",j);
 scanf("%lf",&u[j]);
 }
/* sat_p2t()를 이용하여 주어진 수증기 압력을 포화온도로 전환 */
tv[0]=sat_p2t(ps*6894.757);
tv[0] =((tv[0]-273.15)*1.8)+32;
tv[k]=sat_p2t(pk*6894.757);
tv[k] =((tv[k]-273.15)*1.8)+32;
ts=tv[0];
p=f*conc[0]/conc[k];
/* 각 증발기에서 T를 추정 */
vt=(f-p)/k;
for(j=1;j<k;j++)(conc[j]=f*conc[0]/(f-(vt*j)));
ut=0;
for(j=1;j<=k;j++)(ut=ut+(1/u[j]));
dta=tv[0]-tv[k];
dtn=0;
for(j=1;j<k;j++)
```

```
  {
  dt[j]=dta*((1/u[j])/ut);
  dtn=dtn+dt[j];
  }
 dt[k]=dta-dtn;
 tl[k]=tv[k];
 dtr=tl[k]-tv[k];
 /* 각 증발기에서 증기와 액체의 온도를 추정 */
 for(j=1;j<k;j++)
  {
  tv[j]=tv[j-1]+dt[j];
  tl[j]=tv[j];
  dtr=dtr+(tl[j]-tv[j]);
  }
 dta=tv[0]-tv[k]-dtr;
 dtn=0;
 for(j=1;j<k;j++)
  {
  dt[j]=dta*((1/u[j])/ut);
  dtn=dtn+dt[j];
  }
 dt[k]=dta-dtn;
 flag='n';
 do
   {
   for(j=k;j>0;j--)
    {
    tl[j]=tv[j];
    tv[j-1]=tl[j]+dt[j];
    }
   tv[0]=ts;
   system("cls");
   for (j=0;j<=k;j++)
    {
    printf("temperature of vapor[%d] in deg F = %lf \r\n",j,tv[j]);
    printf("temperature of liquid[%d] in deg F= %lf \r\n",j,tl[j]);
    }
   printf("product in lb/hr = %lf \r\n",p);
   /* 구한 온도를 바탕으로 기체와 증기의 엔탈피를 근사 */
   for (j=0;j<=k;j++)
    {
   temp_t=((tv[j]-32)/1.8)+273.15;
   hv[j]=enthalpy_v(temp_t);
```

```
hv[j]=hv[j]/(1055.056*2.2046226);
temp_t=((tl[j]-32)/1.8)+273.15;
hl[j]=enthalpy_l(temp_t);
hl[j]=hl[j]/(1055.056*2.2046226);
 }
for(j=0;j<k;j++)
{
  temp_t =((tv[j]-32)/1.8)+273.15;
  hd[j+1]=enthalpy_l(temp_t);
  hd[j+1]=hd[j+1]/(1055.056*2.2046226);
}
/* 식 (4.9)의 행렬원소 채우기(에너지 수지) */
for(j=0;j<k;j++)(vapor[j]=0);
for(j=0;j<=k;j++)
 {
 for(w=0;w<=k;w++)(xmatrx[j][w]=0);
 }
constant[0]=f*(hl[0]-hl[1]);
for(j=1;j<k-1;j++)(constant[j]=f*(hl[j]-hl[j+1]));
constant[k-1]=f*(hl[k-1]-hv[k]+(conc[0]*(hv[k]-hl[k])/conc[k]));
xmatrx[k-1][0]=0;
for(j=1;j<(k-1);j++)
 {
 xmatrx[k-1][j]=hl[k-1]-hv[k];
 }
xmatrx[k-1][k-1]=hd[k]+hl[k-1]-hv[k-1]-hv[k];
xmatrx[0][0]-hd[1]-hv[0];
for(j=0;j<(k-1);j++)(xmatrx[j][j+1]=hv[j+1]-hl[j+1]);
for(j=1;j<(k-1);j++)(xmatrx[j][j]=hd[j+1]+hl[j]-hv[j]-hl[j+1]);
for(j=2;j<(k-1);j++)
 {
 for(w=1;w<(k-2);w++)(xmatrx[j][w]=hl[j]+hl[j+1]);
 }
for(w=0;w<k;w++)
 {
  d=-1/xmatrx[w][w];
  for(j=0;j<kj++)
   {
   if (j==w)(j++);
   xmatrx[w][j]=xmatrx[w][j]*d;
   }
  d=-d;
  for(i=0;i<k;i++)
```

```
  {
  if(i==w)(i++);
  e1=xmatrx[i][w];
  for(j=0;j<k;j++)
    {
    if(j==w)(xmatrx[i][w]=xmatrx[i][w]*d);
    else(xmatrx[i][j]=xmatrx[i][j]+xmatrx[w][j]*e1);
    }
  }
xmatrx[w][w]=d;
}
for(i=0;i<k;i++)
 {
 for(j=0;j<k;j++)
 vapor[i]=vapor[i]+constant[j]*xmatrx[i][j];
 }
/* 열전달 면적 계산 */
totv=0;
for(j=1;j<k;j++)(totv=totv+vapor[j]);
vapor[k]=f-p-totv;
for(i=0;i<=k;i++)( printf("vapor[%d]= %lf\r\n",i,vapor[i]));
for(i=0;i<k;i++)
{
 heat=vapor[i]*(hv[i]-hd[i+1]);
 printf("Rate of heat transfer at Evaporator %d is %lf ...
       BTU/hr\r\n",i+1,heat);
}
stmecon=(totv+vapor[k])/vapor[0];
printf("Steam economy = %lf\r\n",stmecon);
for(j=1;j<=k;j++)
  {
  area[j]=(vapor[j-1]*(hv[j-1]-hd[j]))/(u[j]*(tv[j-1]-tl[j]));
  printf("Area for evaporator no. %d = %lf\r\n",j,area[j]);
  }
if(k==1)
{
(flag='y');
getch();
}
else
  {
  printf("Are the areas OK ?(y/n)\n");
  flag=getch();
```

```
    if(flag=='n')
     {
     tarea =0;
     for(j=1;j<=k;j++)(tarea=tarea+(dt[j]*area[j]));
     aream=tarea/dta;
     for(j=1;j<=k;j++)(dt[j]=dt[j]*area[j]/aream);
     }
    }
 }while (flag=='n');
 return 0;
}
```

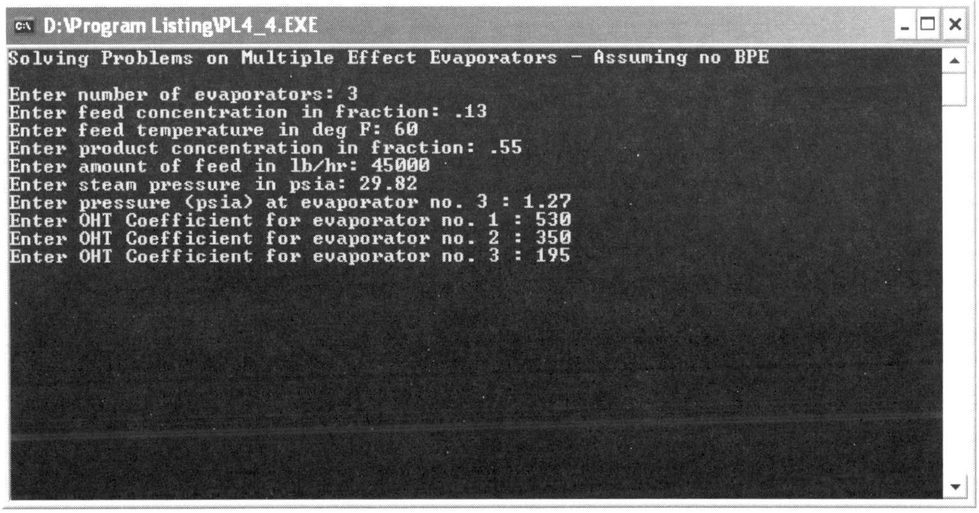

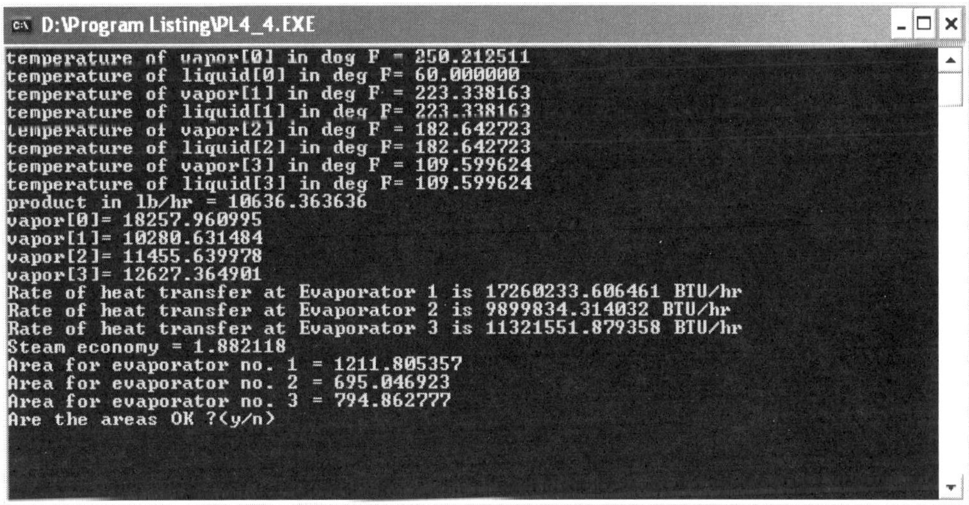

```
D:\Program Listing\PL4_4.EXE
temperature of vapor[0] in deg F = 250.212511
temperature of liquid[0] in deg F= 60.000000
temperature of vapor[1] in deg F = 212.339424
temperature of liquid[1] in deg F= 212.339424
temperature of vapor[2] in deg F = 178.154129
temperature of liquid[2] in deg F= 178.154129
temperature of vapor[3] in deg F = 109.599624
temperature of liquid[3] in deg F= 109.599624
product in lb/hr = 10636.363636
vapor[0]= 17968.375196
vapor[1]= 10438.917102
vapor[2]= 11415.344416
vapor[3]= 12509.374846
Rate of heat transfer at Evaporator 1 is 16986472.557856 BTU/hr
Rate of heat transfer at Evaporator 2 is 10125210.599038 BTU/hr
Rate of heat transfer at Evaporator 3 is 11312726.660275 BTU/hr
Steam economy = 1.912451
Area for evaporator no. 1 = 846.246001
Area for evaporator no. 2 = 846.246103
Area for evaporator no. 3 = 846.246105
Are the areas OK ?(y/n)
```

그림 4.9: 프로그램 4.4의 수행결과.

증류

일반적으로 증류는 증발과 응축을 수반한다. 앞에서 논의한 증발과 증류의 차이는 증발에서는 휘발성 용매와 비휘발성 용질을 다룬다는 데에 있다. 이 경우 용질은 용매와 함께 증발되지 않기 때문에 분리는 그리 복잡한 문제가 아니다. 그러나 증류에서는 휘발성 물질들의 혼합물을 다루며 각 성분들의 분리는 부분적 기화에 의하여 이루어진다. 증기와 잔류 액상에 대하여 별도의 회수가 이루어진다.

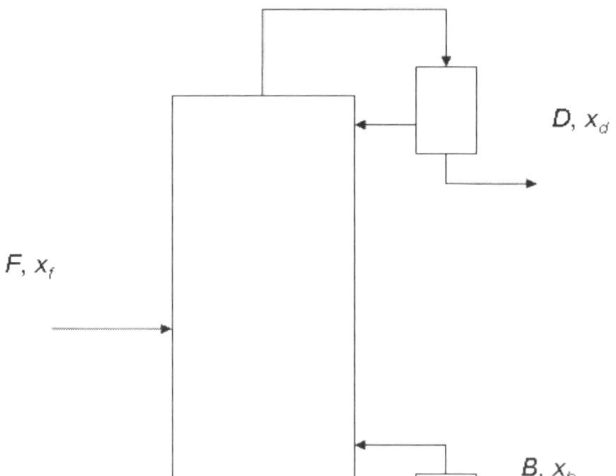

그림 4.10: 증류탑.

증류에 대한 물질수지는 다음과 같다:

$$\text{원료공급단 상부: } y_{n+1} = \frac{L_n}{V_{n+1}} x_n + \frac{D x_d}{V_{n+1}}$$

$$\text{원료공급단 하부: } y_{m+1} = \frac{L_m}{V_{m+1}} x_m + \frac{B x_b}{V_{m+1}}$$

탑 상부에서의 총괄 물질수지로부터 $D = V_{n+1} - L_n$, 탑 하부의 총괄 물질수지로부터 $B = L_m - V_{m+1}$을 얻는다. 이 관계들을 위의 식에 대입하여 V_{n+1}과 V_{m+1}을 소거하면

$$y_{n+1} = \frac{L_n}{L_n + D} x_n + \frac{D x_d}{L_n + D}$$

$$y_{m+1} = \frac{L_m}{L_m - B} x_m + \frac{B x_b}{L_m - B}$$

를 얻는다. 몰랄 유량 L_m과 L_n이 일정하다면 조업라인은 직선이 된다.

환류비 R_D는 $R_D = \dfrac{L}{D} = \dfrac{V-D}{D}$와 같다. 이로부터 위의 원료 조업라인은

$$y_{n+1} = \frac{R_D}{R_D + 1} x_n + \frac{x_d}{R_D + 1}$$

와 같이 나타낼 수 있다. 조업라인은 $x = x_d$에서 대각선$(y = x)$을 지나므로 정류라인(원료공급단 상부)은 조업라인상의 점 $y = x = x_d$를 지나며 기울기는 $\dfrac{R_D}{R_D + 1}$이고 y-절편은 $\dfrac{x_d}{R_D + 1}$이다. 한편

$$y = \frac{L}{L - B} x - \frac{B x_b}{L - B}$$

이며 L은 점 $y = x = x_b$를 통과하는 원료공급단 하부에서의 액상 흐름이다.

q 인자는 탑 내 흐름에 대한 원료의 영향을 수치적으로 나타내며 원료 단위 몰 당 탈거부분의 액체의 몰 수로 정의된다. 즉 q>1이면 차가운 원료, q=1이면 포화액체, 0<q<1이면 부분적으로 증기, q=0이면 포화증기, q<0이면 과포화 증기를 의미한다.

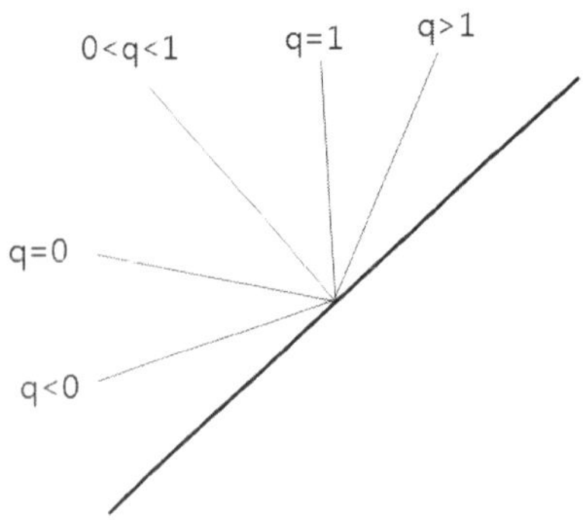

q>1: 차거운 원료
q=1: 포화액체
0<q<1: 부분적으로 증기
q=0: 포화증기
q<0: 과포화 증기

이로부터 원료라인은 식 $y=\dfrac{qx}{q-1}+x_f(q-1)$ 과 같이 얻어진다. 이 선은 $y=x=x_f$에서 대각선을 지나며 기울기는 q/(q−1)이다. 따라서 정류라인과 탈거라인, 그리고 원료라인은 공통의 한 점을 지난다. 위의 3개 선들로부터 McCabe−Thiele 그래프 방법을 이용하여 이론단수를 구할 수 있다.

x_d, x_f, x_b, q, 그리고 R_D가 주어진 경우 고정된 압력에서 2성분 증류운전을 풀 수 있다. 먼저 x−y 좌표에 평형곡선과 y=x로 나타내어지는 직선을 그린다. 주어진 x_d, x_f, x_b 를 나타낸다. q 인자로부터 원료라인의 기울기를 구한다. 다음에 정류라인의 y 절편을 구한다. 원료와 정류라인을 그래프로 나타내고 정류라인과 원료라인의 교점을 한 끝으로 하고 대각선이 $x=x_b$와 만나는 점을 다른 끝으로 하는 선을 그어 탈거라인을 나타낸다. 정류라인과 원료라인 및 탈거라인들을 모두 그래프로 나타내면 단을 그려가기 시작한다. 목적은 정류라인으로부터 탈거라인으로 전환하면서 가능한 한 가장 작은 단 수를 얻는 것이다(그림 4.11 참조).

보기 4.9. $x_d=0.85$, $x_f=0.45$, $x_b=0.15$, $q=1$, $R_D=3.5$ **일 때 정류라인의 y−절편이 0.1889일 때 실제 단수를 구하여라.**

정답: 실제단수=5(그림 4.11 참조).

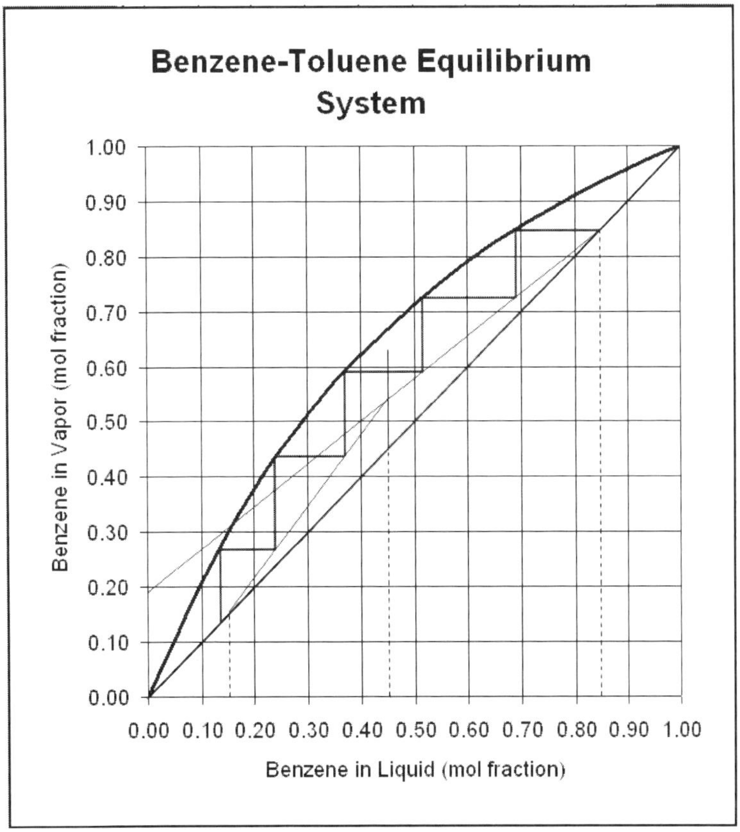

그림 4.11: McCabe-Thiele 방법을 이용한 실제 단수의 결정.

최소단수는 평형곡선과 대각선을 이용하여 단들을 생성함으로써 얻어진다. 응축기로부터의 모든 액체가 환류로서 탑으로 순환된다면(환류비는 무한대) 정류라인의 기울기는 0에 근섭하여 대각선과 일치하게 된다(그림 4.12 참조).

보기 4.10. $x_d = 0.85,\ x_f = 0.45,\ x_b = 0.15,\ q = 1,\ R_D = 3.5$ **일 때 최소 단수를 구하여라.**

정답: 최소단수=4(그림 4.12 참조).

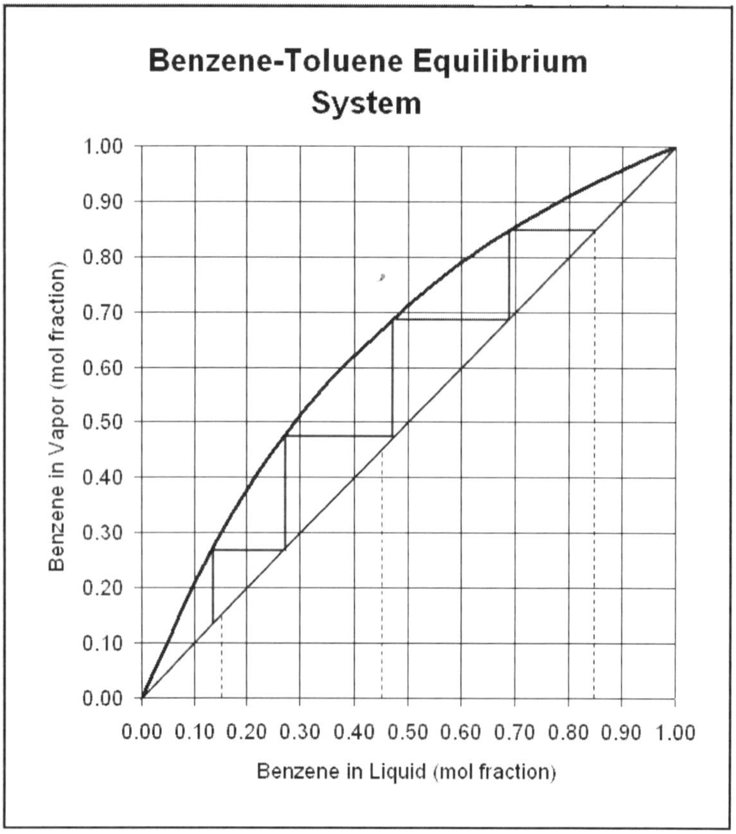

그림 4.12: McCabe-Thiele 방법을 이용한 최소 단수의 결정.

최소 환류비 R_{Dmin}는 단 수가 무한대에 근접할 때 얻어진다. 달리 말하면 정류라인이 평형곡선과 원료라인의 교점에 근접할 때 얻어진다. 정류라인의 기울기나 절편으로부터 최소 환류비를 계산할 수 있다(그림 4.13 참조).

보기 4.11. $x_d = 0.85$, $x_f = 0.45$, $x_b = 0.15$, $q = 1$, $R_D = 3.5$ **일 때 최소 환류비를 구하여라.**

정답: y 절편은 0.47, R_{Dmin}=0.81(그림 4.12 참조).

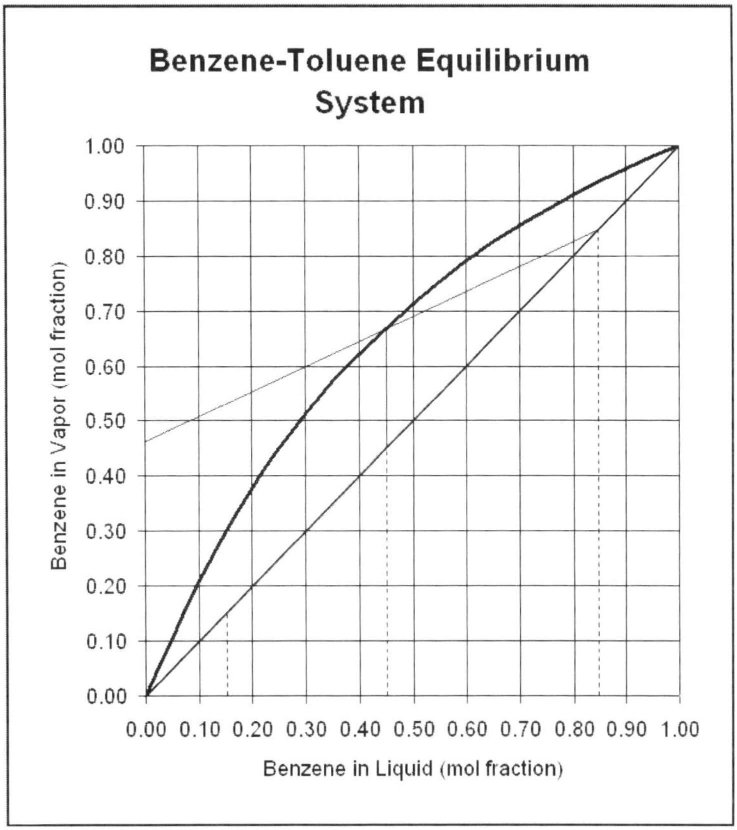

그림 4.13: McCabe-Thiele 방법을 이용한 최소 환류비의 결정.

프로그램 4.5: 증류 프로그램.

```
#include <stdio.h>
#include <stdlib.h>
/* benzenetoluene() 함수의 사용을 위해 benz_tol.h 헤더파일을 포함 */
#include "benz_tol.h"
int main()
{
 double xd=0,xf=0,xb=0,xcoor[100],ycoor[100],q,ycoorf,xcoorr;
 double ycoorr,mr,mb,rmin,bmin,bact,dcoorr,ref,delm,delb;
 int j,n=0,fplate;
 printf("\nThis program will solve problems on Distillation of...
         Benzene-Toluene \n");
 printf("\nEnter fraction of benzene in distillate : ");
 scanf("%lf",&xd);
```

```
printf("Enter fraction of benzene in feed : ");
scanf("%lf",&xf);
printf("Enter fraction of benzene in bottoms : ");
scanf("%lf",&xb);
printf("Enter q value : ");
scanf("%lf",&q);
/* 최소단수의 계산 */
j=0;ycoor[0]=xd;
printf("Minimum Number of Plates\n");
do{
   j++;
   xcoor[j]=benzenetoluene(ycoor[j-1],1);
   ycoor[j]=xcoor[j];
   n=j;
}while(xcoor[j]>xb);
for(j=1;j<=n;j++)
printf("fraction  x=%lf     y=%lf      plate no. = %d\n \r", ...
         xcoor[j], ycoor[j-1], j);
/* 최소 환류비의 계산 */
if (q==1)
{
 xcoorr=xf;
 ycoorr=benzenetoluene(xcoorr,2);
}
else if (q==0)
{
 ycoorr=xf;
 xcoorr=benzenetoluene(ycoorr,1);
}
else
{
 if (q>1) xcoorr= xf;
 else if (q < 0)xcoorr= benzenetoluene(xb,1);
 else xcoorr= benzenetoluene(xf,1);
 do
 {
  xcoorr=xcoorr+0.00000005;
  ycoorf=(((-1*q)/(1-q))*xcoorr)+(xf/(1-q));
  ycoorr= benzenetoluene(xcoorr,2)
  dcoorr=ycoorf-ycoorr;
 }while(dcoorr > 0.000001 || dcoorr< -0.000001);
}
mr=(xd-ycoorr)/(xd-xcoorr);
```

```
bmin=ycoorr-(mr*xcoorr);
rmin=(xd/bmin)-1;
printf("Minimum reflux is = %lf\r\n",rmin);
printf("Enter reflux ratio : ");
scanf("%lf",&ref);
/* 실제 단수와 원료 공급단을 계산 */
if(q==1)(xcoorr=xf);
else
{
 delm=(xd/(ref+1))-(xf/(1-q));
 delb=((-1*q)/(1-q))-(ref/(ref+1));
 xcoorr=delm/delb;
}
ycoorr=((ref/(ref+1))*xcoorr)+(xd/(ref+1));
mb=(ycoorr-xb)/(xcoorr-xb);
bact=ycoorr-(mb*xcoorr);
j=0;ycoor[0]=xd;
do
{
 j++;
 xcoor[j]=benzenetoluene(ycoor[j-1],1);
 if(xcoor[j] >= xcoorr)
 {
  ycoor[j]=((ref/(ref+1))*xcoor[j])+(xd/(ref+1));
  fplate=j+1;
 }
 if(xcoor[j] < xcoorr)(ycoor[j]=(mb*xcoor[j])+bact);
 n=j;
}while(xcoor[j]>xb);
printf("Actual Number of Plates\r\n");
for(j=1;j<n+1;j++)
printf("fraction   x=%lf      y=%lf       plate no.=%d\n\r", ...
        xcoor[j], ycoor[j-1], j);
printf("\nFeed is introduced in plate number %d\r\n",fplate);
system("pause");
return 0;
}
```

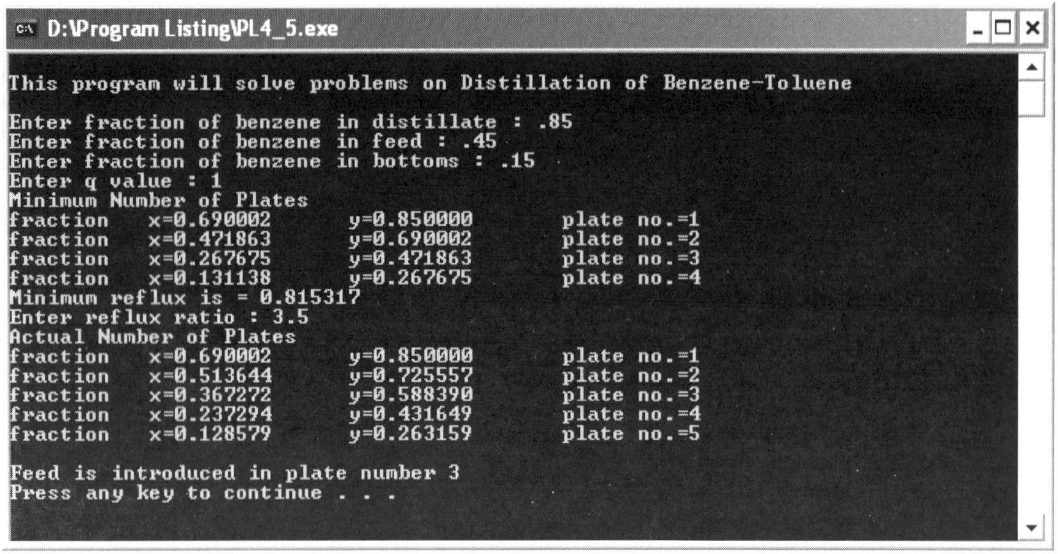

```
D:\Program Listing\PL4_5.exe

This program will solve problems on Distillation of Benzene-Toluene

Enter fraction of benzene in distillate : .85
Enter fraction of benzene in feed : .45
Enter fraction of benzene in bottoms : .15
Enter q value : 1
Minimum Number of Plates
fraction   x=0.690002      y=0.850000      plate no.=1
fraction   x=0.471863      y=0.690002      plate no.=2
fraction   x=0.267675      y=0.471863      plate no.=3
fraction   x=0.131138      y=0.267675      plate no.=4
Minimum reflux is = 0.815317
Enter reflux ratio : 3.5
Actual Number of Plates
fraction   x=0.690002      y=0.850000      plate no.=1
fraction   x=0.513644      y=0.725557      plate no.=2
fraction   x=0.367272      y=0.588390      plate no.=3
fraction   x=0.237294      y=0.431649      plate no.=4
fraction   x=0.128579      y=0.263159      plate no.=5

Feed is introduced in plate number 3
Press any key to continue . . .
```

그림 4.14: 프로그램 4.5의 수행결과.

최적화

화학공학에서는 공정의 설계와 공장의 운전을 다루는 두 가지 영역에서의 문제 해결에 최적화가 적용될 수 있다. 최적화는 다양한 해결책들 가운데 최선의 옵션을 선택하는 것을 요구한다. 공정설계의 최적화에서 얻어지는 결과는 최소 비용과 최소 에너지 소비를 달성하면서 최대 생산량과 최대이익이 될 것이다. 심플렉스 프로그램(프로그램 2.8)을 이용하면 위의 두 영역에서의 계산이 가능하고 편리하게 된다.

공정설계

보기 4.12. 여과되지 않은 두 흐름의 설탕용액을 처리하여 두 흐름으로 나누고자 한다(그림 4.15 참조). 두 여과장치에서 각 원료의 분배는 표 4.1에 나타나 있다.

표 4.1: 원료 설탕용액의 퍼센트(%) 분배

원료	퍼센트(%) 분배		판매 수익
	판과 프레임	캔들 여과기	(US $/리터)
F1	60	40	1.70
F2	25	75	2.00

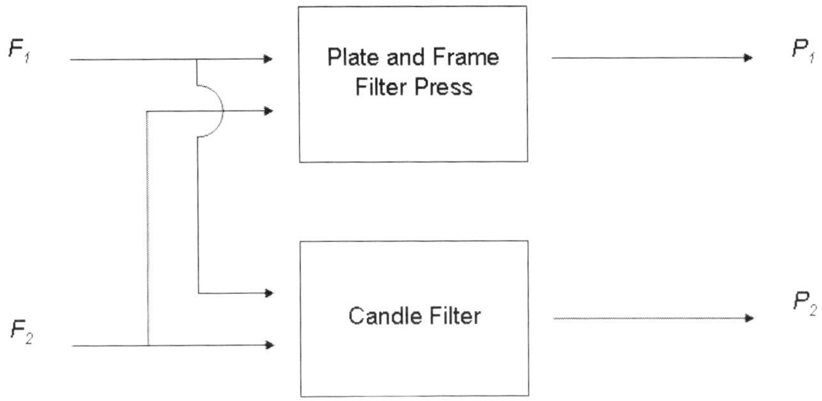

그림 4.15: 필터 프레스와 캔들 여과기 데이터.

분배는 두 생성물(P_1과 P_2)이 기준단위(RBU)에 근거하여 동일한 설탕색을 가지도록 이루어진다. 마찬가지로 각 원료를 처리하고 얻어지는 제품의 판매로부터의 수익이 표에 나타나 있다.

공급상의 제약으로 인하여 F_1의 여과는 하루 8000리터를 초과하지 못하며 F_2의 경우는 하루 6000리터를 초과하지 못한다. 한편 장치상의 제약에 따라 판과 프레임 필터 프레스는 하루에 6000리터까지 처리할 수 있으며 캔들 여과기는 하루 12000리터까지 처리할 수 있다.

먼저 목적함수를 구성한다:

$$\begin{aligned} &\text{Maximize} \quad z = 1.7x_1 + 2.0x_2 \\ &\text{제약조건:} \quad x_1 \le 8000, \quad x_2 \le 6000 \\ &\qquad 0.6x_1 + 0.25x_2 \le 6000 \\ &\qquad 0.4x_1 + 0.75x_2 \le 12000 \\ &\qquad x_1 \ge 0, \quad x_2 \ge 0 \end{aligned}$$

위에서 x_1은 처리되는 F_1의 양이며 x_2는 처리되는 F_2의 양이다. 제 2장의 심플렉스 프로그램을 이용하면 다음 결과를 얻는다:

x_1 = 하루 7500 리터, x_2 = 하루 6000 리터, 총 수익 = \$24,750.00

공장 운전

보기 4.13. 어떤 설탕공장은 표 4.2에 보인 바와 같은 다양한 등급의 설탕을 생산할 수 있는 두 개의 회분식 장치를 가지고 있다. 장치와 창고의 제약으로 인하여 표 4.2에 보인 바와 같이 보급형, 프리미엄, 그리고 표준 등급의 생산에는 제한이 따른다.

1번 회분식 장치를 처리할 때의 수익은 US $2.00/포대이며 2번 회분식 장치의 경우는 $1.60/포대이다. 두 회분식 장치의 근사적인 최적 주간 처리량을 구하여라.

표 4.2: 설탕 등급

설탕등급	1번장치 (% 분배)	2번장치 (% 분배)	최대 생산속도 (포대/주)
보급형	8	11	1500
프리미엄	29	54	5500
표준	63	35	11000

먼저 목적함수를 구성한다. x_1을 1번 장치에 의하여 생산되는 설탕 포대수, x_2를 2번 장치에 의하여 생산되는 설탕 포대수라고 하면

$$\begin{aligned}
&\text{Maximize} \;\; z = 2.0x_1 + 1.6x_2 \\
&\text{제약조건: } 0.08x_1 + 0.11x_2 \le 1500 \\
&\qquad\qquad\;\; 0.29x_1 + 0.54x_2 \le 5500 \\
&\qquad\qquad\;\; 0.63x_1 + 0.35x_2 \le 11000
\end{aligned}$$

프로그램 2.8의 심플렉스 방법을 이용하면 생산량을 최대로 하기 위하여 1번 장치에서 매 주당 16820 포대의 설탕을 생산하여야 하며 2번 장치로부터 매 주당 1152 포대의 설탕을 생산하여야 한다. 이로부터 얻어지는 총 수익은 주당 $35,483.87이다.

연습문제

1. 그림에 보인 각 반응기에서의 농도(g/l)를 구하여라. 각 유량 Q의 단위는 l/min이다.

$Q_{41}=50,\quad Q_{16}=70,\quad Q_{14}=40,\quad Q_{12}=40,\quad Q_{64}=80,\quad Q_{67}=90,\quad Q_{74}=30,$
$Q_{42}=100,\quad Q_{27}=70,\quad Q_{23}=70,\quad Q_{87}=10,\quad Q_{75}=190,\quad Q_{85}=20,\quad Q_{53}=110,$
$Q_{58}=100,\quad Q_{38}=230,\quad Q_{88}=300$

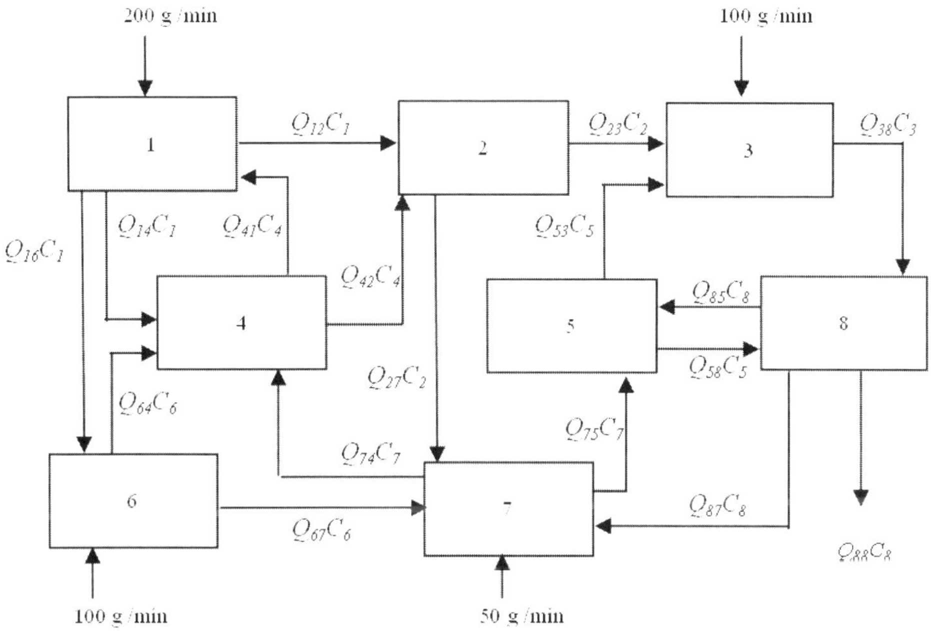

그림 4E.1: 다중 화학 반응기

2. 비료공장의 신임 공장장은 3가지 등급의 비료 생산을 최적화시켜 이익을 증대시키기를 원하고 있다. 각 등급의 혼합물 성분, 조성, 그리고 해당되는 이익은 아래 표에 보인 바와 같다. 현 재고를 살펴본 결과 인산염과 칼륨 재고는 각각 40톤 및 25톤에 이르지만 질산염은 인산염의 절반에 지나지 않았다. 이익을 최대로 하기 위해서 각 재고량을 어떻게 이용해야 하는지를 결정하여라.

등급	질산염(%)	인산염(%)	칼륨(%)	이익
1	46.54	28.40	25.06	$1050/톤
2	23.42	44.58	32.00	$900/톤
3	25.00	45.37	29.63	$950/톤

3. 긴 사각형 굴뚝의 각 노드에서의 온도를 구하여라. 굴뚝에서는 그림에 보인 바와 같이 x 및 y 축을 따라 일정한 열전도가 이루어지고 있다.

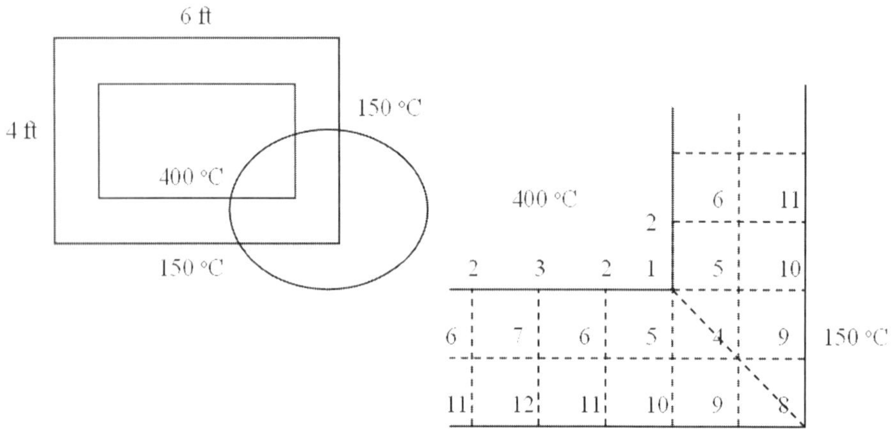

그림 4E.2: 사각형 굴뚝.

4. 어떤 공장에서 물의 몰분율이 0.4인 물-초산 혼합물을 증류하고자 한다. 물의 몰분율은 탑상제품에서 0.8이며 탑저제품에서는 0.2이다. 원료는 50% 증기로 이루어지며 환류비는 3이다. 평형 데이터는 (x,y)=(0,0), (0.1,0.168), (0.2,0.312), (0.3,0.437), (0.4,0.546), (0.5,0.643), (0.6,0.729), (0.7,0.807), (0.8,0.877), (0.9,0.941), (1.0,1.0)과 같이 주어져 있다. 여기에서 x는 액상에서의 물의 몰분율이고 y는 기상에서의 물의 몰분율이다. (1) 최소단수, (2) 최소 환류비, 그리고 (3) 실제단수들을 각각 구하여라. 이를 위하여 프로그램 4.5(증류 프로그램) 및 해당되는 헤더파일을 수정한다.

5. 프로그램 4.4(증발 프로그램)를 수정하여 다음 문제를 풀어보자: 농도가 7%인 80,000 lb/hr의 NaOH 용액을 3중효용 전면주입 증발기로 주입시키고 있다. 용액은 75°F에서 유입되며 45% NaOH로 농축된다. 첫 번째, 두 번째 및 세 번째 증발기의 총괄계수는 각각 750, 500 및 300 $Btu/hrft^2$°F이다. 40 psia의 수증기가 이용되며 세 번째 증발기의 증기공간은 1 psia로 유지된다. 가열표면은 모두 동일하다. 각 증발기에서의 가열면적, 수증기 소모량, 그리고 해당되는 수증기 절감을 구하여라. 제 3장의 프로그램 3.4 (NaOH-물 Duhring 선 프로그램)와 3.5(엔탈피-농도 프로그램)를 함수로 바꾸고 별도의 헤더파일에 저장한 다음 이를 자신의 프로그램에 연결시킨다.

제 5 장

C++ 개요

C++는 C의 특성과 프로그램 스타일 기능들을 향상시킨 버전으로서 이것이 C 뒤에 증분기호 ++를 붙인 이유이기도 하다. C++는 C의 상위집합이므로 C++ 컴파일러를 이용하여 기존의 C 프로그램들을 이용할 수 있다(그러나 그 반대는 불가능하다). 이러한 방법으로 C 프로그램 구조를 향상시켜 C++의 형태에 맞게 할 수 있다.

C++구문을 익히는 최선의 방법은 이를 우리가 이미 알고 있는 언어인 C와 비교하여 보는 것이다. 우리는 이전에 제시한 C 프로그램들을 살펴보고 이들을 동일한 문제들에 대하여 C++ 프로그램들이 작성되는 방법과 비교하여 볼 것이다. C에서 C++로의 전환은 언제나 우리가 이미 알고 있는 언어와 관련지을 수 있으므로 더욱 쉬워진다.

이 장에서는 다음 사항들을 다룰 것이다:

C 및 C++ 구문

기본적인 입력 및 출력문
조건문
루프문
배열
함수

C++에서의 객체지향 프로그래밍

클래스

증류 프로그램의 재검토

CD 이 장에서 논의되는 모든 프로그램들은 CD-ROM에서 찾아볼 수 있다.

\Program Listings\Chapter 5\PL5_1.cpp	프로그램 5.1
\Program Listings\Chapter 5\PL5_2.cpp	프로그램 5.2
\Program Listings\Chapter 5\PL5_3.cpp	프로그램 5.3
\Program Listings\Chapter 5\PL5_4.cpp	프로그램 5.4
\Program Listings\Chapter 5\PL5_5.cpp	프로그램 5.5
\Program Listings\Chapter 5\PL5_6.cpp	프로그램 5.6
\Program Listings\Chapter 5\PL5_7.cpp	프로그램 5.7
\Program Listings\Chapter 5\PL5_8.cpp	프로그램 5.8
\Program Listings\Chapter 5\PL5_9.cpp	프로그램 5.9
\Program Listings\Chapter 5\MULTIPLY.hpp	프로그램 5.10
\Program Listings\Chapter 5\MULTIPLY.cpp	프로그램 5.11
\Program Listings\Chapter 5\PL5_12.cpp	프로그램 5.12
\Program Listings\Chapter 5\WAT_ACET.hpp	프로그램 5.13
\Program Listings\Chapter 5\WAT_ACET.cpp	프로그램 5.14
\Program Listings\Chapter 5\BENZ_TOL.hpp	프로그램 5.15
\Program Listings\Chapter 5\BENZ_TOL.cpp	프로그램 5.16
\Program Listings\Chapter 5\METH_WAT.hpp	프로그램 5.17
\Program Listings\Chapter 5\METH_WAT.cpp	프로그램 5.18
\Program Listings\Chapter 5\DISTILL.hpp	프로그램 5.19
\Program Listings\Chapter 5\DISTILL.cpp	프로그램 5.20
\Program Listings\Chapter 5\PL5_21.cpp	프로그램 5.21

C와 C++ 구문

기본적인 입력 및 출력문

C에서의 printf() 및 scanf()와 마찬가지로 C++ 역시 이들과 대등하지만 더욱 강력한 입력 및 출력문을 지니고 있다. 이들은 출력의 경우 cout이며 입력에 대해서는 cin이다. 이들의 활용을 살펴보기 위하여 제 1장의 프로그램들을 다시 살펴보고 이들을 C++ 포맷으로 전환시켜 보기로 한다. 모든 C++ 코드들은 원래의 C 프로그램들과 비교될 것이다.

보기 5.1. 두 수의 곱을 계산하는 C++ 프로그램을 작성하여라.

프로그램 5.1: 두 수의 곱

```
#include <iostream.h>
#include <stdlib.h>
int main()
{
 int product,n1,n2;
 cout<<"Enter two whole numbers\n";
 cout<<"\n First Number: ";
 cin>>n1;
 cout<<"\n Second Number: ";
 cin>>n2;
 product=n1*n2;
 cout<<"\n The product is "<<product<<".\n"<<endl;
 system("pause");
 return 0;
}
```

그림 5.1: 프로그램 5.1의 수행결과

새로운 표준 라이브러리 헤더파일 <iostream.h>는 표준적인 입력 및 출력함수들에 대한 원형들을 포함하고 있다. cout 문은 데이터를 표준 출력장치에 나타내어 주며 cin은 표준 입력장치로부터 데이터를 읽어들인다. endl(end line의 약어)은 새 라인을 출력한 다음 출력 버퍼를 삭제한다.

새 연산자(<<)는 cout과 함께 사용되어 스크린에 메시지를 보여준다. 마찬가지로 연산자(>>)는 cin과 함께 사용되어 프로그램 사용자로부터 값을 받아들인다. 이러한 기호들에 익숙하지 않다면 이는 이들이 C에는 없고 C++에만 존재하기 때문일 것이다. 표 5.1은 C++에서만 발견되는 다른 연산자들을 보여주고 있다. 나아가 %d, %f 및 다른 데이터 포맷 형태들은 인용문자열에서 더 이상 필요하지 않게 될 것이다.

표 5.1: C++의 추가적인 연산자

기호	의미
::	단일, 혹은 이진범위 변형
<<	비트단위 왼쪽 전이
>>	비트단위 오른쪽 전이
.*	객체를 통한 요소에 대한 포인터
->	포인터를 통한 요소에 대한 포인터

보기 5.2. 입력되는 세 수들의 평균을 계산하는 C++ 프로그램을 작성하여라.

프로그램 5.2: 세 수의 평균

```
#include <iostream.h>
#include <stdlib.h>
// main(): 프로그램의 주 연산이 수행되는 함수
int main()
{
 double num1,num2,num3;
 double ave;
 // << 연산자는 오른쪽 문장이 스크린에 프린트될 것임을 나타낸다.
 // \n은 프린트되기 전에 새 라인으로 이동됨을 의미
 cout<<"Enter three numbers\n";
 cout<<"\n First Number: ";
 cin>>num1;
 cout<<"\n Second number: ";
 cin>>num2;
 cout<<"\n Third number: ";
 cin>>num3
 // +를 이용하여 세 값들을 더하고 /에 의하여 나눗셈 수행
 ave=(num1+num2+num3)/3;
 cout<<"\nThe average is "<<ave<<"."<<endl;
 system("pause");    // 종료 전에 사용자가 임의의 키를 누를 때까지 정지
 return 0;
}
```

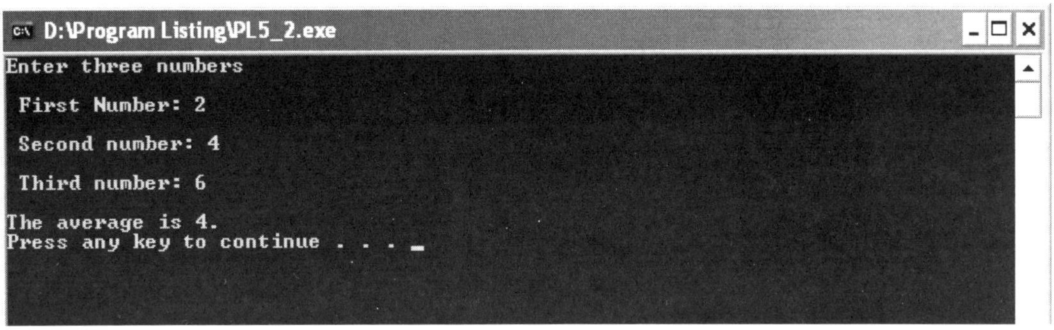

그림 5.2: 프로그램 5.2의 수행결과

조건문

C에서의 조건문들은 C++에서도 그대로 이용 가능하다. 제 1장에서의 조건문에 관한 이전의 보기문제들을 다시 살펴본다면 이와 대등한 C++ 프로그램들이 어떻게 이루어지는지를 알게 될 것이다.

보기 5.3. 입력되는 Reynolds 수에 따라 층류(2100 미만), 혹은 층류가 아님(2100 이상)을 나타내어 주도록 하는 프로그램을 작성하여라. C++에서 if-else 문을 사용하여라.

프로그램 5.3: if-else 문의 사용

```
#include <iostream.h>
#include <stdlib.h>
int main()
{
 int nre;
 cout<<"\nEnter Reynolds number: ";
 // cin은 값의 입력을 요구하고 입력된 값을 받아 >> 연산자를 통하여 nre에 저장
 cin>>nre;
 if(nre<2100)
  cout<<"\nThe flow is laminar.\n"<<endl;
 else
  cout<<"\nFlow is not laminar.\n"<<endl;
 system("pause");
 return 0;
}
```

그림 5.3: 프로그램 5.3의 수행결과

보기 5.4. ℃ 단위의 온도를 취하고 물의 상(고체, 액체, 혹은 기체)을 결정하는 C++ 프로그램을 작성하여라. 중첩된 if-else 문을 사용하여라.

프로그램 5.4: 중첩된 if-else 문의 사용

```
#include <iostream.h>
#include <stdlib.h>
int main()
{
 int temp;
 cout<<"\nEnter the temperature in deg C: ";
 cin>>temp;
 // 중첩된 if-else 문
 if(temp>100)
  cout<<"\nThe water is in gas phase.\n"<<endl;
 // 논리연산자 &&는 좌우의 두 조건이 모두 충족될 때 참이 된다.
 else if(temp <=100 && temp>0)
  cout<<"\nThe water is in liquid phase.\n"<<endl;
 else
  cout<<"\nWater is in solid phase.\n"<<endl;
 system("pause");
 return 0;
}
```

그림 5.4: 프로그램 5.4의 수행결과

보기 5.5. 전환될 온도값을 입력받아 주어진 단위로부터 사용자가 전환시킬 다른 온도단위를 선택하여 그 단위로 전환시켜 주는 C++ 프로그램을 작성하여라. C++에서 switch/case 문을 사용하여라.

프로그램 5.5: switch/case 문의 사용

```
#include <stdlib.h>
int main()
{
 double init_temp, final_temp;
 char unit;
 cout<<"\n Enter value to be converted: ";
 cin>>init_temp;
 cout<<"\n Select initial and final units:";
 cout<<"\n A) deg C to F";
 cout<<"\n B) deg C to K";
 cout<<"\n C) deg F to R";
 cout<<"\n D) deg F to C";
 cout<<"\n E) K to deg C";
 cout<<"\n F) R to deg F \n";
 cin>>unit;
 switch(unit){
   case 'A':case 'a':final_temp= (init_temp*1.8)+32;break;
   case 'B': case 'b':final_temp= (init_temp+273);break;
   case 'C': case 'c':final_temp= (init_temp+460);break;
   case 'D': case 'd':final_temp= (init_temp-32)/1.8;break;
   case 'E': case 'e':final_temp= (init_temp - 273); break;
   case 'F': case 'f':final_temp= (init_temp - 460);break;
   default: cout<<"\n Choice unavailable";break;
   // break는 다른 조건들을 지나치는 데에 이용된다.
 }
 cout<<"\n The converted value is: "<<final_temp<<" "<<endl;
 system("pause");
 return 0;
}
```

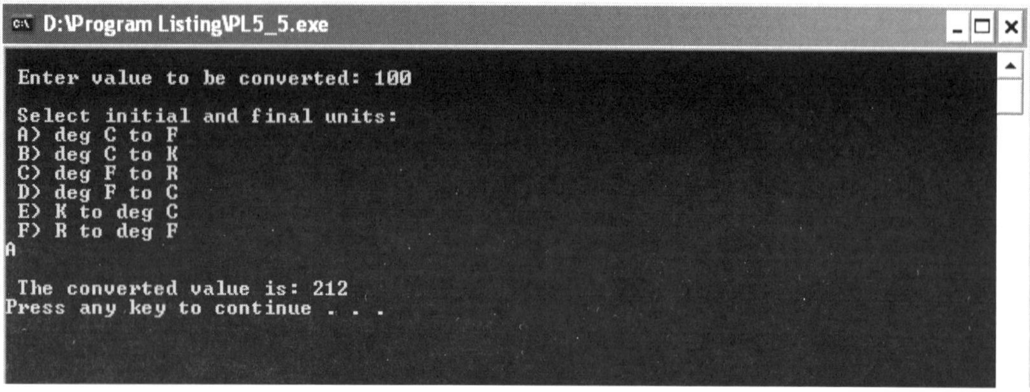

그림 5.5: 프로그램 5.5의 수행결과

루프문

루프문은 조건문들과 마찬가지로 C와 C++에서 보편적으로 이용된다. 제 1장에서와 동일한 보기문제들을 다루어 봄으로써 C와 C++ 프로그램들을 잘 비교하여 볼 수 있다.

보기 5.6. 0차 반응 $A \rightarrow B$ 에서 반응이 시작(0초)되어 1분이 지날 때까지 매 10초에 대하여 A의 농도를 계산하는 C++ 프로그램을 작성하여라. $C_{A0} = 15\ gmol/l$이며 k는 0.0567 gmol/l-sec이다.

프로그램 5.6: for 루프문의 사용

```
#include <iostream.h>
#include <stdlib.h>
int main()
{
 float conc, init_con,k;
 int time;
 init_con = 15.00;
 k = 0.0567;
 cout<<"\nTIME(sec)  CONC.(g mol/L)";
 for (time=0; time<=60; time = time+10)  // time이 60일 때 루프를 중단
 {
  conc = init_con - (k*time);
  cout<<"\n  "<<time<<"\t\t"<<conc<<"\n";
 }
 cout<<endl;
```

```
 system("pause");
 return 0;
}
```

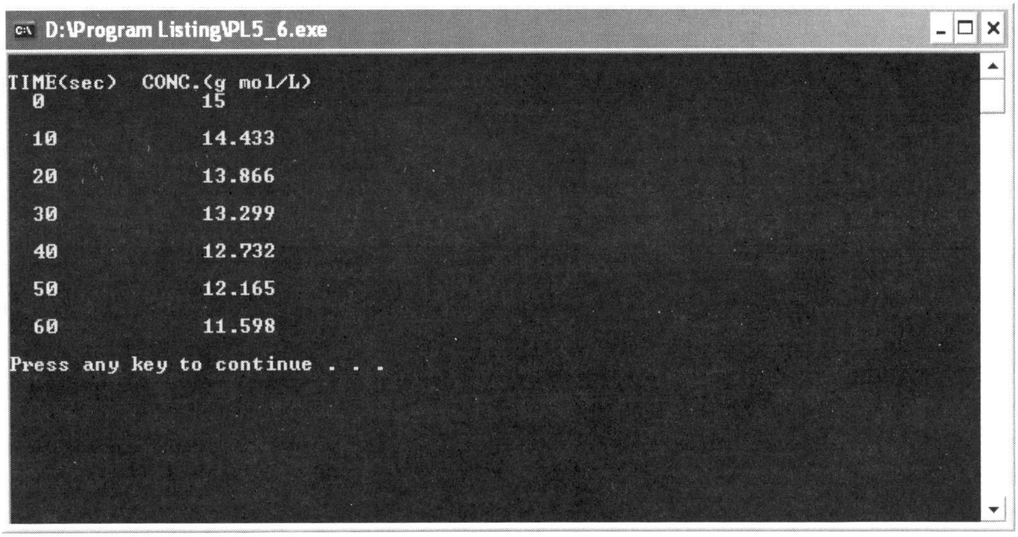

그림 5.6: 프로그램 5.6의 수행결과

보기 5.6에서 while 문을 사용하여 다음과 같은 C++ 프로그램을 작성할 수 있다.

프로그램 5.7: while 문의 사용

```
#include <iostream.h>
#include <stdlib.h>
int main()
{
 double conc, init_con,k;
 int time;
 init_con = 15.00;
 k = 0.0567;
 time =0;
 cout<<"\nTIME(sec)  CONC.(g mol/L)";
 while (time<=60)  // time이 60에 이르면 루프를 중단
 {
  conc = init_con - (k*time);
  cout<<"\n  "<<time<<"\t\t"<<conc;
  time=time+10;
 }
```

```
 cout<<endl;
 system("pause");
 return 0;
}
```

그림 5.7: 프로그램 5.7의 수행결과

이번에는 보기 5.6에서 do-while 문을 사용하여 다음과 같은 C++ 프로그램을 작성할 수 있다.

프로그램 5.8: do-while 문의 사용

```
#include <iostream.h>
#include <stdlib.h>
int main()
{
 double conc, init_con,k;
 int time;
 init_con = 15.00;
 k = 0.0567;
 time =0;
 cout<<"\nTIME(sec)  CONC.(g mol/L)";
 do
 {
  conc = init_con - (k*time);
  cout<<"\n  "<<time<<"\t\t"<<conc
  time=time+10;
 }while (time<70);  // time이 70 미만이면 루프를 계속 수행
 cout<<endl;
 system("pause");
 return 0;
}
```

그림 5.8: 프로그램 5.8의 수행결과

배열

C++에서 배열은 C에서와 유사하게 처리된다. 제 1장의 보기문제를 이용하여 대등한 C++ 프로그램을 작성함으로써 유사성들을 살펴볼 수 있다.

보기 5.7. 스크린 상에 온도변환 표를 보여주는 C++ 프로그램을 작성하여라. 이 표는 ℃ 단위의 주어진 온도값과 이에 해당되는 화씨온도(°F), Kelvin 온도(K), 그리고 Rankine 온도(R)값을 보여 주어야 한다.

프로그램 5.9: 배열의 사용

```
#include <iostream.h>
#include <stdlib.h>
int main()
{
 double temp[4][4];   //temp[][]를 배열로 선언
 int i;
 for(i=0;i<4;i++)
 {
  temp[i][0] = (i*50)+100;
  temp[i][1] = (temp[i][0]*1.8)+32;
  temp[i][2] = temp[i][0]+273;
  temp[i][3] = temp[i][1]+460;
 }
 cout<<"\nTable of Temperature Conversion";
 cout<<"\n deg C    deg F      K        R";
 for(i=0;i<4;i++)
 cout<<"\n  "<<temp[i][0]<<"  "<<temp[i][1]<<"  "<<temp[i][2]<<"...
    "<<temp[i][3];
```

```
 cout<<endl;
 system("pause");
 return 0;
}
```

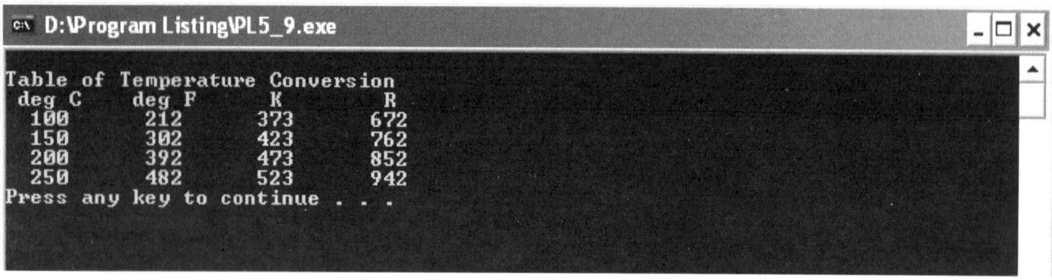

그림 5.9: 프로그램 5.9의 수행결과

함수

C와 마찬가지로 C++에서도 사용자 정의 함수들을 작성할 수 있지만 다음의 보기와 프로그램들에서 알 수 있듯이 그 형태와 전처리 명령의 사용에 있어서 C와는 약간의 차이가 있다.

보기 5.8. 별도의 MULTIPLY.hpp 헤더파일에 포함되어 있는 새로운 multiply() 함수를 이용할 수 있도록 프로그램 5.1을 수정하여라. 함수 multiply()를 클래스 MULTIPLY에 위치시켜 보라.

프로그램 5.10: multiply 헤더파일

```
/*MULTIPLY.hpp*/
/* #ifndef, #define, #endif는 MULTIPLY.hpp 헤더파일이 이를 사용하는 프
로그램에서 한번 이상 포함되는 것을 방지하여 준다. */
#ifndef MULTIPLY_H
#define MULTIPLY_H
class MULTIPLY{
public:
int multiply(int, int);
};
#endif
```

요령 헤더파일의 #ifndef 및 #define 전처리 명령들에서 마침표가 밑줄(_)로 대체된 헤더파일 이름을 사용하는 것이 좋은 습관이다.

프로그램 5.11: multiply(멤버) 함수

```
/*MULTIPLY.cpp*/
#include "MULTIPLY.hpp"
/* 멤버함수에서 ::는 멤버 이름을 클래스 이름 MULTIPLY에 연결시켜서 멤버함수
multiply()가 일의적으로 인식되도록 하여준다. */
int MULTIPLY::multiply(int n1, int n2)
  {
  int ans;
  ans = n1*n2;
  return(ans);
}
```

프로그램 5.12: 주 프로그램

```
#include <iostream.h>
#include <stdlib.h>
#include "MULTIPLY.hpp"
int main()
{
 MULTIPLY M;  // M을 사용자 정의 MULTIPLY(클래스)로 선언
 int product,num1,num2;
 cout<<"\n Enter two whole numbers.\n";
 cout<<"\n First number: ";
 cin>>num1;
 cout<<"\n Second number: ";
 cin>>num2;
 product=M.multiply(num1,num2);
 cout<<"\n The product is "<<product<<"."<<endl;
 system("pause");
 return 0;
}
```

그림 5.10: 프로그램 5.12의 수행결과

이 보기들을 통하여 가장 간단한 기본적 형태의 C++ 프로그램을 작성하는 방법을 익혔다. 아울러 프로그램 모양에 있어서 C와의 차이점과 유사성들을 살펴보았다. 나아가 프로그램 5.8은 객체지향 프로그래밍(Object-Oriented Programming, OOP)의 개념을 보여주고 있다. 다음 절에서 OOP를 다루어보기로 한다.

C++를 이용한 객체지향 프로그래밍(OOP)

우리가 잘 알다시피 컴퓨터 프로그램을 개발하는 주 목적은 물질, 장치, 혹은 개념들을 수반하는 현실세계 문제들의 해결에 도움을 주려는 데에 있다. 사실 우리가 지금까지 다루어온 문제들은 실제 상황들을 보여주는 것들이다. 마찬가지로 객체지향 프로그래밍에서 프로그램은 객체들을 사용하여 물질, 장치, 혹은 개념들을 나타낸다. 물질이나 개념들은 되풀이하여 이용될 수 있으므로 이 객체들에 사용된 방법은 재사용이 가능하다. 이러한 방식으로 우리는 기존의 코드들을 다시 사용하여 다른 프로그램들을 쉽게 작성할 수 있다. 아울러 재사용 및 엄밀한 적용에 따라 이러한 객체들은 신뢰성이 높아지고 유지가 간편하여진다.

객체들 이외에 객체지향 설계와 연관되는 다른 개념적 요소들은 다음과 같다:

- 클래스 – 어떤 양이나 개념의 표현. 클래스의 핵심은 객체를 포괄적으로 나타내는 데이터의 집합이다. 이러한 데이터 집합들은 연산을 제어하는 일련의 접속기들을 통하여 접근이 가능하다.
- 캡슐화 – 객체 내에 데이터와 정보를 수록. 정보를 캡슐화함으로써 이 정보는 그 객체가 속하는 클래스의 일부로 정의된 과정을 통해서만 접근이 가능하다. 캡슐화는 관련되는 객체들을 함께 유지하여 준다.
- 정보의 은닉 – 캡슐화를 한 단계 더 진척시켜보자. 객체는 결코 직접 접근할 수 없을뿐더러 그 정보는 클래스의 설치에 의해서만 알려질 수 있다.
- 메시지 전달 – 정보 캡슐화에 따라 하나의 객체는 다른 객체가 지니고 있는 과정들 가운데 하나를 수행할 것을 요구하는 메시지를 그 객체에 보냄으로써 다른 객체의 조건에 영향을 미칠 수 있다.
- 계승 – 기존의 기본 클래스로부터 새로운 클래스가 직접 유도되는 매커니즘으로서 새로운 클래스는 기본 클래스의 모든 속성들과 방법들을 계승받는다. 새로운 클래스는 새로운 방법들과 속성들의 추가는 물론 기존 것들을 변경할 수 있는 옵션을 갖는다. 이는 소프트웨어의 반복적 사용을 다소 나타내어주고 있다.

객체의 복잡성에 따라 하나의 변수나 하나의 배열을 사용하는 것으로는 충분하지 않다. 객체를 나타내는 데이터는 하나의 데이터 형태만을 나타내는 변수에 저장될 수 없다. 이는 C가 객체지향 프로그램을 위해 고안되지 않은 이유이다. C++는 관련되는 변수들을 클래스로 모을 수 있게 하여 준다.

클래스

클래스는 다양한 데이터 형태들을 포함할 수 있어서 프로그램이 실제 객체를 근접하게 나타낼 수 있도록 하여준다. 클래스는 비록 하나의 데이터 형태로 간주될 수 있지만 제 1장에서 익힌 기존의 데이터 형태와는 달리 프로그래머가 이를 정의할 수 있다.

다음은 프로그램 5.10에서 선언된 클래스의 보기이다:

```
/* 선언은 class 구문으로 시작하며 클래스 이름(이 경우 MULTIPLY)이 뒤따른
다. */
class MULTIPLY{
public:
int multiply(int, int);
};  // 언제나 세미콜론(;)으로 마친다.
```

클래스 선언은 대개 헤더파일에서 이루어진다. 이 헤더파일은 그 클래스를 이용하는 프로그램 내에 위치한다. 이는 클래스의 접속기를 구성하며 이로써 그 클래스를 이용하는 프로그램에 멤버함수를 호출할 수 있도록 하는 데에 필요한 함수 원형이 제공된다.

이제 좀 더 복잡한 코드를 살펴보기로 한다.

증류 프로그램 다시보기

C로 작성된 원래의 긴 증류 프로그램을 여러 부분들로 나누기로 한다. 각각의 부분들은 다음과 같은 지정된 별도의 기능들을 수행한다:

- 증류공정에서 최소단수를 결정
- 최소 환류비를 결정
- 실제 단수를 결정

실제로 우리는 증류 문제에 대한 C 프로그램을 개선시켜서(프로그램 4.5) 벤젠-톨루엔 시스템 이외에 물-초산 및 메탄올-물 시스템을 처리할 수 있는 기능들을 추가하였다. 유사한 회귀분석과 검증과정을 이용하면 초산-물 시스템에 대하여 다음과 같은 다항식을 얻는다:

$$y = 0.001713 + 1.751865x - 1.113520x^2 + 0.361305x^3$$
$$x = -0.000698 + 0.581827y + 0.101547y^2 + 0.316126y^3$$

아울러 메탄올-물 시스템에 대해서는 다음과 같은 다항식을 얻는다:

$$y = 0.000388 + 3.399670x - 6.406920x^2 + 7.910111x^3 - 5.473485x^4 + 1.570513x^5$$
$$x = -0.000030 + 0.713269y - 3.256688y^2 + 9.906105y^3 - 11.799846y^4 + 5.434529y^5$$

다음에 각 2성분계들에 대한 프로그램을 작성한다. 초산-물, 벤젠-톨루엔, 그리고 메탄올-물 시스템에 대해서는 각각 프로그램 5.13~5.18을 참조한다. 이들 각각은 별도의 클래스 WAT_ACET, BENZ_TOL, 그리고 METH_WAT에 나타나 있다.

프로그램 5.13: WAT_ACET 헤더파일

```
/*WAT_ACET.hpp*/
#ifndef WAT_ACET_H
#define WAT_ACET_H
class WAT_ACET{
   public:
   double wateracetic(double, int);
}
#endif
```

프로그램 5.14: WAT_ACET 함수

```
/*WAT_ACET.cpp*/
#include <math.h>
#include "WAT_ACET.hpp"
double WAT_ACET::wateracetic(double xy1,int xory)
{
 double ans;
 if(xory==2)

ans=0.001713+(1.751865*xy1)-(1.113520*pow(xy1,2))+(0.361305*pow(x
y1,3));
 else
  ans=-0.000698+(0.581927*xy1)+ (0.101547*pow(xy1,2))+...
         (0.316126*pow(xy1,3));
 return ans;
}
```

프로그램 5.15: BENZ_TOL 헤더파일

```
/*BENZ_TOL.hpp*/
#ifndef BENZ_TOL_H
#define BENZ_TOL_H

class BENZ_TOL{
      public:
            double benzenetoluene(double, int);
}
#endif
```

프로그램 5.16: BENZ_TOL 함수

```
/*BENZ_TOL.cpp*/
#include "BENZ_TOL.hpp"
#include <math.h>
double BENZ_TOL::benzenetoluene(double xy1,int xory)
{
 double ans;
 if(xory==2)
  ans=0.000068+(2.370166*xy1)-(2.880267*pow(xy1,2)) + ...
         (2.689467*pow(xy1,3))-(1.612034*pow(xy1,4)) + ...
         (0.432692*pow(xy1,5));
 else
 ans=-0.000053+(0.473581*xy1)-(0.276536*pow(xy1,2))+ ...
         (1.749841*pow(xy1,3))-(2.133077*pow(xy1,4)) + ...
         (1.185847*pow(xy1,5));
 return ans;
}
```

프로그램 5.17: METH_WAT 헤더파일

```
/*METH_WAT.hpp*/
#ifndef METH_WAT_H
#define METH_WAT_H

class METH_WAT{
      public:
       double methanolwater(double, int);
}
#endif
```

프로그램 5.18: METH_WAT 함수

```
/*METH_WAT.cpp*/
#include "METH_WAT.hpp"
#include <math.h>

double METH_WAT::methanolwater(double xy1,int xory)
{
 double ans;
 if(xory==2)
  ans=0.000388+(3.399670*xy1)-(6.406920*pow(xy1,2))
         -(7.910111*pow(xy1,3))-(5.473485*pow(xy1,4))
         +(1.570513*pow(xy1,5));
 else
  ans=-0.000030+(0.713269*xy1)-(3.256688*pow(xy1,2))
         +(9.906105*pow(xy1,3))-(11.799846*pow(xy1,4))
         +(5.434529*pow(xy1,5));
 return ans;
}
```

다음 단계는 증류 프로그램에서 수행된 주 기능들을 다루는 함수들을 구성하는 것이다. 이 함수들은 작성될 클래스의 일부가 될 것이다. 함수의 작성에서는 이전의 C 프로그램의 알고리듬을 그대로 복사해서 이용할 것이다. 다음은 DISTILL.h 헤더파일(프로그램 5.19)에서 볼 수 있는 DISTILL 클래스의 새로운 부분이 되는 함수들이다.

표 5.2: DISTILL.h 헤더파일의 추가적인 함수들

함수 이름	연산
minimumPlates()	최소단수를 규명
minimumReflux()	최소 환류비를 규명
actualPlates()	소요되는 실제 단수를 계산

프로그램 5.19: DISTILL 헤더파일

```
/*DISTILL.hpp*/
#ifndef DISTILL_H
#define DISTILL_H
class DISTILL{
 public:
  DISTILL(char, double, double, double, double);
  double compute(double, int);
```

```
  void minimumPlates();
  void minimumReflux();
  void actualPlates(double);
 private:
  char choice;
  double xb, xd, xf, q;
}
#endif
```

프로그램 5.20: DISTILL 함수들

```
/* DISTILL.cpp */
#include <iostream.h>
#include <stdlib.h>
#include "DISTILL.hpp"
#include "WAT_ACET.hpp"
#include "BENZ_TOL.hpp"
#include "METH_WAT.hpp"
DISTILL::DISTILL(char choice, double xb, double xd, double xf,...
          double q){
 this->choice=choice;
 this->xb=xb;
 this->xd=xd;
 this->xf=xf;
 this->q=q;
 }

double DISTILL::compute(double fValue, int nValue){
 double result;
 switch(choice){
  case 'A':WAT_ACET WAT;
   result=WAT.wateracetic(fValue,nValue);break;
  case 'B':BENZ_TOL BENZ;
   result=BENZ.benzenetoluene(fValue,nValue);break;
  case 'C':METH_WAT METH;
   result=METH.methanolwater(fValue,nValue);break;
 }
 return result;
}

void DISTILL::minimumPlates(){
 int j=0,n;
 double ycoor[100],xcoor[100];
```

```
 ycoor[0]=xd;
 cout<<"MINIMUM NUMBER OF PLATES"<<endl;
 do{
  j++;
  xcoor[j]=compute(ycoor[j-1],1);
  ycoor[j]=xcoor[j];
  n=j;
  }while(xcoor[j]>xb);
   for(j=1;j<=n;j++)
   cout<<"fraction x="<<xcoor[j]<<" y="<<ycoor[j-1]<<" plate ...
          no.="<<j<<endl;
  }

void DISTILL::minimumReflux(){
 double xcoorr,ycoorr,dcoorr,mr,bmin,rmin,ycoorf;
 if (q==1)
 {
  xcoorr=xf;
  ycoorr=compute(xcoorr,2);
 }
 else if (q==0)
 {
  ycoorr=xf;
  xcoorr=compute(ycoorr,1);
 }
 else
 {
  if (q>1)
   xcoorr= xf;
  else if (q < 0)
   xcoorr= compute(xb,1);
  else
   xcoorr= compute(xf,1);
  do
  {
   xcoorr=xcoorr+0.00000005;
   ycoorf=(((-1*q)/(1-q))*xcoorr)+(xf/(1-q));
   ycoorr= compute(xcoorr,2);
   dcoorr=ycoorf-ycoorr;
  }while(dcoorr > 0.000001 || dcoorr< -0.000001);
 }
 mr=(xd-ycoorr)/(xd-xcoorr);
 bmin=ycoorr-(mr*xcoorr);
```

```
 rmin=(xd/bmin)-1;
 cout<<"Minimum reflux is = "<<rmin<<endl;
}

void DISTILL::actualPlates(double ref){
 double xcoorr,delm,delb,ycoorr,mb,bact,ycoor[100],xcoor[100];
 int j,fplate,n;
 if(q==1)
  (xcoorr=xf);
 else
 {
  delm=(xd/(ref+1))-(xf/(1-q));
  delb=((-1*q)/(1-q))-(ref/(ref+1));
  xcoorr=delm/delb;
 }
 ycoorr=((ref/(ref+1))*xcoorr)+(xd/(ref+1));
 mb=(ycoorr-xb)/(xcoorr-xb);
 bact=ycoorr-(mb*xcoorr);
 j=0;ycoor[0]=xd;
 do
 {
  j++;
  xcoor[j]=compute(ycoor[j-1],1);
  if(xcoor[j] >= xcoorr)
  {
   ycoor[j]=((ref/(ref+1))*xcoor[j])+(xd/(ref+1));
   fplate=j+1;
  }
  if(xcoor[j] < xcoorr)(ycoor[j]=(mb*xcoor[j])+bact);
  n=j;
 }while(xcoor[j]>xb);
 cout<<"ACTUAL NUMBER OF PLATES\r\n";
 for(j=1;j<n+1;j++)
 cout<<"fraction x="<<xcoor[j]<<" y="<<ycoor[j-1]<<"  plate ...
         no.="<<j<<endl;
 cout<<"\nFeed is introduce in plate number "<<fplate<<endl;
}
```

프로그램 5.21: DISTILL 주 프로그램

```
#include <iostream.h>
#include <stdlib.h>
#include <conio.h>
```

```
#include <ctype.h>
#include <string.h>
#include "DISTILL.hpp"   // 표 5.2의 함수들을 포함
void whatType(char, char*);   // 이 함수가 주 프로그램에서 사용될 것임을
선언
void menu();     // 이 함수가 주 프로그램에서 사용될 것임을 선언
int main()
 {
  double xd=0,xf=0,xb=0,q,ref;
  char choice, type[10];
  menu();  // 선택사항을 스크린에 프린트
  do{
    choice=toupper(getch());
  }while(choice<'A'||choice>'C');
  /* 사용자가 선택한 이성분 평형시스템을 결정하고 키워드(water, benzene, 혹
은 methanol)를 문자변수 type에 저장 */
  whatType(choice, type);
  cout<<choice<<"\n\nEnter fraction of "<<type<<" in distillate : ";
  cin>>xd;
  cout<<"Enter fraction of "<<type<<" in feed : ";
  cin>>xf;
  cout<<"Enter fraction of "<<type<<" in bottoms : ";
  cin>>xb;
  cout<<"Enter q value : ";
  cin>>q;
  /* DISTILL 클래스 원형 D를 호출하고 입력된 정보를 전달하여 클래스의 다른 함
수들에서 사용되도록 한다. */
  DISTILL D(choice, xb, xd, xf, q);
  /* for Minimum number of Plates */
  D.minimumPlates();   // 최소단수를 계산
  /* for Minimum Reflux Ratio */
  D.minimumReflux();   // 최소 환류비를 계산
  cout<<"Enter reflux ratio : ";
  cin>>ref;
  /* for Actual number of Plates */
  D.actualPlates(ref);   // 실제단수를 계산
  system("pause");
  return 0;
 }
void whatType(char choice, char *type){
 switch(choice){
 case 'A':strcpy(type,"water"); break;
 case 'B':strcpy(type,"benzene"); break;
```

```
 case 'C':strcpy(type,"methanol"); break;
 }
}
void menu(){
 cout<<"        [A] WATER - ACETIC ACID"<<endl;
 cout<<"        [B] BENZENE - TOLUENE"<<endl;
 cout<<"        [C] METHANOL - WATER"<<endl;
 cout<<"Select the equilibrium system to use: ";
}
```

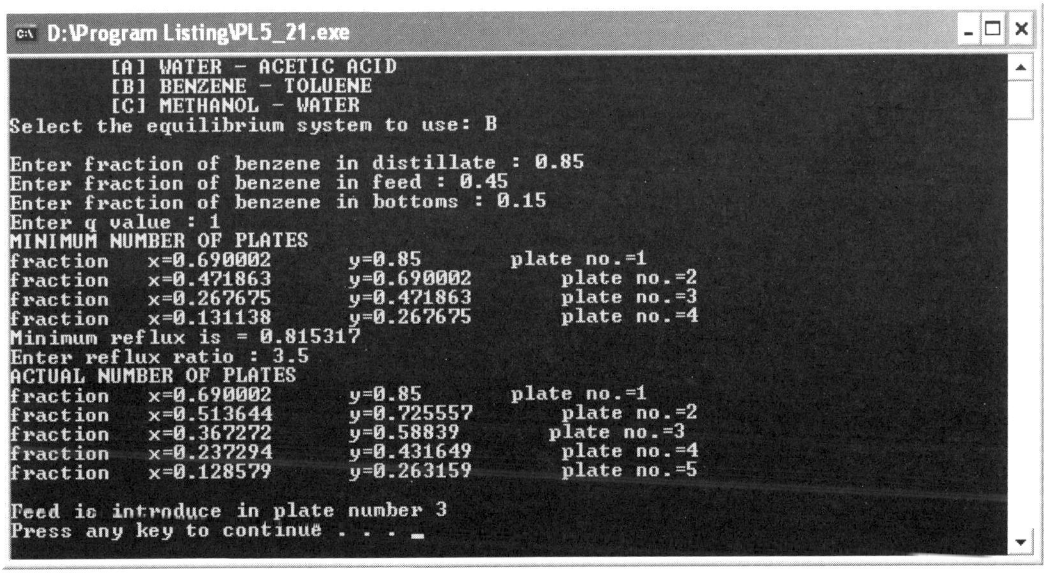

```
D:\Program Listing\PL5_21.exe
        [A] WATER - ACETIC ACID
        [B] BENZENE - TOLUENE
        [C] METHANOL - WATER
Select the equilibrium system to use: B

Enter fraction of benzene in distillate : 0.85
Enter fraction of benzene in feed : 0.45
Enter fraction of benzene in bottoms : 0.15
Enter q value : 1
MINIMUM NUMBER OF PLATES
fraction    x=0.690002       y=0.85          plate no.=1
fraction    x=0.471863       y=0.690002          plate no.=2
fraction    x=0.267675       y=0.471863          plate no.=3
fraction    x=0.131138       y=0.267675          plate no.=4
Minimum reflux is = 0.815317
Enter reflux ratio : 3.5
ACTUAL NUMBER OF PLATES
fraction    x=0.690002       y=0.85          plate no.=1
fraction    x=0.513644       y=0.725557          plate no.=2
fraction    x=0.367272       y=0.58839          plate no.=3
fraction    x=0.237294       y=0.431649          plate no.=4
fraction    x=0.128579       y=0.263159          plate no.=5

Feed is introduce in plate number 3
Press any key to continue . . .
```

그림 5.11: 프로그램 5.21의 수행결과.

연습문제

1. OOP 디자인을 이용하여 증발 프로그램(프로그램 4.2)을 C로부터 C++로 전환시켜라. 보기 4.8을 풀어보고 새로 작성한 C++ 프로그램으로부터의 결과를 이전의 결과와 비교하여 보라.

2. Muller 방법을 이용하여 3차 다항 방정식의 해를 구할 수 있는 C++ 프로그램을 작성하여라. 아래에 제시한 것은 루틴을 수행하는 프로그램 부분이다. 사용자는 초기 추정치를 입력할 필요가 있으며 입력된 값은 변수 xr에 저장한다. 다항 방정식 $0 = a_0 + a_1 x + a_2 x^2 + a_3 x^3$의 계수들을 ax[0], ax[1], ax[2], 그리고 ax[3]로 제공하여 준다. 최종 해는 변수 xr에 저장되며 이 값은 do-while 루프문의 종료시에 스크린에 프린트되어야 한다.

```
x[2]=xr;
x[1]=xr+(0.1*xr);
x[0]=xr-(0.1*xr);
do{
  fx[2]=0; fx[1]=0; fx[0]=0;
  for(i=0; i<3; i++)
  {
    for(j=3;j>=0;j--) fx[i]=fx[i]+(ax[j]*pow(x[i],j));
  }
  h[0]=x[1]-x[0];
  h[1]=x[2]-x[1];
  d[0]=(fx[1]-fx[0])/h[0];
  d[1]=(fx[2]-fx[1])/h[1];
  a=(d[1]-d[0])/(h[1]+h[0]);
  b=a*h[1]+d[1];
  c=fx[2];
  rad2=(b*b)-(4*a*c);
  rad=sqrt(rad2);
  if(fabs(b+rad)>fabs(b-rad)) den=b+rad;
  else den=b-rad;
  dxr=-2*c/den;
  xr=x[2]+dxr;
  x[0]=x[1];x[1]=x[2];x[2]=xr;
}while(fabs(dxr)>0.0001);
```

3. 객체지향 스타일을 이용하여 심플렉스 프로그램(프로그램 2.8)을 C++로 전환시켜라.

4. 다음 코드들을 텍스트 편집기로 작성하고 성공적으로 컴파일이 이루어질 때까지 오류를 디버깅하여라. 나타나는 모든 오류들을 적어두라.

   1) 선형회귀 프로그램

```
#include <iostream.h>
#include <stdlib.h>

int main()
{
 int n,i;
 double x,y,sumx,sum_sqx,sumy,sumxy,b,a;
 clrscr();
 cout<<"\n Enter number of x and y pairs: ";
 cin>>\n;
 sumx=0;sum_sqx=0;sumy=0;sumxy=0;
 for(i=0;i<n;i++)
 {
  cout<<"Enter x: ";
  cin>>x;
  cout<<"Enter y: ";
  cin>>y;
  sumx=sumx+x;
  sum_sqx=sum_sqx+(x*x);
  sumy=sumy+y;
  sumxy=sumxy+(x*y);
 }
 b=(sumxy-(sumx*sumy)/n)/(sum_sqx-(sumx*sumx)/n);
 a=(sumy/n)-(b*sumx/n);
 cout<<" Equation of line is Y = "<<a<<" + "<<b<<"X"<<endl
 system("pause");
}
```

   2) Lagrange 프로그램

```
#include <iostream.h>
#include <stdlib.h>

int main()
{
 int i,j,n;
```

```
double xval, yval, x[20], y[20],L[20];
char res;
res='n';
system("친");
cout<<"\nEnter number of x and y pairs: ";
cin>>n;
for(i=0;i<n;i++)
{
 cout<<"\nEnter x["<<i<<"]: ";
 cin>>x[i];
 cout<<"\nEnter y["<<i<<"]: ";
 cin>>y[i];
}
do{
   cout<<"\nEnter value of x for unknown y: ";
   cin>>xval;
   yval=0.0;
   for(i=0;i<n;i++)
   {
    L[i]=1;
    for(j=0;j<n;j++)
    {
     if (j!=i) L[i]=L[i]*((xval-x[j])/(x[i]-x[j]));
    }
    yval=yval+(L[i]*y[i]);
   }
   cout<<"\nThe value of y is "<<yval<<" ";
   cout<<"\nTry again (y/n)?";
   res=getch();
 }while(res=='Y' || res=='y');
 return 0;
}
```

3) Gaus-Seidel 프로그램

```
#include <iostream.h>
#include <conio.h>

main()
{
 int r,c;
 double a[20][20],b[20];
 double x[20],x_temp[20],x_prev[20],flag;
```

```
 do{
   clrscr();
   cout<<"\n Enter the number of unknowns (20 max):";
   cin>>num;
 }while(num>=20);
for (r=0; r<num; r++)
 {
  for (c=0; c<num; c++)
  {
   cout<<" Enter a["<<r+1<<"]["<<c+1<<"]:";
   cin>>a[r][c];
  }
  cout<<" Enter b["<<r+1<<"]:";
  cin>>b[r];
 }
for (r=0; r<num; r++)
 {
  x[r]=0;
  x_temp[r]=0;
 }
for (r=0; r<num; r++)
 {
  for (c=0; c<num; c++)
  {
   x_temp[r]=x_temp[r]+(a[r][c]*x[c]);
  }
  x[r]=(b[r]-x_temp[r])/a[r][r];
  x_temp[r]=0;
  x_prev[r]=x[r];
 }
 x_temp[r]=0;
 do{
    for (r=0; r<num; r++)
    {
     for (c=0; c<num;c++)
     {
      if(c==r) x_temp[r]=x_temp[r]+(a[r][c]*0);
      else x_temp[r]=x_temp[r]+(a[r][c]*x[c]);
     }
     x[r]=(b[r]-x_temp[r])/a[r][r];
     x_temp[r]=0;
     flag=fabs(x_prev[r]-x[r]);
     x_prev[r]=x[r];
```

```
    }
 }while(flag>0.00000000001);
 for (r=0;r<num;r++);
 cout<<"| X["<<r+1<<"] = "<<x[r]<<" |"<<endl;
 return 0;
}
```

제 2 부

MATLAB®의 사용

제 6 장

MATLAB® 입문

MATLAB®의 기본적인 사항들을 교육시키기 위한 방법들은 많이 있다. 이 책은 C 프로그래머의 관점에서 MATLAB을 소개하고 있다. 이에 따라 이 책의 전반부(C와 C++ 프로그램의 학습)로부터 이 책의 후반부(MATLAB 프로그램의 이해)로의 전환이 보다 쉬워진다.

C/C++ 및 다른 프로그램 언어와 마찬가지로 MATLAB은 산술, 논리, 조건, 그리고 루프 조작들을 지니고 있지만 그 내용이 더욱 풍부하고 종류가 더욱 많다. 이 장은 MATLAB을 소개하고 있으며 다음 개념들을 탐구하고 있다:

MATLAB® 환경

- MATLAB® 데스크탑
- 명령어 창
- 명령어 히스토리 창
- 편집기/디버거
- 작업공간
- 현 디렉토리 창
- 배열 편집기
- 도움말 창

M-파일의 생성

변수와 상수의 선업

기본적인 입출력 문장

출력문

입력문

연산자

산술 및 할당 연산자

관계 연산자

논리 연산자

조건문

if-else 문

if-elseif 문

switch/case 문

루프문

for 루프문

while 루프문

스칼라, 벡터 및 행렬

초기화

배열의 처리

산술연산

함수의 생성

그래프 작성

기본적인 2차원 그래프

축 명령어 함수

타이틀과 라벨

그래프에 선 추가하기

선 스타일과 너비의 설정

기본적인 3차원 그래프

이 장에서 논의되는 모든 프로그램들은 CD-ROM에서 찾아볼 수 있다.

\Program Listings\Chapter 6\PL6_1.m	프로그램 6.1
\Program Listings\Chapter 6\PL6_2.m	프로그램 6.2
\Program Listings\Chapter 6\PL6_3.m	프로그램 6.3
\Program Listings\Chapter 6\PL6_4.m	프로그램 6.4
\Program Listings\Chapter 6\PL6_5.m	프로그램 6.5
\Program Listings\Chapter 6\PL6_6.m	프로그램 6.6
\Program Listings\Chapter 6\PL6_7.m	프로그램 6.7
\Program Listings\Chapter 6\PL6_8.m	프로그램 6.8
\Program Listings\Chapter 6\PL6_9.m	프로그램 6.9
\Program Listings\Chapter 6\PL6_10.m	프로그램 6.10
\Program Listings\Chapter 6\PL6_11.m	프로그램 6.11
\Program Listings\Chapter 6\PL6_12.m	프로그램 6.12
\Program Listings\Chapter 6\PL6_13.m	프로그램 6.13
\Program Listings\Chapter 6\PL6_14.m	프로그램 6.14
\Program Listings\Chapter 6\PL6_15.m	프로그램 6.15
\Program Listings\Chapter 6\multiply.m	multiply M-파일 함수

MATLAB® 환경

수년 동안에 걸쳐 MATLAB은 많은 호응을 받아왔는데 이는 그 결과의 정확성뿐만 아니라 수치계산이 쉽게 수행될 수 있는 우호적인 대화식 환경을 제공하여 주는 접속기에 기인하는 것이다.

MATLAB®은 창들을 이용하여 이루어지고 있는 모든 작용들과 프로그램 작업들을 지원한다. 각 창은 그 자체의 함수를 지니고 있는데 이들은 이후의 절들에서 간략하게 논의될 것이다.

MATLAB® 데스크탑

주된 창은 MATLAB 데스크탑이라고 불린다. 이 창은 MATLAB의 대부분의 상호작용들이 이루어지는 주 공간이다. MATLAB 데스크탑 창은 이와 연관되는 부속 창들을 운용한다. 이 부속창들은 MATLAB이 어떻게 설치되어 있는가에 따라 주 데스크탑 창 내에 위치하며 가시적인 상태가 될 수도 있다.

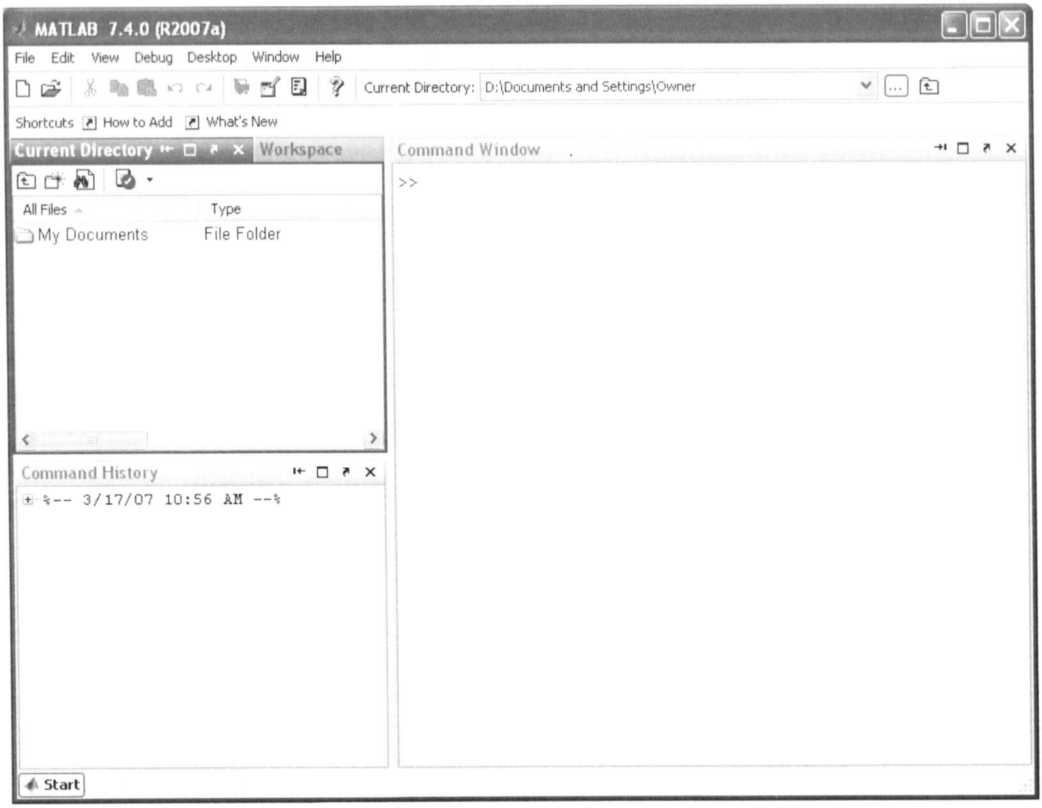

그림 6.1: MATLAB® 데스크탑 창.

명령어 창

MATLAB® 명령어 창은 부속창으로서 사용자가 명령어나 지시사항들을 제시하여 MATLAB이 처리하도록 할 수 있다. 명령어 창은 지시사항을 받아들일 준비가 되어 있음을 보여주는 프롬프트 >>를 나타내어 준다. 일단 지시사항을 타이프하고 엔터 키를 누르면 지시된 내용이 즉시 수행된다.

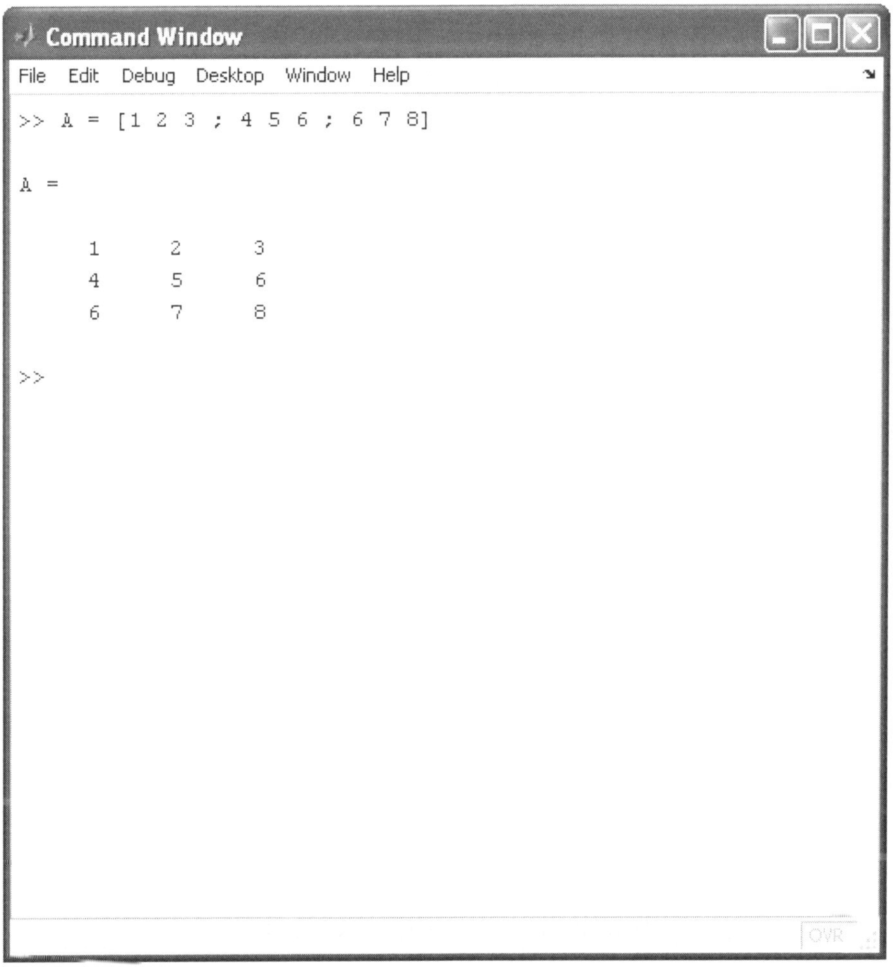

그림 6.2: MATLAB® 명령어 창.

명령어 히스토리 창

명령어 히스토리 창은 명령어 창에서 선언된 이전의 모든 명령문들을 포함한다. 그 목록은 이전의 수행에까지 미칠 수 있다. 아울러 히스토리 목록에서 하나, 혹은 그 이상의 명령어들을 삭제할 수도 있다. 이 창은 명령어의 역추적에 편리하다.

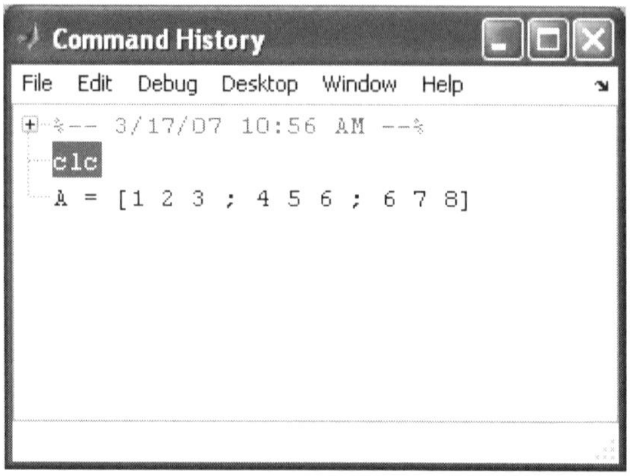

그림 6.3: MATLAB® 명령어 히스토리 창.

편집기/디버거

편집기/디버거 창은 M−파일을 생성하고 수행에 앞서 편집할 수 있는 공간을 제공하여 준다. 재편집과 디버깅을 위하여 기존의 파일들도 불러올 수 있다.

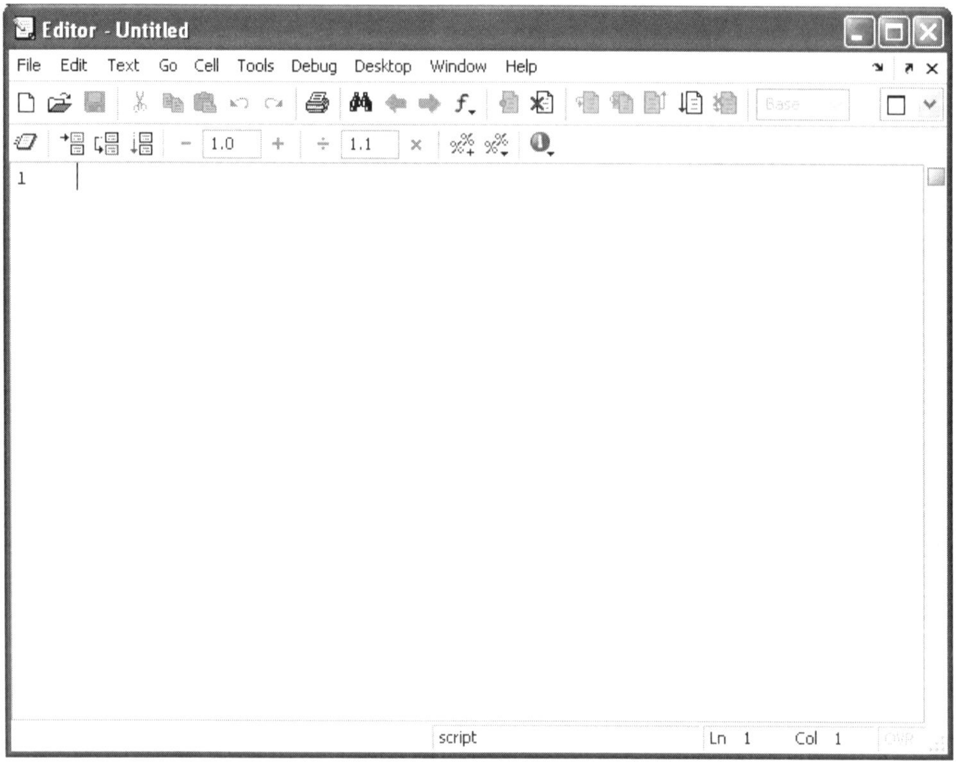

그림 6.4: 편집기/디버거 창.

작업공간

작업공간은 사용자 접속기로서 MATLAB 변수들을 불러오고 살펴보며 저장할 수 있다.

현 디렉토리 창

현 디렉토리 창은 현재 창의 MATLAB과 관련되는 파일 디렉토리 탐색을 위한 접속기이다.

배열 편집기

배열 편집기는 MATLAB 변수들의 값을 편집하기 위한 접속기이다. 이 창에서 변수들을 생성하고 각 변수값들을 직접 타이프하는 것이 가능하다.

그림 6.5: MATLAB® 배열 편집기.

도움말 창

도움말 창은 기존의 온라인 도움말 가이드에 접속하도록 하여준다. 도움말 창은 디스플레이 부분과 도움말 검색기의 두 부분들로 이루어진다. 모든 정보는 디스플레이 부분을 통하여 살펴볼 수 있다. 도움말 검색기로부터 다음 요소들을 찾아볼 수 있다:

Search: 특정 키워드를 찾고자 하는 경우 이용할 수 있다.
Contents 탭: 온라인 도움말 가이드의 제목과 내용을 볼 수 있다.
Index 탭: 관련되는 키워드들을 알파벳 순서로 볼 수 있다.
Search Results: 탐색 명령어의 결과를 보여준다.
Demos 탭: MATLAB 패키지에 포함된 예시 프로그램들을 살펴보고 수행할 수 있다. 아울러 일부 예시 프로그램들의 코드를 볼 수도 있다.

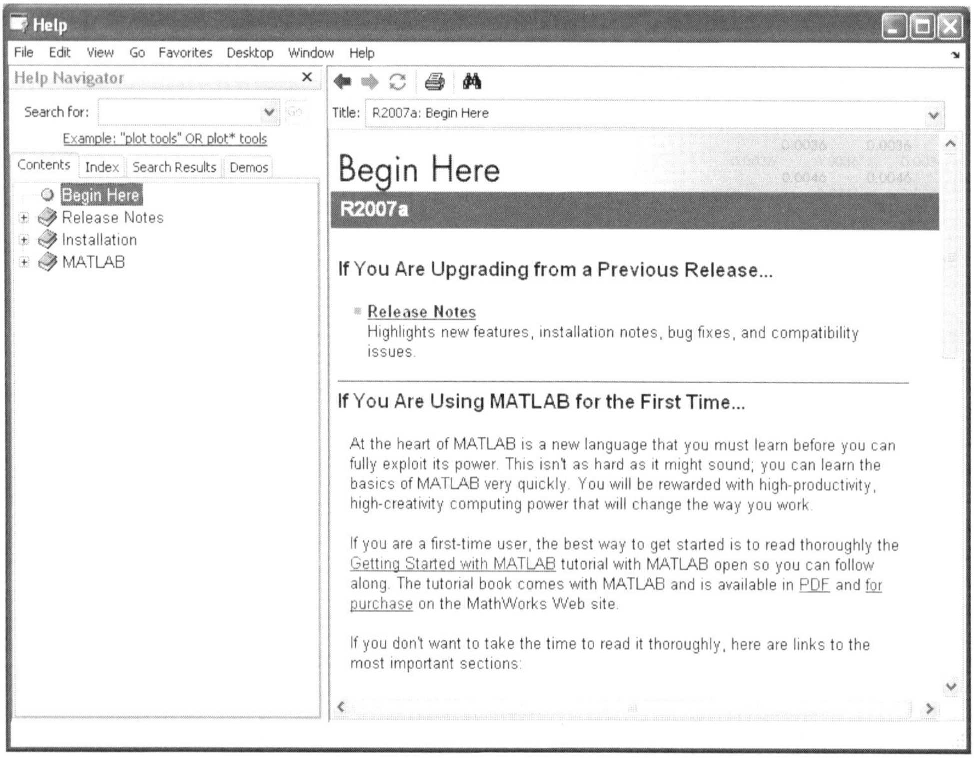

그림 6.6: MATLAB® 도움말 창.

M-파일의 작성

명령어 창에서 소규모의 지시사항들을 입력하는 것은 쉽고도 편리하다. 그러나 보다 복잡한 문제의 풀이에 있어서 지시사항들의 수가 증가하면 명령어 프롬프트(>>)에서 모든 프로그램문들을 입력하는 것은 더 이상 실제적인 것이 못된다. 보다 나은 방법은 이러한 프로그램 문들을 먼저 편집이 더욱 쉬운 텍스트 파일에 저장한 다음 MATLAB에서 이 파일을 올리도록 하여 마치 명령어 프롬프트에서 입력한 것과 똑같이 지시사항들을 읽도록 하는 것이다. 이러한 방법으로 하면 수행중에 오류가 발생할 경우 사용자가 프로그램을 편집하고 변경하기가 더욱 수월해진다. 이러한 형태의 (MATLAB 프로그램문들을 포함하는) 텍스트 파일을 M-파일이라고 부르는데 이는 단순히 MATLAB이 파일을 인식할 수 있도록 파일 이름의 확장자가 '.m'이어야 하기 때문이다.

이전에 언급한 바와 같이 M-파일들의 모든 편집과 디버깅은 편집기/디버거 창에서 이루어지며 이 파일이 수행되는 경우 M-파일의 일련의 프로그램문들과 결과로 인한 작용을 명령어 창에서 볼 수 있다. 이 장의 다음 부분에서 M-파일의 샘플들을 다룰 것이다.

변수와 상수이름의 선언

C나 C++와 마찬가지로 MATLAB 역시 상수와 변수이름의 선언을 위한 약간의 규칙들을 지닌다. 고려되어야 하는 제한요건들은 다음과 같다:

- 상수와 변수 이름들은 문자, 숫자, 그리고 밑줄들로 구성되어야 한다. 또한 이름들은 언제나 문자로 시작되어야 한다.
- 이름들은 사이에 빈 칸이 있는 두 개 이상의 단어들로 이루어질 수 없다. 두 단어로 된 이름을 피할 수 없다면 밑줄로 연결한다.
- MATLAB®은 대소문자를 구별하므로 VarName은 varname과 다르다.
- 이름의 처음 63글자만 유효하므로 이를 넘어서면 MATLAB은 더 이상 이를 구별하지 않는다.
- 기존의 키워드들은 변수 이름으로 사용될 수 없다.

변수와 상수들에 값을 부여하거나 초기화시키는 일반적인 방법은 등호(=) 할당 연산자를 사용하는 것이다.

```
cons = <constant value>
var = <equation result or value>
```

MATLAB®에서는 데이터 형식의 규정이 더 이상 필요하지 않음을 주목하자. 숫자 포맷은 자동적으로 인식되며 일단 어떤 값이 부여되면 적절한 저장 메모리가 할당된다. 기본 포맷은 short로서 (명령어 창에) 소수점이하 4자리 수로 표시되지만 명령어 창에서 다음과 같은 포맷 명령어를 입력함으로써 다른 포맷들로 변경될 수 있다(표 6.1 참조).

요령 MATLAB®의 변수들은 동적으로 형태가 정해진다. 따라서 변수들은 선언할 필요없이 값들을 부여해 줄 수 있다. 나아가 변수들의 형태는 프로그램 수행중에 수정될 수 있다.

표 6.1: 포맷 명령어

명령어	형식
>>format short	소수점 이하 4자리
>>format short e	소수점 이하 4자리와 함께 지수표현
>>format short g	유효숫자에 근거한 가장 짧은 소수점 자리
>>format long	소소점 이하 14자리
>>format long e	소수점 이하 14자리와 함께 지수표현
>>format long g	유효숫자에 근거한 가장 짧은 소수점 자리
>>format bank	소소점 이하 2자리

그러나 정수가 부여된 변수들은 포맷 명령어에 영향을 받지 않는다. M-파일을 이용하여 프로그램문들을 수행할 경우 부동 소수점 수들은 수소점 이하 6자리로 나타내어질 수도 있다.

기본적인 출력과 입력문

출력문

일반적인 출력문으로 fprintf()가 사용된다. 이는 하나, 혹은 그 이상의 변수들을 문자열로 프린트할 수 있게 하여주며 다음과 같이 나타낼 수 있다:

```
fprintf (<format string>, <variable>)
```

포맷 문자열은 임의의 문자열이나 문자, 변수, 방정식의 결과, 혹은 다른 정보이다. 변수 값의 프린트는 데이터 형태를 나타내는 포맷 뒤의 포맷 문자열 속에 변수 이름을 위치시킴으로써 이루어진다:

```
fprintf ('The temperature of the room is  %5.3f.\n')
```

포맷 지정자의 사용은 C에서와 유사하다. 이 보기에서 포맷 지정자는 %5.3f이며 다음을 이용하여 나타낼 수 있다:

- **지시자**(%): 포맷 지정자를 사용할 때 언제나 포함되어야 한다.
- **필드 너비**(5, 혹은 임의의 숫자): 이는 선택적이며 소수점을 포함하여 제시되는 값의 전체 길이를 지정하여 준다.
- **정밀도**(3, 혹은 임의의 숫자): 이는 선택적이며 나타내어지는 값의 소수점 이하 자릿수의 지정에 사용된다.
- **데이터 형태**(d, f, e, g, c, 혹은 s): 이는 필수적인 요소로서 각 문자는 표 6.2에 보인 바와 같은 변수의 데이터 형태를 나타낸다.

표 6.2: 데이터 형식 지정자.

지정자	형식
%d	정수
%f	부동 소수
%e	지수
%g	가능한 가장 짧은 포맷(의미없는 0은 무시)
%c	문자
%s	문자열

출력을 더 제어하려면 제어문자를 추가하여 인용된 문자열 포맷에 삽입해야 한다. 표 6.3에 보인 것은 MATLAB에서 사용할 수 있는 일부 제어문자들이다.

표 6.3: MATLAB® 제어문자.

문자	의미
\b	backspace
\n	새 라인/다음 줄
\r	Return/Enter 키
\t	탭
\\	백슬래쉬를 프린트
%%	퍼센트 문자를 프린트
''	단일인용부호를 프린트

다른 출력문으로 disp() 함수가 있다. fprintf()와 달리 이 함수는 문자열만을 나타낼 수 있다. 그러므로 순수한 문자열만의 프린트에는 이 함수가 선호된다.

```
disp('The temperature of the room is 25.0 deg C.')
```

다른 유용한 명령어들에는 다음 것들이 있다:

pause - 키를 누를 때까지 프로그램을 정지
pause(t) - t초 동안 프로그램을 정지
clc - 명령어 창 스크린을 삭제

입력문

일반적인 MATLAB 입력문은 input() 함수이다. 이 함수는 문자열의 프린트를 가능하게 하며 값들을 받아들여 변수에 저장한다. 이는 다음과 같이 나타낼 수 있다:

```
var = input('<format string>')
```

예를 들면:

```
pressure = input('Enter the steam pressure :')
```

일단 값이 입력되면 이 값은 변수 pressure에 부여된다. 문자열의 입력 역시 이 포맷으로 이루어질 수 있다:

```
string = input('<format string>', 's')
```

이 명령문은 입력된 문자열을 수치값이 아닌 텍스트 변수로 반환한다.

연산자

입력문을 통하여 값들을 받아들인 후에는 다양한 연산자들을 이용하여 이 값들을 처리하는 단계가 이어진다.

표 6.4: MATLAB® 연산자.

연산자	기호	의미
산술	+	더하기
	−	빼기
	*	곱하기
	/	오른쪽 나누기
	\	왼쪽 나누기
	^	멱급수/지수
	( )	계산규칙 지정자
할당	=	동등
관계	>	~보다 큰
	>=	~보다 크거나 같은
	<	~보다 작은
	<=	~보다 작거나 같은
	==	~와 대등
	~=	같지 않음
논리	&	그리고
	&&	그리고(단축)
	|	혹은
	||	혹은(단축)
	~	부정

산술 및 할당 연산자

MATLAB®은 일반적인 산술 및 할당 연산자들을 지원한다. 다른 프로그램 언어와 마찬가지로 MATLAB은 일반적인 산술 및 할낭 기호들을 사용한다. 그러나 앞장에서 익힌 나머지를 나타내는 % 기호는 MATLAB에서는 다른 의미를 갖는다. % 기호는 코멘트의 시작을 의미하며 나눗셈의 나머지를 얻는 데에 사용해서는 안된다.

멱급수 연산자(^)는 C/C++에서 이용되는 pow() 함수에 대한 편리한 대체기호이다. MATLAB에서 숫자들의 지수화는 매우 쉽다.

일반적인 산술과정 규칙은 이 연산자들에게도 적용된다: 연산은 ^, *, / 혹은 \, +, −의 순서를 바탕으로 인식된다. 그러나 복잡한 방정식을 만드는 경우에는 ()를 써서 계산 순서를 쉽게 지정하는 것이 좋다.

관계 연산자

산술연산 이외에 MATLAB은 관계연산들도 지원한다. 관계 연산자들은 두 개의 값/배열들을 비교하여 1(참)이나 0(거짓)을 결과로 반환한다. 명령어 창에서 프로그램을 직접 구성하는 경우 8<2는 0을 반환할 것이다. 0은 주어진 표현이 거짓이거나 정확하지 않음을 의미한다.

```
>> 8 < 2
ans = 0
```

관계 연산자들은 어떤 조건이 주어졌을 때 무슨 단계를 취할 것인가를 결정하기 위한 선택요소의 일부로서 조건문에서 흔히 사용된다.

논리 연산자

논리 연산자는 종종 Boolean이라고 불리는 논리값에 작용하기 위한 관계표현과 함께 적용된다. 이는 논리 연산자가 Boolean 연산자라고도 불리는 이유이기도 하다.

표 6.4는 MATLAB에서 이용 가능한 논리 연산자들의 일부를 보여주고 있다. &(*and* 연산자)와 && 사이의 차이는 제공되는 모든 관계 표현들의 고려에 따른 결정방법에 있다. 예를 들면

```
>> (8 < 2) & (6 > 2)
>> (8 < 2) && (6 > 2)
```

에서 두 표현들은 0을 반환하겠지만 &&를 사용하는 표현은 거짓이라는 결정을 내리는 데에 첫 번째 관계표현 (8 < 2) 만을 필요로 하기 때문에 첫 번째에 대한 값을 반환한다. 그러나 &를 사용하는 표현은 결정을 내리는 데에 두 번째 관계표현까지를 고려한다. | 및 || 논리 연산자들의 경우도 이와 유사하다.

경고 && 및 || 연산자들은 MATLAB® 버전 7 이상에서만 사용이 가능하다.

이제 지금까지 익힌 내용을 몇 가지 MATLAB 프로그램 보기들을 통하여 시험해 보기로 한다.

보기 6.1. 두 수의 곱을 구하는 MATLAB 프로그램을 작성하여라.

프로그램 6.1: 두 수의 곱셈

```
clc;   % 명령어 창 스크린을 지운다.
% fprintf: 스크린에 프린트.
% \n은 다음 문장이 새 줄에서 프린트됨을 의미
fprintf('Enter two whole numbers.\n');
num1 = input('\n First Number: ');     % 사용자로부터 값을 취한다.
num2 = input('\n Second Number: ');
product = num1*num2;     % *를 이용한 곱셈연산
% fprintf()에 의하여 product의 값이 스크린에 프린트된다.
fprintf('\nThe product is %d.\n',product);
```

요령 기본적인 텍스트의 스크린 프린트에는 fprintf() 대신 disp()도 사용이 가능하다.

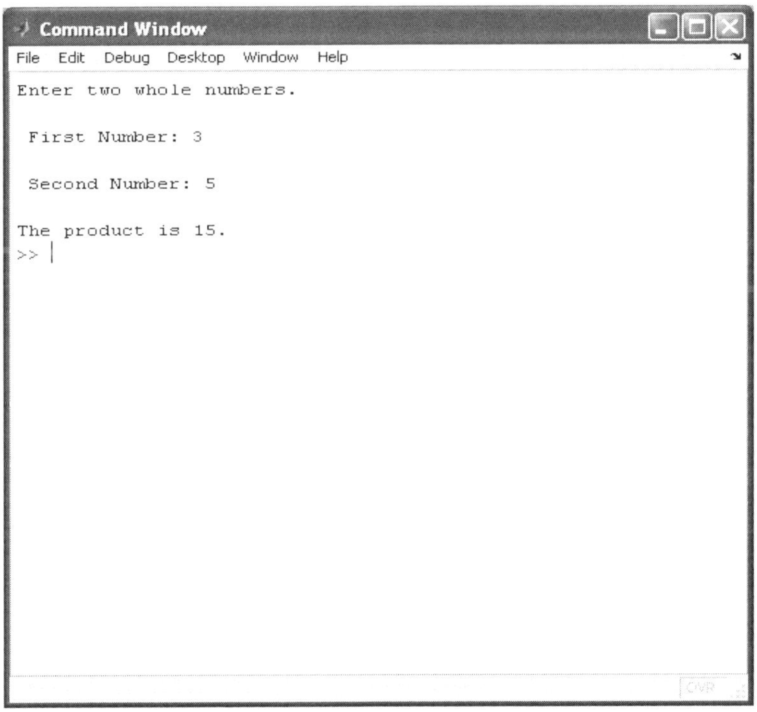

그림 6.7: 프로그램 6.1의 수행결과.

보기 6.2. 입력되는 세 숫자들의 평균을 구하는 MATLAB 프로그램을 작성하여라.

프로그램 6.2: 세 수들의 평균

```
clc;   % 명령어 창 스크린을 지운다.
% fprintf: 스크린에 프린트.
% \n은 다음 문장이 새 줄에서 프린트됨을 의미
fprintf('Enter three numbers.\n');
num1 = input('\n First Number: ');
num2 = input('\n Second Number: ');
num3 = input('\n Third Number: ');
ave = (num1+num2+num3)/3;    % 더하기(+)와 나누기(/) 연산자를 이용하여 평균을 계산
% fprintf()에 의하여 ave의 값이 스크린에 프린트된다.
fprintf('\nThe average is %f.\n',ave);
```

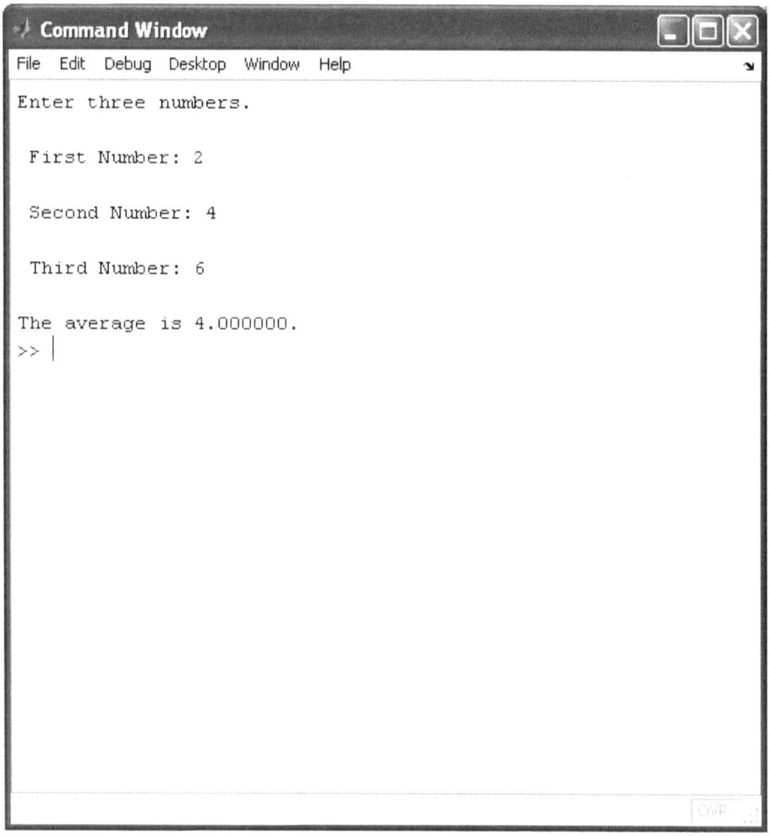

그림 6.8: 프로그램 6.2의 수행결과.

조건문

조건문은 일련의 프로그램들을 처리하기 위한 선택 매커니즘을 제공하여 준다. MATLAB의 경우 if-else, if-elseif, 그리고 switch/case 문과 같은 세 가지 가능한 조건문들이 있다.

if-else 문

이 조건문은 다음과 같은 포맷을 취한다:

```
if condition1
  statement1
else
  statement2
end
```

보기 6.3. 입력되는 Reynolds 수에 따라 층류(2100 미만), 혹은 층류가 아님(2100 이상)을 나타내어 주도록 하는 MATLAB 프로그램을 작성하여라.

프로그램 6.3: if-else 문의 사용

```
clc;
LIMIT = 2100;      % 변수 LIMIT에 2100을 부여하는 할당연산
% input() 함수는 입력되는 Reynolds 수를 nre에 저장
nre = input('Enter Reynolds number: ');
if nre < LIMIT
   fprintf('\nThe flow is laminar.\n');
else
   fprintf('\nThe flow is not laminar.\n');
end
```

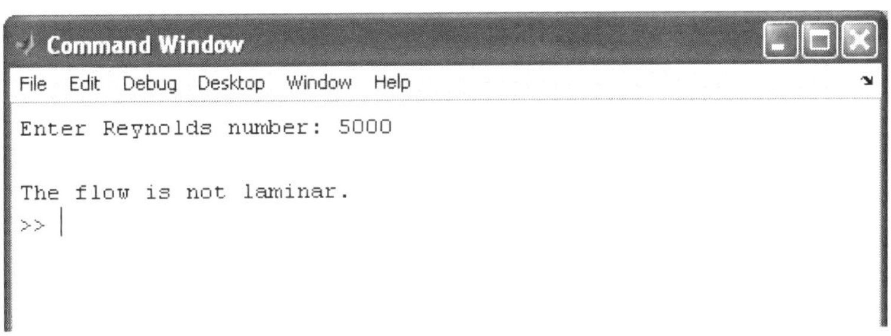

그림 6.9: 프로그램 6.3의 수행결과.

if-elseif 문

이 조건문은 다음과 같은 포맷을 취한다:

```
if condition1
   statement1
elseif condition2
   statement2
elseif condition3
   statement3
else
   statement4
end
```

보기 6.4. ℃ 단위의 온도를 취하고 물의 상(고체, 액체, 혹은 기체)을 결정하는 MATLAB 프로그램을 작성하여라.

프로그램 6.4: 중첩된 if-elseif 문의 사용

```
clc;
temp = input('Enter the temperature in deg C: ');
if temp > 100
 fprintf('The water is in gas phase.\n');
elseif temp <= 100 & temp > 0
 fprintf('The water is in liquid phase.\n');
else
 fprintf('The water is in solid phase.\n');
end
```

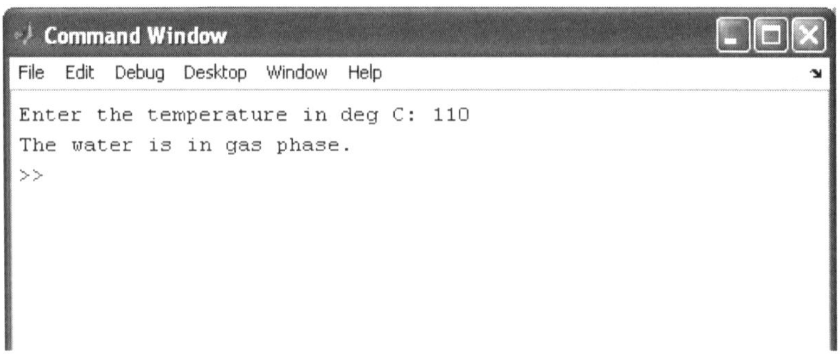

그림 6.10: 프로그램 6.4의 수행결과.

switch/case 문

이 조건문은 변수나 표현의 값에 근거하는 일련의 프로그램 문들을 수행한다.

```
switch variable_or_expression
  case value1
    statement1
  case value2
    statement2
  case value3
    statement3
  otherwise
    statement4
end
```

보기 6.5. 전환될 온도값을 입력받아 주어진 단위로부터 사용자가 전환시킬 다른 온도단위를 선택하여 그 단위로 전환시켜 주는 MATLAB 프로그램을 작성하여라.

프로그램 6.5: switch/case 문의 사용

```
clc;
init_temp = input('Enter the value to be converted: ');
disp('Select initial and final units: ');
disp('A) deg C to F');
disp('B) deg C to K');
disp('C) deg F to R');
disp('D) deg F to C');
disp('E) K to deg C');
disp('F) R to deg F');
unit = input('Enter selection: ','s');
unit = lower(unit);  % lower() 함수는 주어진 문자를 소문자로 변환시킨다.
final_temp = 0;      % 초기값을 0으로 설정
switch unit
 case ('a')
   final_temp  = (init_temp*1.8)+32;
 case ('b')
   final_temp = init_temp+273;
 case ('c')
   final_temp = init_temp + 460;
 case ('d')
   final_temp = (init_temp-32)/1.8;
```

```
 case ('e')
   final_temp = init_temp-273;
 case ('f')
   final_temp = init_temp-460;
 otherwise
   disp('Choice unavailable')
end
fprintf('\n The converted value is: %f\n',final_temp);
```

경고 C에서와는 달리 MATLAB의 switch는 계속 지속되지 않는다. 즉 처음으로 부합되는 조건에 접하여 해당되는 부분을 수행한 다음에는 더 이상 나머지를 수행하지 않는다. 그러므로 MATLAB에서 break는 더 이상 필요하지 않다.

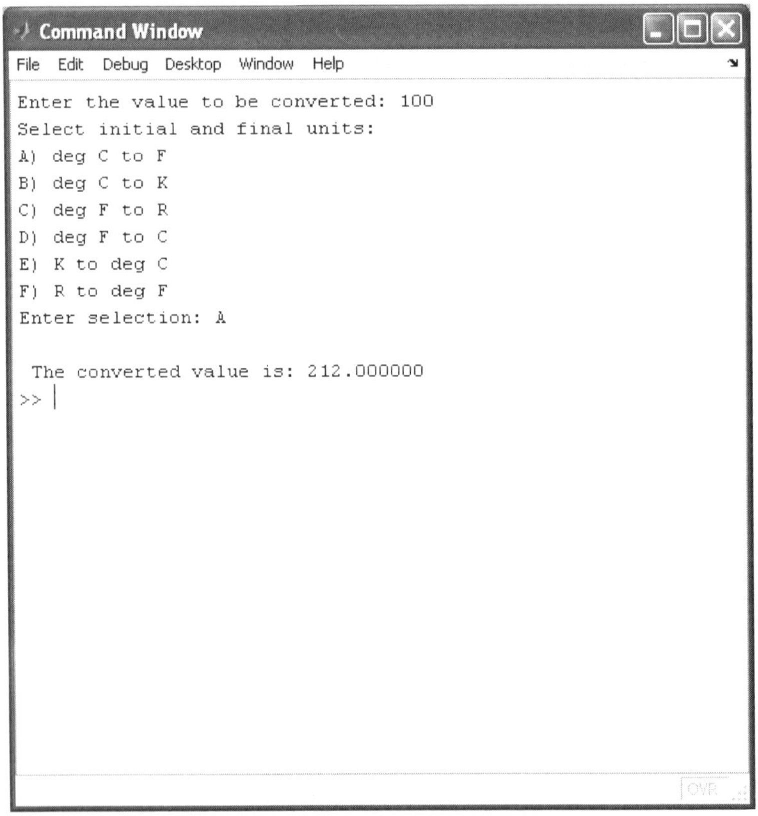

그림 6.11: 프로그램 6.5의 수행결과.

루프문

for 루프문

이 루프문은 일련의 프로그램 문장들을 주어진 횟수만큼 반복 수행하며 다음과 같은 포맷을 따른다:

```
for var = init:increment/decrement:final
   statements
end
```

보기 6.6. 전환될 온도값을 입력받아 주어진 단위로부터 사용자가 전환시킬 다른 온도단위를 선택하여 그 단위로 전환시켜 주는 MATLAB 프로그램을 작성하여라.

프로그램 6.6: for 루프문의 사용

```
init_conc = 15.00;
k = 0.0567;
time = 0;
clc
fprintf('\nTIME(sec)\t CONC.(g mol/L)\n');
while time<=60
 conc = init_conc - (k*time);
 fprintf(' %d\t\t\t\t%f\n',time,conc);
 time=time+10;
end
```

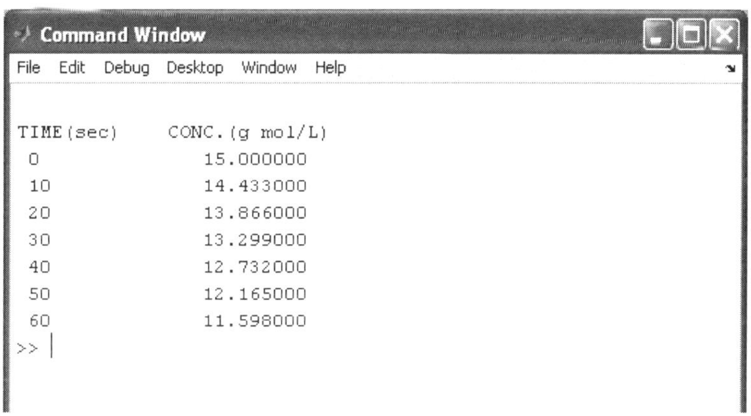

그림 6.12: 프로그램 6.6의 수행결과.

while 루프문

이 루프문은 조건문이 충족되는 한 일련의 프로그램 문장들을 무한히 반복 수행하며 다음과 같은 포맷을 따른다:

```
initialization
while condition
   statements
   increment/decrement
end
```

프로그램 6.7: while 루프문의 사용

```
init_conc = 15.00;
k = 0.0567;
time = 0;
clc
fprintf('\nTIME(sec)\t CONC.(g mol/L)\n');
while time<=60
 conc = init_conc - (k*time);
 fprintf(' %d\t\t\t\t%f\n',time,conc);
 time=time+10;
end
```

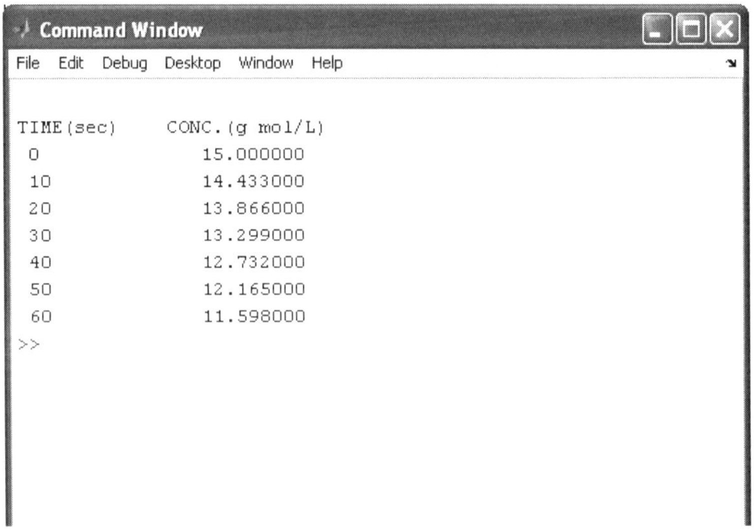

그림 6.13: 프로그램 6.7의 수행결과.

스칼라, 벡터 및 행렬

초기화

MATrix LABoratory를 의미하는 MATLAB은 처음에는 오로지 행렬계산 만을 위하여 고안되었다. 이 절을 학습하고 나면 특히 배열처리에 있어서 이 기술적 프로그램 언어를 다욱 잘 인식하게 될 것이다.

스칼라(1×1 배열), 벡터(1차원 배열), 그리고 행렬(2 이상의 차원을 갖는 배열)의 초기화는 다음과 같이 이루어진다:

```
array_name = expression
```

C나 C++에서와는 달리 데이터 형태를 선언할 필요는 없다. 배열 변수에 할당된 데이터는 생성되는 데이터의 행태를 결정한다. 다음 표현은 스칼라, 벡터 및 행렬들의 선언을 위한 포맷을 요약하고 있다.

```
scalar_array = 10 혹은 scalar_array = [10]
```

이로부터 스칼라(1×1 배열)가 생성되며 10의 값이 scalar_array에 할당된다. 대괄호는 선택적이다. 이러한 표현을 우리는 이 장의 처음부터 사용해 왔다.

```
r_vector_array = [10 20 30]
```

이로부터 행 벡터 [10 20 30]을 갖는 1×3 배열이 생성된다.

```
c_vector_array = [10; 20; 30]
```

이로부터 열 벡터 $\begin{bmatrix}10\\20\\30\end{bmatrix}$을 포함하는 3×1 배열이 생성된다.

```
matrix_array = [10 20 30; 40 50 60; 70 80 90]
```

이로부터 정방행렬 $\begin{bmatrix}10 & 20 & 30\\40 & 50 & 60\\70 & 80 & 90\end{bmatrix}$을 포함하는 3×3 배열이 생성된다.

행렬의 처리

MATLAB®은 기존의 배열을 처리하기 위한 방법들을 제공하고 있다. 복잡하게 프로그램하지 않고도 기존의 값들을 수정하거나 취하거나 혹은 필요에 따라 이들을 재배열할 수도 있다. 예를 들면

```
>> matrix_array = [10 20 30; 40 50 60; 70 80 90]
matrix_array =
    10    20    30
    40    50    60
    70    80    90
>> matrix_array(2) = 100
matrix_array =
    10    20    30
   100    50    60
    70    80    90
```

에서는 2행의 값을 40에서 100으로 바꾸고 있다.

```
>> matrix_array(1,2) = 100
matrix_array =
    10   100    30
   100    50    60
    70    80    90
```

위에서는 1행 2열의 원소를 20에서 100으로 바꾸고 있다.

```
>> matrix_array(:,3) = 100
matrix_array =
    10   100   100
   100    50   100
    70    80   100
```

위에서는 3열의 모든 행(:)에 100을 부여하고 있다.

다음 배열들을 고려하여 보자.

```
>> A = [9 8 7; 6 5 4; 3 2 1]
A =
     9     8     7
     6     5     4
     3     2     1
```

```
>> B = A(3:-1:1,3:-1:1)
B =
     1     2     3
     4     5     6
     7     8     9
```

이는 배열 내에서 루프를 이용하는 보기이다. A(row,col)에서 3:-1:1은 처음에는 행의 값은 3이며 1에 도달할 때까지 1씩 감소(- 부호에 의하여)함을 의미한다. 이는 열 쪽에서도 함께 이루어진다. 이를 수행함으로써 배열 B는 A와 유사하지만 순서가 반대인 값들을 갖게 된다.

다음 함수들 역시 배열의 초기값 설정에 사용 가능하다.

```
>> A = zeros(3,3)
A =
     0     0     0
     0     0     0
     0     0     0
>> B = ones(3,5)
B =
     1     1     1     1     1
     1     1     1     1     1
     1     1     1     1     1
>> C = 3.5*ones(4,4)
C -
    3.5000    3.5000    3.5000    3.5000
    3.5000    3.5000    3.5000    3.5000
    3.5000    3.5000    3.5000    3.5000
    3.5000    3.5000    3.5000    3.5000
>> D = rand(2,5)
D =
    0.9501    0.6068    0.8913    0.4565    0.8214
    0.2311    0.4860    0.7621    0.0185    0.4447
>> E = randn(3,2)
E =
   -0.4326    0.2877
   -1.6656   -1.1465
    0.1253    1.1909
```

rand() 함수(균일분산에 근거)와 randn() 함수(정규분포에 근거)는 배열에 할당될 불규칙 값들을 생성한다.

행렬들을 결합하여 더 큰 행렬을 만드는 것도 가능하다. 이 방법은 사슬화라고 불리며 연산자 []를 이용하여 이루어질 수 있다.

```
>> A = ones(2,2);
>> B = 2*ones(2,2);
>> C = 3*ones(2,2);
>> D = 4*ones(2,2);
>> E = [A B; C D]
E =
     1     1     2     2
     1     1     2     2
     3     3     4     4
     3     3     4     4
```

A, B, C, 그리고 D를 조합함으로써 더 큰 행렬인 E가 생성되었다. 더 큰 행렬에서의 위치에 있어서 보다 작은 행렬의 순서 역시 지정될 수 있다.

```
>> E(2,:) = []
E =
     1     1     2     2
     3     3     4     4
     3     3     4     4
```

빈 대괄호 []를 이용하여 차원 내에서 행렬의 전체 행이나 전체 열을 삭제할 수 있다.

한편 행렬의 전치는 새로운 행렬을 생성함으로써 얻어지는데 원래 행렬의 행은 새로운 행렬의 열이 된다. 예를 들면

$$A = \begin{bmatrix} 10 & 20 & 30 \\ 40 & 50 & 60 \\ 70 & 80 & 90 \end{bmatrix}, \qquad A' = \begin{bmatrix} 10 & 40 & 70 \\ 20 & 50 & 80 \\ 30 & 60 & 90 \end{bmatrix}$$

에서 A'은 행렬 A의 전치를 나타낸다. MATLAB에서 전치는 기호 (')를 사용하여 이루어질 수 있다.

```
>> A = [10 20 30; 40 50 60; 70 80 90]
A =
    10    20    30
    40    50    60
    70    80    90
>> B = A'
```

```
B =
    10    40    70
    20    50    80
    30    60    90
```

이외에도 다른 배열처리 방법들이 있다. 부록 J에서 찾아볼 수 있는 참고문헌들에서 더 많은 정보를 얻을 수 있다.

산술연산

스칼라의 처리에서와 마찬가지로 산술연산들이 벡터 및 행렬에 적용될 수 있다.

```
>> A = [2 4; 6 8]
A =
     2     4
     6     8
>> B = [1 3; 5 7]
B =
     1     3
     5     7
>> A + B
ans =
     3     7
    11    15
>> A - B
ans =
     1     1
     1     1
```

MATLAB®에서 행렬의 덧셈과 뺄셈은 매우 쉽다. 그러나 약간 교묘한 부분은 하나의 행렬에서 원소들 및 두 행렬들 간의 곱셈과 나눗셈 사이의 차이이다. 이를 명료하게 보여주기 위해 위에서와 같은 행렬 A와 B를 고려하여 보자.

```
>> A.*B
ans =
     2    12
    30    56
```

.* 연산자는 결과로부터 알 수 있듯이 A와 B 사이의 원소끼리의 곱셈을 수행한다. 그러나 두 배열들은 차원이 같아야 함을 유의하자.

```
>> A*B
ans =
    22    34
    46    74
```

한편 * 연산자는 행렬곱셈을 수행한다. A의 열의 수는 B의 행의 수와 같아야 한다. 이는 나눗셈에서도 마찬가지이다.

```
>> A./B
ans =
    2.0000    1.3333
    1.2000    1.1429
```

위의 연산은 A(r,c)/B(r,c)와 유사하다. 나눗셈은 원소에 대하여 이루어진다.

```
>> A/B
ans =
    0.7500    0.2500
   -0.2500    1.2500
```

위의 연산은 또한 A*inv(B)와 같이 나타낼 수도 있는데 여기에서 inv(B)는 B의 역행렬이다. 이는 A\B에 대해서도 마찬가지인데 이는 inv(A)*B와 같다. 행렬 왼쪽 나눗셈 연산과 inv() 함수 사이의 차이는 행렬 왼쪽 나눗셈에서는 Gauss 소거법이 이용되는데 반하여 inv()는 역행렬 연산을 이용한다는 데에 있다.

이제 지금까지 익힌 내용을 보기를 통하여 적용해 보기로 한다.

보기 6.7. 두 행렬 A와 B를 입력하면 산술연산을 수행한 후 새로운 행렬 C를 생성하여 주는 MATLAB 프로그램을 작성하여라. 사용자가 다음에 근거하여 연산을 선택할 수 있도록 프로그램을 유연하게 고안하여라:

- 덧셈
- 나눗셈
- 원소끼리의 곱셈
- 행렬곱셈
- 원소끼리의 나눗셈
- 행렬 나눗셈

프로그램 6.8: 배열에서의 산술연산

```
clc
clear    % 메모리에 남아있는 모든 배열들을 삭제
dim = input ('Enter the dimension of both square matrices: ');
disp('For the first matrix.');
for r = 1:dim
  for c = 1:dim
    fprintf ('Enter A(%d,%d): ',r,c);
    A(r,c) = input ('');
  end
end
disp('For the second matrix.');
for r = 1:dim
  for c = 1:dim
    fprintf ('Enter B(%d,%d): ',r,c);
    B(r,c) = input ('');
  end
end
disp('______________________________________________');
disp('a) Addition');
disp('b) Subtraction');
disp('c) Element-by-element Multiplication');
disp('d) Matrix Multiplication');
disp('e) Element-by-element Division');
disp('f) Matrix Division');
oper=input('Select operation: ','s');
oper=lower(oper);
switch oper
    case ('a')
        C = A+B;
    case ('b')
        C = A-B;
    case ('c')
        C = A.*B;
    case ('d')
        C = A*B;
    case ('e')
        C = A./B;
    case ('f')
        C = A/B;
    otherwise
        disp('Choice unavailable');
```

```
end
C     % C 행렬을 명령어 창에 나타낸다.
```

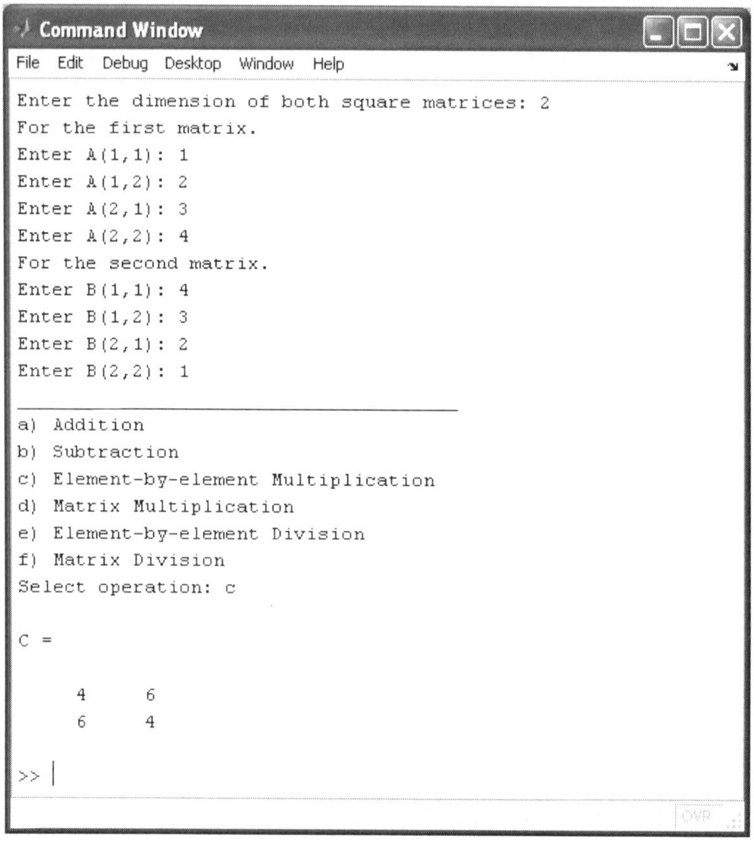

그림 6.14: 프로그램 6.8의 수행결과.

함수의 생성

다른 프로그램 언어들과 마찬가지로 MATLAB에서도 기존의 함수들을 보완하기 위한 함수들의 생성이 가능하다. 이는 보다 큰 프로그램들에 있어서 추가적인 구성 블록들로 작용한다. MATLAB에서 생성된 함수 역시 입력인수를 받아들이고 출력인수를 반환할 수 있다. 그러나 함수를 M-파일로 생성하고 저장하려면 함수이름과 파일이름이 동일해야 한다. 함수 생성은 다음과 같은 포맷을 따른다:

```
function [output] = function_name (input)
```

프로그램 6.1을 다시 고려하여 multiply라고 불리는 별도의 함수를 만들어 보자.

```
% save as multiply.m
function prod = multiply(num1,num2)
prod = num1*num2;
```

프로그램 6.9: 생성된 multiply() 함수의 이용

```
clc;
fprintf('Enter two whole numbers.\n');
num1 = input('\n First Number: ');
num2 = input('\n Second Number: ');
product = multiply(num1,num2);
fprintf('\nThe product is %d.\n',product);
```

multiply.m을 현 디렉토리에 유지시킴으로써 multiply() 함수는 다른 프로그램에서도 이용이 가능하다.

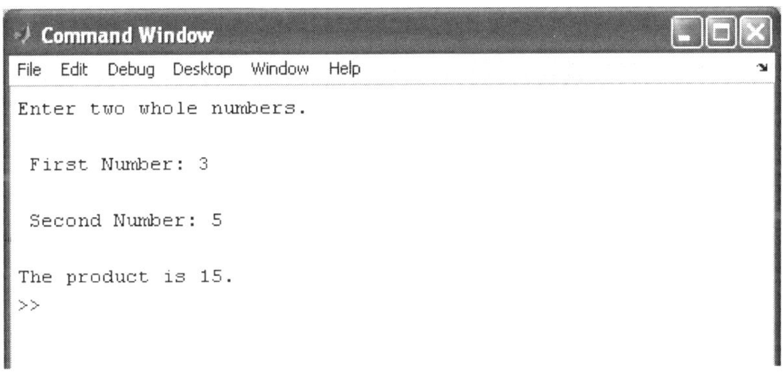

그림 6.15: 프로그램 6.9의 수행결과.

함수 multiply()에서 사용된 변수 이름은 주 프로그램에서 이 함수가 호출될 때 이용되는 것이거나 이와 다를 수도 있다. 출력변수는 또한 하나의 값으로만 국한되지 않는다. 출력변수는 일련의 값들이나 배열이 될 수 있다.

그래프 작성

기본적인 2차원 그래프 작성

MATLAB®에서 2차원 그래프의 작성은 plot() 함수에 의하여 이루어진다. 기본적인 포맷

은 다음과 같다:

```
plot(x,y)
```

위에서 x는 x 좌표의 값들을 포함하며 y는 y 좌표 값들을 포함한다. 이 함수를 이용하려면 x와 y가 이미 값들을 지니고 있어야 하므로 초기화가 필요하다. 벤젠-톨루엔 평형곡선을 그래프로 만들어 보자.

프로그램 6.10: 벤젠-톨루엔 평형곡선의 그래프

```
x = [0.0 0.1 0.2 0.3 0.4 0.5 0.6 0.7 0.8 0.9 1.0];
y =[0.000 0.211 0.378 0.512 0.623 0.714 0.791 0.856 0.911 0.959 ...
  1.000];
plot(x,y)
```

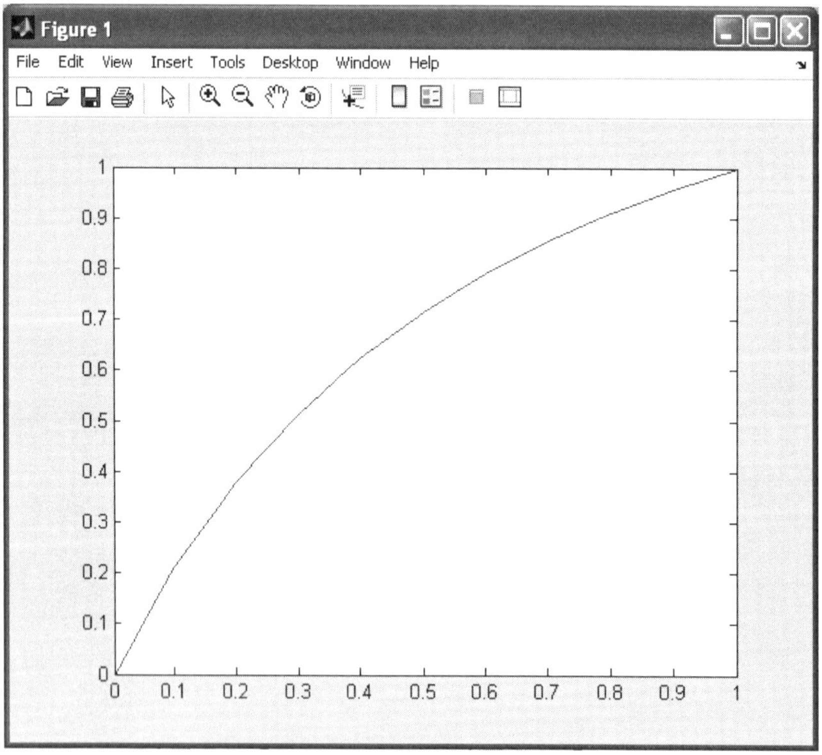

그림 6.16: 프로그램 6.10의 수행결과.

plot 함수를 한 번만 호출하여 여러 곡선들을 함께 나타내는 것도 가능하다. 이는 하나의 그래프에 여러 데이터를 나타내는 결과가 될 것이다.

프로그램 6.11: 대각선이 있는 벤젠-톨루엔 평형곡선의 그래프

```
x = [0.0 0.1 0.2 0.3 0.4 0.5 0.6 0.7 0.8 0.9 1.0];
y =[0.000 0.211 0.378 0.512 0.623 0.714 0.791 0.856 0.911 0.959 ...
  1.000];
diagonal =(0:1);
plot(x,y,diagonal,diagonal)
```

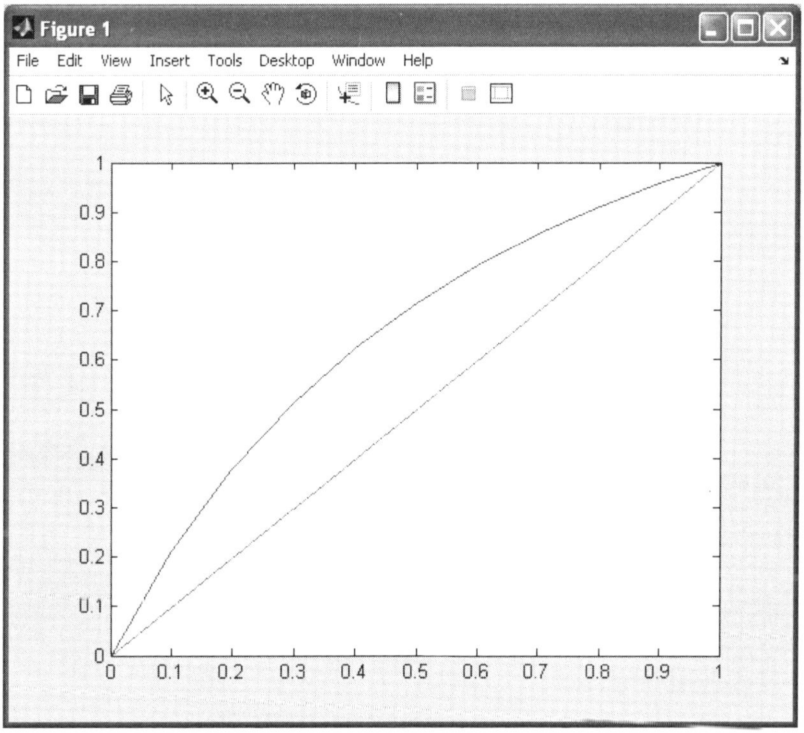

그림 6.17: 프로그램 6.11의 수행결과.

그래프 작성에서는 많은 옵션들이 사용될 수 있는데 이들은 다음과 같은 기호들을 추가함으로써 이루어질 수 있다:

o	원	*	스타
d	다이어몬드	<	삼각형(왼쪽을 향함)
h	육각선	>	삼각형(오른쪽을 향함)
p	오각선	^	삼각형(위쪽을 향함)
+	플러스	v	삼각형(아래쪽을 향함)
.	점	x	십자표시
s	정사각형		

새로운 그래프 명령어는 다음과 같이 나타낸다:

```
plot(x,y,'*',diagonal,diagonal,'.')
```

축 명령어 함수

우리가 이용할 수 있는 축 명령어 함수들이 있는데 이들은 척도, 종횡비, 축 한계 표시, 그리고 축과 격자의 가시성 들을 제어할 수 있는 옵션을 제공하여 준다.

프로그램 6.12: 격자선의 사용

```
x = [0.0 0.1 0.2 0.3 0.4 0.5 0.6 0.7 0.8 0.9 1.0];
y =[0.000 0.211 0.378 0.512 0.623 0.714 0.791 0.856 0.911 0.959...
 1.000];
diagonal =(0:1);
plot(x,y,diagonal,diagonal)
grid on
axis square
axis equal
```

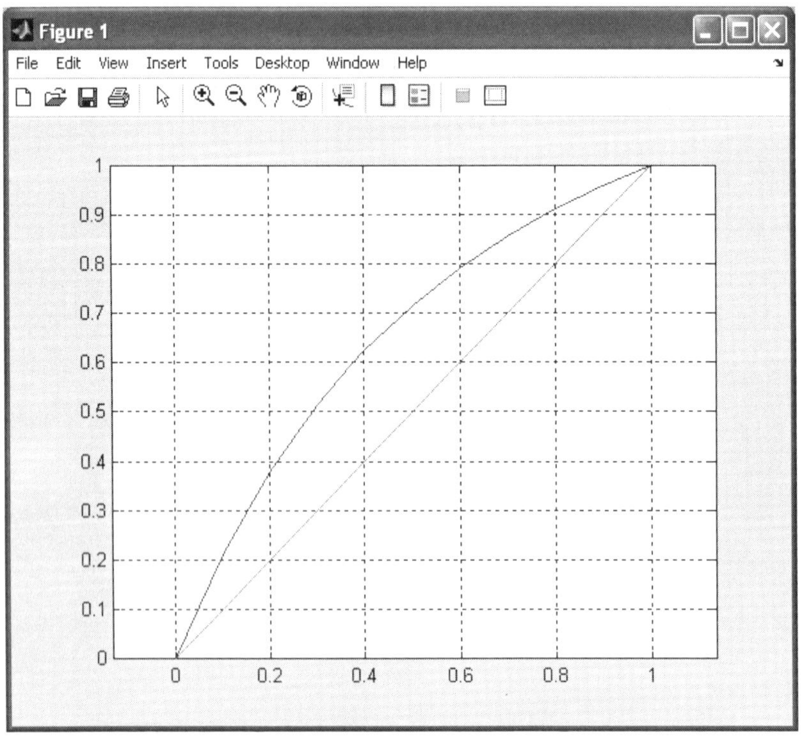

그림 6.18: 프로그램 6.12의 수행결과.

타이틀과 라벨

또한 그래프 내에 텍스트를 넣는 것도 가능하다. 이를 위한 함수들로는 다음 것들이 있다:

title()	그래프의 상부에 타이틀을 위치
xlabel()	x 축에 대한 라벨을 위치
ylabel()	y 축에 대한 라벨을 위치
gtext()	그래프에 텍스트를 프린트(마우스로 위치를 지정)

프로그램 6.13: 타이틀과 라벨의 이용

```
x = [0.0 0.1 0.2 0.3 0.4 0.5 0.6 0.7 0.8 0.9 1.0];
y =[0.000 0.211 0.378 0.512 0.623 0.714 0.791 0.856 0.911 0.959 1.000];
diagonal =(0:1);
plot(x,y,diagonal,diagonal)
grid on
axis square
axis equal
xlabel('Benzene in Liquid (mole fraction)');
ylabel('Benzene in vapor (mole fraction)');
title('Benzene - Toluene Equilibrium System');
```

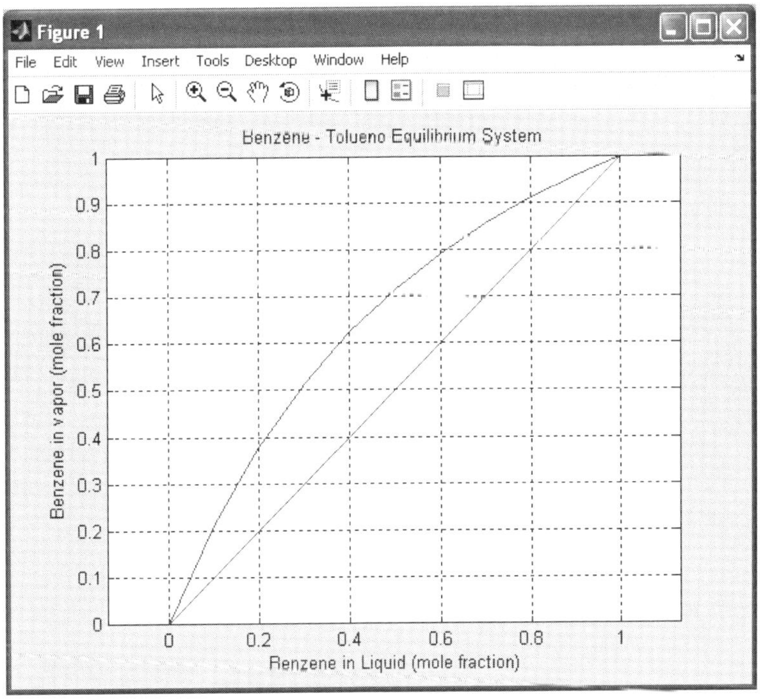

그림 6.19: 프로그램 6.13의 수행결과.

그래프에 선들을 추가

그래프를 향상시키기 위해 그래프의 어느 곳에서건 선들을 추가할 수 있다. 이는 MATLAB의 line() 함수에 의하여 이루어진다. line()을 추가함으로써 이전의 MATLAB 프로그램을 보다 향상시킬 수 있다.

프로그램 6.14: 원료 공급선이 포함된 벤젠-톨루엔 평형곡선

```
x = [0.0 0.1 0.2 0.3 0.4 0.5 0.6 0.7 0.8 0.9 1.0];
y =[0.000 0.211 0.378 0.512 0.623 0.714 0.791 0.856 0.911 0.959 ...
  1.000];
diagonal =(0:1);
plot(x,y,diagonal,diagonal)
grid on
axis square
axis equal
xlabel('Benzene in Liquid (mole fraction)');
ylabel('Benzene in vapor (mole fraction)');
title('Benzene - Toluene Equilibrium System');
xd =[0.85 0.85];
yd =[0 0.85];
line(xd,yd);
xf =[0.45 0.45];
yf = [0 0.65];
line(xf,yf);
xb =[0.15 0.15];
yb = [0 0.15];
line(xb,yb);
```

선 스타일과 너비의 설정

다음과 같은 옵션에 따라 선 스타일을 지정할 수도 있다:

–	실선
:	점선
–.	반점선
––	분절선

아울러 set() 함수를 이용하여 픽셀 크기에 근거하는 선의 너비를 설정할 수 있다.

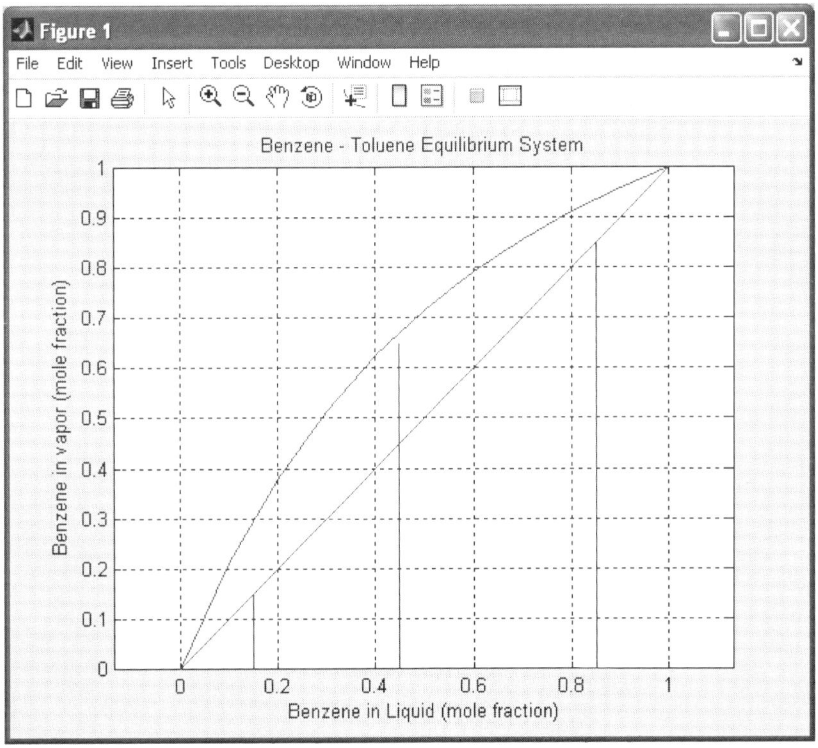

그림 6.20: 프로그램 6.14의 수행결과.

프로그램 6.15: 선 스타일의 사용

```
x = [0.0 0.1 0.2 0.3 0.4 0.5 0.6 0.7 0.8 0.9 1.0];
y =[0.000 0.211 0.378 0.512 0.623 0.714 0.791 0.856 0.911 0.959...
  1.000];
diagonal =(0:1);
plot(x,y,diagonal,diagonal)
grid on
axis square
axis equal
xlabel('Benzene in Liquid (mole fraction)');
ylabel('Benzene in vapor (mole fraction)');
title('Benzene - Toluene Equilibrium System');
xd =[0.85 0.85];
yd =[0 0.85];
set(line(xd,yd),'LineStyle',':');
xf =[0.45 0.45];
yf = [0 0.65];
set(line(xf,yf),'LineWidth',2);
```

```
xb =[0.15 0.15];
yb = [0 0.15];
set(line(xb,yb),'LineStyle',':');
```

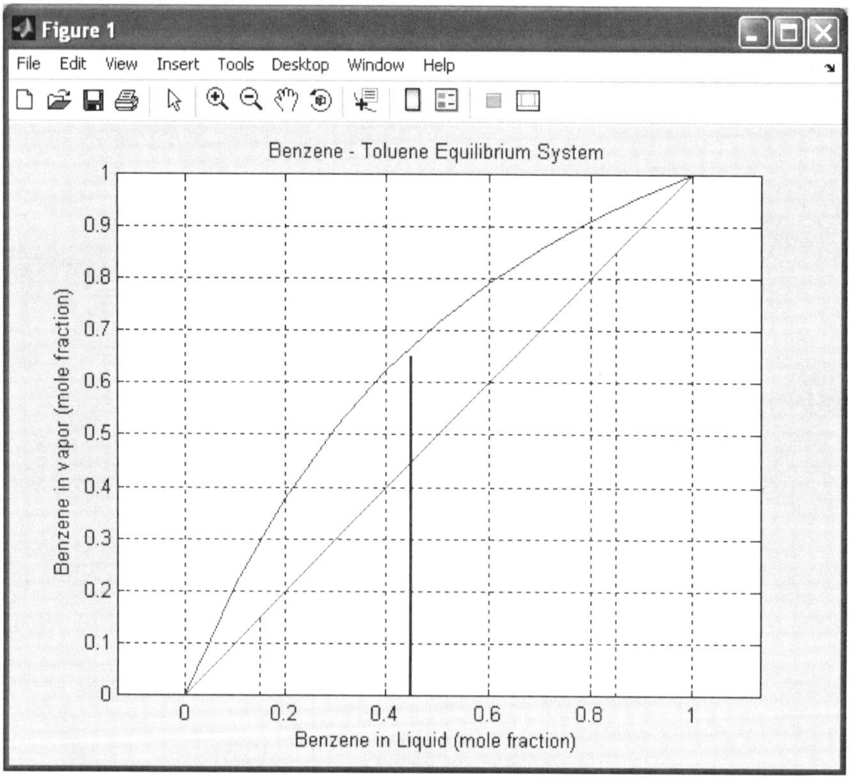

그림 6.21: 프로그램 6.15의 수행결과.

기본적인 3차원 그래프 작성

MATLAB®에서는 3차원 그래프의 생성도 가능하며 보기를 통하여 관련되는 함수들을 살펴보는 것이 가장 좋은 방법이다.

2차원 열전도에서 온도를 구하는 보기 4.6을 다시 살펴보기로 한다. 사각형 굴뚝의 전체 단면에 대한 온도분포(°F)를 모두 구하면 각각의 노드 위치에 대하여 다음 결과를 얻는다.

200	200	200	200	200	200	200	200	200	200	200	200
200	227.2	254.4	279.5	289.8	293	293	289.8	279.5	254.4	227.2	200
200	254.4	312	369.6	387.9	392.2	392.2	387.9	369.6	312	254.4	200
200	279.5	369.6	500	500	500	500	500	500	369.6	279.5	200
200	289.8	387.9	500	500	500	500	500	500	387.9	289.8	200

200	293	392.2	500	500	500	500	500	500	392.2	293	200
200	293	392.2	500	500	500	500	500	500	392.2	293	200
200	289.8	387.9	500	500	500	500	500	500	387.9	289.8	200
200	279.5	369.6	500	500	500	500	500	500	369.6	279.5	200
200	254.4	312	369.6	387.9	392.2	392.2	387.9	369.6	312	254.4	200
200	227.2	254.4	279.5	289.8	293	293	289.8	279.5	254.4	227.2	200
200	200	200	200	200	200	200	200	200	200	200	200

먼저 명령어 창에서

```
>> T = [];
```

를 입력하여 배열 T를 생성한다. 일단 T가 생성되면 모든 온도값들을 배열 편집기로 복사하여 그림 6.22에 보인 바와 같이 12×12 배열을 만든다.

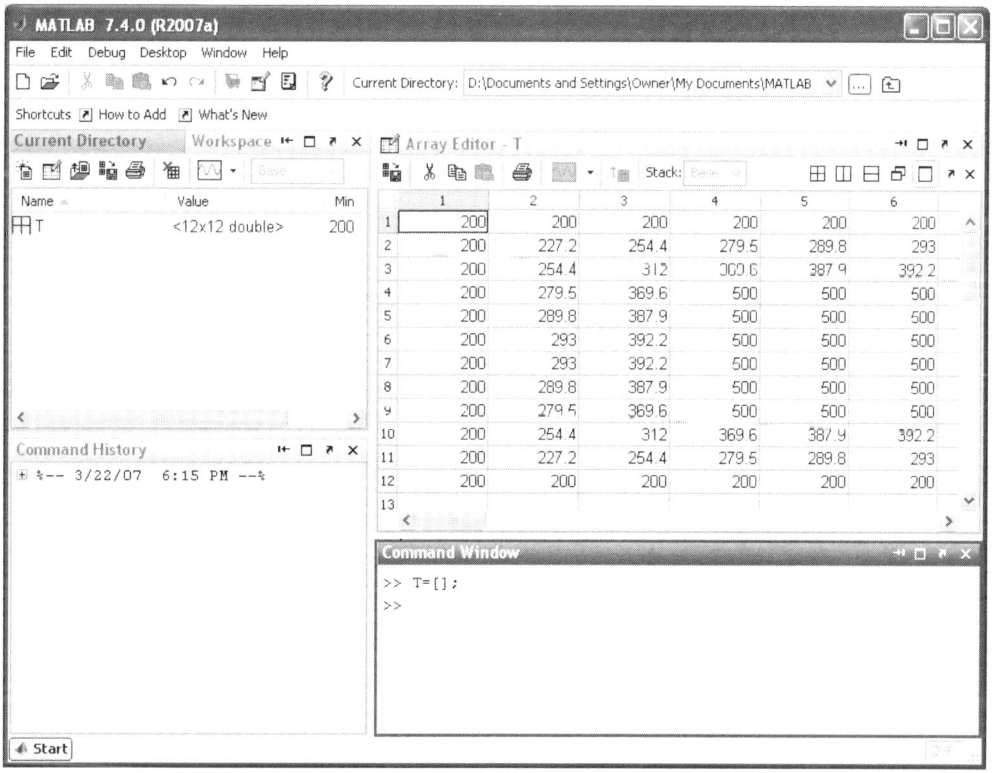

그림 6.22: 배열 편집기

3차원 그래프 작성을 위해 MATLAB에서 이용 가능한 다양한 함수들이 있는데 surf() 함수는 이들 가운데 하나이다. surf()를 이용하면 굴뚝 온도 분포의 3차원 이미지 표현을 생성할 수 있는데 여기에서 x 축과 y 축은 노드의 위치를 나타내며 z 축은 온도(°F)를 나타낸다.

```
>> surf(T),xlabel('X'),ylabel('Y'),zlabel('Temperature in deg F')
```

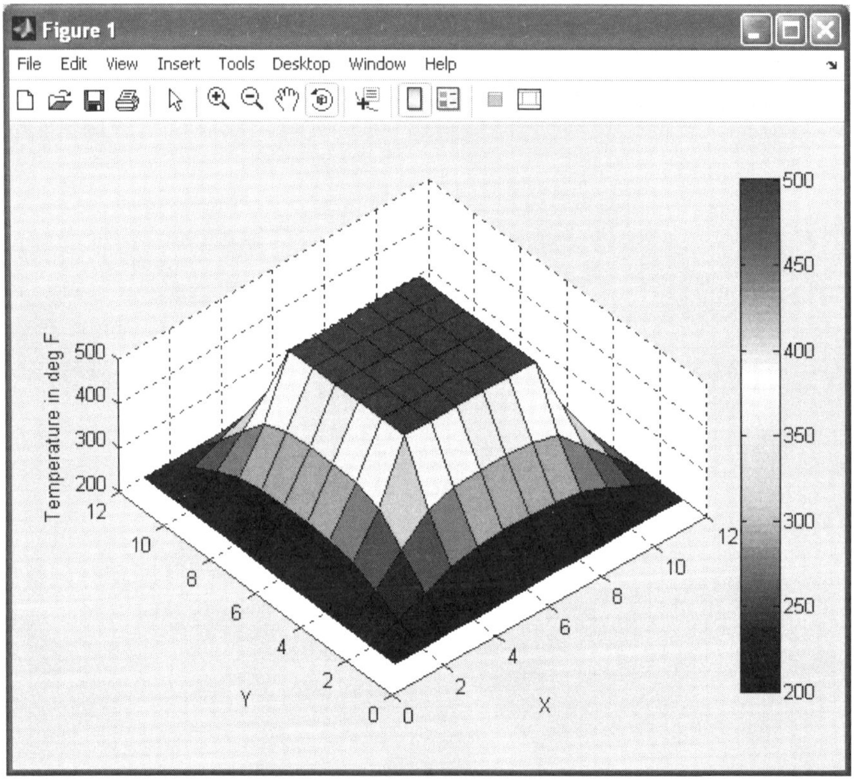

그림 6.23: 3차원 그래프.

Graphics 메뉴를 선택하고 "More Plots..." 옵션을 클릭하여 Plot Catalog 창을 열면 사용가능한 추가적인 기본 그래프 함수들을 이용할 수 있다.

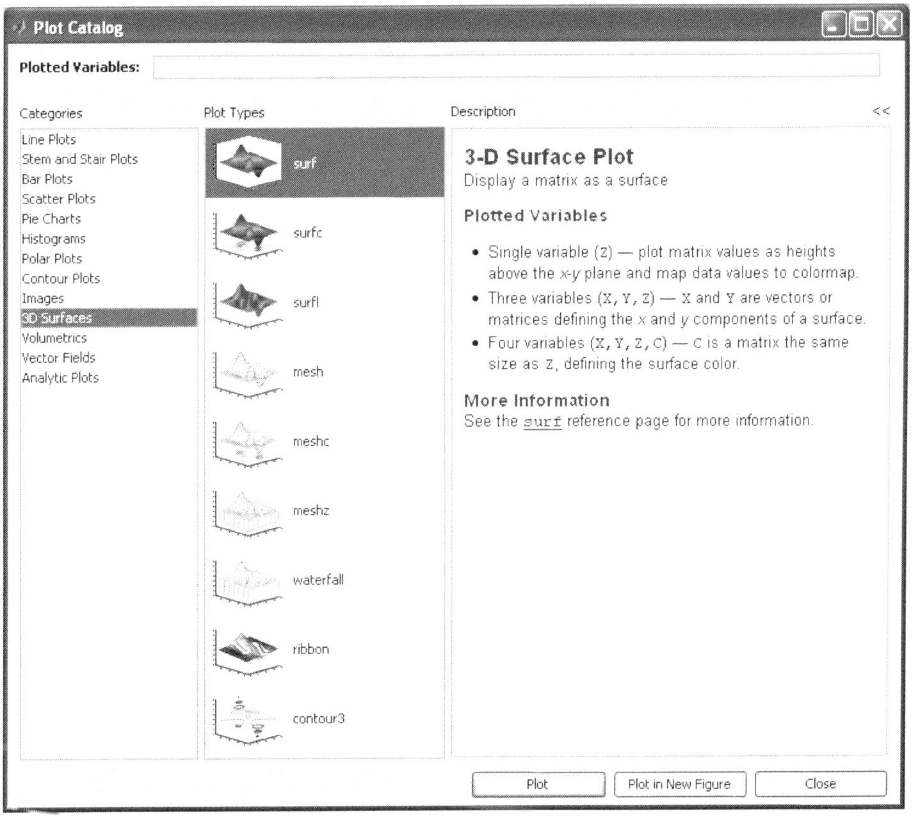

그림 6.24: MATLAB® Plot Catalog 창.

연습문제

1. 대부분의 연료는 탄소(C), 수소(H), 산소(O), 질소(N), 그리고 황(S) 원자들을 포함하는데 이 원자들의 원자량은 C: 12.011 g/gmol, H: 1.00794 g/gmol, O: 15.9994 g/gmol, N: 14.00674 g/gmol, S: 32.066 g/gmol 이다. 사용자가 연료중에 존재하는 각 원소들의 수를 입력하여 해당되는 연료의 분자량(g/gmol)을 계산하는 프로그램을 작성하여라.

2. H_2S, SO_2, COS의 혼합물이 기압용기에 저장되어 있다. 사용자가 각 화합물의 농도를 코드화한 다음 기체 혼합물 중의 전체 황의 양을 계산하는 MATLAB 프로그램을 작성하여라.

3. 표 3.6에 보인 데이터를 이용하여 NaOH의 농도-비등점 그래프를 작성하는 MATLAB 프로그램을 작성하여라.

4. 100 lbm/hr로 주입되는 무거운 탄화수소 오일이 길이 18 ft의 관을 지나고 있다. 가열매체로서 수증기가 이용되며 관의 외벽에서 응축되고 있다. 관의 내부 온도는 370°F로서 일정하다고 간주한다. 오일의 열전달 계수(h)를 구하여라.

   D = 1.5 in, $N_{re} = 300$,

   $N_{pr} = 80$, $k = 0.090\ Btu/h/ft/°F$,

   $\mu_{oil} = 12.52\ lbm/ft/hr$, $\mu_{water} = 0.046\ lbm/ft/hr$,

$$\frac{hD}{k} = 1.86\left(N_{Re}N_{\Pr}\frac{D}{L}\right)^{1/3}\left(\frac{\mu_{oil}}{\mu_{water}}\right)^{0.14}$$

5. 문제 4의 데이터를 이용하여 유입온도가 160°F일 때의 유출온도를 구하여라. 다음과 같은 추가적인 자료를 이용하여 h를 다시 구한다(힌트: 루프문을 이용하여 최종온도 T_{final}을 계산한다):

온도(°F)	$\mu_{oil}(lbm/ft/h)$	$\mu_{water}(lbm/ft/h)$
75	20.15	2.230
150	16.78	0.083
200	14.23	0.052
250	8.53	0.033
300	7.95	0.012
350	4.67	0.005

$C_p = 0.65\ Btu/lbm,\qquad q = mC_p(T_{out} - T_{in}),$

$q = hA\triangle T_m,\qquad \triangle T_m = \dfrac{(T_{wall} - T_{in}) + (T_{wall} - T_{out})}{2}$

제 7 장

수치계산을 위한 MATLAB® 함수

제 2장에서는 화학공학 문제의 풀이에 매우 유용한 수치적 방법들을 다루고 있으며 이들을 C 프로그램으로 구현하고 있다. 그러나 MATLAB은 수학적 프로그램 언어이므로 수치계산을 수행할 수 있는 수많은 함수들을 이미 내장하고 있다. 이 함수들 가운데 일부는 우리가 C로 함수를 구성할 때 익혔던 알고리듬에 근거하여 개발된 것들이다.

이 장에서는 다음 것들을 포함하는 MATLAB 내장함수들을 더 탐구해 보기로 한다:

선형 방정식에 대한 행렬방법

- inv() 함수
- 행렬 왼쪽 나눗셈(\)

회귀분석과 곡선맞춤

- polyfit() 함수
- polyval() 함수
- 결정계수와 추정 표준오차

근 구하기

- roots() 함수
- fzero() 함수

안짐작

- 1자원 안짐직
- 2차원 안짐작

수치적분

사다리꼴 적분

구적(求積)법

상미분 방정식(ODE)

ode23()과 ode45() 함수

이 장에서 논의되는 모든 프로그램들은 CD-ROM에서 찾아볼 수 있다.

\Program Listings\Chapter 7\PL7_1.m	프로그램 7.1
\Program Listings\Chapter 7\PL7_2.m	프로그램 7.2
\Program Listings\Chapter 7\coefdet.m	프로그램 7.3
\Program Listings\Chapter 7\stderr.m	프로그램 7.4
\Program Listings\Chapter 7\PL7_5.m	프로그램 7.5
\Program Listings\Chapter 7\PL7_6.m	프로그램 7.6
\Program Listings\Chapter 7\odeapp.m	프로그램 7.7
\Program Listings\Chapter 7\PL7_8.m	프로그램 7.8

선형 방정식에 대한 행렬방법

다음과 같은 일련의 선형 방정식을 고려하여 보자:

$$\begin{aligned} a_{11}x_1 + a_{12}x_2 + \cdots + a_{1n}x_n &= b_1 \\ a_{21}x_1 + a_{22}x_2 + \cdots + a_{2n}x_n &= b_2 \\ &\vdots \\ a_{n1}x_1 + a_{n2}x_2 + \cdots + a_{nn}x_n &= b_n \end{aligned}$$

위에서 x_1, x_2, $\cdots$, x_n은 미지변수, a_{11}, a_{12}, $\cdots$, a_{nn}은 일정 상수, b_1, b_2, $\cdots$, b_n은 알고 있는 상수들이다. 위의 방정식들은 다음과 같은 행렬을 이용하여 다시 쓸 수 있다:

$$A = \begin{bmatrix} a_{11} & a_{12} & a_{13} \\ a_{21} & a_{22} & a_{33} \\ a_{31} & a_{32} & a_{33} \end{bmatrix} \tag{7.1}$$

$$x = \begin{bmatrix} x_1 \\ x_2 \\ x_3 \end{bmatrix} \tag{7.2}$$

$$B = \begin{bmatrix} b_1 \\ b_2 \\ b_3 \end{bmatrix} \tag{7.3}$$

위에서 A는 계수 행렬이며 x는 미지수 벡터, 그리고 B는 우변 값들로 이루어지는 벡터이다.

inv() 함수

행렬 곱셈을 이용하면 방정식 시스템은 $Ax = B$로 나타낼 수 있다. 이 식에서 미지수들의 계산은 A의 역행렬에 B를 곱하여 얻어질 수 있는데 이는 $x = A^{-1}B$로 쓸 수 있다. 이는 MATLAB에서

```
>> x = inv(A)*B
```

로 나타내어진다.

보기 7.1. 역행렬과 행렬곱을 이용하여 선형 방정식 시스템을 계산하는 MATLAB 프로그램을 작성하여라.

프로그램 7.1: 역행렬을 이용한 선형 방정식 시스템의 풀이

```
clc
clear  // 메모리에 존재하는 모든 기존 배열들을 삭제
dim = input ('Enter the number of unknowns: ');
for r = 1:dim
  for c = 1:dim
    fprintf ('Enter a(%d,%d): ',r,c);
    A(r,c) = input ('');
  end
  fprintf('Enter b(%d): ',r);
  B(r,1) = input('');
end
x = inv(A)*B    // 역행렬과 곱셈계산을 수행하고 그 결과를 벡터 x에 할당
```

제 2장에 주어진 다음과 같은 선형 방정식 시스템을 고려하여 보기로 한다:

$$3x_1 + x_2 + x_3 = 25$$
$$x_1 - 3x_2 + 2x_3 = 10$$
$$2x_1 + x_2 - x_3 = 6$$

프로그램 7.1을 이용하여 c를 구하면 다음 결과를 얻는다:

```
Command Window
File  Edit  Debug  Desktop  Window  Help
Enter the number of unknowns: 3
Enter a(1,1): 3
Enter a(1,2): 1
Enter a(1,3): 1
Enter b(1): 25
Enter a(2,1): 1
Enter a(2,2): -3
Enter a(2,3): 2
Enter b(2): 10
Enter a(3,1): 2
Enter a(3,2): 1
Enter a(3,3): -1
Enter b(3): 6

x =

    5.0000
    3.0000
    7.0000

>> |
```

그림 7.1: 프로그램 7.1의 수행결과.

행렬 왼쪽 나눗셈(\)

선형 방정식 시스템을 푸는 또 다른 방법은 행렬 왼쪽 나눗셈(\)을 이용하는 것이다.

```
>> x = A\B
```

프로그램 7.1의 맨 마지막 줄을 위의 명령어로 대체하면 유사한 결과를 얻는다. 그러나 이 방법은 역행렬이 아닌 Gauss 소거법을 이용한다는 데에 차이가 있다. 따라서 행렬 왼쪽 나눗셈 연산자(\)는 보다 효율적이고 더 정확하다.

프로그램 7.2: 행렬 왼쪽 나눗셈을 이용한 선형 방정식 시스템의 풀이

```
clc
clear
dim = input ('Enter the number of unknowns: ');
for r = 1:dim
  for c = 1:dim
   fprintf ('Enter a(%d,%d): ',r,c);
   A(r,c) = input ('');
  end
  fprintf('Enter b(%d): ',r);
  B(r,1) = input('');
end
x = A\B
```

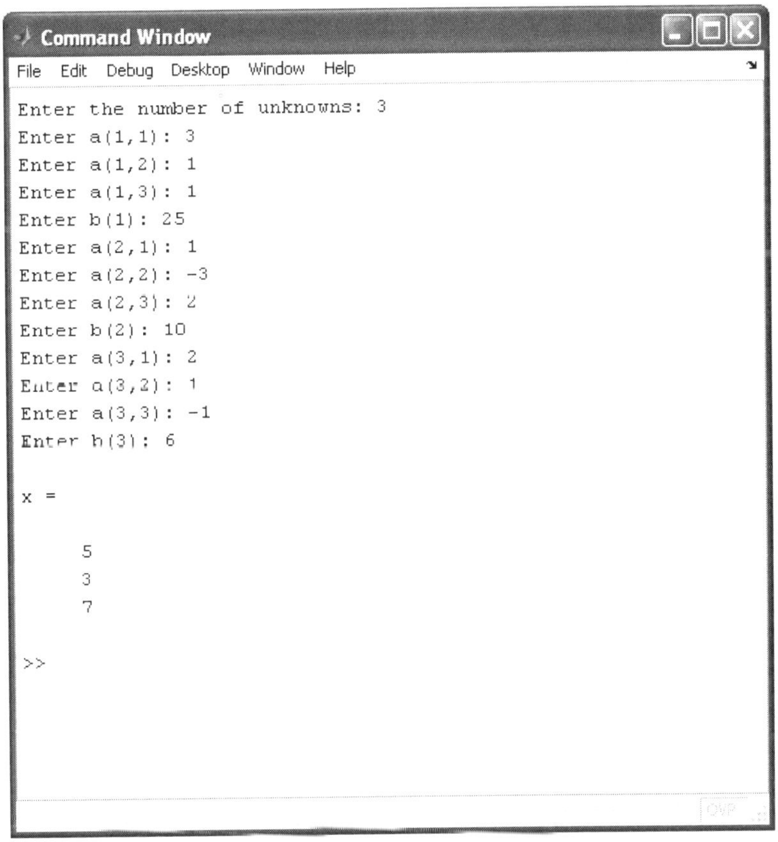

그림 7.2: 프로그램 7.2의 수행결과.

프로그램 7.1의 결과가 부동 소수점 형태로 나타난 반면에 위의 결과는 정수로 나타남을 주목하자. 이를 계산하는 C 코드(프로그램 2.2)는 다음과 같다:

```
for(r=0;r<3;r++)
{
 d=-1/a[r][r];
 for(c=0;c<3;c++)
 {
  if (c==r)(c++);
  a[r][c]=a[r][c]*d;
 }
 d=-d;
 for(i=0;i<3;i++)
 {
  if(i==r)(i++);
  e1=a[i][r];
  for(c=0;c<3;c++)
  {
   if(c==r)(a[i][r]=a[i][r]*d);
   else(a[i][c]=a[i][c]+a[r][c]*e1);
  }
 }
 a[r][r]=d;
}
/*행렬 곱의 계산 */
for(i=0;i<3;i++)
{
 for(c=0;c<3;c++)
 x[i]=x[i]+b[c]*a[i][c];
}
```

위에 보인 C 프로그램은 MATLAB에서 `x = inv(a)*b` 혹은 `x = a\b`로 축소되었다.

회귀분석과 곡선맞춤

제 2장에서 선형 및 다항식 회귀분석을 다룬 바 있다. 즉 제 2장에서 이러한 형태의 회귀분석을 포함하는 방정식들을 살펴보았으며 이를 C 프로그램으로 구현하여 보았다. 이 절에서는 이미 논의된 내용을 다시 살펴보는 대신에 특히 polyfit() 및 polyval()과 같은 곡선맞춤과 회귀분석에 관련되는 MATLAB 내장함수들과 이들의 적용방법에 초점을 맞추고자

한다.

polyfit() 함수

polyfit() 함수는 주어진 x와 y쌍의 값들에 대하여 최소자승 다항식 곡선을 구하여 준다. 이 함수는 x와 y 값들을 포함하는 벡터들과 차수의 3가지 입력변수들을 필요로 한다.

```
>> x = [0 .1 .2 .3 .4 .5 .6 .7 .8 .9 1.0];
>> y = [0 0.211 0.378 0.512 0.623 0.714 0.791 0.856 0.911 0.959
     1.0];
>> order = 5;
>> polyfit(x,y,order)
ans =
    0.4327   -1.6120    2.6895   -2.8803    2.3702    0.0001
```

자세히 살펴보면 출력값들은 제 3장에서 벤젠-톨루엔 평형곡선에 대하여 구한 다음과 같은 다항식의 계수들과 (내림차순으로)동일함을 알 수 있다.

$$y = 0.000068 + 2.370166x - 2.880267x^2 + 2.689467x^3 - 1.612034x^4 + 0.432692x^5$$

계수들은 n차 다항식에서 x의 내림차순으로 나타나 있다.

polyval() 함수

다른 유용한 함수로서 polyval() 함수가 있는데 이 함수는 데이터 점들의 집합에서 다항식을 계산하고 x 벡터 값들에 해당하는 벡터값들을 반환한다. 이 함수는 다음 포맷을 따른다:

```
polyval(coeff,x)
```

위에서 coeff는 다항식의 계수를 포함하는 벡터이며 x는 x 값들을 포함하는 벡터이다. coeff 벡터를 나타내기 위해 polyfit() 함수를 사용할 수 있음을 주목하자. 예를 들면:

```
>> x = [0 .1 .2 .3 .4 .5 .6 .7 .8 .9 1.0];
>> y = [0 0.211 0.378 0.512 0.623 0.714 0.791 0.856 0.911 0.959...
      1.0];
>> order = 5;
>> polyval(polyfit(x,y,order),x)
ans =
  Columns 1 through 9
```

```
  0.0001    0.2108    0.3780    0.5125    0.6226    0.7140  ...
  0.7909    0.8560    0.9113
Columns 10 through 11
  0.9587    1.0001
```

제 3장에서 보았듯이 polyval()의 출력은 기본적으로 표 3.3에서 5차인 경우의 y_e 값들임을 알 수 있다.

(표 3.3에서 발췌: 여러 다항식 차수에 따른 y_e)

x	y(주어짐)	y_e(5차)
0.000	0.000	0.000068
0.100	0.211	0.210815
0.200	0.378	0.377965
0.300	0.512	0.512503
0.400	0.623	0.622580
0.500	0.714	0.714037
0.600	0.791	0.790923
0.700	0.856	0.856014
0.800	0.911	0.911332
0.900	0.959	0.958667
1.000	1.000	1.000092

결정계수와 추정 표준오차

제 2장에서 우리는 어떤 차수의 다항식이 데이터 점들을 가장 잘 나타내는지를 결정하는 중요한 통계적 도구들의 일부를 익혔다. 결정계수(r^2)와 추정 표준오차($S_{y,x}$)는 원래 데이터에 대한 특정 방정식의 맞춤 정도를 측정하는 데에 도움이 됨을 알았다.

polyfit()과 polyval() 함수들을 이용하여 결정계수와 추정 표준오차를 구하는 MATLAB 프로그램을 작성하여 보기로 한다. 결정계수(r^2)는 식 (2.15)~(2.17)로부터

$$S_t = \sum(y-\bar{y})^2, \quad S_r = \sum(y-y_e)^2, \quad r^2 = \frac{S_t - S_r}{S_t}$$

로 주어진다.

프로그램 7.3: 결정계수

```
% save as coefdet.m
function result=coefdet(x,y,order);
ye = polyval(polyfit(x,y,order),x);
yave= mean(y);
dify_yave = (y-yave).^2;
St = sum(dify_yave);
dify_ye = (y-ye).^2;
Sr = sum(dify_ye);
result = (St-Sr)/St;
```

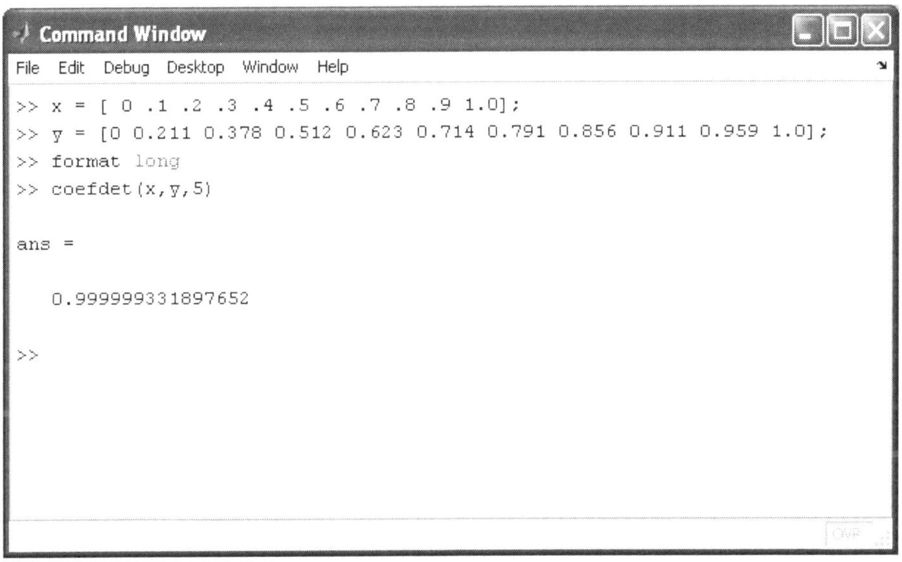

그림 7.3: 프로그램 7.3의 수행결과.

표준 추정오차($S_{y,x}$)를 구하는 함수를 구성하려면 식 (2.16)과 (2.19)를 이용한다:

$$S_r = \sum (y - y_e)^2, \qquad S_{y,x} = \sqrt{\frac{S_r}{\nu}}\ ,\ \text{i차 다항식의 경우 } \nu = n - (i+1)$$

프로그램 7.4: 표준 추정오차

```
% save as stderr.m
function result=stderr(x,y,order);
ye = polyval(polyfit(x,y,order),x);
dify_ye = (y-ye).^2;
```

```
Sr = sum(dify_ye);
df=length(x)-(order+1);    // 자유도 계산
result = (Sr/df).^0.5;
```

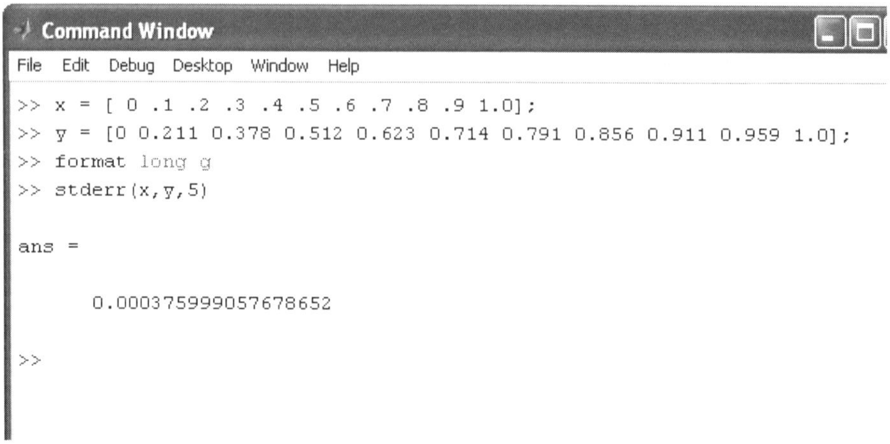

그림 7.4: 프로그램 7.4의 수행결과.

근 구하기

roots() 함수

다항 방정식에서 MATLAB을 이용한 근의 규명은 매우 쉽다. 사용 가능한 함수는 roots()로서 roots(coef)의 포맷을 지니는데 coef는 다항식의 계수를 내림차순으로 포함하는 벡터이다. 이 함수를 보기문제에 적용하여 보기로 한다.

보기 7.2. 어떤 실린더 탱크를 170 gmol의 이산화탄소로 65기압의 압력과 −70℃의 온도까지 채우고자 한다. van der Waals 식을 이용하여 탱크 내 기체의 부피를 구하여라.

$$V^3 - \left(nb + \frac{nRT}{P}\right)V^2 + \frac{n^2a}{P}V - \frac{n^3ab}{P} = 0$$

이산화탄소의 임계상수는

$$a = 3.60 \times 10^6 \ atm\left(\frac{cm^3}{gmol}\right), \quad b = 42.8 \left(\frac{cm^3}{gmol}\right)$$

이며 $R = 82.054\ cm^3 atm/gmol/K$ 이다.

```
>> format long g
>> coeff1 = 1;
>> coeff2 = (170*42.8)+((170*82.054*(-70+273.15))/65);
>> coeff3 = (170^2)*3600000/65;
>> coeff4 = (170^3)*3600000*42.8/65;
>> coeff_V = [coeff1 -coeff2 coeff3 -coeff4];
>> roots(coeff_V)
ans =
         20589.6052668498 +      27884.0342689934i
         20589.6052668498 -      27884.0342689934i
         9693.34203553116
```

출력값으로부터 기체 탱크의 부피는 $9{,}693.342\,cm^3$, 혹은 9.69리터이다.

fzero() 함수

1차원 방정식의 근을 구하는 데에 이용 가능한 또 다른 MATLAB 함수로서 fzero()가 있다. 이 함수는 할선법과 역2차방정식 안짐작을 이용하여 방정식의 미지수를 계산한다. 이 함수의 포맷은

```
var = fzero('equation',init_val)
```

과 같다. 여기에서 var은 방정식에 대한 미지수의 근사값이며 equation은 미지수 var을 포함하는 방정식으로서 함수, 인라인 함수, 혹은 문자열 표현이어야 한다. 한편 init_val은 var의 초기 추정값으로서 init_var이 var에 근접할수록 MATLAB은 그만큼 더 신속하게 결과를 제시하여 준다.

보기를 통하여 이 함수의 사용을 예시하여 보기로 한다.

보기 7.3. 벤젠과 톨루엔의 평형 혼합물에서 기상 조성이 50%가 되는 온도를 구하여라. 닫힌 시스템의 압력은 1.013bar이다. 벤젠과 톨루엔에 대한 Antoine 식의 상수들은 다음과 같다:

벤젠(a)	A=4.72583,	B=1660.652,	C=-1.461
톨루엔(b)	A=4.08245,	B=1346.382,	C=-53.508

Antoine 식을 이용하여 p_a^*와 p_b^*를 구할 수 있다.

$$\log p_a^* = 4.72583 - \frac{1660.652}{T-1.461}, \quad \log p_b^* = 4.08245 - \frac{1346.382}{T-53.508}$$

역로그를 취하면

$$p_a^* = 10^{4.72583 - \frac{1660.652}{T-1.461}}, \quad p_b^* = 10^{4.08245 - \frac{1346.382}{T-53.508}} \tag{7.4}$$

를 얻는다. x를 0.5로 취하면 p_a와 p_b에 대하여

$$p_a = 0.5p_a^*, \quad p_b = (1-0.5)p_b^* \tag{7.5}$$

를 얻는다. 아울러 시스템의 전압(1.013 bar)은 p_a와 p_b의 합으로 나타낼 수 있다:

$$1.013 = p_a + p_b$$

이를 0으로 두면

$$0 = p_a + p_b - 1.013 \tag{7.6}$$

으로 나타낼 수 있다. 마지막으로 y에 대하여 풀면

$$y = \frac{p_a}{p_a + p_b} \tag{7.7}$$

가 된다.

프로그램 7.5: fzero() 함수의 사용

```
clc     // 명령어 창을 지운다.
initval=300;
x=0.5;
// temp0을 식 (7.6)의 인라인 함수와 같게 둔다. 여기에 (7.4)와 (7.5)를 삽입.
temp0=inline('0.5.*(10.^(4.72583-(1660.652./(T-1.461))))+(1-0.5).
*(10.^(4.08245-(1346.382/(T-53.508))))-1.013');
```

```
temp=fzero(temp0,initval);   // 인라인 함수 temp0으로부터 T를 계산
y=x.*(10.^(4.72583-(1660.652./(temp-1.461))))/(x.*(10.^(4.72583-(
1660.652./(temp-1.461))))+(1-x).*(10.^(4.08245-(1346.382/(temp-53
.508)))));
fprintf('x \t\t\t y \t\t\t temp\n')
fprintf('%f \t %f \t %f\n',x,y,temp)
```

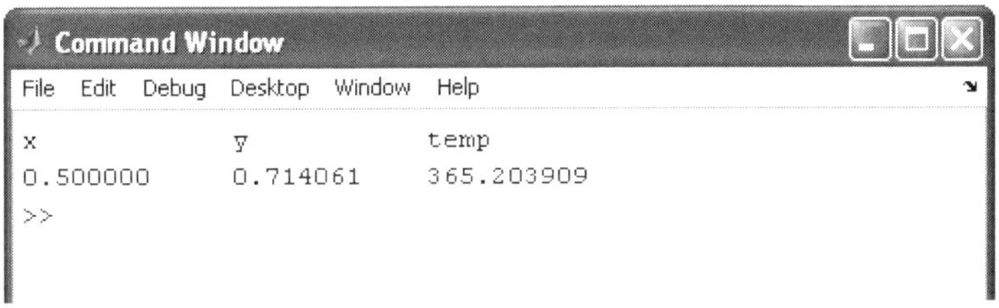

그림 7.5: 프로그램 7.5의 수행결과.

안짐작

안짐작은 주어진 데이터 점들 사이의 값을 추정하는 또 하나의 유용한 수치적 도구이다. 제 2장에서 우리는 이미 선형 안짐작과 Lagrange 다항식 안짐작의 두 가지 안짐작 형태들을 다룬 바 있지만 이 절에서는 MATLAB에서 이용 가능한 다른 형태들을 살펴보기로 한다. 표 7.1은 MATLAB에 내장된 여러 가지 형태의 안짐작들을 보이고 있다.

MATLAB® 안짐작 함수늘은 나음과 같은 포맷에 따라 1차원 값(interp1()) 뿐만 아니라 2차원(interp2())들도 처리할 수 있다:

```
interp1(x,y,x_val,type)
interp2(x,y,z,x_val,y_val,type)
```

표 7.1: MATLAB®에 내장된 안짐작 형태.

linear	두 데이터 점들 사이의 함수는 직선으로 추정될 수 있는 것으로 가정한다.
cubic	이 방법은 구분적 3차 Hermite 안짐작 다항식에 근거한다.
spline	한 쌍의 데이터 점들 사이의 함수를 3차 다항식이라고 가정하고 이전의 쌍들과 매끄럽게 이어지도록 이 함수를 계산한다.
nearest	가장 근접한 이웃 방법으로서 주어진 값에 가장 근접한 데이터 점을 제시한다. 이는 4가지 형태들 가운데 정확도가 가장 떨어지는 방법이다.

위에서 x, y, z들은 데이터 점들을 포함하는 벡터들이다. x_val과 y_val은 x와 y 값들을 포함하는 벡터들이며 z 값들은 안짐작을 통하여 추정된다. 마지막으로 type는 사용할 안짐작 방법을 지정한다. 이에 대한 보기들을 살펴보기로 하자.

1차원 안짐작

보기 7.4. 벤젠-톨루엔 평형데이터를 이용하여 x가 0.45일 때 y의 값을 안짐작으로 구하여라. 여러 가지 안짐작 방법들로부터 얻은 결과들을 비교하여 보라.

```
>> x = [0 .1 .2 .3 .4 .5 .6 .7 .8 .9 1.0];
>> y = [0 0.211 0.378 0.512 0.623 0.714 0.791 0.856 0.911 0.959...
      1.0];
>> interp1(x,y,0.45,'linear')
ans =
   0.6685
>> interp1(x,y,0.45,'cubic')
ans =
   0.6706
>> interp1(x,y,0.45,'spline')
ans =
   0.6706
>> interp1(x,y,0.45,'nearest')
ans =
   0.7140
```

각 형태 사이의 차이점을 그래프로 나타내기 위하여 plot() 함수를 추가하고 다른 데이터 점들의 집합을 고려하여 보기로 하자.

프로그램 7.6: 안짐작 방법들의 이용

```
x = 0:.1:.8;
y = [0 10 5 20 10 30 15 40 20];
x_val = 0:.01:.8;
y_val1 = interp1(x,y,x_val,'linear');
y_val2 = interp1(x,y,x_val,'spline');
y_val3 = interp1(x,y,x_val,'cubic');
plot(x_val,y_val1,'--',x_val,y_val2,'.',x_val,y_val3,x,y,'o'),
title ('Linear, Cubic, and Spline Interpolation'),grid
```

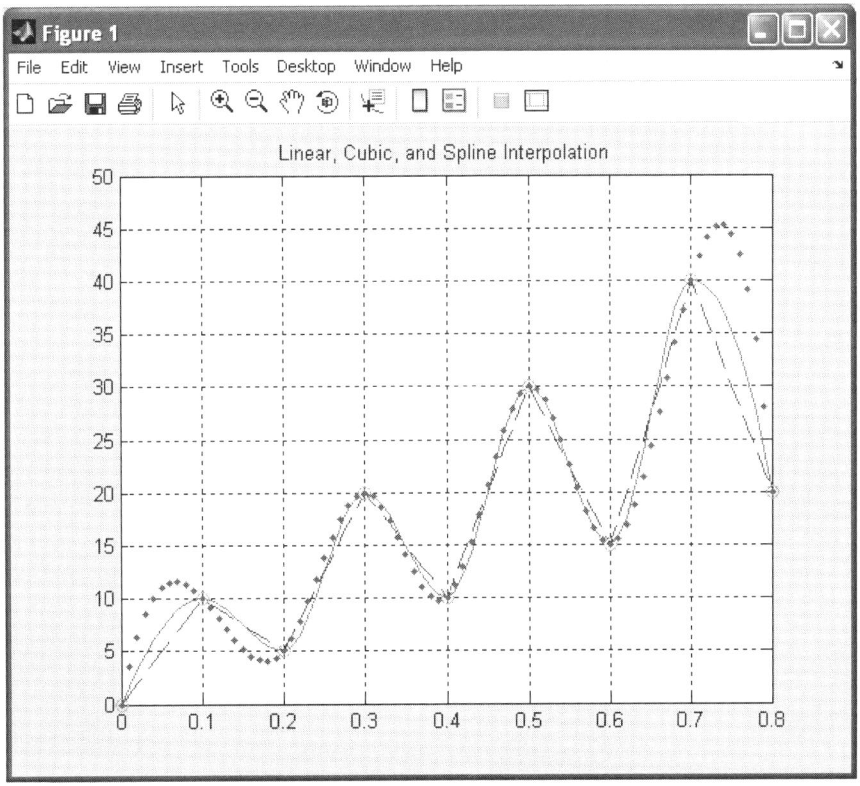

그림 7.6: 프로그램 7.6의 수행결과.

2차원 안짐작

보기 7.5. 제 3장의 절대습도(H)와 이슬점(DP) 표를 다시 살펴보자. 여러 가지 형태의 안짐작 방법을 이용하여 RH=60이고 온도가 47.5℃일 때 H와 DP의 근사값을 구하여라. 이로부터 얻은 결과를 C 프로그램(프로그램 3.3)의 실제 출력과 비교히여 보라.

(표 3.5에서 발췌)

상대습도(%RH) 건구온도(℃)		10%	30%	50%	70%	90%
50	H, g/m^3	8.28	24.85	41.41	57.98	74.54
	DP, ℃	10.11	27.54	36.78	42.88	48.12
45	H, g/m^3	6.53	19.60	32.67	45.74	58.81
	DP, ℃	6.38	23.35	32.16	38.30	42.85

MATLAB®의 사용:

```
>> RH = 10:20:90;
>> T = 50:-5:45;
>> H = [8.28 24.85 41.41 57.98 74.54; 6.53 19.60 32.67 45.74...
       58.81];
>> DP = [10.11 27.54 36.78 42.88 48.12; 6.38 23.35 32.16 38.30...
       42.85];
```

선형 안짐작:

```
>> actualH = interp2(RH,T,H,60.0,47.5,'linear')
actualH =
   44.4500
>> actualDP = interp2(RH,T,DP,60.0,47.5,'linear')
actualDP =
   37.5300
```

3차 Hermite 안짐작:

```
>> actualH = interp2(RH,T,H,60.0,47.5,'cubic')
actualH =
   44.2070
>> actualDP = interp2(RH,T,DP,60.0,47.5,'cubic')
actualDP =
   37.8137
```

3차 spline 안짐작:

```
>> actualH = interp2(RH,T,H,60.0,47.5,'spline')
actualH =
   44.4497
>> actualDP = interp2(RH,T,DP,60.0,47.5,'spline')
actualDP =
   37.7320
```

Neatest 안짐작:

```
>> actualH = interp2(RH,T,H,60.0,47.5,'nearest')
actualH =
   45.7400
```

```
>> actualDP = interp2(RH,T,DP,60.0,47.5,'nearest')
actualDP =
   38.3000
```

C 프로그램(프로그램 3.3)을 이용하면 RH=44.190876 및 DP=37.820486을 얻는다. 따라서 서로 비교하여 본다면 3차 Hermite 안짐작을 권장할 수 있다.

보기 7.6. 이번에는 3차원 그래프를 수반하는 보기를 살펴보기로 한다. 제 6장에서 얻은 배열 T에 저장된 온도분포 데이터를 불러오자:

200	200	200	200	200	200	200	200	200	200	200	200
200	227.2	254.4	279.5	289.8	293	293	289.8	279.5	254.4	227.2	200
200	254.4	312	369.6	387.9	392.2	392.2	387.9	369.6	312	254.4	200
200	279.5	369.6	500	500	500	500	500	500	369.6	279.5	200
200	289.8	387.9	500	500	500	500	500	500	387.9	289.8	200
200	293	392.2	500	500	500	500	500	500	392.2	293	200
200	293	392.2	500	500	500	500	500	500	392.2	293	200
200	289.8	387.9	500	500	500	500	500	500	387.9	289.8	200
200	279.5	369.6	500	500	500	500	500	500	369.6	279.5	200
200	254.4	312	369.6	387.9	392.2	392.2	387.9	369.6	312	254.4	200
200	227.2	254.4	279.5	289.8	293	293	289.8	279.5	254.4	227.2	200
200	200	200	200	200	200	200	200	200	200	200	200

이 데이터에 대한 3차원 그래프를 생성하여 본다.

```
>> [x,y] = meshgrid(1:12);
>> surf(x,y,T)
```

안짐작을 위하여 좀 더 미세한 격자를 구성한다:

```
>> [xi,yi] = meshgrid(1:0.25:12);
```

가장 근접한 이웃 안짐작 방법을 이용하면

```
>> zi1 = interp2(x,y,T,xi,yi,'nearest');
>> surf(xi,yi,zi1)
```

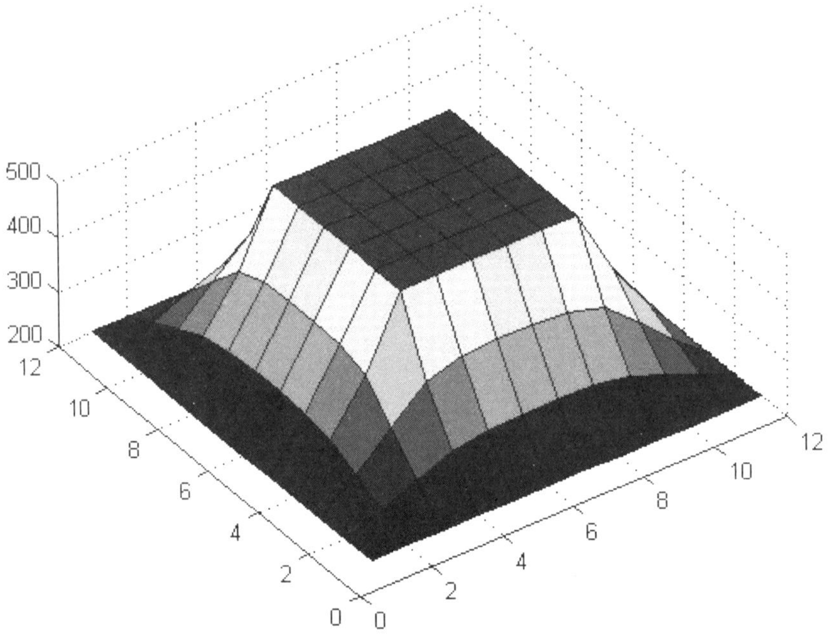

그림 7.7: 굴뚝온도 분포의 3차원 표현.

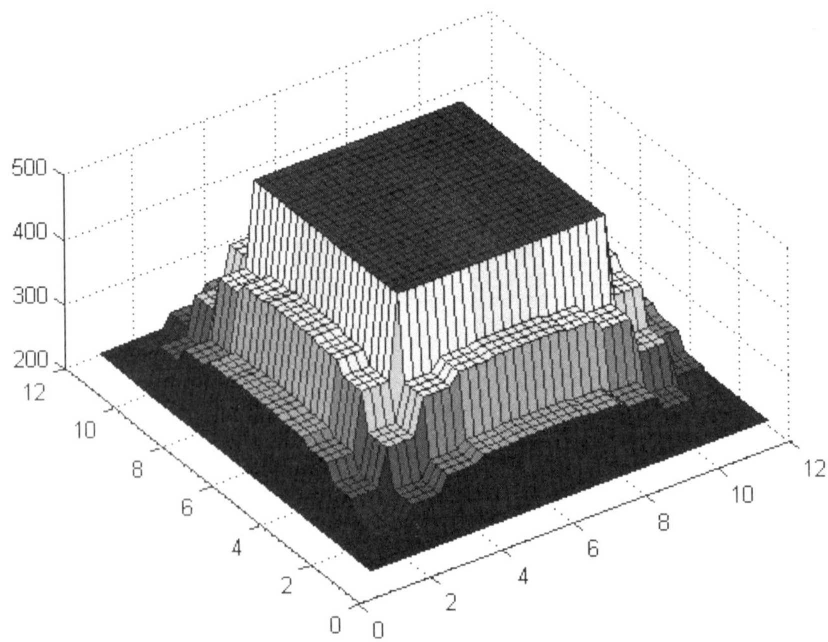

그림 7.8: 가장 근접한 이웃 안집작 방법의 이용.

선형 안짐작 방법을 이용하면

```
>> zi2 = interp2(x,y,T,xi,yi,'linear');
>> surf(xi,yi,zi2)
```

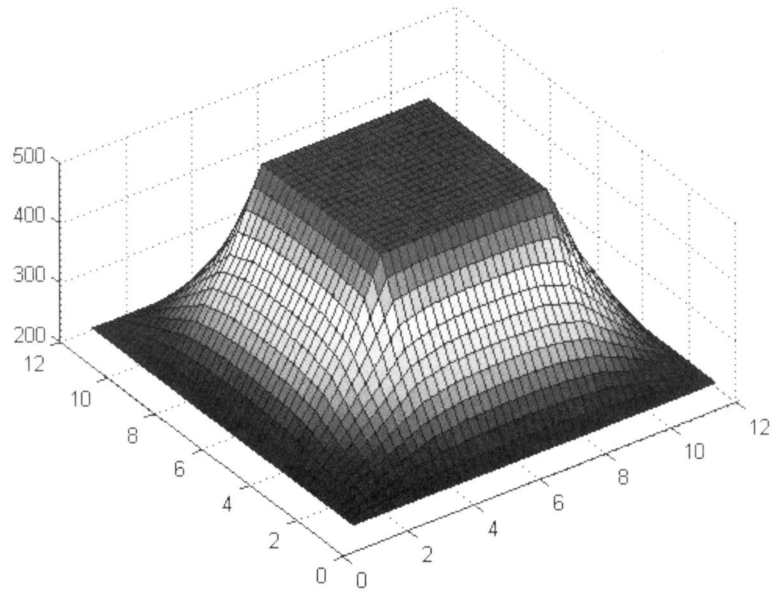

그림 7.9: 선형 안짐작 방법의 이용.

3차 안짐작 방법을 이용하면

```
>> zi3 = interp2(x,y,T,xi,yi,'cubic');
>> surf(xi,yi,zi3)
```

spline 안짐작 방법을 이용하면

```
>> zi4 = interp2(x,y,T,xi,yi,'spline');
>> surf(xi,yi,zi4)
```

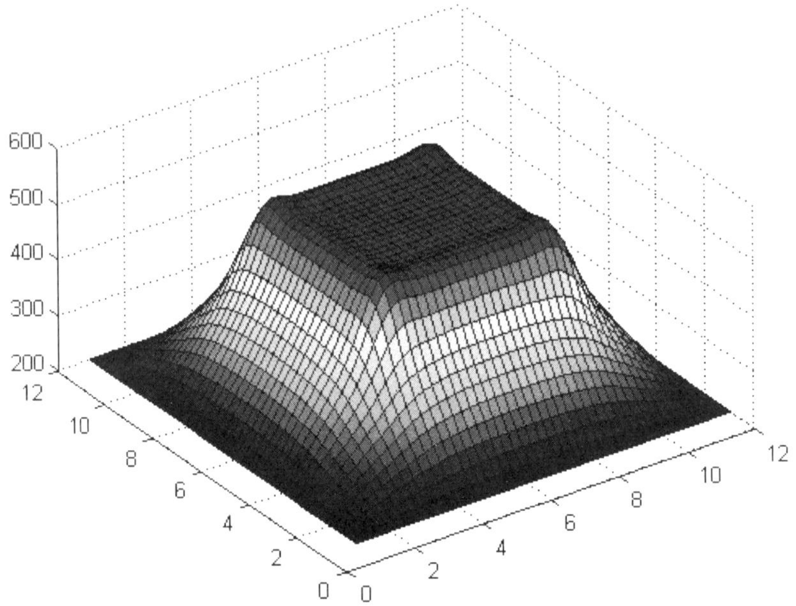

그림 7.10: 3차 안짐작 방법의 이용.

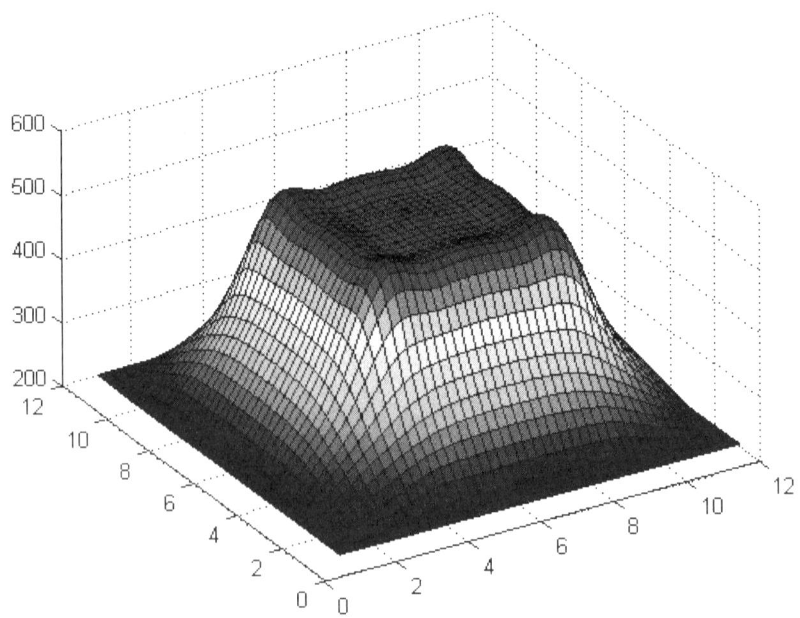

그림 7.11: spline 안짐작 방법의 이용.

안짐작 결과들을 그래프로 나타내면 우리가 얻고자 하는 근사값을 구하는 데에 어느 안짐작 방법이 효과적인가를 쉽게 판정할 수 있다.

수치적분

적분의 상한(a) 및 하한(b)에 걸친 함수 f(x)의 적분은 함수의 면적을 나타낸다. 종종 적분 계산에서의 해석적 방법은 매우 지루하며 이는 근사적 결과를 구하기 위해 수치적 방법이 도입되는 이유가 된다.

사다리꼴 적분

함수의 면적을 구하는 데에 이용되는 일반적인 수치적 방법은 사다리꼴 적분이다. 이 방법은 함수의 면적을 a에서 b에 이르는 직선 아래의 사다리꼴로 근사하는 사다리꼴 규칙의 원리를 이용한다.

$$\text{면적} = (\text{너비}) \times (\text{높이}) = (b-a)\frac{f(a)+f(b)}{2} \tag{7.8}$$

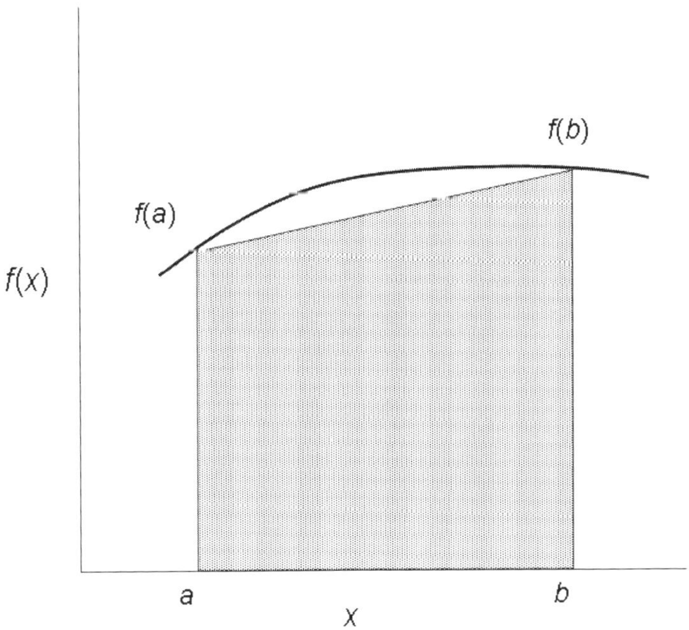

그림 7.12: 함수 면적의 근사.

이 면적은 적분 $\int_a^b f(x)dx$의 결과와 근사적으로 같다. 정확도를 더욱 높이기 위하여 너비 (b−a)를 n개의 보다 작은 소구간들로 나눈 다음 이 사다리꼴들 각각에 대하여 사다리꼴 규칙을 적용한다. 이 과정은 다음 식으로 나타낼 수 있다.

$$\int_a^b f(x)dx \approx \frac{b-a}{2n}[f(x_0)+2(f(x_1)+2f(x_2)+\cdots+2f(x_{n-1})+f(x_n)] \tag{7.9}$$

위에서 $x_0=a$, $x_n=b$, 그리고 x_i는 각 사다리꼴의 끝점들이다.

MATLAB®은 trapz() 함수를 이용하여 사다리꼴 적분을 수행한다. 이는 trapz(x,y)로 나타낼 수 있는데 y는 x의 함수값들을 포함한다. 약간의 보기들을 살펴보자.

보기 7.7. 프로판 1 gmol을 1기압에서 250℃로부터 750℃로 가열시키는 데에 필요한 열량 (cal)을 구하여라.

$$Q=\int_{T_1}^{T_2} C_p dT \tag{7.10}$$

위에서 C_p는 프로판의 몰당 열용량으로서

$$C_p = 2.410+57.195\times10^{-3}T-4.3\times10^{-6}T^2 \tag{7.11}$$

로 주어진다. 열량 Q는

$$Q=\int_{523}^{1023}(2.410+57.195\times10^{-3}T-4.3\times10^{-6}T^2)dT \tag{7.12}$$

로 나타낼 수 있다. MATLAB의 trapz() 함수를 이용하여 먼저 소구간들의 너비가 100으로 균일한 경우를 시도하여 본다. 이는 두 온도차($\Delta T = 1023-523=500$)를 너비가 100으로 동일한 5개의 소구간(n=5)으로 구분하였음을 의미한다.

```
>> T = 523:(1023-523)/5:1023;
>> Cp = 2.410 + 57.195e-3.*T - 4.3e-6.*(T.^2);
>> trapz(T,Cp)
ans =
  21977.80515
```

그러나 소구간들의 수를 증가시키고 각 소구간의 너비를 이를테면 1($\Delta T = (1023-523)/500 = 1$)로 줄이면 새로 얻는 결과는 다음과 같다:

```
>> T = 523:(1023-523)/500:1023;
>> Cp = 2.410 + 57.195e-3.*T - 4.3e-6.*(T.^2);
>> trapz(T,Cp)
ans =
  21981.388125
```

해석적 방법으로부터는 21,981.388 cal/gmol을 얻게 될 것이다.

요령 trapz() 함수를 이용할 때에는 보다 정확한 결과를 얻기 위하여 가능한 한 소구간들의 수를 증가시키거나 사다리꼴의 너비를 얇게 하도록 한다.

구적법

사다리꼴 적분에서 함수 곡선의 소구간은 선으로 나타나는데 이는 실제 결과와 약간의 차이를 보인다. 그러나 f(x)를 적분하는 과정으로서 구적법이라 불리는 다른 방법이 있는데 이 방법에서는 정확도를 높이기 위하여 곡선을 2차 함수로 나타낸다.

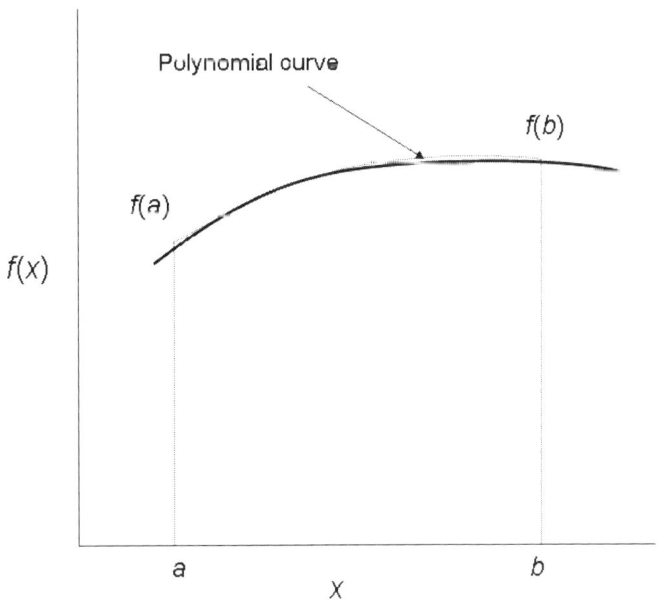

그림 7.13: 주어진 곡선을 다항식 곡선으로 표현.

MATLAB®에서는 몇 가지의 구적법 함수들을 이용할 수 있다. 여기에서는 이들 가운데 quad()와 quadl()의 두 가지를 살펴보기로 한다.

quad() 함수

이 함수는 Simpson의 규칙을 이용하며 근사가 직선이 아닌 다항식으로 이루어진다(그림 7.13 참조)는 점을 제외하고는 사다리꼴 규칙과 유사하게 작용한다. Simpson의 규칙은 함수를 간격이 균일한 3개의 점에서 3차 Lagrange 안집작 다항식 맞춤으로 적분하는 과정으로부터 유도될 수 있다. 이는 다음 식으로 나타낼 수 있다:

$$\int_a^b f(x)dx \approx \frac{b-a}{6n}[f(x_0)+4f(x_1)+2f(x_2)+4f(x_3)+\cdots+2f(x_{2n-2})+4f(x_{2n-1})+f(x_{2n})] \tag{7.13}$$

위에서 $x_0=a$, $x_{2n}=b$, 그리고 x_i는 각 구간의 끝점들이다.

MATLAB® 함수는

```
quad('function', a, b)
```

로 나타낼 수 있다. 이로부터 적분한계가 a부터 b인 function의 면적이 반환될 것이다. function은 (방정식이 아닌) MATLAB 함수임을 유의하자.

이해를 넓히기 위하여 보기 7.7에 quad()를 적용하여 보기로 한다. 먼저 함수를 작성하는데 명령어 창을 이용하지 않고 편집기를 이용하여 프로그램을 구성한다.

```
% save as propane_Cp.m
function Cp = propane_Cp(T)
Cp = 2.410 +57.195e-3.*T - 4.3e-6.*(T.^2);
```

다음에 명령어 창에서 다음을 입력한다:

```
>> quad('propane_Cp',523,1023)
ans =
  21981.3884833333
```

요령 M-파일 함수가 적절히 작용하도록 하기 위해서는 이 파일을 MATLAB에서 쉽게 접근이 가능한 현 디렉토리에서 사용할 수 있도록 해야 한다.

quadl() 함수

이 함수는 Walter Gander와 Walter Gautschirk 그들의 논문 "Adaptive Quadrature-Revisited"(1998)에서 제시한 4점 Gauss-Lobatto 공식 및 두 연속적인 Kronrod 확장에 근거하고 있다.

구간 a로부터 b에 대하여 Gauss-Lobatto 공식은

$$\int_a^b f(x)dx \approx \frac{h}{6}[f(a)+5f(m-\beta h)+5f(m+\beta h)+f(b)] \tag{7.14}$$

및

$$\int_a^b f(x)dx \approx \frac{h}{1470}[77f(a)+432f(m-\alpha h)+625f(m-\beta h)+627f(m) \\ +625f(m-\beta h)+432f(m+\alpha h)+77f(b)] \tag{7.15}$$

로 쓸 수 있다. 여기에서

$$h=\frac{b-a}{2},\quad m=\frac{a+b}{2},\quad \alpha=\sqrt{2/3},\quad \beta=\frac{1}{\sqrt{5}}$$

이다.

Konrod 확장은

$$\int_{-1}^{1} f(x)dx \approx A[f(-1)+f(1)]+B[f(-x_1)+f(x_1)]+C[f(-\alpha)+f(\alpha)] \\ +D[f(-x_2)+f(x_2)]+E[f(-\beta)+f(\beta)]+F[f(-x_3)+f(x_3)]+Gf(0)+R^{GLKK}(f) \tag{7.16}$$

로 쓸 수 있다. 위에서

$$\begin{aligned}
&x_1=0.942882415695480,\quad x_2=0.641853342345781,\quad x_3=0.236383199662150,\\
&A=0.0158271919734802,\quad B=0.094273840218850,\quad C=0.155071987336585,\\
&D=0.188821573960182,\quad E=0.199773405226859,\quad F=0.224926465333340,\\
&G=0.242611071901408,\\
&\alpha=\sqrt{2/3},\quad \beta=1/\sqrt{5},\quad R^{GLKK}(P_{19})=0
\end{aligned}$$

이다.

이 공식을 이용하는 MATLAB 함수 quadl()은 quad() 함수와 유사하게 표현된다:

```
quadl('function', a, b)
```

이 함수는 a부터 b까지의 스칼라 값의 적분을 허용오차 1.e−6 이내에서 근사한다. 이를 보기 7.7에 적용하면 유사한 결과를 얻는다.

```
>> quadl('propane_Cp',523,1023)
ans =
  21981.3884833333
```

상미분 방정식(ODE)

MATLAB®은 미분 방정식들을 포함하는 다양한 문제들을 풀기 위한 함수들을 제공하고 있다. 그러나 이 절에서는 화학공학의 학습에서 일반적으로 나타나는 상미분 방정식(ordinary differential equations, ODE)을 포함하는 초기치 문제를 다루는 MATLAB ODE 함수들에만 초점을 맞추고자 한다.

ode23()과 ode45() 함수

이 함수들은 2차에서 5차까지의 미분방정식들에 대하여 1단계 Runge−Kutta(RK) 방법을 이용한다. ode23()은 정확도가 떨어지는 결과도 허용되는 문제들에서 이용되며 ode45()는 적절한 정확도를 갖는 결과를 제시하여 준다.

MATLAB®에서 모든 ODE들은 함수 형태이어야 함을 상기해야 한다. ODE는 1차 형태 $\frac{dy}{dx}=f(y,x)$이어야 한다. 이해를 돕기 위하여 보기를 살펴보자.

보기 7.8. 다음과 같은 미분방정식들을 풀어보라. $x=0,\ y_1=5,\ y_2=8$**이라 하고 증분은 h=1.0 으로 하여 x=2까지 적분한다.**

$$\frac{dy_1}{dx}=-0.6y_1+0.1x$$
$$\frac{dy_2}{dx}=7.0-0.4y_2-0.2y_1+0.2x$$

4차 RK 방법을 이용하면

$$y_{i+1} = y_i + \frac{1}{6}(k_{1,j} + 2k_{2,j} + 2k_{3,j} + k_{4,j})h \tag{7.17}$$

$$k_{1,j} = f(x_i, y_i) \tag{7.18}$$

$$k_{2,j} = f\left(x_i + \frac{h}{2},\ y_i + \frac{k_{i,1}h}{2}\right) \tag{7.19}$$

$$k_{3,j} = f\left(x_i + \frac{h}{2},\ y_i + \frac{k_{i,2}h}{2}\right) \tag{7.20}$$

$$k_{4,j} = f(x_i + h,\ y_i + k_{i,3}h) \tag{7.21}$$

위에서 $k_{n,j}$는 j번째 종속변수에 대한 k의 n번째 값이다.

$$k_{1.1} = f(0,5,8) = -0.6(5) + 0.1(0) = -3$$
$$k_{1.2} = f(0,5,8) = 7 - 0.5(8) - 0.2(5) + 0.2(0) = 2$$

아울러 2각 종속변수에 대한 y의 중간값들은 다음과 같다.

$$y_{mid\ 1.1} = y_1 + \frac{1}{2}hk_{1.1} = 5 + \frac{1}{2}(1)(-3) = 3.5$$
$$y_{mid\ 1.2} = y_2 + \frac{1}{2}hk_{1.2} = 8 + \frac{1}{2}(1)(2) = 9$$

$$k_{2,1} = f(0.5,3.5,9) = -0.6(3.5) + 0.1(0.5) = -2.05$$
$$k_{2,2} = f(0.5,3.5,9) = 7 - 0.5(9) - 0.2(3.5) + 0.2(0.5) = 1.9$$

$$y_{mid\ 2,1} = y_1 + \frac{1}{2}hk_{2,1} = 5 + \frac{1}{2}(1)(-2.05) = 3.975$$
$$y_{mid\ 2,2} = y_2 + \frac{1}{2}hk_{2,2} = 8 + \frac{1}{2}(1)(1.9) = 8.95$$

$$k_{3,1} = f(0.5,3.975,8.95) = -0.6(3.975) + 0.1(0.5) = -2.335$$
$$k_{3,2} = f(0.5,3.975,8.95) = 7 - 0.5(8.95) - 0.2(3.975) + 0.2(0.5) = 1.83$$

$$y_{mid\ 3.1} = y_1 + \frac{1}{2}hk_{3,1} = 5 + \frac{1}{2}(1)(-2.335) = 2.665$$
$$y_{mid\ 3.2} = y_2 + \frac{1}{2}hk_{3,2} = 8 + \frac{1}{2}(1)(1.83) = 9.83$$

$$k_{4,1} = f(1,2.665,9.83) = -0.6(2.665) + 0.1(1) = -1.499$$
$$k_{4,2} = f(1,2.665,9.83) = 7 - 0.5(8.95) - 0.2(2.665) + 0.2(1) = 1.752$$

x=1이면

$$y_1 = 5\left[\frac{1}{6}(-3+2(-2.05)+2(-2.335)-1.499)\right](1) = 2.7885$$
$$y_2 = 8\left[\frac{1}{6}(2+2(1.9)+2(1.83)+1.752)\right](1) = 9.868667$$

$x=1,\ y_1 = 2.7885,\ y_2 = 9.868667$ 을 시작값으로 하여 위의 과정을 반복하면

$$k_{1,1} = f(1,2.7885,9.868667) = -0.6(2.7885)+0.1(1) = -1.5731$$
$$k_{1,2} = f(1,2.7885,9.868667) = 7-0.5(9.868667)-0.2(2.7885)+0.2(1) = 1.707967$$

$$y_{mid\ 1,1} = y_1 + \frac{1}{2}hk_{1,1} = 2.7885 + \frac{1}{2}(1)(-1.5731) = 2.00195$$
$$y_{mid\ 1,2} = y_2 + \frac{1}{2}hk_{1,2} = 9.868667 + \frac{1}{2}(1)(1.707967) = 10.72265$$
$$k_{2,1} = f(1.5,2.00195,10.72265) = -0.6(2.00195)+0.1(1.5) = -1.05117$$
$$k_{2,2} = f(1.5,2.00195,10.72265) = 7-0.5(10.72265)-0.2(2.00195)+0.2(1.5) = 1.538285$$

$$y_{mid\ 2,1} = y_1 + \frac{1}{2}hk_{2,1} = 2.7885 + \frac{1}{2}(1)(-1.05117) = 2.262915$$
$$y_{mid\ 2,2} = y_2 + \frac{1}{2}hk_{2,2} = 9.868667 + \frac{1}{2}(1)(1.538285) = 10.63781$$
$$k_{3,1} = f(1.5,2.262915,10.63781) = -0.6(2.262915)+0.1(1.5) = -1.20775$$
$$k_{3,2} = f(1.5,2.262915,10.63781) = 7-0.5(10.63781)-0.2(2.262915)+0.2(1.5) = 1.528512$$

$$y_{mid\ 3,1} = y_1 + \frac{1}{2}hk_{3,1} = 2.7885 + \frac{1}{2}(1)(-1.20775) = 1.580751$$
$$y_{mid\ 3,2} = y_2 + \frac{1}{2}hk_{3,2} = 9.868667 + \frac{1}{2}(1)(1.528512) = 11.39718$$
$$k_{4,1} = f(2,1.580751,11.39718) = -0.6(1.580751)+0.1(2) = -0.74845$$
$$k_{4,2} = f(2,1.580751,11.39718) = 7-0.5(11.39718)-0.2(1.580751)+0.2(2) = 1.38526$$

x=2이면

$$y_1 = 2.7885\left[\frac{1}{6}(-1.5731+2(-1.05117)+2(-1.20775)-0.74845)\right](1) = 1.648602$$
$$y_2 = 9.868667\left[\frac{1}{6}(1.707967+2(1.538285)+2(1.528512)+1.38526)\right](1) = 11.40647$$

이들 결과는 표 7.2 에 요약되어 있다.

표 7.2: x, y_1, y_2 값들의 요약

x	y_1	y_2
0	5	8
1	2.7885	9.868667
2	1.648602	11.40647

유사한 문제를 MATLAB으로 풀어보기 위하여 다음 프로그램을 고려하여 보자. 먼저 함수 odeapp()을 포함하는 파일 odeapp.m을 작성한다.

프로그램 7.7: 상미분 방정식 함수

```
% saved as odeapp.m
function dydx=odeapp(x,y)
dydx=[-0.6*y(1)+0.1*x; 7-0.5*y(2)-0.2*y(1)+0.2*x];
```

다음에 주 프로그램을 위한 별도의 m-파일을 작성한다:

프로그램 7.8: 주 프로그램

```
clc     % 명령어 창을 지운다.
clear   % 변수와 함수들을 메모리로부터 지운다.
xspan=[0:1:2];
init_y=[5 8];
k1=-0.6*init_y(1)+0.1*xspan(1);
k2=7-0.5*init_y(2)-0.2*init_y(1)+0.2*xspan(1);
[x,y]=ode45('odeapp',xspan,init_y)
```

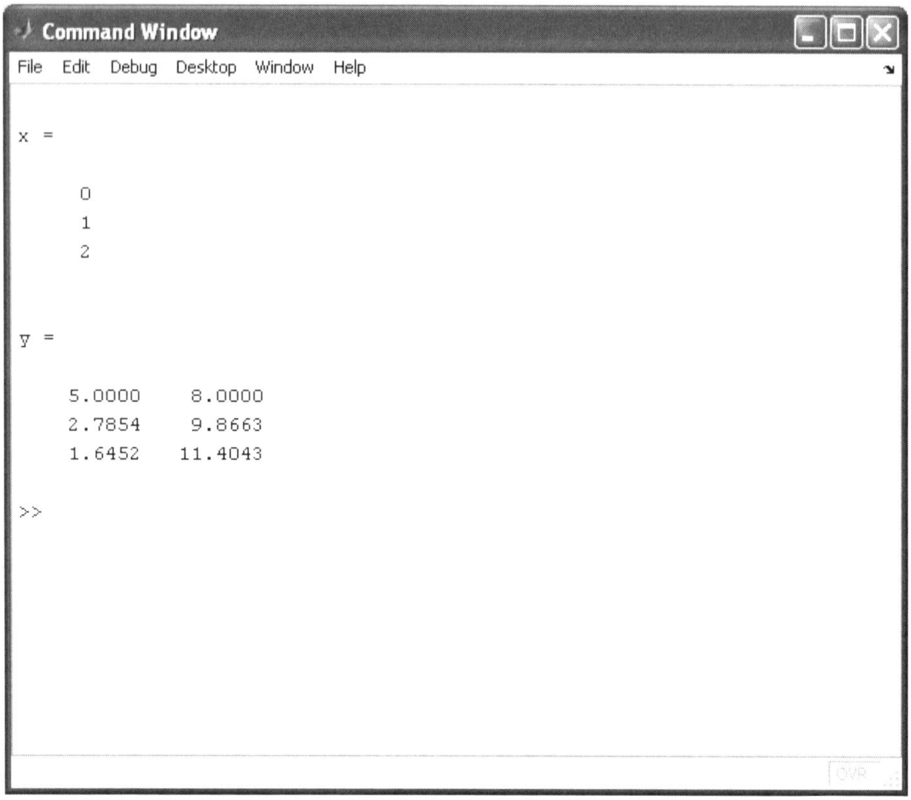

그림 7.14: 프로그램 7.8의 수행결과.

연습문제

1. 사용자가 입력하는 임의의 4차 다항식의 그래프를 그리고 근을 구하는 프로그램을 작성하여라.

2. 어떤 물질 3.5 lbm을 39.5°F로부터 157°F로 가열시키는 데에 필요한 열량을 구하여라. 열용량 C_p는 다음과 같이 주어진다(T의 단위는 °F):

$$C_p = 9.678 - 43.964 \times 10^{-3} T + 7.696 \times 10^{-6} T^2 + 3.671 \times 10^{-9} T^3 \ Btu/lbm/°F$$

3. 문제 2를 수정하여 C_p를 1) KJ/kg/K, 2) cal/g/℃ 로 전환시켜라.

4. 주어진 표로부터 이산화탄소 기체의 부피를 안짐작하는 프로그램을 작성하여라:

온도(°F)					
41	42	43	44		
3.17	3.12	3.06	3.01	18	
3.27	3.21	3.16	3.10	19	압력
3.37	3.31	3.25	3.20	20	(psia)
3.47	3.41	3.35	3.29	21	

이산화탄소 기체의 부피는 주어진 양의 음료수에 의하여 흡수된 CO_2 기체의 양을 나타낸다. 1"부피"는 15.6℃에서 같은 부피의 물에 용해되는 이산화탄소의 부피(1기압, 0℃나 273.16K에서 측정)이다.

5. 문제 4에 주어진 기체 부피의 정의에 근거하여 온도가 10℃에서 40℃까지 2도 간격으로 변하고 압력이 1.5기압에서 3.0기압까지 0.5기압의 간격으로 변하는 경우에 대한 새로운 표를 만들어 보라. 이상기체 방정식을 사용한다.

제 8 장

MATLAB®의 활용

이 장에서는 MATLAB 프로그래밍에서 우리가 지금까지 익힌 것들을 적용하여 보고 좀 더 복잡한 화학공학 문제들을 처리할 수 있는 프로그램을 작성하고 있다. 이 문제들은 앞 장에서 논의한 수치계산용 함수들을 이용하여 해결할 수 있으며 다음과 같은 내용들을 포함하고 있다:

물성치 근사

포화 증기압-온도 관계
2성분계-평형곡선
마그네슘 황산염 시스템에 대한 엔탈피-농도 관계

화학공학 보기문제

3차 상태방정식
압축인자
간단한 미분증류
2차원 열전도
반응탱크
직렬반응
결정화

이 장에서 논의되는 모든 프로그램들은 CD-ROM에서 찾아볼 수 있다.

\Program Listings\Chapter 8\sat_p2t.m	프로그램 8.1
\Program Listings\Chapter 8\PL8_2.m	프로그램 8.2
\Program Listings\Chapter 8\PL8_2a.m	프로그램 8.2a
\Program Listings\Chapter 8\PL8_2b.m	프로그램 8.2b
\Program Listings\Chapter 8\Enthal_MqSO4.m	프로그램 8.3
\Program Listings\Chapter 8\phase.m	프로그램 8.4
\Program Listings\Chapter 8\PL8_5.m	프로그램 8.5
\Program Listings\Chapter 8\PL8_6.m	프로그램 8.6
\Program Listings\Chapter 8\PL8_7.m	프로그램 8.7
\Program Listings\Chapter 8\PL8_8.m	프로그램 8.8
\Program Listings\Chapter 8\reactor.m	프로그램 8.9
\Program Listings\Chapter 8\PL8_10.m	프로그램 8.10
\Program Listings\Chapter 8\series.m	프로그램 8.11
\Program Listings\Chapter 8\PL8_12.m	프로그램 8.12
\Program Listings\Chapter 8\PL8_13.m	프로그램 8.13

물성치 근사

포화증기압-온도 관계

제 3장에서 다항식 회귀를 이용하여 포화증기압-온도 관계를 추정한 바 있다. 이번에는 안짐작을 이용하여 포화온도가 주어졌을 때 포화증기압을 구하여 보기로 한다. 어떤 안짐작 방법이 적절한지를 결정하기 위한 계산이 이루어질 것이다.

식 (3.4)로부터 275K로부터 5K 간격으로 645K까지 이르는 포화온도로부터 생성된 다음과 같은 포화증기압을 얻었다. 이 값들은 MATLAB에서 다음과 같이 선언될 수 있다:

```
t_sat = 275:5:645;
p_sat = [698.4358601 991.7589281 1388.931054 1919.877195
2621.114915 3536.717587 4719.326831 6231.203640 8145.306525
10546.38439 13532.07139 17213.97117 21718.71798 27189.00309
33784.55558 41683.06781 51081.05720 62194.65721 75260.33206
90535.51115 108299.1406 128852.1507 152517.8399 179642.1761
```

```
210594.0186 245765.2635 285570.9185 330449.1096 380861.0286
437290.8252 500245.4516 570254.4663 647869.8037 733665.5172
828237.5035 932203.2148 1046201.367 1170891.653 1306954.465
1455090.638 1616021.224 1790487.301 1979249.829 2183089.567
2402807.053 2639222.675 2893176.829 3165530.193 3457164.132
3768981.251 4101906.126 4456886.241 4834893.154 5236923.951
5664003.019 6117184.197 6597553.393 7106231.723 7644379.306
8213199.841 8813946.135 9447926.819 10116514.55 10821156.12
11563385.02 12344837.38 13167272.39 14032599.33 14942914.30
15900552.42 16908166.25 17968853.73 19086393.24 20265769.53
21514941.10];
```

가장 근접한 이웃 방법으로부터는 정확한 결과를 얻을 수 없으므로 이 절에서는 이 방법은 고려하지 않기로 한다. MATLAB의 interp1() 함수를 이용하여 표 8.1에 보인바와 같은 결과를 얻을 수 있다.

표 8.1: 선형, 3차, 스플라인 안짐작 방법에 의한 결과의 요약

IAWPS 방정식의 이용		안짐작 방법에 따른 온도(K)		
압력(Pa)	온도(K)	선형	3차	스플라인
612.101580	273.15	NAN	273.335196	273.239557
101417.993818	373.15	373.063136	373.150419	373.150295
1554939.222050	473.15	473.10225	473.150094	473.150053
8587867.486373	573.15	573.118352	573.150048	573.150015
22038358.010325	647.00	NAN	647.002794	647.007481

cubic과 spline은 위에 보인 바와 같이 첫 번째와 맨 마지막에서도 바깥짐작에 의하여 근사값을 구할 수 있다. 그러나 이 경우 spline으로부터 더욱 정확한 결과를 얻을 수 있으며 따라서 이 방법을 사용하여 sat_p2t() 함수를 생성하기로 한다.

프로그램 8.1:

```
% save as sat_p2t.m
function result=sat_p2t(p_sati)
t_sat = 275:5:645;
p_sat = [698.4358601 991.7589281 1388.931054 1919.877195
```

```
2621.114915 3536.717587 4719.326831 6231.203640 8145.306525
10546.38439 13532.07139 17213.97117 21718.71798 27189.00309
33784.55558 41683.06781 51081.05720 62194.65721 75260.33206
90535.51115 108299.1406 128852.1507 152517.8399 179642.1761
210594.0186 245765.2635 285570.9185 330449.1096 380861.0286
437290.8252 500245.4516 570254.4663 647869.8037 733665.5172
828237.5035 932203.2148 1046201.367 1170891.653 1306954.465
1455090.638 1616021.224 1790487.301 1979249.829 2183089.567
2402807.053 2639222.675 2893176.829 3165530.193 3457164.132
3768981.251 4101906.126 4456886.241 4834893.154 5236923.951
5664003.019 6117184.197 6597553.393 7106231.723 7644379.306
8213199.841 8813946.135 9447926.819 10116514.55 10821156.12
11563385.02 12344837.38 13167272.39 14032599.33 14942914.30
15900552.42 16908166.25 17968853.73 19086393.24 20265769.53
21514941.10];
result = interp1(p_sat,t_sat,p_sati,'spline');
```

⚠ **경고** sat_p2t.m은 m-파일 함수이므로 그 자체로는 수행되지 않지만 이를 이용하거나 호출하여 포화증기압이 주어졌을 때 수증기의 포화온도를 구할 수 있다.

2성분계 – 평형곡선

제 3장에서는 벤젠-톨루엔의 x 및 y 값들을 시행착오법으로 구하여 두 성분의 총 증기압의 합이 제시된 실제 압력과 같아지는 온도를 계산하였다. 여기에서는 모든 반복과정들을 수행하여 정확한 온도와 각각의 x 및 y 값들을 제시하여 주는 MATLAB 프로그램을 작성하고자 한다. fzero()의 사용에 대해서는 제 7장에서 논의한 바 있다. 사실 프로그램 8.2는 프로그램 7.5의 확장 버전인 셈이다.

프로그램 8.2: 수정된 프로그램 7.5

```
clc     % 명령어 창을 삭제
initval=300;
x0=0.0;
x=x0;
temp0=inline('0.0.*(10.^(4.72583-(1660.652./(T-1.461))))+(1-0.0).
*(10.^(4.08245-(1346.382/(T-53.508))))-1.013');
temp=fzero(temp0,initval);     % 초기함수 temp0으로부터 T를 결정
y0=x0.*(10.^(4.72583-(1660.652./(temp-1.461))))/(x0.*(10.^(4.7258
3-(1660.652./(temp-1.461))))+(1-x0).*(10.^(4.08245-(1346.382/(tem
```

```
p-53.508)))));
y=y0;
x1=0.1;
x=[x x1];
temp0=inline('0.1.*(10.^(4.72583-(1660.652./(T-1.461))))+(1-0.1).
*(10.^(4.08245-(1346.382/(T-53.508))))-1.013');
temp=fzero(temp0,initval);
y1=x1.*(10.^(4.72583-(1660.652./(temp-1.461))))/(x1.*(10.^(4.7258
3-(1660.652./(temp-1.461))))+(1-x1).*(10.^(4.08245-(1346.382/(tem
p-53.508)))));
y=[y y1];
x2=0.2;
x=[x x2];
temp0=inline('0.2.*(10.^(4.72583-(1660.652./(T-1.461))))+(1-0.2).
*(10.^(4.08245-(1346.382/(T-53.508))))-1.013');
temp=fzero(temp0,initval);
y2=x2.*(10.^(4.72583-(1660.652./(temp-1.461))))/(x2.*(10.^(4.7258
3-(1660.652./(temp-1.461))))+(1-x2).*(10.^(4.08245-(1346.382/(tem
p-53.508)))));
y=[y y2];
x3=0.3;
x=[x x3];
temp0=inline('0.3.*(10.^(4.72583-(1660.652./(T-1.461))))+(1-0.3).
*(10.^(4.08245-(1346.382/(T-53.508))))-1.013');
temp=fzero(temp0,initval);
y3=x3.*(10.^(4.72583-(1660.652./(temp-1.461))))/(x3.*(10.^(4.7258
3-(1660.652./(temp-1.461))))+(1-x3).*(10.^(4.08245-(1346.382/(tem
p-53.508)))));
y=[y y3];
x4=0.4;
x=[x x4];
temp0=inline('0.4.*(10.^(4.72583-(1660.652./(T-1.461))))+(1-0.4).
*(10.^(4.08245-(1346.382/(T-53.508))))-1.013');
temp=fzero(temp0,initval);
y4=x4.*(10.^(4.72583-(1660.652./(temp-1.461))))/(x4.*(10.^(4.7258
3-(1660.652./(temp-1.461))))+(1-x4).*(10.^(4.08245-(1346.382/(tem
p-53.508)))));
y=[y y4];
x5=0.5;
x=[x x5];
temp0=inline('0.5.*(10.^(4.72583-(1660.652./(T-1.461))))+(1-0.5).
*(10.^(4.08245-(1346.382/(T-53.508))))-1.013');
temp=fzero(temp0,initval);
```

```
y5=x5.*(10.^(4.72583-(1660.652./(temp-1.461))))/(x5.*(10.^(4.7258
3-(1660.652./(temp-1.461))))+(1-x5).*(10.^(4.08245-(1346.382/(tem
p-53.508)))));
y=[y y5];
x6=0.6;
x=[x x6];
temp0=inline('0.6.*(10.^(4.72583-(1660.652./(T-1.461))))+(1-0.6).
*(10.^(4.08245-(1346.382/(T-53.508))))-1.013');
temp=fzero(temp0,initval);
y6=x6.*(10.^(4.72583-(1660.652./(temp-1.461))))/(x6.*(10.^(4.7258
3-(1660.652./(temp-1.461))))+(1-x6).*(10.^(4.08245-(1346.382/(tem
p-53.508)))));
y=[y y6];
x7=0.7;
x=[x x7];
temp0=inline('0.7.*(10.^(4.72583-(1660.652./(T-1.461))))+(1-0.7).
*(10.^(4.08245-(1346.382/(T-53.508))))-1.013');
temp=fzero(temp0,initval);
y7=x7.*(10.^(4.72583-(1660.652./(temp-1.461))))/(x7.*(10.^(4.7258
3-(1660.652./(temp-1.461))))+(1-x7).*(10.^(4.08245-(1346.382/(tem
p-53.508)))));
y=[y y7]
x8=0.8;
x=[x x8];
temp0=inline('0.8.*(10.^(4.72583-(1660.652./(T-1.461))))+(1-0.8).
*(10.^(4.08245-(1346.382/(T-53.508))))-1.013');
temp=fzero(temp0,initval);
y8=x8.*(10.^(4.72583-(1660.652./(temp-1.461))))/(x8.*(10.^(4.7258
3-(1660.652./(temp-1.461))))+(1-x8).*(10.^(4.08245-(1346.382/(tem
p-53.508)))));
y=[y y8];
x9=0.9;
x=[x x9];
temp0=inline('0.9.*(10.^(4.72583-(1660.652./(T-1.461))))+(1-0.9).
*(10.^(4.08245-(1346.382/(T-53.508))))-1.013');
temp=fzero(temp0,initval);
y9=x9.*(10.^(4.72583-(1660.652./(temp-1.461))))/(x9.*(10.^(4.7258
3-(1660.652./(temp-1.461))))+(1-x9).*(10.^(4.08245-(1346.382/(tem
p-53.508)))));
y=[y y9];
x10=1.0;
x=[x x10];
temp0=inline('1.0.*(10.^(4.72583-(1660.652./(T-1.461))))+(1-1.0).
```

```
*(10.^(4.08245-(1346.382/(T-53.508))))-1.013');
temp=fzero(temp0,initval);
y10=x10.*(10.^(4.72583-(1660.652./(temp-1.461))))/(x10.*(10.^(4.7
2583-(1660.652./(temp-1.461))))+(1-x10).*(10.^(4.08245-(1346.382/
(temp-53.508)))));
y=[y y10];
% 명령어 창에 x 및 y 값들의 표를 작성
fprintf('x \t\t\t y \t\t\t')
for i=1:11
fprintf('\n%f \t %f \t %f \n',x(i),y(i))
end
fprintf('\n');
diagonal =(0:1);
plot(x,y,diagonal,diagonal)
grid on
axis square
axis equal
xlabel('Benzene in Liquid (mole fraction)');
ylabel('Benzene in vapor (mole fraction)');
title('Benzene - Toluene Equilibrium System');
```

Command Window

File Edit Debug Desktop Window Help

```
x           y
0.000000    0.000000
0.100000    0.210827
0.200000    0.377808
0.300000    0.512450
0.400000    0.622666
0.500000    0.714061
0.600000    0.790698
0.700000    0.855588
0.800000    0.911004
0.900000    0.958690
1.000000    1.000000
>>
```

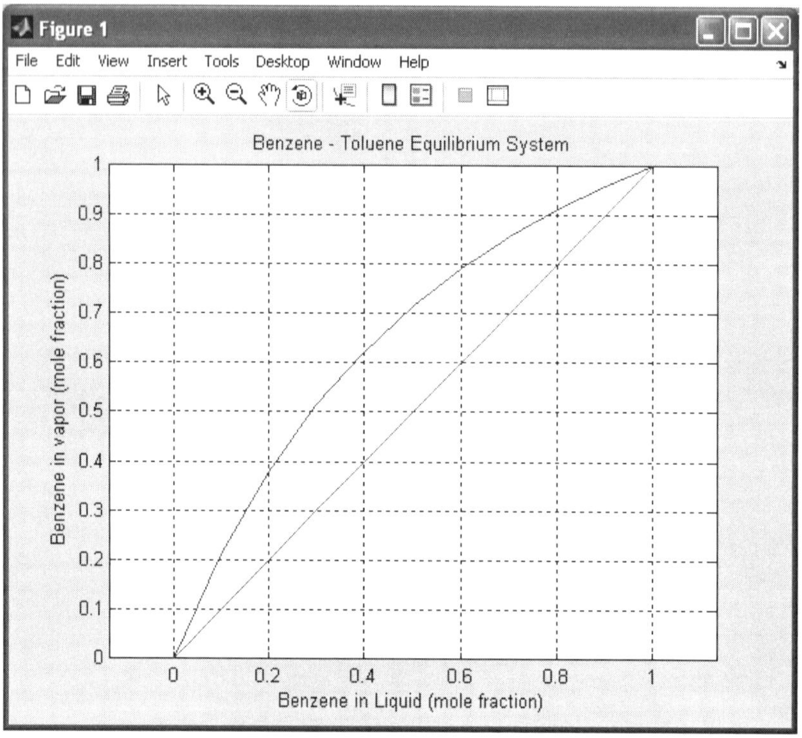

그림 8.1: 프로그램 8.2의 수행결과

위의 긴 프로그램 8.2에 대한 향상된 버전은 다음과 같다.

프로그램 8.2a: 프로그램 8.2의 향상된 버전

```
clc
initval=300;
x = 0:0.1:1.0;
for i=1:length(x)
   temp0 = @(T) x(i) .*(10.^ (4.72583 - (1660.652./ (T-1.461))))
     + (1-x(i)).* (10.^ (4.08245 - (1346.382 / (T-53.508))))-1.013;
   temp=fzero(temp0,initval);
y(i)=x(i).*(10.^(4.72583-(1660.652./(temp-1.461))))/(x(i).*(10.^(
4.72583-(1660.652./(temp-1.461))))+(1-x(i)).*(10.^(4.08245-(1346.
382/(temp-53.508)))));
end
fprintf('x \t\t\t y \t\t\t')
for i=1:11
fprintf('\n%f \t %f \t %f \n',x(i),y(i))
end
```

```
fprintf('\n');
diagonal =(0:1);
plot(x,y,diagonal,diagonal)
grid on
axis square
axis equal
xlabel('Benzene in Liquid (mole fraction)');
ylabel('Benzene in vapor (mole fraction)');
title('Benzene - Toluene Equilibrium System');
```

인라인 함수를 함수 핸들을 구성하는 MATLAB 연산자인 @ 기호를 이용하는 익명함수로 대체함으로써 코드의 길이가 매우 줄어들었음을 알 수 있다. 이러한 방법에 따라 함수가 더 이상 문자열 포맷이 아니므로 우리는 이제 변수들을 이용할 수 있다.

코드 시작부분에서 Antoint 방정식의 상수들을 변수로 할당하고 익명함수에서 이 변수들을 사용함으로써 코드를 보다 유연하게 만들 수 있다.

프로그램 8.2b: Antoint 방정식의 상수들을 이용한 프로그램 8.2의 향상된 버전

```
clc
initval=300;
A1 = 4.72583; B1 = 1660.652; C1 = -1.461; %Benzene
A2 = 4.08245; B2 = 1346.382; C2 = -53.508; %Toluene
x = 0:0.1:1.0;
for i=1:length(x)
   temp0 = @(T) x(i) .* (10.^(A1 - (B1./(T + C1))))
           + (1-x(i)).*(10.^(A2 - (B2/(T + C2)))) - 1.013;
   temp=fzero(temp0,initval);
y(i)=x(i).*(10.^(A1-(B1./(temp+C1))))/(x(i).*(10.^(A1-(B1./(temp+
C1))))+(1-x(i)).*(10.^(A2-(B2/(temp+C2)))));
end
fprintf('x \t\t\t y \t\t\t')
for i=1:11
fprintf('\n%f \t %f \t %f \n',x(i),y(i))
end
fprintf('\n');
diagonal =(0:1);
plot(x,y,diagonal,diagonal)
grid on
axis square
axis equal
xlabel('Benzene in Liquid (mole fraction)');
```

```
ylabel('Benzene in vapor (mole fraction)');
title('Benzene - Toluene Equilibrium System');
```

위와 같이 수정된 코드를 이용하면 해당되는 Antoine 상수(부록 I 참조)들을 이용함으로써 쉽게 다른 물질들에 대해서도 계산할 수 있다.

마그네슘 황산염 시스템에 대한 엔탈피-농도 관계

안짐작을 이용하면 주어진 표의 데이터로부터 중간값들을 이끌어낼 수 있는데 이 경우 알고리듬과 값들은 MATLAB 프로그램으로 쉽게 조합시킬 수 있다.

32°F 에서의 $MgSO_4 - H_2O$ 시스템에 대한 엔탈피-농도 데이터를 고려하여 보자.

표 8.2: 마그네슘 황산염 엔탈피(Btu/lb)-농도 데이터.

	질량분율										
°F	0.00	0.05	0.10	0.15	0.20	0.25	0.30	0.35	0.40	0.45	0.50
30	0	-14	-29	-43	-64	-111	-158	-205	-252	-299	-346
40	9	-7	-20	-35	-50	-67	-89	-111	-133	-155	-163
50	18	3	-11	-27	-43	-59	-81	-103	-125	-147	-158
60	29	12	-5	-20	-35	-51	-73	-95	-117	-139	-157
70	39	22	5	-10	-27	-44	-65	-89	-113	-137	-152
80	49	30	14	-3	-19	-35	-55	-81	-107	-133	-148
90	59	40	23	7	-11	-28	-47	-73	-99	-125	-145
100	69	50	32	15	-4	-21	-38	-64	-92	-120	-140
110	79	59	40	22	5	-14	-30	-55	-87	-119	-136
120	89	69	49	30	11	-6	-25	-45	-66	-87	-108
130	98	78	58	40	20	2	-17	-35	-59	-83	-107
140	109	87	70	47	28	9	-10	-28	-52	-76	-100
150	118	97	75	56	35	16	-3	-22	-45	-70	-95
160	129	107	85	65	45	24	5	-15	-26	-25	-24
170	139	116	94	73	52	31	11	-8	-24	-22	-20
180	149	125	102	80	59	38	17	-2	-20	-19	-18
190	159	134	111	90	67	46	25	5	-15	-16	-15
200	169	143	119	96	74	53	31	11	-10	-13	-12
210	179	152	128	104	83	60	38	16	-4	-10	-11
220	189	160	136	113	90	68	45	25	4	-6	-6
230	199	169	145	120	98	76	54	32	10	-5	-5

다양한 문헌으로부터의 마그네슘 황산염 엔탈피-농도 도표로부터 데이터 점들을 근사하고 평균을 구하였다. 이들은 실험실의 실험결과가 아니며 따라서 부정확할 수 있다.

MATLAB® 프로그램으로 옮기기 위해 선형 안짐작을 사용하여 표의 데이터를 이끌어낼 수 있다. 이를 위하여 interp2()를 이용할 수 있다.

프로그램 8.3: 마그네슘 황산염 시스템에 대한 엔탈피-농도 프로그램

```
%save as enthal_MgSO4.m
function enthal=enthal_MgSO4(conc,temp)
clc
x=[0:.05:0.5];
y=[30:10:230];
z = [0 -14 -29 -43 -64 -111 -158 -205 -252 -299 -346;
9   -7  -20 -35 -50 -67 -89 -111 -133 -155 -163;
18  3   -11 -27 -43 -59 -81 -103 -125 -147 -158;
29  12  -5  -20 -35 -51 -73 -95 -117 -139 -157;
39  22  5   -10 -27 -44 -65 -89 -113 -137 -152;
49  30  14  -3  -19 -35 -55 -81 -107 -133 -148;
59  40  23  7   -11 -28 -47 -73 -99 -125 -145;
69  50  32  15  -4  -21 -38 -64 -92 -120 -140;
79  59  40  22  5   -14 -30 -55 -87 -119 -136;
89  69  49  30  11  -6  -25 -45 -66 -87 -108;
98  78  58  40  20  2   -17 -35 -59 -83 -107;
109 87  70  47  28  9   -10 -28 -52 -76 -100;
118 97  75  56  35  16  -3  -22 -45 -70 -95;
129 107 85  65  45  24  5   -15 -26 -25 -24;
139 116 94  73  52  31  11  -8  -24 -22 -20;
149 125 102 80  59  38  17  -2  -20 -19 -18;
159 134 111 90  67  46  25  5   -15 -16 -15;
169 143 119 96  74  53  31  11  -10 -13 -12;
179 152 128 104 83  60  38  16  -4  -10 -11;
189 160 136 113 90  68  45  25  4   -6  -6;
199 169 145 120 98  76  54  32  10  -5  -5];
enthal=interp2(x,y,z,conc,temp,'linear');
```

위의 함수를 적용하여 마그네슘 황산염의 농도가 주어졌을 때 엔탈피를 구하는 문제를 해결할 수 있다.

보기 8.1.

(1) 110°F에서 마그네슘 황신염의 농도가 27.5%일 때 엔탈피를 구하여라.

(2) 50°F에서 마그네슘 황산염의 농도가 27.5%일 때 엔탈피를 구하여라.

```
>> enthal_MgSO4(0.275,110)
ans =
   -22

>> enthal_MgSO4(0.275,50)
ans =
   -70
```

해답: (1) −22 Btu/lb, (2) −70 Btu/lb.

상 도표 – 마그네슘 황산염 시스템

위에서와 유사하게 안짐작 방법을 이용하여 기존의 그래프나 도표들을 수치적 표현으로 전환시킬 수 있는데 이 과정은 쉽게 MATLAB 프로그램으로 구현할 수 있다.

보기로서 $MgSO_4$ 상 도표(출처: *Chemical Engineering Design and Analysis: An Introduction*, T. M. Duncan and J. A. Reimer, Cambridge University Press, 1998)를 고려하여 보자.

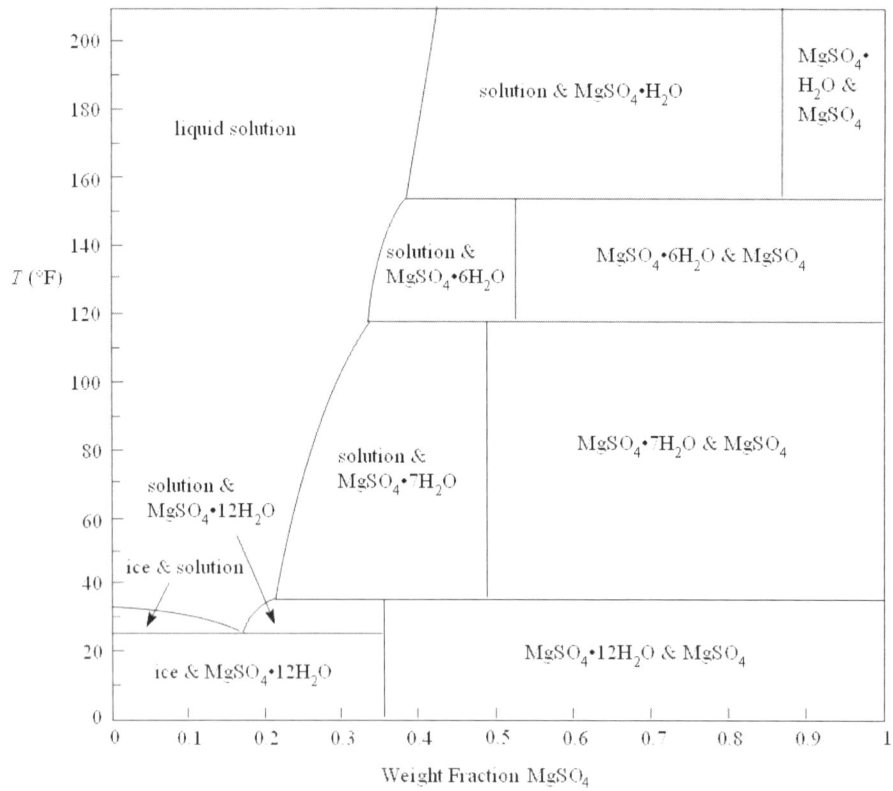

그림 8.2: 마그네슘 황산염–물 상 도표(1기압).

도표의 각 직선과 곡선들은 좌표들의 집합으로 표현되며 이들은 원하는 결과의 안짐작을 위한 기반으로 이용된다. 프로그램 8.4는 선형 및 3차 Hermite 안짐작을 이용하여 원하는 결과를 얻고 있다.

프로그램 8.4: 마그네슘 황산염 시스템에 대한 상 도표 프로그램

```
%save as phase.m
function MgSO4 = phase(tempsol)
if tempsol > 154
   temp_range=[154,210];
   fraction_sol=[0.385,0.425];
   solution=interp1(temp_range,fraction_sol,tempsol,'linear');
   crystal=0.8698;
elseif tempsol <= 154 && tempsol >117
   temp_range=[117,144,154];
   fraction_sol=[0.34,0.36,0.385];
   solution=interp1(temp_range,fraction_sol,tempsol,'cubic');
   crystal=0.5269;
elseif tempsol <= 117 && tempsol >34
   temp_range=[34,79,117];
   fraction_sol=[0.215,0.26,0.34];
   solution=interp1(temp_range,fraction_sol,tempsol,'cubic');
   crystal=0.4884;
else
   disp('Temperature is out of range');
end
MgSO4=[solution crystal];
```

보기 8.2. 50°F에서 모액 및 마그네슘 황산염 결정중의 $MgSO_4$의 질량분율을 구하여라.

```
>> phase(50)
ans =
0.2257 0.4884
```

해답: 모액(50°F)중의 $MgSO_4$의 질량분율 = 0.2257,

결정 슬러리(50°F) 중의 $MgSO_4$의 질량분율 = 0.4884.

위의 두 결과들은 모액과 슬러리 중의 마그네슘 황산염의 질량분율을 나타내고 있다.

화학공학 문제들의 풀이

상태방정식 – 3차 부피

부피에 대하여 3차식으로 나타나는 상태방정식은 기체와 액체의 거동을 나타낼 수 있다. 이 형태에 대한 두 가지 보기로서 van der Waals가 제안한 방정식과 Redlich 및 Kwong이 제안한 방정식을 들 수 있다.

네덜란드의 물리학자 van der Waals는 다음과 같은 상태방정식을 도출하였다:

$$\left(P+\frac{a}{V^2}\right)(V-b)=nRT \tag{8.1}$$

위에서 a와 b는 상수들로서 van der Waals 방정식과 특히 임계점들에서의 P–V–T 실험 데이터 값들을 접합시켜 구할 수 있다. 부피에 대한 3차식으로 전환시키면 van der Waals 상태방정식은 다음과 같이 나타낼 수 있다:

$$V^3-\left(nb+\frac{nRT}{P}\right)V^2+\frac{n^2a}{P}V-\frac{n^3ab}{P}=0 \tag{8.2}$$

위에서 $a=\dfrac{27R^2T_c^2}{64P_c}$, $b=\dfrac{RT_c}{8P_c}$ 이다. P_c와 T_c는 각각 물질의 임계압력과 임계온도이다.

Redlich–Kwong 방정식은 van der Waals 방정식의 실험적 수정으로부터 얻어지며 다음과 같이 나타낼 수 있다:

$$\left(P+\frac{a}{T^{1/2}V(V+b)}\right)(V-b)=nRT \tag{8.3}$$

van der Waals 방정식에서와 마찬가지로 이 방정식 역시 다음과 같이 주어지는 두 개의 상수 a와 b를 갖는다:

$$a=\frac{0.42748R^2T_c^{2.5}}{P_c},\quad b=\frac{0.08664RT_c}{P_c}$$

원래의 Redlich–Kwong 방정식을 수정하면 다음과 같은 부피에 대한 3차 방정식이 얻어진다:

$$V^3 - \frac{nRT}{P}V^2 + \left(n^2b - \frac{n^2RTb}{P} - \frac{n^2a}{P\sqrt{T}}\right)V - \frac{n^3ab}{P\sqrt{T}} = 0 \qquad (8.4)$$

이 방정식들을 이용하여 문제를 풀어보자.

보기 8.3: 375K에서 van der Waals 방정식과 Redlich-Kwong 방정식을 이용하여 포화 수증기의 비부피(specific volume)를 구하여라. 이로부터 얻은 비부피를 부록 G의 포화 수증기 표에 보인 값과 비교하여 보라.

van der Waals 방정식:

$$a = 5454293.072\ atm\left(\frac{cm^3}{gmol}\right)^2, \quad b = 30.42008933\frac{cm^3}{gmol}, \quad 기준:\ n = 1\ gmol$$

$$V^3 - \left(30.42008933 + \frac{(82.06)(375)}{1.068829415}\right)V^2 + \frac{1^2(5454293072)}{1.068829415}V - \frac{1^3(5454293072)(30.42008933)}{1.068829415} = 0$$

$$V^3 - 28821.2632V^2 + 5103052.924V - 155235325.8 = 0$$

$$V = 28643.29368\ \frac{cm^3}{gmol} \times \frac{1gmol}{18g} = 1591.294093\ \frac{cm^3}{g}$$

Redlich-Kwong 방정식:

$$a = 140623151.9\ \frac{atm\sqrt{K}cm^3}{gmol}, \quad b = 21.08477231\frac{cm^3}{gmol}, \quad 기준:\ n = 1\ gmol$$

$$V^3 - \left(\frac{(82.06)(375)}{1.068829415}\right)V^2 + [21.08477231 - \frac{(82.06)(375)(21.08477231)}{1.068829415} - \frac{140623151.9}{1.068829415\sqrt{375}}]V - \frac{(140623151.9)(21.08477231)}{1.068829415\sqrt{375}} = 0$$

$$V = 29045.82204\ \frac{cm^3}{gmol} \times \frac{1gmol}{18g} = 1613.656780\ \frac{cm^3}{g}$$

프로그램 8.5: 상태방정식을 이용한 포화 수증기의 비부피(specific volume) 계산

```
clc
Pc=input('Enter water vapor critical pressure (atm): ');
Tc=input('Enter water vapor critical temperature (K): ');
```

```
R=input('Enter gas constant R (cm3-atm/mol-K): ');
n=input('Enter number of moles: ');
T=input('Enter temperature (K): ');
P=input('Enter pressure (atm): ');
format long g;  % 유효숫자를 기준으로 가장 짧은 소수자리 포맷 설정
% van der Waals 상수
a_waals = 27*R^2*Tc^2/(64*Pc);
b_waals = R*Tc/(8*Pc);
% Redlich-Kwong 상수
a_kwong = (0.42748*R^2*Tc^2.5)/Pc;
b_kwong = 0.08664*R*Tc/Pc;
eq_waals = [1 -(n*b_waals+(n*R*T/P)) ((n^2)*a_waals/P)
           - ((n^3)*a_waals*b_waals/P)] ;
% roots() 함수를 이용하여 부피를 계산.
V_waals = (roots(eq_waals))/18;
fprintf('Volume based on van der Waals equation:
        %f cu cm\n',V_waals(1));
eq_kwong = [1 -n*R*T/P ((n^2*b_kwong - (n^2)*R*T*b_kwong/P)
      - (n^2*a_kwong/(P*T^.5))) - (n^3*a_kwong*b_kwong/(P*T^.5))];
V_kwong = (roots(eq_kwong))/18;
% 명령어 창에 결과를 프린트
fprintf('Volume based on Redlich-Kwong equation:
        %f cu cm\n',V_kwong(1));
```

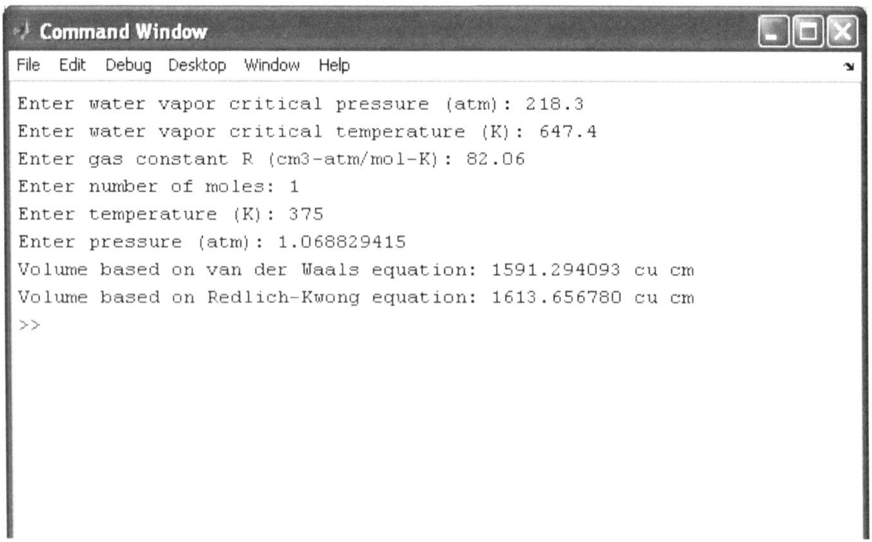

그림 8.3: 프로그램 8.5의 수행결과.

해답: van der Waals 방정식에 의한 부피: 1591.294093 cm^3/g,
Redlich-Kwong 방정식에 의한 부피: 1613.656780 cm^3/g

일반적인 열역학 책들로부터 얻을 수 있는 수증기표에 따르면 부피값은 1.57240 m^3/kg, 혹은 1572.4 cm^3/g 이다.

압축인자

압축인자는 대응상태 법칙과 이상기체 법칙의 개념들을 조합시키기 위해 도출된 상수이며 이로부터 단순한 이상기체 법칙에서보다 더욱 정확한 결과를 얻을 수 있다. 새로운 상태방정식은 다음과 같이 표현된다:

$$PV = znRT$$
$$z = \frac{PV}{nRT} \tag{8.5}$$

위에서 z는 압력과 온도의 함수이다. 즉 $z = f(P, T)$이며 압축인자 z는 식 (8.5)로부터 얻어지는 상수이다. 서로 다른 기체에 대해서는 상태방정식 공식들과 이들의 그래프로부터 해당되는 z 값을 얻을 수 있다.

보기 8.4. 이산화탄소의 여러 가지 P_r과 T_r에 대하여 van der Waals 방정식을 이용하여 압축인자 값들을 구하여라. 임계온도는 304.2K이고 임계압력은 72.9기압이다. 얻어지는 관계를 그래프로 나타내어라.

직접계산의 예시를 위해 $T_r = 1.0$, $P_r = 0.5$의 환원온도 및 환원압력을 기준으로 하여 보기로 한다.

$$T_r = 1.0, \quad T = T_r \times T_c = 1.0 \times 304.2 = 304.2\ K$$
$$P_r = 0.5, \quad P = P_r \times P_c = 0.5 \times 72.9 = 36.45$$
$$a = \frac{27R^2T_c^2}{64P_c} = \frac{27(82.06)^2(304.2)^2}{64(72.9)} = 3606099.507$$
$$b = \frac{RT_c}{8P_c} = \frac{(82.06)(304.2)}{8(72.9)} = 42.8029$$

van der Waals 방정식을 이용하여 비부피를 구할 수 있다.

$$V^3-\left(nb+\frac{nRT}{P}\right)V^2+\frac{n^2a}{P}V-\frac{n^3ab}{P}=0$$

$$V^3-\left((1)(42.8029)+\frac{(82.06)(304.2)}{36.45}\right)V^2+\frac{1^2(3606099.507)}{36.45}V-\frac{1^3(3606099.507)(42.8029)}{36.45}=0$$

$$V=566.101484889818$$

z에 대하여 풀면

$$PV=zRT$$

$$z=\frac{PV}{RT}=\frac{(36.45)(566.101484889818)}{(82.06)(304.2)}=0.826610855$$

환원압력 P_r과 압축인자 z 사이의 관계를 보여주는 보다 일반적인 MATLAB 프로그램을 구성하기 위하여 이전에 논의했던 것과 동일한 방법을 이용하기로 한다.

프로그램 8.6: 압축인자 프로그램

```
clc      % 명령어 창을 삭제
clear    % 메모리의 모든 배열값들을 삭제
Pc=input('Enter critical pressure (atm): ');
Tc=input('Enter critical temperature (K): ');
R=82.06;
Tr=[1.0:0.2:2.0];
Pr=[0.5:0.5:10];
a_waals = 27*R^2*Tc^2/(64*Pc);
b_waals = R*Tc/(8*Pc);
Ta=Tc.*Tr;
Pa=Pc.*Pr;
% roots() 함수에서 얻은 배열값들로부터 실제값을 결정하고
% 이를 V_waals()에 할당
for i=1:6
 T(1)=Ta(i);
 for j=1:20
  P(1)=Pa(j);
  eq_waals = [1 -(b_waals+((R*T)/P)) (a_waals/P)
```

```
             -((a_waals*b_waals)/P)];
   tempV_waals = roots(eq_waals);
   for n=1:3
    if isreal(tempV_waals(n))
     nr=n;
    end
   end
   V_waals(i,j)=abs(tempV_waals(nr));
   z(i,j)=(P*V_waals(i,j)/(R*T));
  end
end
% 3차 안짐작을 이용하여 Pr과 z에 대한 더 많은 데이터 점들을 생성
Pr_new = 0.5:.05:10;
for i=1:6
 z_new(i,:) = interp1(Pr,z(i,:),Pr_new,'cubic');
end
% 새로 얻은 데이터 점들을 그래프로 표현.
plot(Pr_new,z_new(1,:),Pr_new,z_new(2,:),Pr_new,z_new(3,:),Pr_new
,z_new(4,:),Pr_new,z_new(5,:),Pr_new,z_new(6,:));
xlabel('Pr');
ylabel('Compressibility Factor z');
title('Compressibility Factor Diagram');
legend('Tr 1.0','Tr 1.2','Tr 1.4','Tr 1.6','Tr 1.8','Tr 2.0');
```

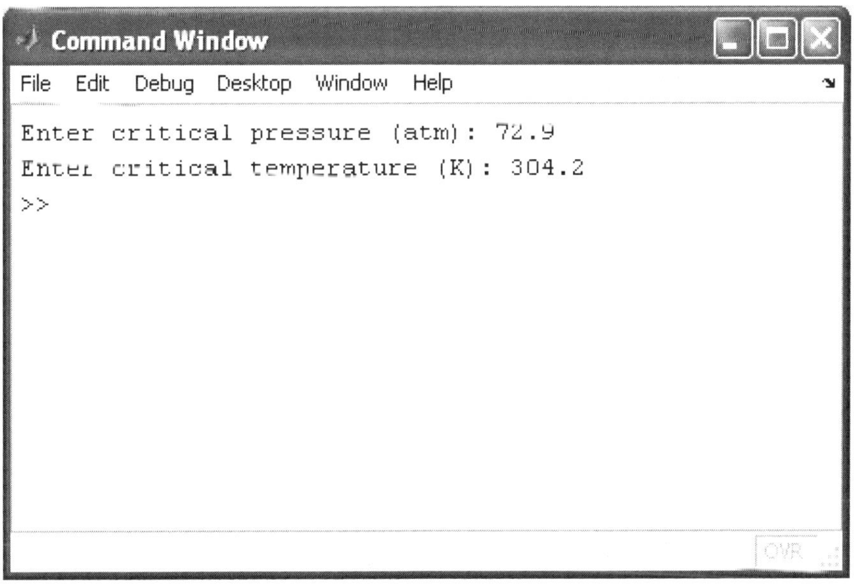

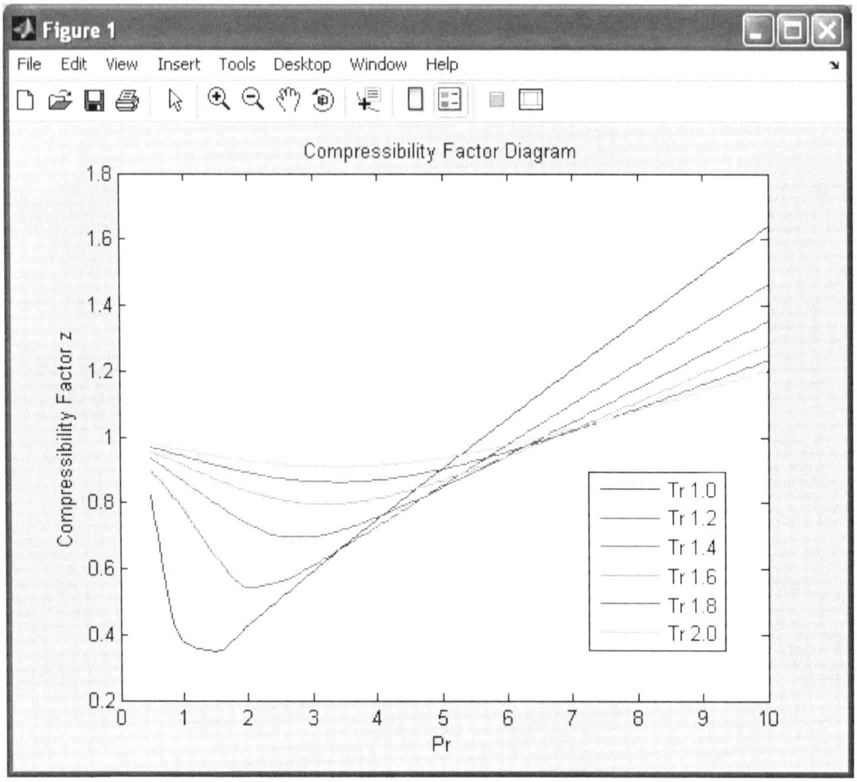

그림 8.4: 프로그램 8.6의 수행결과.

간단한 미분증류

그림 8.5에 보인 간단한 미분증류에서 액체는 비등점까지 서서히 가열되며 증기는 포집되어 응축된다. 시작할 때에는 응축된 증기에는 휘발성이 보다 강한 성분이 풍부하게 함유되어 있지만 증발이 계속됨에 따라 그 농도는 감소한다.

x의 농도는 시간에 따라 변하므로 휘발성이 강한 성분에 근거하는 물질수지를 이용하여 방정식을 구성할 수 있다.

(초기의 양) = (액체 중의 양) + (증기 중의 양)

이제 액체중의 휘발성이 강한 성분의 농도변화를 dx, 증발된 소량의 액체를 dL이라고 하자. 그러면

$$xL = (x-dx)(L-dL) + ydL = xL - Ldx - xdL + dxdL + ydL$$

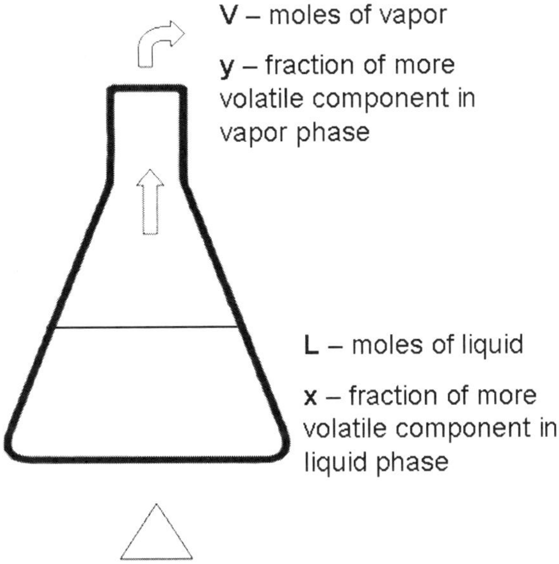

그림 8.5: 간단한 미분증류.

dxdL은 매우 작으므로 이를 무시할 수 있다. 따라서

$$
\begin{aligned}
&xL = xL - Ldx - xdL + ydL \\
&xdL - ydL = xL - xL - xdL \\
&dL(x-y) = -Ldx \\
&-\frac{dL}{L} = \frac{dx}{x-y}
\end{aligned}
$$

양 변을 적분하면

$$
\begin{aligned}
-\int_{L_1}^{L_2}\frac{dL}{L} &= \int_{x_1}^{x_2}\frac{dx}{x-y} \\
-\ln\frac{L_2}{L_1} &= \int_{x_1}^{x_2}\frac{dx}{x-y}
\end{aligned}
$$

위에서 L_1은 액체의 초기 몰 수, L_2는 증발이 일어난 후의 액체의 몰 수이다.

보기 8.5. 벤젠 60몰과 톨루엔 50몰을 포함하는 용액을 남은 액체가 70몰이 될 때까지 1.013bar의 압력에서 간단한 미분증류공정을 이용하여 증류하고 있다. 증류공정이 종결된 후의 액상의 조성을 구하여라.

이 문제에서는 먼저 용액중의 벤젠의 초기농도를 구할 필요가 있다. 즉 (벤젠의 초기농도) = 60/(60+50) = 0.5454. 따라서 $-\ln\frac{L_2}{L_1} = -\ln\left(\frac{70}{60+50}\right) = 0.452$. 다음에 Antoine 식을 이용하여 x와 y 값들을 구한다. 이를 위해 프로그램 8.2를 이용할 수 있다. 표 8.3은 기상과 액상에서의 벤젠의 질량분율을 나타낸 것이다.

표 8.3: 벤젠-톨루엔 용액중의 벤젠의 질량분율.

x	y
0.000000	0.000000
0.100000	0.210827
0.200000	0.377808
0.300000	0.512450
0.400000	0.622666
0.500000	0.714061
0.600000	0.790698
0.700000	0.855588
0.800000	0.911004
0.900000	0.958690
1.000000	1.000000

일단 벤젠-톨루엔 평형곡선의 점들이 얻어지면 문제 풀이를 위한 MATLAB 프로그램을 구성할 수 있다.

프로그램 8.7: 간단한 미분증류 프로그램.

```
clc
clear
x=[0:0.1:1.0];
y=[0 0.210827 0.377808 0.512450 0.622666 0.714061 0.790698 0.855588
    0.911004 0.958690 1.0];
```

```
eq_y=polyfit(x,y,5);
eq_x=[0 0 0 0 1 0];
eq=eq_x-eq_y;
x1=.5454;
exp_area=.452;
% x2 계산을 위한 반복과정의 수행. trapz()를 이용하여 수치적분을 수행한다.
for x2=0.54:-0.001:0
 x=x1:-0.0001:x2;
 area=trapz(x,1./(polyval(eq,x)));
 delta=area-exp_area;
 if delta <0.001 & delta >-0.001
  correct_x2=x2;
 end
end
fprintf('The composition of the 70 moles liquid after...
          distillation\n\n');
fprintf('Benzene: %.2f %% \n',correct_x2*100);
fprintf('Toluene: %.2f %% \n\n',(1-correct_x2)*100);
```

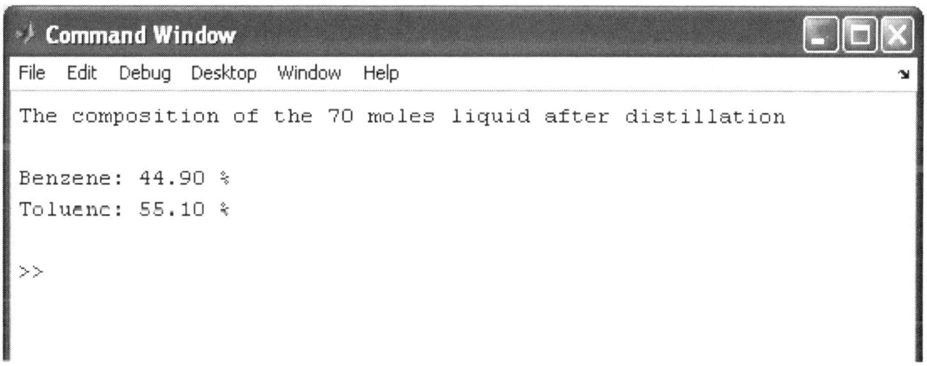

그림 8.6: 프로그램 8.7의 수행결과.

2차원 열전도

보기 8.6. 그림 8.7에 보인 평평한 정방형 판을 고려하여 보자. 판의 변들은 그림에 보인 바와 같이 200℃ 및 500℃의 일정한 온도로 유지되고 있다. 각 노드에서의 온도를 구하여라.

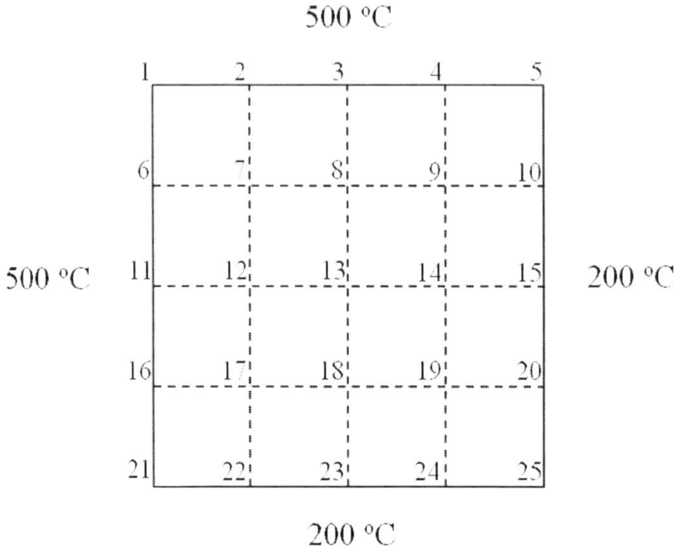

그림 8.7: 평평한 정방형 금속판.

샘플 노드(7)의 부피에 대한 열수지는 다음과 같이 주어진다:

$$q_7 = \frac{kA}{\Delta x}(T_6 - T_7) + \frac{kA}{\Delta x}(T_8 - T_7) + \frac{kA}{\Delta y}(T_{12} - T_7) + \frac{kA}{\Delta y}(T_2 - T_7)$$

정방형 격자를 사용하면 Δx는 Δy와 동일하므로 kA로 양 변을 나누어 정리하면 다음 식을 얻는다:

$$\frac{q_7}{kA} = T_8 + T_{12} - 4T_7 + 1000$$

정상상태에 이르게 되면 가상적인 열 싱크(q_7/kA)는 0과 같게 된다. 다양한 노드들에서 식을 세워보면 다음을 얻는다.

$$T_1 = T_2 = T_3 = T_4 = T_6 = T_{11} = T_{16} = 500℃$$
$$T_{10} = T_{15} = T_{20} = T_{25} = T_{24} = T_{23} = T_{22} = 200℃$$
$$T_5 = \frac{500 + 200}{2} = 350℃$$
$$T_{21} = \frac{500 + 200}{2} = 350℃$$

노드 7: $-4T_7 + T_8 + T_{12} = -1000$, 노드 14: $-4T_{14} + T_{13} + T_{19} + T_9 = -200$

노드 8: $-4T_8 + T_7 + T_{13} + T_9 = -500$, 노드 17: $-4T_{17} + T_{18} + T_{12} = -700$

노드 9: $-4T_9 + T_8 + T_{14} = -700$, 노드 18: $-4T_{18} + T_{17} + T_{19} + T_{13} = -200$

노드 12: $-4T_{12} + T_{13} + T_{17} + T_7 = -500$, 노드 19: $-4T_{19} + T_{18} + T_{14} = -400$

노드 13: $-4T_{13} + T_{12} + T_{14} + T_{18} + T_8 = 0$

$$A = \begin{bmatrix} -4 & 1 & 0 & 1 & 0 & 0 & 0 & 0 & 0 \\ 1 & -4 & 1 & 0 & 1 & 0 & 0 & 0 & 0 \\ 0 & 1 & -4 & 0 & 0 & 1 & 0 & 0 & 0 \\ 1 & 0 & 0 & -4 & 1 & 0 & 1 & 0 & 0 \\ 0 & 1 & 0 & 1 & -4 & 1 & 0 & 1 & 0 \\ 0 & 0 & 1 & 0 & 1 & -4 & 0 & 0 & 1 \\ 0 & 0 & 0 & 1 & 0 & 0 & -4 & 1 & 0 \\ 0 & 0 & 0 & 0 & 1 & 0 & 1 & -4 & 1 \\ 0 & 0 & 0 & 0 & 0 & 1 & 0 & 1 & -4 \end{bmatrix} \begin{bmatrix} T_7 \\ T_8 \\ T_9 \\ T_{12} \\ T_{13} \\ T_{14} \\ T_{17} \\ T_{18} \\ T_{19} \end{bmatrix} = \begin{bmatrix} -1000 \\ -500 \\ -700 \\ -500 \\ 0 \\ -200 \\ -700 \\ -200 \\ -400 \end{bmatrix}$$

MATLAB® 프로그램의 작성에 있어서는 제 6장에서 다루었던 배열처리 기법을 이용하여 유사한 행렬을 생성하도록 한다.

프로그램 8.8: 2차원 열전도 프로그램.

```
clc
clear
node=input('Enter number of nodes in the square plate: ');
up_temp=input('Enter temperature at the upper portion: ');
right_temp=input('Enter temperature at the right portion: ');
low_temp=input('Enter temperature at the lower portion: ');
left_temp=input('Enter temperature at the left portion: ');
for i=2:sqrt(node)
 n_temp(i)=up_temp;
 n_temp(i*sqrt(node))=right_temp;
 n_temp(node+2-i)=low_temp;
 n_temp(1+sqrt(node)+(i-2)*sqrt(node))=left_temp;
end
n_temp(1)=(left_temp+up_temp)/2;
n_temp(sqrt(node))=(up_temp+right_temp)/2;
n_temp(node+1-sqrt(node))=(left_temp+low_temp)/2;
n_temp(node)=(right_temp+low_temp)/2;
dimn=(sqrt(node)-2)^2;
x1=-4*eye(dimn);
x2=diag(linspace(1,1,dimn-3),-3);
```

```
x3=diag(linspace(1,1,dimn-3),3);
temp=linspace(1,1,dimn-1);
for i=1:floor((dimn-1)/3)
 temp(1,i*3)=temp(1,i*3)-1;
end
x4=diag(temp,-1);
x5=diag(temp,1);
A=x1+x2+x3+x4+x5;
% 우변 값들을 생성.
for i=1:dimn
 B(1,i)=0;
end
for i=1:sqrt(dimn)
 B(i,1)=-up_temp;
 B(i*sqrt(dimn),1)=-right_temp;
 B(dimn+1-i,1)=-low_temp;
 B(1+(i-1)*sqrt(dimn),1)=-left_temp;
end
B(1,1)=-up_temp-left_temp;
B(sqrt(dimn),1)=-up_temp-right_temp;
B(dimn+1-sqrt(dimn),1)=-low_temp-left_temp;
B(dimn,1)=-low_temp-right_temp;
T=A\B;
counter=1;
for i=sqrt(node)+1:sqrt(node):node-2*(sqrt(node))+1
 for j=1:sqrt(dimn)
  n_temp(i+j)=T(counter);
  counter=counter+1;
 end
end
for i=1:node
 fprintf('Temperature at node %d = %f\n',i,n_temp(i));
end
```

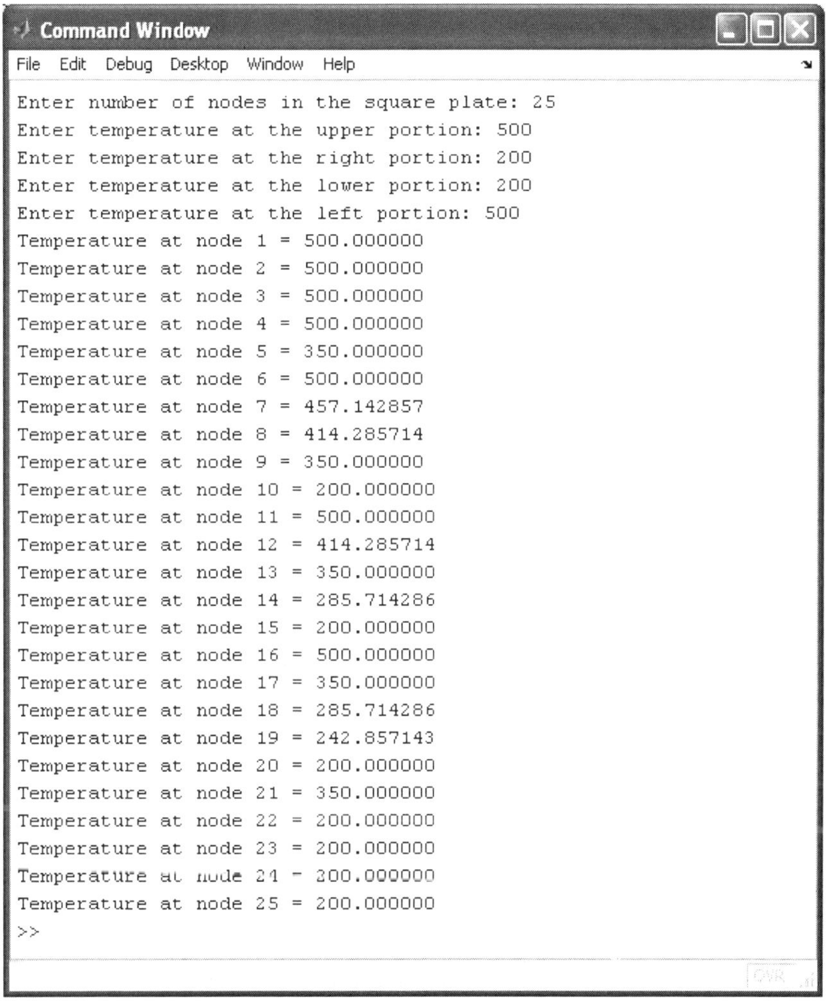

그림 8.8: 프로그램 8.8의 수행결과.

반응기 탱크

다중 반응기 탱크는 정상상태 조건에서 운전이 시작될 필요가 없다. 제 4장에서 우리는 정상상태 조건에 이른 것으로 간주되는 반응기 탱크들을 다루었으며 각 탱크에서의 농도를 구하였다. 이 절에서는 반응기 탱크가 정상상태 조건을 향해감에 따르는 반응기의 조건을 규명하고자 한다. 운전의 시작으로부터 정상상태에 이르게 될 때까지 각 탱크에서의 농도를 구하는 상미분 방정식을 유도하여 보기로 한다.

물질수지: (입력) = (출력) + (축적된 양)

$$QC_{input} = QC_{output} + V\frac{dC}{dt} \tag{8.7}$$

위의 식을 다시 정리하여 시간 t에 대한 농도 C의 변화율로 나타낼 수 있다.

$$\frac{dC}{dt} = \frac{QC_{input} - QC_{output}}{V} \tag{8.8}$$

보기 8.7(보기 4.1에 근거). 4개의 반응기들이 파이프들로 연결되어 있으며 흐름의 방향은 화살표로 나타내어져 있다(그림 4.1 참조). 반응탱크에서 유체의 전달속도는 유량(Q, 리터/초)과 농도(C, 그램/리터)의 곱으로 주어진다. 각 탱크의 부피는 500리터이며 유량은 다음과 같다:

$$Q_{13} = 75\ l/\text{sec},\quad Q_{24} = 20\ l/\text{sec},\quad Q_{33} = 60\ l/\text{sec},$$
$$Q_{21} = 25\ l/\text{sec},\quad Q_{32} = 45\ l/\text{sec},\quad Q_{43} = 30\ l/\text{sec}$$

시간 t=0에서 반응탱크 내의 모든 농도는 0이다. 반응이 정상상태 부근(t=340초)에 이를 때까지 시간에 따른 농도변화를 구하여라.

반응기 1: $75C_1 - 25C_2 = 350$

$$\frac{dC_1}{dt} = \frac{-75C_1 + 25C_2 + 350}{500}$$

$$\frac{dC_1}{dt} = -0.15C_1 + 0.05C_2 + 0.7$$

반응기 2: $45C_3 - 45C_2 = 0$

$$\frac{dC_2}{dt} = \frac{45C_3 - 45C_2}{500}$$

$$\frac{dC_2}{dt} = 0.09C_3 - 0.09C_2$$

반응기 3: $75C_1 + 30C_4 - 105C_3 = 0$

$$\frac{dC_3}{dt} = \frac{75C_1 + 30C_4 - 105C_3}{500}$$

$$\frac{dC_3}{dt} = 0.15C_1 + 0.06C_4 - 0.21C_3$$

반응기 4: $30C_4 - 20C_2 = 150$

$$\frac{dC_4}{dt} = \frac{-30C_4 + 20C_2 + 150}{500}$$

$$\frac{dC_4}{dt} = -0.06C_4 + 0.04C_2 + 0.3$$

요약: $\frac{dC_1}{dt} = -0.15C_1 + 0.05C_2 + 0.7$

$$\frac{dC_2}{dt} = 0.09C_3 - 0.09C_2$$

$$\frac{dC_3}{dt} = -0.15C_1 + 0.06C_4 - 0.21C_3$$

$$\frac{dC_4}{dt} = -0.06C_4 + 0.04C_2 + 0.3$$

프로그램 8.9: 반응기 m-파일 함수

```
%saved as reactor.m
function dCdt=reactor(t,C)
dCdt=[-0.15*C(1)+0.05*C(2)+0.7;0.09*C(3)-0.09*C(2);0.15*C(1)+0.06
*C(4)-0.21*C(3);-0.06*C(4)+0.04*C(2)+0.3];
```

프로그램 8.10: 반응기 탱크 프로그램

```
%clc
clear
timespan=[0:20:340];
init_C=[0 0 0 0];
[t,C]=ode45('reactor',timespan,init_C);
fprintf('\t\t\t\t\t Concentration(g/l)\n');
fprintf('Time(sec)  Tank 1 \t Tank 2 \t Tank 3 \t Tank 4\n');
for i=1:(340/20)+1
fprintf('%3d  \t%f\t%f\t%f\t%f\n',t(i),C(i,1),C(i,2),C(i,3),...
C(i,4));
end
plot(t,C(:,1),'*-',t,C(:,2),'o-',t,C(:,3),'+-',t,C(:,4),'x-');
xlabel('time (sec)');
ylabel('Concentration (g per liter)');
title('Multiple Reactors');
legend('Tank 1','Tank 2','Tank 3','Tank 4');
```

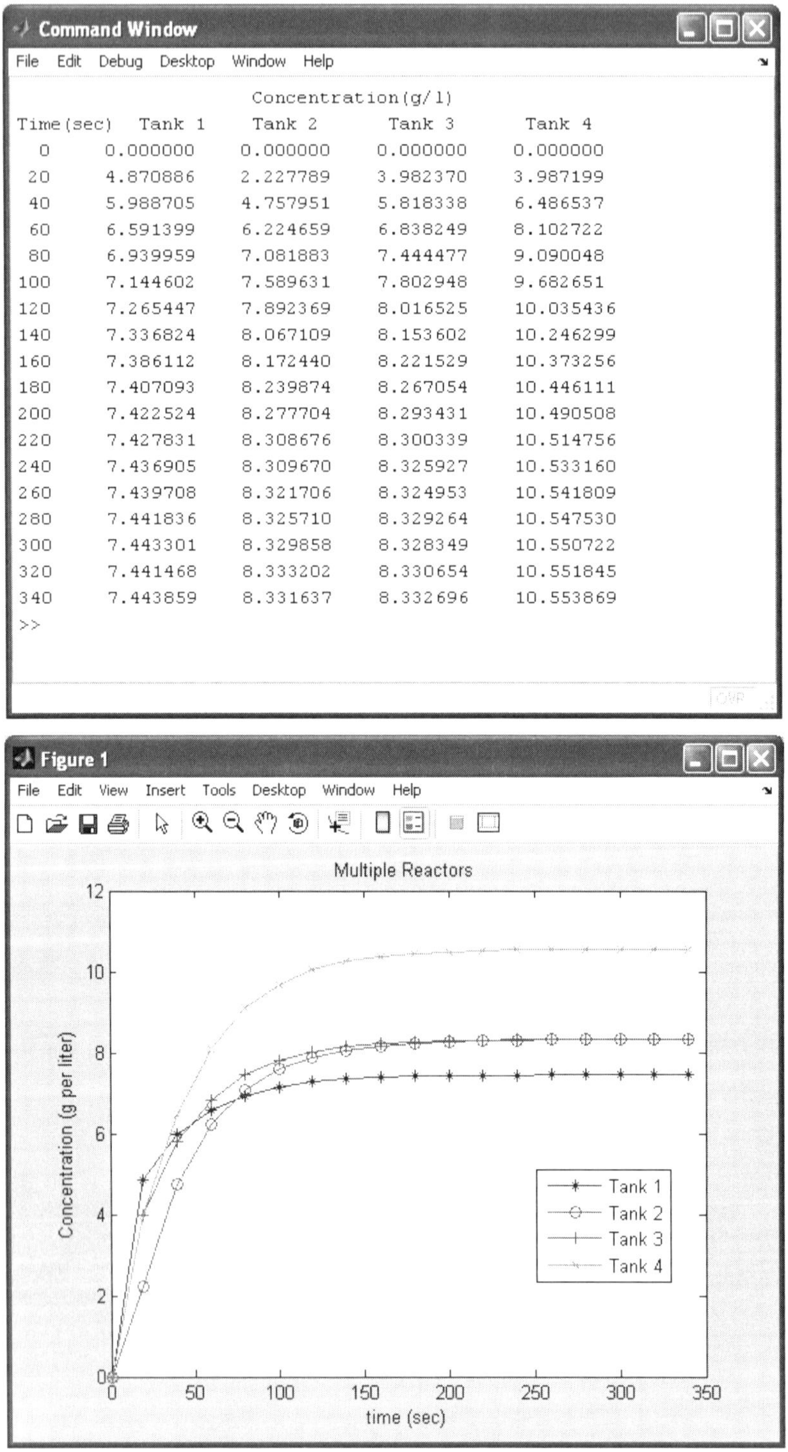

Concentration(g/l)

Time(sec)	Tank 1	Tank 2	Tank 3	Tank 4
0	0.000000	0.000000	0.000000	0.000000
20	4.870886	2.227789	3.982370	3.987199
40	5.988705	4.757951	5.818338	6.486537
60	6.591399	6.224659	6.838249	8.102722
80	6.939959	7.081883	7.444477	9.090048
100	7.144602	7.589631	7.802948	9.682651
120	7.265447	7.892369	8.016525	10.035436
140	7.336824	8.067109	8.153602	10.246299
160	7.386112	8.172440	8.221529	10.373256
180	7.407093	8.239874	8.267054	10.446111
200	7.422524	8.277704	8.293431	10.490508
220	7.427831	8.308676	8.300339	10.514756
240	7.436905	8.309670	8.325927	10.533160
260	7.439708	8.321706	8.324953	10.541809
280	7.441836	8.325710	8.329264	10.547530
300	7.443301	8.329858	8.328349	10.550722
320	7.441468	8.333202	8.330654	10.551845
340	7.443859	8.331637	8.332696	10.553869

```
>>
```


그림 8.9: 프로그램 8.10의 출력.

정상상태에서 각 탱크의 농도는 물질수지에 의하여 결정되며 선형 방정식들을 풀어 다음 값들을 얻는다:

탱크1: 7.44444 g/l, 탱크2: 8.33333 g/l, 탱크3: 8.33333 g/l, 탱크4: 10.55556 g/l.

직렬 반응

다음과 같은 반응을 고려하여 보자:

$$X \xrightarrow{k_1} Y \xrightarrow{k_2} Z$$

적당한 조건에서 반응속도식들은 다음과 같이 나타낼 수 있다:

$$\frac{dC_X}{dt} = -k_1 C_X \tag{8.9}$$

$$\frac{dC_Y}{dt} = k_1 C_X - k_2 C_Y \tag{8.10}$$

$$\frac{dC_Z}{dt} = k_2 C_Y \tag{8.11}$$

처음에는 물질 X만 C_{X0}의 농도로 존재한다. 반응이 일어나면 물질 X의 일부는 Y로 전환된다. 마찬가지로 Y의 일부는 Z로 전환된다. Y가 반응성이 크다면 Y는 바로 Z로 전환될 것이므로 Y의 농도 C_Y는 최소가 될 것이다.

식 (8.9)~(8.11)을 적분하면 정지시간 t와 속도상수 k_1 및 k_2가 주어진 경우 X, Y 및 Z의 농도는 다음과 같이 나타낼 수 있다:

$$C_X = C_{X0} e^{-k_1 t} \tag{8.12}$$

$$C_Y = C_{X0} \frac{k_1}{k_2 - k_1} \left(e^{-k_1 t} - e^{-k_2 t} \right) \tag{8.13}$$

$$C_Z = C_{X0} - C_X - C_Y \tag{8.14}$$

중간체 Y가 반응기 시스템의 설계와 선택을 위한 근거가 되는 반응 생성물이라면 관 흐름 반응기나 회분식 반응기에서 농도가 최대가 되는 Y의 양은 다음과 같이 계산된다.

$$C_{Ymax} = C_{X0}\left(\frac{k_1}{k_2}\right)^{k_2/(k_2-k_1)} \tag{8.15}$$

아울러 C_{Ymax}가 얻어지는 시간은 다음과 같이 주어진다:

$$t_{\max} = \frac{\ln(k_2/k_1)}{k_2 - k_1} \tag{8.16}$$

반응기의 부피는

$$V = vt \tag{8.17}$$

로 주어진다. 위에서 v는 부피유량이며 t는 정지시간이다.

보기 8.8. 물질 X가 반응 $X \xrightarrow{k_1} Y \xrightarrow{k_2} Z$ 에 의하여 분해되며 원하는 생성물은 Y이다. 유입되는 X의 유량이 25 liter/min일 때 Y의 최대 농도와 이 때의 시간 및 Y의 농도가 최대일 때의 회분식 반응기의 부피를 구하여라. X의 농도는 2.5 mol/l이며 Y와 Z의 초기농도는 0이다. 반응속도상수는 $k_1 = 0.2$ /min, $k_2 = 0.1$ /min으로 주어진다.

프로그램 8.11:

```
%saved as series.m
function dCdt=series(t,C)
global k1 k2
dCdt=[-k1*C(1);k1*C(1)-k2*C(2);k2*C(2)];
```

프로그램 8.12:

```
clc
clear
format short g
global k1 k2    %이 값들은 series.m에서 사용된다.
disp('Ensure all units are consistent');
Cx0=input('Enter initial concentration of X (moles/l): ');
Cy0=input('Enter initial concentration of Y (moles/l): ');
```

```
Cz0=input('Enter initial concetration of Z (moles/l): ');
v_rate=input('Enter inlet volumetric flow rate (liters/min): ');
k1=input('Enter k1: ');
k2=input('Enter k2: ');
t_limit=input('Enter maximum holding time to consider (min): ');
timespan=[0:0.0005:t_limit];
init_C=[Cx0 Cy0 Cz0];
[t,C]=ode45('series',timespan,init_C);
plot(t,C(:,1),'-',t,C(:,2),':',t,C(:,3),'--');
xlabel('time (min)');
ylabel('Concentration (moles per liter)');
title('Reaction in Series');
legend('Conc X','Conc Y','Conc Z');
C_max=max(C(:,2))
t_max=t(find(C(:,2)==(max(C(:,2)))))
Vol=v_rate*t_max
```

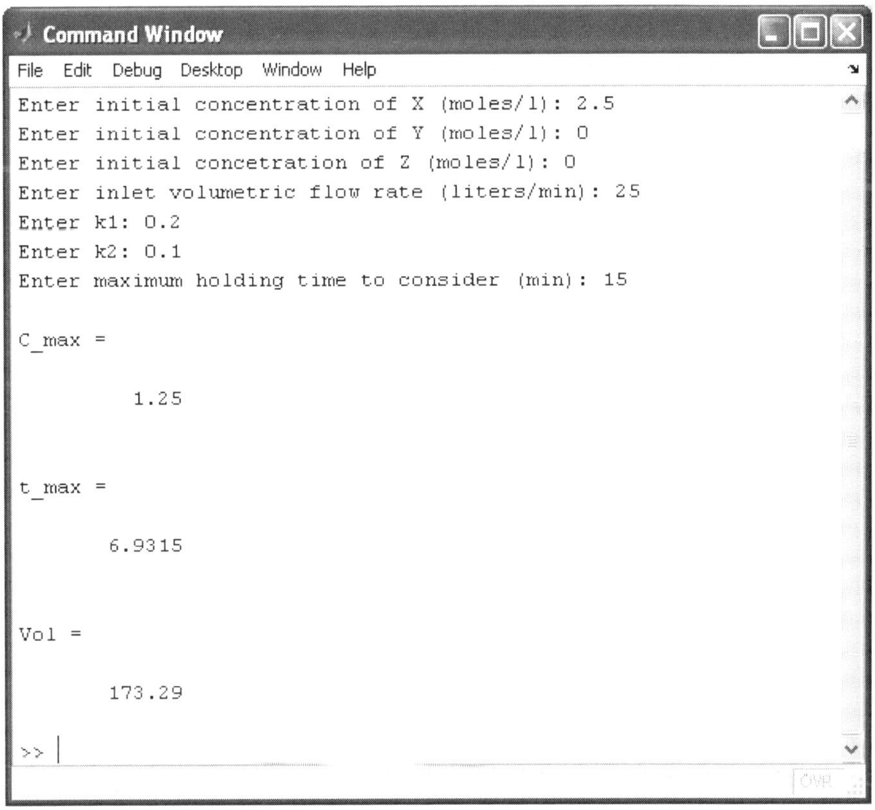

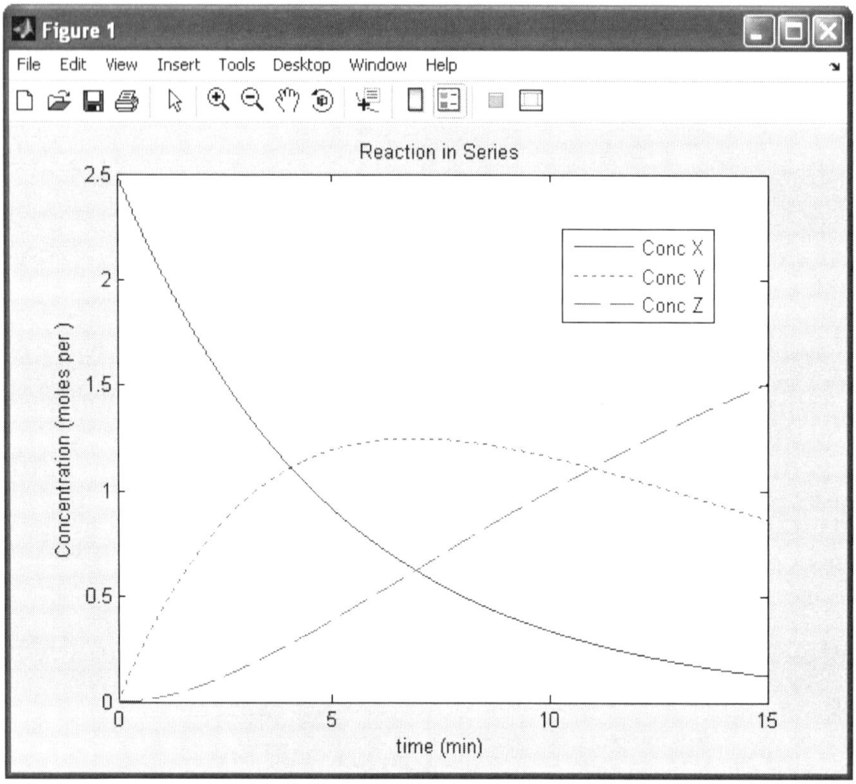

그림 8.10: 프로그램 8.12의 수행결과.

결정화

결정화는 용액을 과포화 상태로 농축하여 균일상 내에 고체 입자가 형성되도록 하는 과정이다. 이러한 과정은 물이 얼어 얼음이 되는 과정, 액체 금속의 고상화, 그리고 액체 용액의 결정화에서 일어날 수 있다.

많은 물질들은 결정 형태로 시판되므로 이러한 과정은 가장 중요한 산업적 공정의 하나이다. 산업분야에서 널리 이용되고 있는 특정한 결정화 과정은 액체 용액으로부터의 물질의 결정화이다. 그러한 물질의 예로서 마그네슘 황산염($MgSO_4$)을 들 수 있다.

보기 8.9. 110°F에서 27.5%의 $MgSO_4$ 용액을 회분식 수냉 결정화기에서 증발이 없이 50°F로 냉각시키고 있다. 슬러리(결정) 1톤 당 용액으로부터 제거해야 하는 열량을 구하여라.

프로그램 8.3을 이용하면 질량분율이 0.275이고 온도가 110°F일 때 엔탈피는 −22.0

Btu/lb 임을 직접 확인할 수 있다. 같은 방법으로 질량분율이 0.275이고 온도가 50°F일 때 엔탈피는 −70.0 Btu/lb 을 얻는다. 따라서 용액 1 lb에 대하여 ΔH는 1(−22+70)= 48 Btu가 된다.

50°F일 때 그림 8.2의 마그네슘 황산염−물 시스템 상 도표로부터 모액 중의 $MgSO_4$의 질량분율은 0.22575이며 결정 슬러리 중에서는 0.4884임을 알 수 있다. 원래 용액 1 lb에 대하여 슬러리의 양을 구하여 보면 1(0.275−0.2257)/(0.4884−0.2257)=0.1877 lb를 얻는다. 따라서 슬러리 1톤당 방출되는 열은 48/0.1877=255.727 Btu/lb, 혹은 255.727 (2000 lb/ton)=511454.45Btu/ton이 된다.

이러한 형태의 문제에 대한 MATLAB 프로그램의 작성에 있어서는 기존의 함수 enthal_MgSO4()(프로그램 8.3)와 phase() 함수(프로그램 8.4)를 다시 활용할 수 있다.

프로그램 8.13:

```
clc
clear
conc_init=input('Enter initial mass fraction of MgSO4 in the
                 solution: ');
init_temp=input('Enter initial temperature of solution in deg F: ');
final_temp=input('Enter final temperature in the solution in deg F: ');
enth1=enthal_MgSO4(conc_init,init_temp);
enth2=enthal_MgSO4(conc_init,final_temp);
deltaH = enth1-enth2;
conc=phase(final_temp);
conc_sol=conc(1);
conc_crystal=conc(2);
wt_slurry=(conc_init-conc_sol)/(conc_crystal-conc_sol);
heat = (deltaH/wt_slurry)*2000;
fprintf('Heat to be removed is %f Btu/ton of slurry.\n',heat);
```

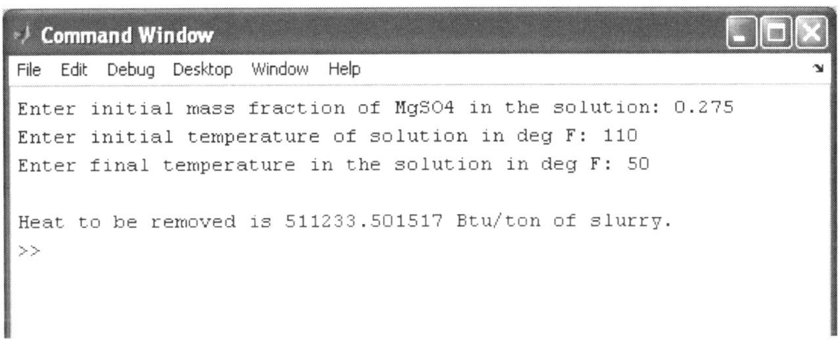

그림 8.11: 프로그램 8.13의 수행결과.

연습문제

1. 어떤 설탕공장에서는 정제된 설탕을 아래 표에 보인 바와 같이 그 색깔에 따라 분류하고 있다. 어떤 화학공학 엔지니어는 스펙트로포토미터를 사용하여 설탕용액의 흡수도와 그 색깔 사이의 관계를 도출하였다. 그가 얻은 데이터는 아래 표에 보인 바와 같다. 흡수도가 주어졌을 때 설탕용액의 색깔을 계산하고 생성된 설탕을 분류하는 프로그램을 작성하여라.

정제된 설탕	색깔, ICUMSA 단위(IU)
보급형 등급	≤ 35
프리미엄 등급	≤ 50
표준 등급	≤ 100

흡수도	0.0	0.01	0.02	0.035	0.067	0.093	0.105
색깔	0	10	20	40	70	100	120

2. $MgSO_4$ 결정용액을 30°F로 냉각시키고 있다. 냉각 도중에 시스템에 존재하는 물의 총 양으로부터 7%가 증발된다. 2000kg의 원래 용액이 35%의 $MgSO_4$와 65%의 물로 이루어져 있다면 결정 몇 kg이 형성되는가?

3. 벤젠과 톨루엔의 등몰 혼합물 500몰을 2기압(2.026 bar)에서 미분증류하고 있다. 잔류액 중의 벤젠의 조성은 20%이어야 한다. 원료 가운데 몇 %가 증류되어야 하는가? x와 y 값에 대하여 프로그램 8.2b를 수정하도록 한다.

4. 32.4g의 부탄을 포함하는 실린더가 방에 놓여있다. 실린더에 부착된 압력계기는 710 psig를 가리키고 있다. 후에 실린더 내의 온도는 652R임이 밝혀졌다. 부탄(C_4H_{10})의 경우 $T_c = 425.17K, P_c = 37.47atm$이며 원자량은 C=12g/gmol, H=1.008g/gmol이다.

   (1) 부탄이 van der Waals 상태방정식을 따른다고 가정하고 실린더 내의 부탄의 부피를 구하여라.
   (2) 부탄이 Redlich-Kwong 기체와 유사하게 거동하는 경우 실린더 내의 부탄의 부피를 구하여라.

5. 같은 양의 반응물 A와 B가 25 l/min의 유량으로 연속교반반응기(CSTR)에 유입되고 있다. 첫 번째 반응기의 부피는 $85m^3$이며 총괄 반응속도는 0.013 l/gmol이다. 원하는 전환율이 95.2%라고 하면 두 번째 반응기의 부피는 얼마이어야 하는가?

제 9 장

MATLAB®과 C의 접속

C/C++의 능력과 MATLAB의 편리함을 알게 되었으므로 이 장에서는 이 프로그램 언어들의 이점을 취하여 유익하게 활용하는 방법을 다루어보기로 한다. MATLAB이 C를 이용하여 개발되었다는 사실을 염두에 둔다면 이 언어들 사이의 접속은 지극히 가능할 것이다.

이 장은 MATLAB으로부터 C를 호출하는 방법과 다음과 같이 C 프로그램으로부터 MATLAB의 내장 함수들을 사용하는 방법을 다루고 있다:

MEX 파일 입문

MEX 파일의 성분
MATLAB® 지원 C 컴파일러

스칼라의 처리

1개의 스칼라 입력과 1개의 스칼라 출력
2개의 스칼라 입력들과 1개의 스칼라 출력

벡터의 처리

1개의 벡터 입력과 1개의 스칼라 출력

행렬의 처리

다수의 행렬 입력과 1개의 벡터 출력

증발문제의 재고찰

단일효용 증발기 문제
3중효용 증발기 문제

MATLAB® 엔진 입문

MATLAB® 엔진의 성분

그래프 작성의 보기

엔진 프로그램의 컴파일

수정된 증류 프로그램

CD

이 장에서 논의되는 모든 프로그램들은 CD-ROM에서 찾아볼 수 있다.

\Program Listings\Chapter 9\CtoF.c	프로그램 9.2
\Program Listings\Chapter 9\dewpoint.c	프로그램 9.3
\Program Listings\Chapter 9\muller.c	프로그램 9.4
\Program Listings\Chapter 9\simplex.c	프로그램 9.5
\Program Listings\Chapter 9\enthalpy_l.c	프로그램 9.6
\Program Listings\Chapter 9\enthalpy_v.c	프로그램 9.7
\Program Listings\Chapter 9\PL9_8.m.c	프로그램 9.8
\Program Listings\Chapter 9\PL9_9.c	프로그램 9.9
\Program Listings\Chapter 9\PL9_10.c	프로그램 9.10

MEX 파일 입문

이 책을 통하여 우리는 C, C++, 그리고 MATLAB의 장점들과 특징들을 살펴보았다. 각 언어는 그 자체의 단점과 장점들을 지니고 있다. C와 MATLAB의 가장 좋은 특성들만을 조합시키는 한 가지 방법은 MEX 파일을 생성하는 것이다. MEX 파일은 C 프로그램 루틴으로서 MATLAB에서 호출할 수 있다. 이는 곧 기존의 C 루틴들을 사용하여 이들을 MATLAB 프로그램에 결합시킬 수 있음을 의미한다. 이에 따라 MATLAB으로 작성하거나 변환시키는 데에 소요되는 시간을 절약할 수 있다. 아울러 C가 더 빠르게 수행할 수 있는 루틴들이 있으며 만일 MATLAB과 결합된다면 구성된 프로그램이 순수하게 MATLAB으로만 이루어진 프로그램에 비하여 더욱 빠르게 구동될 수 있다. 그러나 C 루틴이 효율적인 것으로 알려진 경우에만 MEX 파일이 내장 MATLAB 연산을 대체하는 것이 바람직함을 주목하자.

MEX 파일의 성분

MEX 파일의 기본 요소들은 다음과 같다:

1) 헤더 파일 "mex.h". 개발할 C 프로그램은 MX 및 MEX 함수들을 지원할 수 있도록 #include mex.h를 포함해야 한다.
2) mexFunction 통로. mexFunction는 MEX 파일에의 통로점이며 다음과 같은 포맷으로 나타낼 수 있다:

```
void mexFunction(int nlhs, mxArray, *plhs[], int nrhs, const mxArray
*prhs[])
```

여기에서

nlhs – 기대되는 mxArray의 수를 포함하는 정수이다(*n*umber at *l*eft-*h*and *s*ide).

plhs – 기대되는 출력에 대한 포인터들의 배열이다. 이는 처음에 null 포인터를 포함한다; 임의의 출력배열을 생성하는 프로그래머는 배열 포인터를 plhs(*p*ointer at *l*eft-*h*and *s*ide)에 할당할 것이다.

nrhs – 입력인수들을 포함하는 정수이다(*n*umber at *r*ight-*h*and *s*ide에 있는 수).

prhs – 기대되는 출력에 대한 포인터들의 배열이다(*p*ointer at *r*ight-*h*and *s*ide). 입력 데이터는 읽기 전용이며 프로그램 내에서 변형되어서는 안된다.

3) mxArray 데이터. MATLAB의 모든 데이터는 배열이므로 MEX 파일에 대한 모든 입력과 출력인수들은 mxArray이다. 이는 MATLAB 배열의 C 표현으로서 변수 이름, 차원, 데이터 형태들에 대한 정보를 포함하며 실수, 혹은 복소수인지를 표시한다.

⚠ **경고** C에서는 데이터는 배열의 왼쪽으로부터 오른쪽으로 저장된다. 그러나 MATLAB은 배열에서 데이터를 위에서 아래로 저장한다.

4) 응용 프로그램 접속기(API)함수. 이는 MEX 파일에 결합된 모든 C 함수들을 지칭한다.

MATLAB® 지원 C/C++ 컴파일러

MATLAB®은 다수의 C/C++ 컴파일러들을 지원한다. 표 9.1은 윈도우즈(32-비트)포맷 하에서 MATLAB® 7.4와 호환 가능한 C/C++ 컴파일러 목록이다.

표 9.1: 호환 가능한 C/C++ 컴파일러

컴파일러	버전	홈페이지
Borland C++ Builder 6	5.6	www.borland.com
Borland C++ Builder 5	5.5	
Borland C++ Compiler	5.5	
Intel C++	7.1, 9.1	www.intel.coms/software
Lcc - Win32	2.4.1	www.cs.virginia.edu/~lcc
Microsoft Visual C++ 2005	8.0	msdn.microsoft.com/visualc
Microsoft Visual C++	7.1	
Microsoft Visual C/C++	6.0	
Open Watcom	1.3	www.openwatcom.org

MATLAB®과의 접속을 위하여 기존의 C/C++ 컴파일러를 선택하려면 다음 명령어를 사용한다:

```
>> mex -setup
```

MATLAB®은 이미 설치되어 있는 컴파일러를 사용자의 컴퓨터에서 지정할 수 있는지를 물어볼 것이다.

```
Please choose your compiler for building external interface (MEX)
files:
Would you like mex to locate installed compilers [y]/n? y
```

yes(y)를 선택하면 MATLAB은 알고 있는 경로 디렉토리를 기반으로 탐색을 수행할 것이다.

```
Select a compiler:
[1] Digital Visual Fortran version 6.0 in C:\Program Files\
    Microsoft Visual Studio
[2] Lcc C version 2.4 in C:\MATLAB701\sys\lcc
[3] Microsoft Visual C/C++ version 6.0 in C:\Program Files\
    Microsoft Visual Studio

[0] None
```

이 경우 시스템에는 사용 가능한 C/C++컴파일러가 단지 두 개만 존재한다(Lcc Win32 및 Microsoft Visual C++). Lcc(옵션 1)를 선택하면 MATLAB은 Lcc를 C MEX 파일의 수행을 위한 기본 C/C++ 컴파일러로 설정한다.

```
Compiler: 2

Please verify your choices:

Compiler: Lcc C 2.4
Location: C:\MATLAB701\sys\lcc

Are these correct?([y]/n): y

Try to update options file:
C:\Users\ykyeo\Application Data\MathWorks\MATLAB\R14\mexopts.bat
From template:
C:\MATLAB701\BIN\WIN32\mexopts\lccopts.bat

Done . . .
```

MATLAB® 패키지는 이미 C MEX 파일의 생성을 위한 C 컴파일러인 Lcc-win32를 포함하고 있다. 이는 기본적으로 이용되는 C 컴파일러이다.

스칼라의 처리

1개의 스칼라 입력과 1개의 스칼라 출력

간단한 C 함수와 이에 해당되는 MEX 파일을 고려하여 보자. 이러한 첫 번째 보기는 하나의 스칼라 값을 처리하여 하나의 출력값을 반환한다.

보기 9.1. 온도를 ℃로부터 ℉로 전환시키는 C 프로그램과 이와 대등한 C MEX 파일을 작성하여라.

프로그램 9.1: ℃로부터 ℉로의 온도전환(C 함수)

```
int CtoF(double tempC)
  {
   double ans;
   ans = tempC*1.8 + 32.0;
   return(ans);
  }
```

프로그램 9.2: ℃로부터 ℉로의 온도전환(MEX 파일)

```
/* save as CtoF.c */
#include "mex.h"
/* MATLAB 환경과의 접속을 위해 mexFunction() 함수가 필요. nlhs: 기대되는
mxArrays의 수, *plhs[]: 출력에 대한 포인터, nrhs: 입력 수, *prhs[]:
입력에 대한 포인터. */
void mexFunction( int nlhs, mxArray *plhs[], int nrhs, const
mxArray *prhs[])
{
double tempC,*ans;
/* 스칼라 입력값을 취하여 이를 tempC에 할당. */
tempC=mxGetScalar(prhs[0]);
plhs[0]=mxCreateDoubleMatrix(1,1,mxREAL);
ans=mxGetPr(plhs[0]);
*ans = tempC*1.8 + 32.0;
}
```

MATLAB® 명령어 창에서 프로그램을 수행하면 다음 결과를 얻는다.

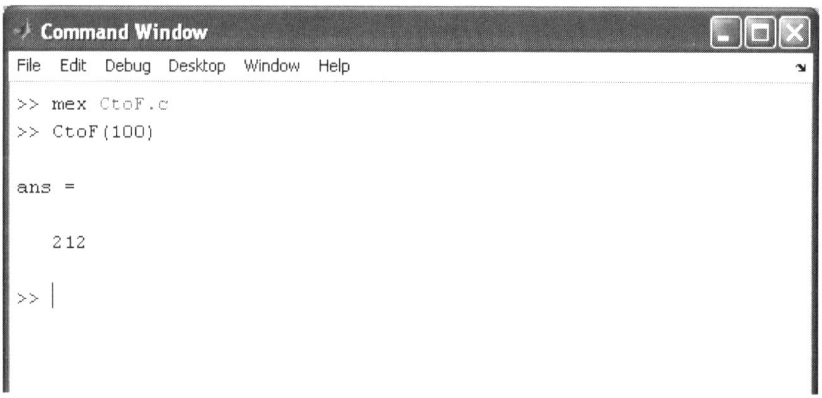

그림 9.1: 프로그램 9.2의 수행결과.

2개의 스칼라 입력과 1개의 스칼라 출력

이번에는 두 개의 스칼라 입력을 이용하는 다른 보기를 살펴보기로 한다.

보기 9.2. **Jensen 등(1990)의 방정식을 이용하여 %상대습도(%RH)와 온도(T)가 주어졌을 때 이슬점(dp)을 계산하는 C MEX 파일을 작성하여라.**

$$p_{sat} = 0.611e^{17.27T/(T+237.3)} \quad \text{(kPa)} \tag{9.1}$$

$$p_{act} = p_{sat} \times (\%RH/100) \quad \text{(kPa)} \tag{9.2}$$

$$dp = \frac{116.9 + 237.3\ln p_{act}}{16.78 - \ln p_{act}} \quad (℃) \tag{9.3}$$

이 함수의 테스트를 위해 50%의 상대습도와 30℃ 의 온도에서 공기의 이슬점을 구하여 보라.

프로그램 9.3: 이슬점 프로그램

```
/* save as dewpoint.c*/
#include <math.h>
#include "mex.h"
void mexFunction( int nlhs, mxArray *plhs[], int nrhs, const
mxArray *prhs[])
{
 double RH,temp,pact,psat,*ans;
 RH=mxGetScalar(prhs[0]);
 temp=mxGetScalar(prhs[1]);
 /* 출력의 포인터 저장을 위하여 스칼라(1x1 행렬)를 생성 */
 plhs[0]=mxCreateDoubleMatrix(1,1,mxREAL);
 ans=mxGetPr(plhs[0]);
 /* 식 (9.1)에 의하여 포화압력을 계산 */
 psat = 0.611*exp(17.27*temp/(temp+237.2));
 pact = psat*(RH/100.0);      /* 식 (9.2)의 계산 */
 *ans = (116.9+237.3*log(pact))/(16.78-log(pact));
}
```

그림 9.2: 프로그램 9.3의 수행결과.

벡터의 처리

1개의 벡터 입력과 1개의 스칼라 출력

지금까지는 하나의 값만을 갖는 변수만을 다루어 왔다. 그러나 벡터 입력을 갖는 MEX 파일의 구성도 가능하다. 예시를 위하여 Muller 방법을 이용하여 3차 다항식의 근을 구하는 프로그램을 고려하여 보자. 부분적인 코드는 이미 제 5장의 연습문제 2에서 제공되었는데 이는 MEX 파일로서 완결된다.

프로그램 9.4: Muller 함수

```
/* save as muller.c */
#include <math.h>
#include "mex.h"
void mexFunction( int nlhs, mxArray *plhs[], int nrhs, const...
                  mxArray *prhs[])
{
 double xr,h[3],d[3],a,b,c,fx[4],x[4],rad2,rad,dxr,den;
 double *ax,*ans;
 int i,j,n;
 ax=mxGetPr(prhs[0]);
 plhs[0]=mxCreateDoubleMatrix(1,1,mxREAL);
 ans=mxGetPr(plhs[0]);
 xr=1.0;
 x[2]=xr;
 x[1]=xr+(0.1*xr);
 x[0]=xr-(0.1*xr);
 do{
  fx[2]=0;fx[1]=0;fx[0]=0;
  for(i=0;i<3;i++)
  {
   for(j=3;j>=0;j--) fx[i]=fx[i]+(ax[3-j]*pow(x[i],j));
  }
  h[0]=x[1]-x[0];
  h[1]=x[2]-x[1];
  d[0]=(fx[1]-fx[0])/h[0];
  d[1]=(fx[2]-fx[1])/h[1];
  a=(d[1]-d[0])/(h[1]+h[0]);
  b=a*h[1]+d[1];
  c=fx[2];
  rad2=(b*b)-(4*a*c);
  rad2=fabs(rad2);
```

```
  rad=sqrt(rad2);
  if(fabs(b+rad)>fabs(b-rad)) den=b+rad;
  else den=b-rad;
  dxr=-2*c/den;
  xr=x[2]+dxr;
  x[0]=x[1];x[1]=x[2];x[2]=xr;
 }while(fabs(dxr)>0.0001);
 *ans=xr;
}
```

보기 9.3(보기 7.2에 근거). 어떤 실린더 탱크를 170 gmol의 이산화탄소로 65기압의 압력과 −70℃의 온도까지 채우고자 한다. van der Waals 식을 이용하여 탱크 내 기체의 부피를 구하여라.

$$V^3-\left(nb+\frac{nRT}{P}\right)V^2+\frac{n^2a}{P}V-\frac{n^3ab}{P}=0 \tag{9.4}$$

이산화탄소의 임계상수는

$$a=3.60\times10^6\ atm\left(\frac{cm^3}{gmol}\right),\quad b=42.8\ \left(\frac{cm^3}{gmol}\right)$$

이며 $R=82.054\ cm^3atm/gmol/K$ 이다. 식 (9.4)의 계수를 구하기 위해 주어진 자료들을 대입한다:

첫 번째 계수: 1
두 번째 계수: −[(170*42.8)+((170*82.054*(−70+273.15))/65)]
세 번째 계수: (170^2)*3600000/65
네 번째 계수: −[(170^3)*3600000*42.8/65]

이 값들은 muller()에 대한 입력벡터를 구성한다.

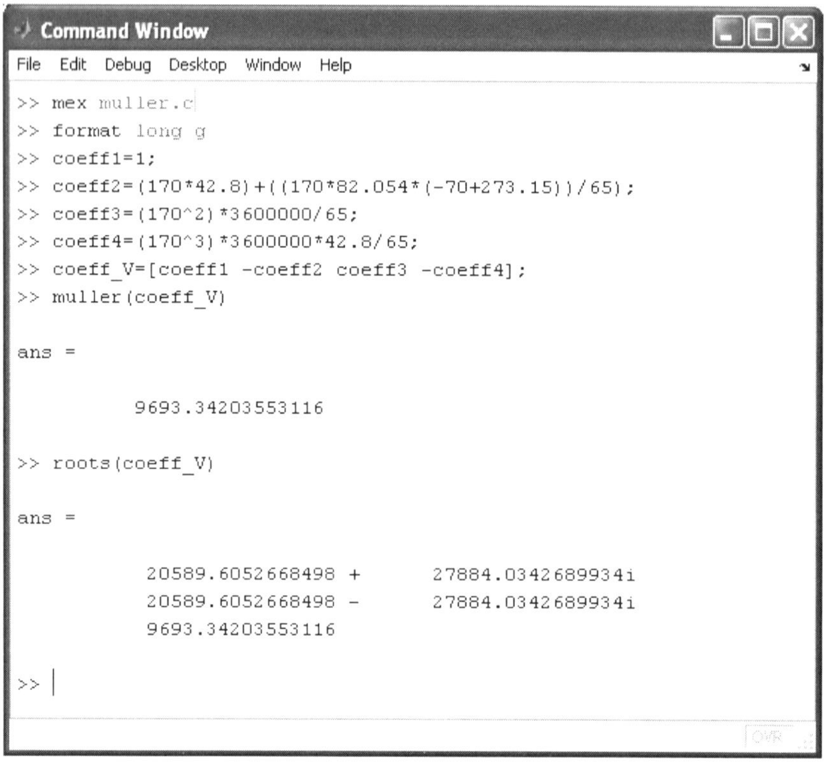

그림 9.3: 프로그램 9.4의 수행결과.

위에서 muller()로부터의 결과는 기존의 MATLAB roots() 함수로부터의 결과와 비교되고 있음을 주목하자.

행렬의 처리

다수의 행렬입력과 하나의 벡터출력

좀 더 복잡한 MEX 파일에서는 행렬을 처리한다. 프로그램 9.5는 다수의 출력 데이터는 물론 다수의 입력 데이터를 필요로 하는 MEX 파일의 구성방법을 예시하고 있다. 아울러 이 경우 행렬 출력을 생성할 필요가 있다.

프로그램 9.5: 심플렉스 mex 파일

```
/* save as simplex.c */
#include <math.h>
```

```
#include "mex.h"
void mexFunction( int nlhs, mxArray *plhs[], int nrhs,...
         const mxArray *prhs[])
{
 int cntr2,cf1,ne,nc,nopt,pivot1,pivot2,xerr=0,i,j;
 double cf2,simtab[20][20],flag,aux,xmax;
 double *obj,*cons,*ans;
 cf1=mxGetScalar(prhs[0]);
 obj=mxGetPr(prhs[1]);
 cons=mxGetPr(prhs[2]);
 ne=mxGetN(prhs[1]);
 nc=mxGetM(prhs[2]);
 plhs[0]=mxCreateDoubleMatrix(ne+1,1,mxREAL);
 ans=mxGetPr(plhs[0]);
 for (j = 1; j<=ne; j++)
 {
  cf2=obj[j-1];
  simtab[1][j+1] = cf2 * cf1;
 }
 cf2=0;
 simtab[1][1] = cf2 * cf1;
 cntr2=0;
 for (i=1; i<=nc; i++)
 {
  for (j=1; j<=ne; j++)
   {
   cf2=cons[cntr2];
   simtab[i + 1][j + 1] = -cf2;
   cntr2++;
   }
  simtab[i+1][1]=cons[cntr2];
  cntr2++;
 }
 for(j=1; j<=ne; j++)  simtab[0][j+1] = j;
 for(i=ne+1; i<=ne+nc; i++)  simtab[i-ne+1][0] = i;
 do{
  xmax = 0.0;
  for(j=2; j<=ne+1; j++)
  {
   if (simtab[1][j] > 0.0 && simtab[1][j] > xmax)
   {
    xmax = simtab[1][j];
    pivot2 = j;
```

```
 }
}
flag = 1000000.0;
for (i=2; i<=nc+1; i++)
{
 if (simtab[i][pivot2] < 0.0)
 {
  aux = fabs(simtab[i][1] / simtab[i][pivot2]);
  if (aux < flag)
  {
   flag = aux;
   pivot1 = i;
  }
 }
}
aux = simtab[0][pivot2];
simtab[0][pivot2] = simtab[pivot1][0];
simtab[pivot1][0] = aux;
for (i=1; i<=nc+1; i++)
{
 if (i != pivot1)
 {
  for (j=1; j<=ne+1; j++)
  {
  if (j != pivot2) simtab[i][j] -= simtab[pivot1][j] * ...
        simtab[i][pivot2] / simtab[pivot1][pivot2];
  }
 }
}
simtab[pivot1][pivot2] = 1.0 / simtab[pivot1][pivot2];
for (j=1; j<=ne+1; j++)
{
 if (j != pivot2) simtab[pivot1][j] *= fabs(simtab[pivot1]...
        [pivot2]);
}
for (i=1; i<=nc+1; i++)
{
 if (i != pivot1) simtab[i][pivot2] *= simtab[pivot1][pivot2];
}
for (i=2; i<=nc+1; i++)
if (simtab[i][1] < 0.0)  xerr = 1;
nopt = 0;
if (xerr != 1)
```

```
  {
   for (j=2; j<=ne+1; j++)
   if (simtab[1][j] > 0.0)  nopt = 1;
  }
 }while(nopt==1);
 if (xerr == 0)
 {
  cntr2=0;
  for (i=1; i<=ne; i++)
  for (j=2; j<=nc+1; j++)
  {
   if (simtab[j][0] == 1.0*i)
   {
    ans[cntr2]=simtab[j][1];
    cntr2++;
   }
  }
  ans[cntr2]=simtab[1][1];
 }
 else mexPrintf("No Feasible Solution.\n");
}
```

보기 9.4(보기 2.14에 근거). $z = 80x_1 + 100x_2$**(목적함수)를 최대화시켜라.**

제약조건:

$$\begin{aligned} 0.5x_1 + 0.5x_2 &\le 25 \\ 0.2x_1 + 0.6x_2 &\le 10 \\ 0.8x_1 + 0.4x_2 &\le 14 \end{aligned}$$

$$x_1 \ge 0, \;\; x_2 \ge 0$$

simplex() 함수를 사용하면 다음 결과를 얻는다:

```
>> mex simplex.c
>> max = 1;
>> obj=[80 100]

obj =

    80   100

>> cons=[0.5 0.5 25; 0.2 0.6 10; 0.8 0.4 14]

cons =

  Columns 1 through 2

                    0.5                      0.5
                    0.2                      0.6
                    0.8                      0.4

  Column 3

                     25
                     10
                     14

>> simplex(max,obj,cons')

ans =

                     11
                     13
                   2180

>>
```

그림 9.4: 보기 9.4에 근거한 프로그램 9.5의 수행결과.

올바른 수행을 위해서는 제약변수 cons의 전치(')행렬을 취할 필요가 있다. simplex(max, obj, cons)를 이용하여 주어진 선형계획법 문제를 풀고 있다. 변수 max는 목적함수가 최대화되는 것임을 나타내는 값 1을 지닌다(목적함수가 최소화되는 경우 −1을 갖는다).

해답: $x_1 = 11,\ x_2 = 13,\ z = 2180$

공정 최적화 문제를 다루어 보기로 하자.

보기 9.5. 어떤 플라스틱 회사는 음료수 용기를 생산하여 인근의 음료회사에 납품하고 있다. 수요가 매우 많아서 생산된 모든 플라스틱 용기들은 모두 판매되고 있다. 현재 이 회사는 두 가지 품질의 용기를 생산하고 있다:

표준등급 - 재생 플라스틱 50%와 신 원료 50%를 사용
우수등급 - 재생 플라스틱 30%와 신 원료 70%를 사용

플라스틱 원료는 다음과 같이 공급된다:

재생: 주 당 15톤
신품: 주 당 19톤

두 가지 등급의 용기로부터 얻는 수익은 다음과 같다:

표준등급: $400/톤(용기)
우수등급: $523/톤(용기)

약 500개의 플라스틱 용기의 무게는 1톤 정도이다. 공장의 최대 생산용량은 주 당 30톤이다. 이익을 최대로 하기 위해서는 각 등급의 용기를 얼마나 많이(톤) 생산하여야 하는지를 결정하여라.

목적함수와 제약조건을 정리한다. x_1을 표준등급 용기의 톤 수, x_2를 우수등급 용기의 톤 수라고 하면

$z = 400x_1 + 523x_2$ (목적함수)를 최대화

제약조건:

$x_1 + x_2 \le 30$ (생산용량의 제약)
$0.5x_1 + 0.3x_2 < 15$ (재생 물질에 대한 공급제약)
$0.5x_1 + 0.7x_2 < 19$ (신규 물질에 대한 공급제약)

이제 다시 simplex() 함수를 이용하여 이 문제를 풀어본다.

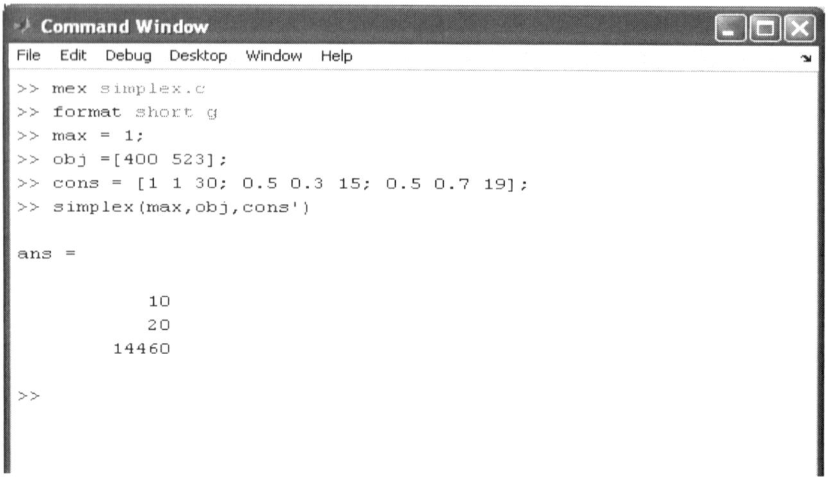

그림 9.5: 보기 9.5에 근거한 프로그램 9.5의 수행결과.

증발문제의 재고찰

이하에 주어진 함수들은 전면주입 형태의 증발기, 비등점 상승이 수반되지 않는 증발문제, 그리고 물과 유사한 특성을 갖는 증발액체를 포함하는 증발문제를 해결하기 위한 프로그램의 작성에 소요되는 모든 정보를 생성하는 데에 필요하다.

요약해 본다면 필요한 함수들로서는

sat_p2t() – 포화압력(Pa)을 온도(K)로 전환시키는 M-파일 함수
enthalpy_l() – 액체의 엔탈피(J/kg)를 제공하는 Mex 파일
enthalpy_v() – 기체의 엔탈피(J/kg)를 제공하는 Mex 파일

프로그램 9.8은 증발문제를 해결하는 MATLAB 프로그램으로서 이용되는 알고리듬은 C 버전(프로그램 4.4)과 유사하다.

sat_p2t.m(프로그램 8.1)

```
% save as sat_p2t.m
function result=sat_p2t(p_sati)
t_sat = 275:5:645;
p_sat = [698.4358601 991.7589281 1388.931054 1919.877195
2621.114915 3536.717587 4719.326831 6231.203640 8145.306525
10546.38439 13532.07139 17213.97117 21718.71798 27189.00309
```

```
33784.55558 41683.06781 51081.05720 62194.65721 75260.33206
90535.51115 108299.1406 128852.1507 152517.8399 179642.1761
210594.0186 245765.2635 285570.9185 330449.1096 380861.0286
437290.8252 500245.4516 570254.4663 647869.8037 733665.5172
828237.5035 932203.2148 1046201.367 1170891.653 1306954.465
1455090.638 1616021.224 1790487.301 1979249.829 2183089.567
2402807.053 2639222.675 2893176.829 3165530.193 3457164.132
3768981.251 4101906.126 4456886.241 4834893.154 5236923.951
5664003.019 6117184.197 6597553.393 7106231.723 7644379.306
8213199.841 8813946.135 9447926.819 10116514.55 10821156.12
11563385.02 12344837.38 13167272.39 14032599.33 14942914.30
15900552.42 16908166.25 17968853.73 19086393.24 20265769.53
21514941.10];
result = interp1(p_sat,t_sat,p_sati,'spline');
```

enthalpy_l.c (제 3장의 steam.h로부터 추출)

프로그램 9.6:

```
#include <math.h>
#include "mex.h"
void mexFunction( int nlhs, mxArray *plhs[], int nrhs,...
        const mxArray *prhs[])
{
   double temp, ans, *val;
   double temp_var1,temp_var2,temp var3, temp_var4, theta, tau,...
        pres,ln_tau0;
   double ln_tau,ln_tau1, ln_tau2, dpdt, alpha ,rho_l;
   double a[6]={-7.85951783, 1.84408259,
         -11.7866497, 22.6807411,
         -15.9618719, 1.80122502};
   double b[6]={1.99274064, 1.09965342,
         -0.510839303, -1.75493479,
         -45.5170352, -674694.45};
   double d[5]={-0.0000000565134998,
         2690.66631, 127.287297,
         -135.003439, 0.981825814};
   temp=mxGetScalar(prhs[0]);
   plhs[0]=mxCreateDoubleMatrix(1,1,mxREAL);
   val=mxGetPr(plhs[0]);
   theta = temp/647.096;
   tau = 1 - theta;
   temp_var1 = (647.096/temp)*(
```

```
            a[0]*tau +
            a[1]*pow(tau,1.5) +
            a[2]*pow(tau,3) +
            a[3]*pow(tau,3.5) +
            a[4]*pow(tau,4) +
            a[5]*pow(tau,7.5));
    pres = 22064000*exp(temp_var1);
    ln_tau0 = 6.5*log(tau);
    ln_tau1 = 2.5*log(tau);
    ln_tau2 = 0.5*log(tau);
    temp_var2 = (7.5*a[5]*exp(ln_tau0)) +
            (4*a[4]*pow(tau,3)) +
            (3.5*a[3]*exp(ln_tau1)) +
            (3*a[2]*pow(tau,2)) +
            (1.5*a[1]*exp(ln_tau2)) +
            a[0]+
            (log(pres/22064000));
    dpdt = -1*(pres/temp)*temp_var2;

    ln_tau=log(tau);
    temp_var3 = 1 +
            b[0]*exp(ln_tau/3.0) +
            b[1]*exp(2.0*ln_tau/3.0) +
            b[2]*exp(5.0*ln_tau/3.0) +
            b[3]*exp(16.0*ln_tau/3.0) +
            b[4]*exp(43.0*ln_tau/3.0) +
            b[5]*exp(110.0*ln_tau/3.0);
    rho_l = 322.0* (temp_var3*1.0);

    temp_var4 = -1135.905627715 +
            d[0]*pow(theta,-19) +
            d[1]*pow(theta,1) +
            d[2]*pow(theta,4.5) +
            d[3]*pow(theta,5) +
            d[4]*pow(theta,54.5);
    alpha = 1000*temp_var4;
    ans= alpha+((temp/rho_l)*dpdt);
    *val=ans;
}
```

enthalpy_v.c (제 3장의 steam.h로부터 추출)

프로그램 9.7:

```
#include <math.h>
#include "mex.h"

void mexFunction( int nlhs, mxArray *plhs[], int nrhs,...
        const mxArray *prhs[])
{
   double temp, ans, *val;
   double temp_var1,temp_var2,temp_var3, temp_var4, theta, tau,...
        pres, ln_tau0;
   double ln_tau,ln_tau1, ln_tau2, dpdt, alpha ,rho_v;
   double a[6]={-7.85951783, 1.84408259,
          -11.7866497, 22.6807411,
          -15.9618719, 1.80122502};
   double c[6]={-2.03150240, -2.68302940,
          -5.38626492, -17.2991605,
          -44.7586581, -63.9201063};
   double d[5]={-0.0000000565134998,
          2690.66631, 127.287297,
          -135.003439, 0.981825814};
   temp=mxGetScalar(prhs[0]);
   plhs[0]=mxCreateDoubleMatrix(1,1,mxREAL);
   val=mxGetPr(plhs[0])

   theta = temp/647.096;
   tau = 1 - theta;
   temp_var1 = (647.096/temp)*(
         a[0]*tau +
         a[1]*pow(tau,1.5) +
         a[2]*pow(tau,3) +
         a[3]*pow(tau,3.5) +
         a[4]*pow(tau,4) +
         a[5]*pow(tau,7.5));
   pres = 22064000*exp(temp_var1);

   ln_tau0 = 6.5*log(tau);
   ln_tau1 = 2.5*log(tau);
   ln_tau2 = 0.5*log(tau);
   temp_var2 = (7.5*a[5]*exp(ln_tau0)) +
         (4*a[4]*pow(tau,3)) +
         (3.5*a[3]*exp(ln_tau1)) +
```

```
            (3*a[2]*pow(tau,2)) +
            (1.5*a[1]*exp(ln_tau2)) +
            a[0]+
            (log(pres/22064000));
    dpdt = -1*(pres/temp)*temp_var2;

    ln_tau=log(tau);
    temp_var3 = c[0]*exp(ln_tau/3.0) +
            c[1]*exp(2.0*ln_tau/3.0) +
            c[2]*exp(4.0*ln_tau/3.0) +
            c[3]*exp(3.0*ln_tau) +
            c[4]*exp(37.0*ln_tau/6.0) +
            c[5]*exp(71.0*ln_tau/6.0);
    rho_v = 322.0* exp(temp_var3*1.0);

    temp_var4 = -1135.905627715 +
            d[0]*pow(theta,-19) +
            d[1]*pow(theta,1) +
            d[2]*pow(theta,4.5) +
            d[3]*pow(theta,5) +
            d[4]*pow(theta,54.5);
    alpha = 1000*temp_var4;
    ans= alpha+((temp/rho_v)*dpdt);
    *val=ans;
}
```

프로그램 9.8: 증발 프로그램(MATLAB 버전).

```
clc
clear
k = input('Enter number of evaporators: ');
conc(1) = input('Enter feed concentration (mass fraction): ');
tl(1) = input('Enter feed temperature (F): ');
conc(k+1) = input('Enter product concentration (mass fraction): ');
f = input('Enter amount of feed in lb/hr: ');
ps = input ('Enter pressure of steam (psi): ');
pk = input ('Enter pressure of last evaporator (psi): ');
for j = 2:k+1
   fprintf('Enter OHT Coefficient (Btu/sqft-hr-f)...
           for effect no. %d: ',j-1);
   u(j)= input('');
end
pres =ps*6894.757;
```

```
temp= sat_p2t(pres);
tv(1) = ((temp-273.15)*1.8)+32;
pres = pk*6894.757;
temp = sat_p2t(pres);
tv(k+1) = ((temp-273.15)*1.8)+32;
ts = tv(1);
p = f*conc(1)/conc(k+1);
vt = (f-p)/k;
for j = 2:k
   conc(j)= f*conc(1)/(f-(vt*(j-1)));
end
ut = 0;
for j = 2:k+1
   ut = ut+(1/u(j));
end
dta = tv(1)-tv(k+1);
dtn = 0;
for j = 2:k
   dt(j)=dta*((1/u(j))/ut);
   dtn=dtn+dt(j);
end
dt(k+1)=dta-dtn;
flag='n';
while(flag=='n')
 for i=(k+1):-1:2
   tl(i) = tv(i);
   tv(i-1)=tl(i)+dt(i);
 end
 tv(1) = ts;
 clc;
 for j=1:k+1
   fprintf('temperature of vapor[%d] in deg F = %f\n',j-1,tv(j));
   fprintf('temperature of liquid[%d] in deg F = %f\n',j-1,tl(j));
 end
 fprintf('product in lb/hr = %f \n',p);
 for j=1:k+1
   temp_t=((tv(j)-32)/1.8)+273.15;
   hv(j)=enthalpy_v(temp_t);
   hv(j)=hv(j)/(1055.056*2.2046226);
   temp_t=((tl(j)-32)/1.8)+273.15;
   hl(j)=enthalpy_l(temp_t);
   hl(j)=hl(j)/(1055.056*2.2046226);
 end
```

```
for j=1:k
   temp_t=((tv(j)-32)/1.8)+273.15;
   hd(j+1)=enthalpy_l(temp_t);
   hd(j+1)=hd(j+1)/(1055.056*2.2046226);
end
xmatrx = zeros(k);
constant(1,1)=f*(hl(1)-hl(2));
for j=2:k-1
   constant(j,1)=f*(hl(j)-hl(j+1));
end
constant(k,1)=f*(hl(k)-hv(k+1)+(conc(1)*(hv(k+1)-hl(k+1))/...
                conc(k+1)));
xmatrx(k,1)=0;
for j=2:k-1
   xmatrx(k,j)=hl(k)-hv(k+1);
end
xmatrx(k,k)=hd(k+1)+hl(k)-hv(k)-hv(k+1);
xmatrx(1,1)=hd(2)-hv(1);
for j=1:k-1
   xmatrx(j,j+1)=hv(j+1)-hl(j+1);
end
for j=2:k-1
   xmatrx(j,j)=hd(j+1)+hl(j)-hv(j)-hl(j+1);
end
for j=3:k-1
   for w=2:k-2
       xmatrx(j,w)=hl(j)+hl(j+1);
   end
end
vapor=xmatrx\constant;
totv=0;
for j=2:k
   totv=totv+vapor(j,1);
end
vapor(k+1,1)= f-p-totv;
for j=1:k+1
   fprintf('vapor[%d] in lb/hr = %f\n',j-1,vapor(j,1));
end
for j=1:k
   heat = vapor(j,1)*(hv(j)-hd(j+1));
   fprintf('Rate of heat transfer at effect %d is...
          %f Btu/hr.\n',j,heat);
end
```

```
stemcon=(totv+vapor(k+1))/vapor(1);
fprintf('Steam economy = %f\n',stemcon);
for j=2:k+1
  area(j)=(vapor(j-1)*(hv(j-1)-hd(j)))/(u(j)*(tv(j-1)-tl(j)));
  fprintf('Area for evaporator no. %d = %f sq ft\n',j-1,area(j));
end
if k==1
   flag='y';
else
   flag=input('Are the areas OK? (y/n)','s');
   flag=lower(flag);
   if flag=='n'
      tarea=0;
      for j=2:k+1
         tarea=tarea+(dt(j)*area(j));
      end
      aream=tarea/dta;
      for j=2:k+1
         dt(j)=dt(j)*area(j)/aream;
      end
   end
 end
end
```

보기 4.7의 재검토

하나의 수직튜브 증발기를 이용하여 29,000 lb/hr의 유기 콜로이드(60°F) 용액을 25%에서 60%(고체함량)로 농축하고 있다. 용액의 비등점 상승은 무시하며 용액의 물성은 모든 온도범위에서 물과 유사하다고 간주한다. 25 psia에서 포화 수증기가 유입되고 있으며 응축기의 압력은 1.69 psia이다. 총괄 열전달 계수는 300 Btu/ft^2−h−°F이다. 열전달 면적(ft^2)과 수증기 소모량(lb/hr)을 구하여라(그림 9.6 참조).

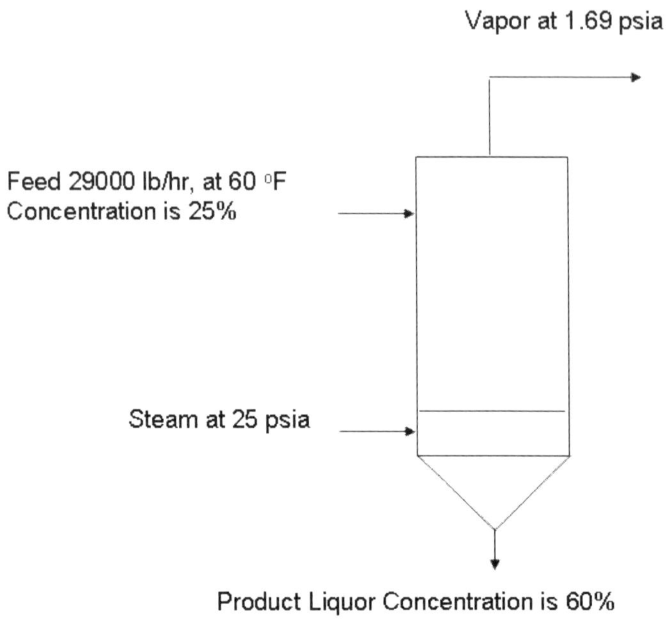

그림 9.6: 단일효용 증발기 유통도.

모든 MEX 파일들을 준비한다.

```
>> mex enthalpy_l.c
>> mex enthalpy_v.c
```

sat_p2t.m 파일도 현 디렉토리에 있어야 한다. 명령어 창에 보인 대로 PL9_8.m을 수행하고 모든 필요한 데이터를 제공한다.

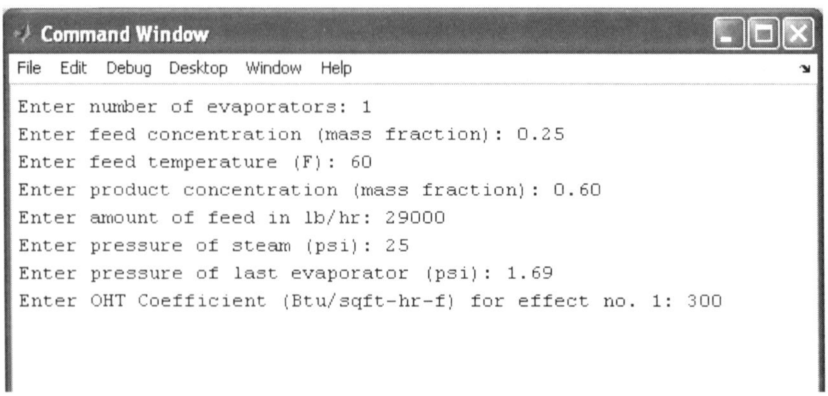

그림 9.7: 보기 4.7에 근거한 프로그램 9.8의 수행결과.

그림 9.8은 계산된 출력을 보여준다.

```
Command Window
File Edit Debug Desktop Window Help
temperature of vapor[0] in deg F = 240.032701
temperature of liquid[0] in deg F = 60.000000
temperature of vapor[1] in deg F = 119.892957
temperature of liquid[1] in deg F = 119.892957
product in lb/hr = 12083.333333
vapor[0] in lb/hr = 20038.807987
vapor[1] in lb/hr = 16916.666667
Rate of heat transfer at effect 1 is 19079300.709131 Btu/hr.
Steam economy = 0.844195
Area for evaporator no. 1 = 529.364115 sq ft
>>
```

그림 9.8: 보기 4.7에 근거한 프로그램 9.8의 수행결과.

보기 4.8의 재검토

3중 전면공급 증발기들을 이용하여 유기 콜로이드 용액을 13%에서 55%(고체함량)로 농축하고 있다. 용액의 비등점 상승은 무시하며 29.82 psia의 수증기가 이용되며 세 번째 증발기에서의 압력은 1.27 psia이다. 원료는 60°F에서 45000lb/hr의 유량으로 유입되고 있으며 모든 농도에서 용액의 비열은 물과 같다. 총괄 열전달 계수는 $U_1=530$, $U_2=350$, $U_3=195$ Btu/ft^2−h−°F이다. 각 증발기의 면적은 서로 같다. 열전달 면적(A)과 수증기 소모량(m_{v0})을 구하여라.

모든 필요한 데이터를 제공하면 다음 결과를 얻는다:

```
Command Window
File Edit Debug Desktop Window Help
Enter number of evaporators: 3
Enter feed concentration (mass fraction): 0.13
Enter feed temperature (F): 60
Enter product concentration (mass fraction): 0.55
Enter amount of feed in lb/hr: 45000
Enter pressure of steam (psi): 29.82
Enter pressure of last evaporator (psi): 1.27
Enter OHT Coefficient (Btu/sqft-hr-f) for effect no. 1: 530
Enter OHT Coefficient (Dtu/sqft-hr-f) for effect no. 2: 350
Enter OHT Coefficient (Btu/sqft-hr-f) for effect no. 3: 195
```

그림 9.9: 보기 4.8에 근거한 프로그램 9.8의 수행결과.

첫 번째 반복과정의 결과는 다음과 같다:

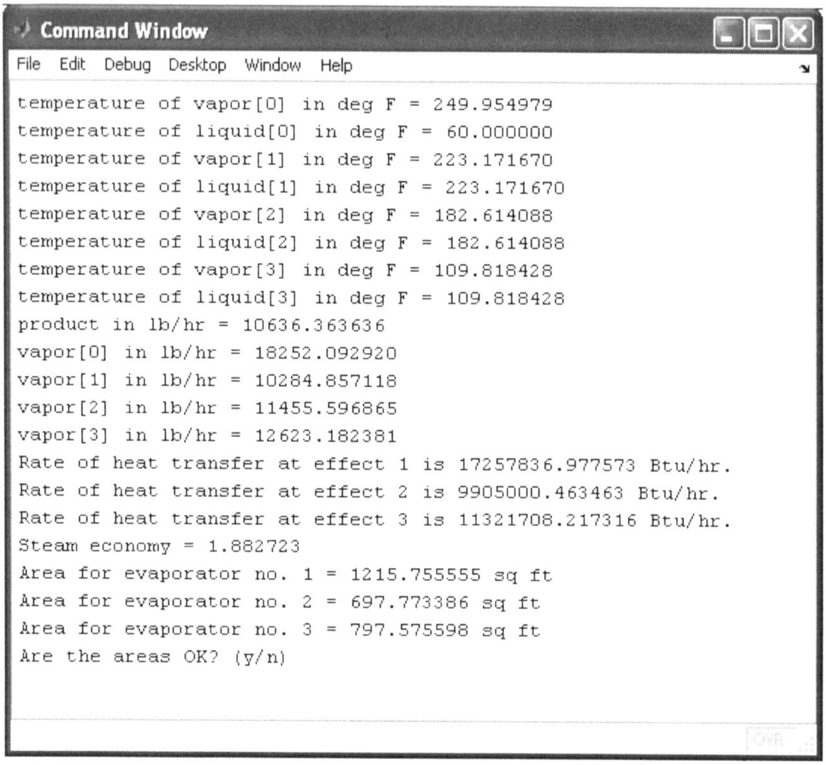

그림 9.10: 첫 번째 반복과정.

그림 9.11은 6번째 반복과정 후의 결과를 보여주고 있다.

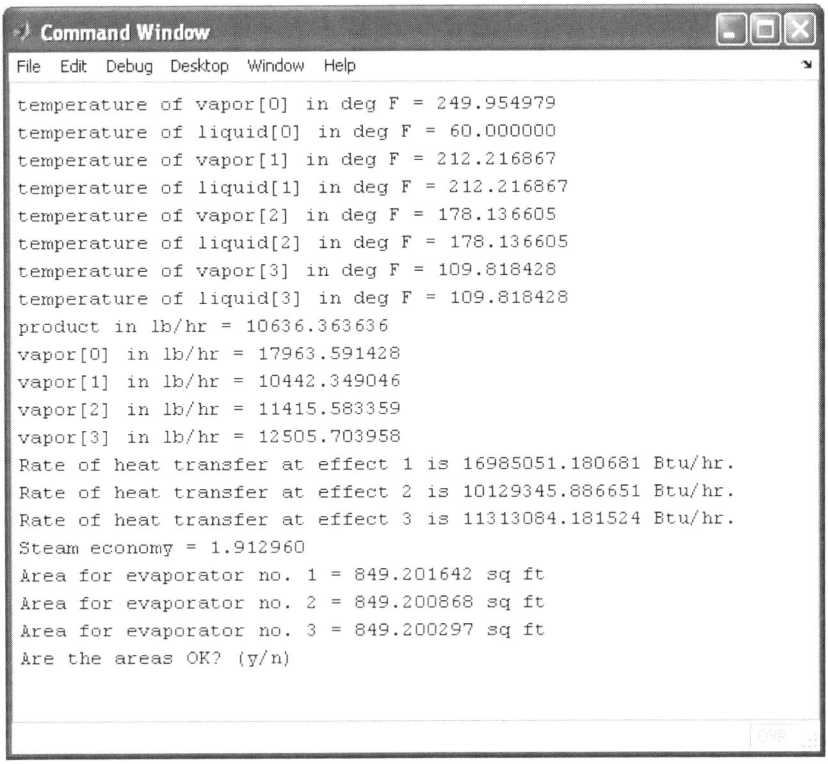

그림 9.11: 6번째 반복과정.

MATLAB® 엔진 입문

MEX 파일의 작성에서는 MATLAB으로부터 C 서브루틴을 호출할 수 있다. 이 절에서는 MATLAB 엔진을 통하여 C 프로그램의 일부로서 MATLAB을 호출하는 방법을 다루고 있다. MATLAB 엔진에 의하여 C로부터 MATLAB으로 데이터 전달이 가능하며 종료 전에 MATLAB 연산의 결과를 C로 다시 전달시키는 것이 가능하다.

MATLAB® 엔진의 구성요소

MATLAB® 엔진 프로그램은 (기본적 요소들이 추가된) C 프로그램으로서 MATLAB과 접속이 가능하며 따라서 MATLAB의 모든 특성들에 접근할 수 있다.

MATLAB® 엔진의 기본적인 구성요소들은 다음과 같다:

1. 헤더파일 "engine.h". C 프로그램은 MX, MEX, 그리고 MATLAB 엔진 함수들을

지원할 수 있도록 engine.h을 포함해야 한다.

2. mxArray 데이터. MEX 파일을 구성할 때와 마찬가지로 정보의 저장을 위하여 mxArray를 생성할 필요가 있다.
3. engOpen 함수. 이 함수는 MATLAB 엔진의 시작에 필요하다.
4. mxDestroyArray 함수. 이 함수는 종료 전에 mxArray에 부여된 메모리를 비워 준다.
5. engClose 함수. 이 함수는 MATLAB 엔진을 적절히 마치도록 하는 데에 이용된다.
6. engPutVariable() 및 engEvalString()과 같은 다른 MATLAB 엔진 함수들. 이 함수들 및 다른 중요한 엔진 함수들은 부록 D에 소개되어 있다.

그래프 작성의 보기

MATLAB®의 plot 함수를 이용하고 이를 C 프로그램으로부터 호출하는 기본적인 보기를 고려하여 보자.

프로그램 9.9: plot 함수를 이용하는 MATLAB 엔진 프로그램

```
#include <stdlib.h>
#include <stdio.h>
#include "engine.h"

int main()
{
  Engine *ep;
  mxArray *X = NULL, *Y = NULL;
  double x[11] = { 0.0, 0.1, 0.2, 0.3, 0.4, 0.5, 0.6, 0.7, 0.8,...
                   0.9, 1.0 };
    double y[11] = { 0.0, 0.211, 0.378, 0.512, 0.623, 0.714,...
                   0.791, 0.856, 0.911, 0.959, 1.0 };
  if (!(ep = engOpen("\0"))) {
        fprintf(stderr, "\nCan't access MATLAB!\n");
        return EXIT_FAILURE;
  }
  X = mxCreateDoubleMatrix(1, 11, mxREAL);
    Y = mxCreateDoubleMatrix(1, 11, mxREAL);
  memcpy((void *)mxGetPr(X), (void *)x, sizeof(x));
    memcpy((void *)mxGetPr(Y), (void *)y, sizeof(y));
  engPutVariable(ep, "X", X);
    engPutVariable(ep, "Y", Y);
    engEvalString(ep, "diagonal =(0:1);");
```

```
  engEvalString(ep, "plot(X,Y,diagonal,diagonal);");
    engEvalString(ep, "grid on");
  engEvalString(ep, "title('Benzene - Toluene Equilibrium...
                  System');");
  engEvalString(ep, "xlabel('Benzene in Vapor(mole fraction)');");
  engEvalString(ep, "ylabel('Benzene in Liquid (mole fraction)');");
    system("pause");
    /* mxArray들을 삭제하고 MATLAB을 종료 */
  mxDestroyArray(X);
    mxDestroyArray(Y);
  engClose(ep);
  return 0;
}
```

엔진 프로그램의 컴파일

엔진 프로그램의 컴파일은 MEX 파일의 컴파일만큼 간단하지는 않다. 먼저 어떤 C 컴파일러를 이용할 것인지를 결정할 필요가 있다. 표 9.2에는 MATLAB과 호환 가능한 C/C++ 컴파일러들이 제시되어 있다. 여기에서는 MATLAB 2007버전 설치 패키지의 일부로서 MathWorks 사에 의하여 제공되는 LCC 컴파일러를 사용하고 있다.

일단 C 컴파일러가 인식되면 컴파일 도중에 이를 적절히 지정하기 위하여 해당되는 특정 컴파일러에 대한 배치파일(.bat)의 위치를 정할 필요가 있다.

```
>> mex -f c: \Progra~1 \MATLAB \R2007a \bin \win32 \mexopts
   \lccengmatopts.bat pl9_9.c
```

그림 9.12: 배치파일(.bat)의 위치설정.

표 9.2는 또한 이용 가능한 다른 배치파일들을 제시하고 있다.

표 9.2: MATLAB®과 호환이 가능한 C 컴파일러

컴파일러	버전	배치파일 이름
Borland C++ Builder 6	5.6	bccengmatopts.bat
Borland C++ Compiler	5.5	bcc55freematopts.bat
Intel C++	7.1	intelc71engmatopts.bat
Intel C++	9.1	intelc91engmatopts.bat
Microsoft Visual C++ 2005	8.0	msvc80engmatopts.bat
Microsoft Visual C++	7.1	msvc71engmatopts.bat
Microsoft Visual C/C++	6.0	msvc60engmatopts.bat
Open Watcom	1.3	openwatc13engmatopts.bat

pl9_9.c를 컴파일하면 실행파일 pl9_9.exe파일이 생성될 것이다. 이 파일을 수행하면 다음 결과가 얻어진다.

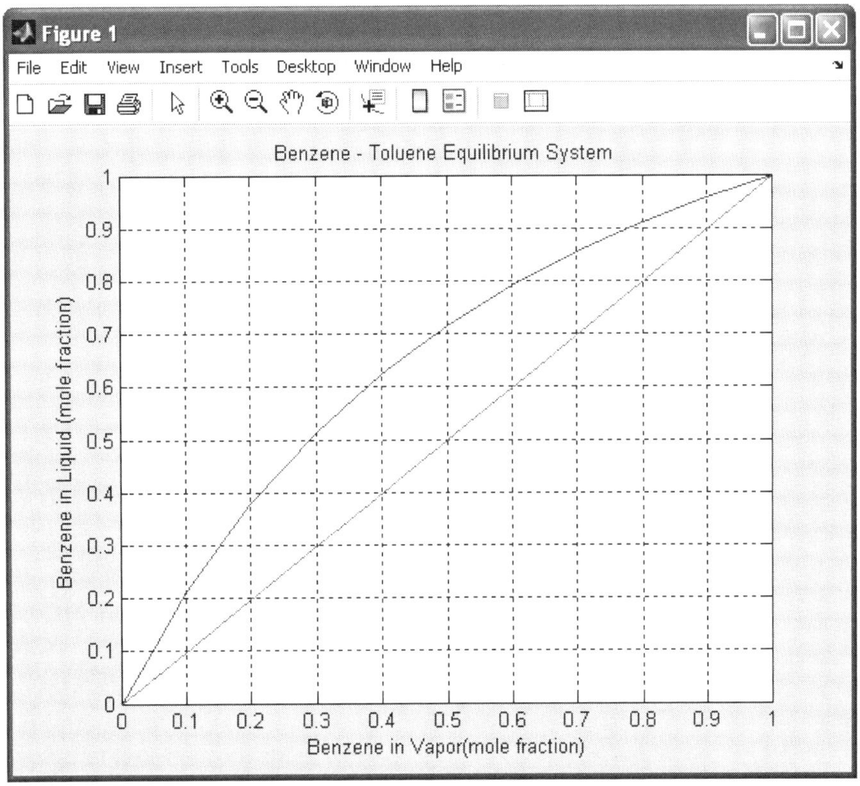

그림 9.13: 프로그램 9.9의 수행결과.

수정된 증류 프로그램

MATLAB® 엔진을 이용하는 이점을 더 예시하여 보기 위해 기존의 C 프로그램을 개선시켜 보자. 증류 문제를 해결하는 이전에 작성된 C 프로그램(프로그램 4.5)을 고려하여 여기에 MATLAB의 그래프 속성들을 결합시켜 보자.

그래프를 추가함으로써 사용자는 결과를 가시적으로 검증할 수 있으므로 프로그램의 가치를 더욱 인정하게 된다.

프로그램 9.10:

```
#include <stdio.h>
#include <stdlib.h>
#include "engine.h"
#include "benz_tol.h"
```

```
int main()
{
 Engine *ep;
 mxArray *X = NULL, *Y = NULL,*XMIN = NULL, *YMIN = NULL,...
        *XACT = NULL, *YACT = NULL;
 double x[11] = { 0.0, 0.1, 0.2, 0.3, 0.4, 0.5, 0.6, 0.7, 0.8,...
                  0.9, 1.0 };
 double y[11] = { 0.0, 0.211, 0.378, 0.512, 0.623, 0.714, 0.791,...
                  0.856, 0.911, 0.959, 1.0 };
 double pts[3];
 double xd=0,xf=0,xb=0,xcoor[100],ycoor[100],q,ycoorf,xcoorr,...
        xact[100],yact[100],xmin[100],ymin[100];
 double ycoorr,mr,mb,rmin,bmin,bact,dcoorr,ref,delm,delb;
 int j,n=0,nmin=0,fplate;
 printf("\nThis program will solve problems on Distillation of...
        Benzene-Toluene\n");
 printf("\nEnter fraction of benzene in distillate : ");
 scanf("%lf",&xd);
 printf("Enter fraction of benzene in feed : ");
 scanf("%lf",&xf);
 printf("Enter fraction of benzene in bottoms : ");
 scanf("%lf",&xb);
 printf("Enter q value : ");
 scanf("%lf",&q);
 j=0;ycoor[0]=xd;
 printf("Minimum Number of Plates\n");
 do{
   j++;
   xcoor[j]=benzenetoluene(ycoor[j-1],1);
   ycoor[j]=xcoor[j];
   nmin=j;
 }while(xcoor[j]>xb);
 xmin[0]=xd;
 ymin[0]=xd;
 for(j=1;j<nmin+1;j++)
 {
   printf("fraction  x=%lf     y=%lf      plate no. = %d \n\r",
          xcoor[j], ycoor[j-1], j);
   xmin[(2*j)-1]=xcoor[j];xmin[2*j]=xcoor[j];
   ymin[(2*j)-1]=ycoor[j-1];ymin[2*j]=ycoor[j];
 }
 /* for Minimum Reflux Ratio */
 if (q==1)
```

```
{
 xcoorr=xf;
 ycoorr=benzenetoluene(xcoorr,2);
}
else if (q==0)
{
 ycoorr=xf;
 xcoorr=benzenetoluene(ycoorr,1);
}
else
{
 if (q>1) xcoorr= xf;
 else if (q < 0)xcoorr= benzenetoluene(xb,1);
 else xcoorr= benzenetoluene(xf,1);
 do
 {
  xcoorr=xcoorr+0.00000005;
  ycoorf=(((-1*q)/(1-q))*xcoorr)+(xf/(1-q));
  ycoorr= benzenetoluene(xcoorr,2);
  dcoorr=ycoorf-ycoorr;
 }while(dcoorr > 0.000001 || dcoorr< -0.000001);
}
mr=(xd-ycoorr)/(xd-xcoorr);
bmin=ycoorr-(mr*xcoorr);
rmin=(xd/bmin)-1;
printf("Minimum reflux is = %lf\r\n",rmin);
printf("Enter reflux ratio : ");
scanf("%lf",&ref);
/* for Actual number of Plates */
if(q==1)(xcoorr=xf);
else
{
 delm=(xd/(ref+1))-(xf/(1-q));
 delb=((-1*q)/(1-q))-(ref/(ref+1));
 xcoorr=delm/delb;
}
ycoorr=((ref/(ref+1))*xcoorr)+(xd/(ref+1));
mb=(ycoorr-xb)/(xcoorr-xb);
bact=ycoorr-(mb*xcoorr);
j=0;ycoor[0]=xd;
do
{
 j++;
```

```
 xcoor[j]=benzenetoluene(ycoor[j-1],1);
 if(xcoor[j] >= xcoorr)
 {
  ycoor[j]=((ref/(ref+1))*xcoor[j])+(xd/(ref+1));
  fplate=j+1;
 }
 if(xcoor[j] < xcoorr)(ycoor[j]=(mb*xcoor[j])+bact);
 n=j;
}while(xcoor[j]>xb);
printf("Actual Number of Plates\r\n");
xact[0]=xd;
yact[0]=xd;
for(j=1;j<n+1;j++)
{
 printf("fraction   x=%lf     y=%lf      plate no. = %d \n\r",...
         xcoor[j], ycoor[j-1], j);
 xact[(2*j)-1]=xcoor[j]; xact[2*j]=xcoor[j];
 yact[(2*j)-1]=ycoor[j-1];yact[2*j]=ycoor[j];
}
printf("\nFeed is introduced in plate number %d\r\n",fplate);
if (!(ep = engOpen("\0"))) {
        fprintf(stderr, "\nCan't access MATLAB!\n");
        return EXIT_FAILURE;
 }
X = mxCreateDoubleMatrix(1, 11, mxREAL);
Y = mxCreateDoubleMatrix(1, 11, mxREAL);
XACT = mxCreateDoubleMatrix(1, (2*n+1), mxREAL);
YACT = mxCreateDoubleMatrix(1, (2*n+1), mxREAL);
XMIN = mxCreateDoubleMatrix(1, (2*nmin+1), mxREAL);
YMIN = mxCreateDoubleMatrix(1, (2*nmin+1), mxREAL);
memcpy((void *)mxGetPr(X), (void *)x, sizeof(x));
memcpy((void *)mxGetPr(Y), (void *)y, sizeof(y));
memcpy((void *)mxGetPr(XACT), (void *)xact, sizeof(xact));
memcpy((void *)mxGetPr(YACT), (void *)yact, sizeof(yact));
memcpy((void *)mxGetPr(XMIN), (void *)xmin, sizeof(xmin));
memcpy((void *)mxGetPr(YMIN), (void *)ymin, sizeof(ymin));
engPutVariable(ep, "X", X);
engPutVariable(ep, "Y", Y);
engPutVariable(ep, "XACT", XACT);
engPutVariable(ep, "YACT", YACT);
engPutVariable(ep, "XMIN", XMIN);
engPutVariable(ep, "YMIN", YMIN);
engEvalString(ep, "diagonal =(0:1);");
```

```
engEvalString(ep, "plot(X,Y,diagonal,diagonal,'--');");
engEvalString(ep, "grid on");
engEvalString(ep, "title('Benzene - Toluene Equilibrium...
              System');");
engEvalString(ep, "xlabel('Benzene in Vapor(mole fraction)');");
engEvalString(ep, "ylabel('Benzene in Liquid (mole fraction)');");
engEvalString(ep, "set(line(XACT,YACT),'Color','k',...
              'LineWidth',2);");
engEvalString(ep, "set(line(XMIN,YMIN),'LineStyle','--',...
              'Color','r','LineWidth',2);");
system("pause");
mxDestroyArray(X);
mxDestroyArray(Y);
mxDestroyArray(XACT);
mxDestroyArray(YACT);
mxDestroyArray(XMIN);
mxDestroyArray(YMIN);
engEvalString(ep, "close;");
return 0;
}
```

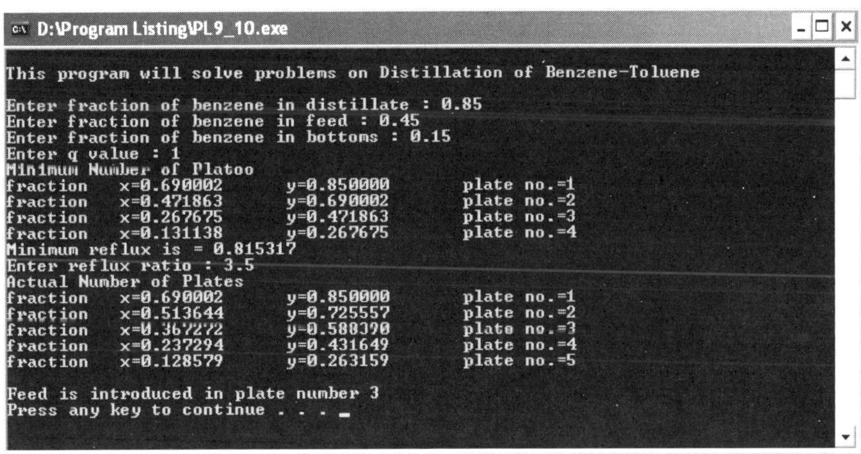

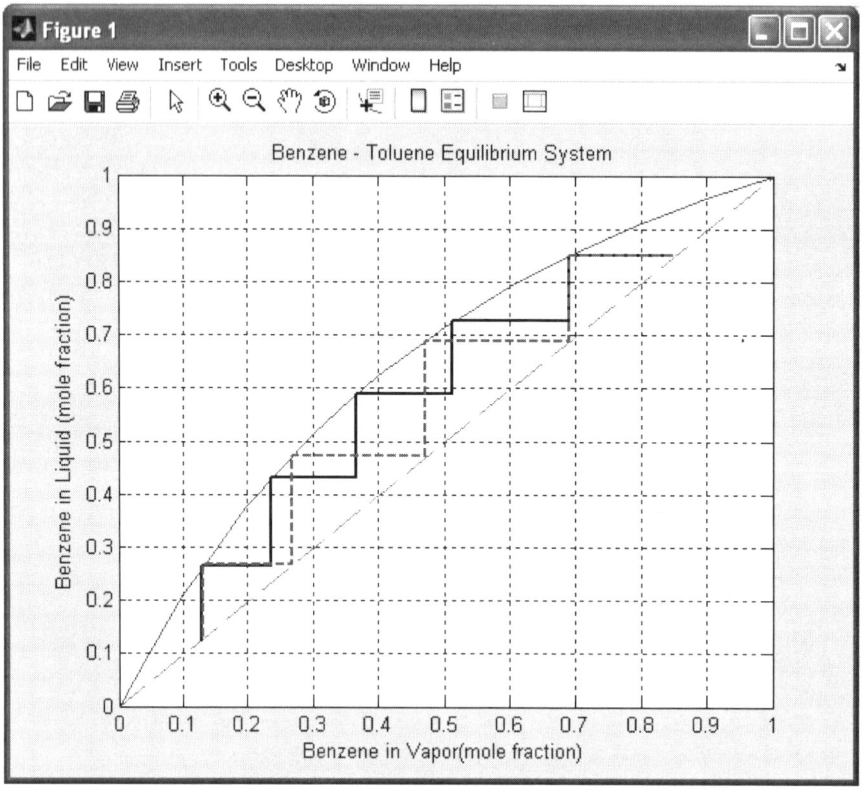

그림 9.14: 프로그램 9.10의 수행결과.

연습문제

1. 다음과 같은 단위변환을 수행하는 C MEX 파일을 작성하여라.

   (1) joule을 erg로(1J=10^7erg)
   (2) cP를 $lb_f - s/ft^2$로($1cP = 2.0886 \times 10^{-5} lb_f - s/ft^2$)
   (3) atm을 mmHg로(1atm=760mmHg)
   (4) hp를 kW로(1hp=0.74570kW)

2. 50℃의 5° Bx 설탕용액 15000 kg/h를 전면주입 4중효용 증발기에서 15° Bx로 농축시키고 있다. 125℃의 포화수증기를 이용할 수 있다. 마지막 증발기에서의 온도는 설탕 결정이 카라멜처럼 되지 않도록 105℃로 유지되고 있다. 각 증발기에서의 총괄 열전달계수(OHTC)는 각각 50, 100, 150, 그리고 200 $W/m^2 - K$이다. 용액의 낮은 농도로 인하여 비등점 상승을 무시할 수 있으며 비열은 물과 같다고 가정하고 증발기들에서 소요되는 가열면적을 구하여라. 1° Bx는 용액 100g당 설탕 1g을 의미한다. 프로그램 9.10을 수정하여 이 문제의 풀이에 이용하여라.

3. 프로그램 3.6(마찰계수 프로그램)을 수정하고 MATLAB 엔진을 구성하여 매끄러운 파이프에서의 흐름에 대한 마찰계수 도표를 그리는 기능을 포함시켜 보라. log-log 척도의 그래프 생성을 위하여 MATLAB의 loglog(x,y) 함수를 이용한다.

4. 프로그램 3.5(NaOH 용액에 대한 엔탈피 농도 프로그램)의 MEX 파일 버전을 작성하여 용액중의 NaOH 농도와 물의 비등점이 주어졌을 때 NaOH의 비등점을 구하는 함수를 생성하여라.

5. 어떤 실험에서 엔지니어는 어느 기체의 온도와 압력 사이의 관계를 나타내는 다음과 같은 식을 도출하였다: $P = 5.324 \times 10^{-7} T^3 + 2.696 \times 10^{-3} T^2 - 5.3T + 2242.05$ (P: atm, T: K). 13000 liter/mol의 몰 부피를 가정할 때 어느 온도와 압력에서 기체는 이상기체 거동을 보이겠는가? 이 문제의 풀이를 위하여 MATLAB 함수 quad()를 이용하는 MATLAB 엔진을 작성하여라.

중단 없는 전진

이 책을 마치는 가장 좋은 방법은 이 책을 마치지 않는 것이다. 해야 할 일들이 많으며 해결되어야 할 문제들이 더 많이 있고 좀 더 많은 프로그램들이 개발되어야 한다. 이 책이 촉매가 되어 화학공학 엔지니어들을 위한 보다 많은 응용 프로그램들의 개발에 여러분의 관심을 키워 나가기를 기대한다.

다음은 여러분이 탐색하여 볼 수 있는 몇 가지 영역들이다:

수송문제 – 최적화
정상상태 열교환기 – 열전달
보정된 로그평균 온도차의 계산 – 열전달
다단침출 – 물질전달
여과(고-액 분리) – 물질전달
유체 흐름의 측정 – 유체유동
건조 – 열 및 물질전달
흡수 – 물질전달

마지막으로 여러분의 미래의 프로그래밍 활동과 즐거운 컴퓨터 계산에 행운이 따르기를 기원한다.

부록 A

C/C++ 컴파일러

이 책의 프로그램 개발에는 개방된 Watcom C/C++ 컴파일러가 사용되었다. 이 컴파일러의 사본이 이 책에 수록된 CD-ROM에 포함되어 있다. 여기에서는 이를 포함하여 우리가 사용할 수 있는 여러 컴파일러들을 간단히 소개하고자 한다.

개방형 WATCOM C/C++

개방된 Watcom C/C++ 컴파일러는 EATCOM의 개방된 소스로서 이전에 Sybase and Powersoft에서 발매된 상용 컴파일러이다. 현 버전의 개방된 Watcom C/C++ 컴파일러(v. 1.6)는 전문가용의 최적화된 다중 플랫폼 C 및 C++ 컴파일러로서 DOS, 확장된 DOS, Novell NLM에서의 16비트 및 32비트 애플리케이션, 16비트 OS/2, 32비트 OS/2, 윈도우즈 3.x, 윈도우즈 95/98/Me, 윈도우즈 NT/2000/XP, 그리고 32비트 OS/2에서의 개발 및 디버깅을 위한 포괄적인 툴들을 지니고 있다.

이 패키지에는 통합개발환경(IDE), 텍스트 편집기, C++ 클래스 라이브러리, 그리고 샘플 프로그램들 등이 포함되어 있다.

통합개발환경(IDE)

IDE는 윈도우즈 3.x, 윈도우즈 95/98/Me, 윈도우즈 NT/2000/XP, 그리고 32비트 OS/2에서 수행된다. 이는 16비트 및 32비트 시스템에 대한 애플리케이션의 편집, 링크, 컴파일, 디버깅, 그리고 개발을 쉽게 하여 준다. 프로젝트는 EXE와 DLL 등과 같은 복수의 파일들을 포함할 수 있다. 이 환경에서는 수반되는 텍스트 편집기에서 살펴보고 편집할 수 있는 프로젝트에 대한 "makefiles"를 생성하기도 한다.

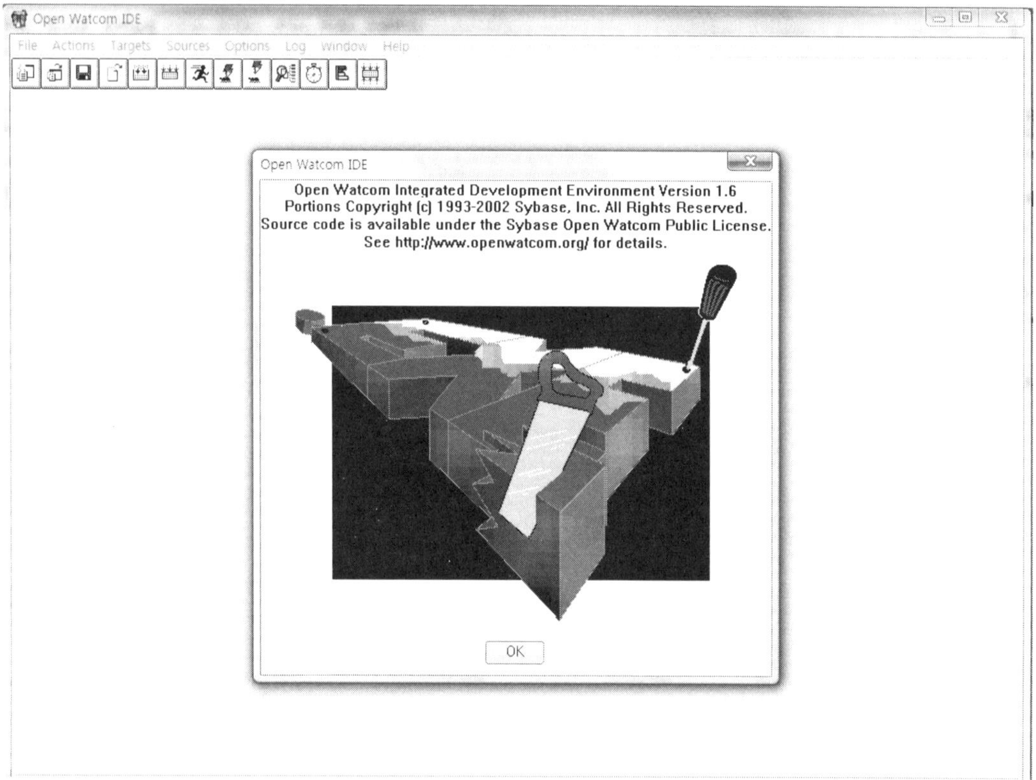

그림 A.1: 개방형 Watcom IDE.

텍스트 편집기

개방형 Watcom 텍스트 편집기는 IDE로부터 호출하거나 독립적으로 수행될 수 있다. 편집기는 명령어에 쉽게 접속할 수 있도록 툴바와 메뉴 항목들을 포함하고 있다. 사용자는 또한 다양한 색깔 및 폰트를 이용하여 구문의 서로 다른 부분들을 강조할 수 있으며 따라서 코드의 일부를 쉽게 찾을 수 있다. 편집기에서는 중괄호를 이용한 스마트 들여쓰기와 같은 통상적인 C 포맷 관례들도 이용할 수 있다.

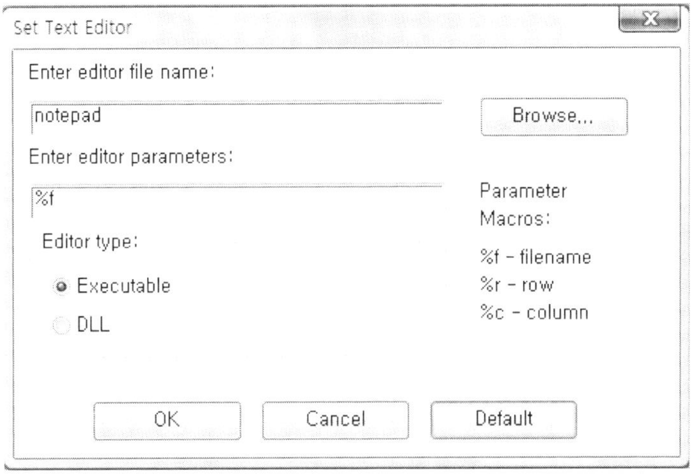

그림 A.2: 개방형 Watcom 편집기.

다른 개방형 C/C++ 컴파일러와 IDE

LCC Win32

LCC Win32의 운영 시스템은 적어도 윈도우즈 2000 이상이어야 한다. 컴파일러와 명령어 라인들은 어려움 없이 윈도우즈 95와 같은 오래된 OS에서도 작용하지만 IDE는 오래된 버전에서는 사용이 불가능한 속성들을 이용한다.

1995년 Logiciels/Informatique에서 개발된 이 컴파일러는 MATLAB과 호환이 가능한 C/C++ 컴파일러들 가운데 하나이다.

LCC Win32 사이트는 http://www.cs.virginia.edu/~lcc-win32/ 에서 접속할 수 있다.

Digital Mars C/C++

Win32, Win16, DOS32 및 DOS를 위한 Digital Mars C/C++ 컴파일러는 컴파일/링크 시간이 가장 빠르며 강력한 최적화 기법을 이용하는 것으로 알려져 있다. Contract에 의하여 고안되었으며 완전한 라이브러리 소스를 지니고 있고 HTML에서 검색 가능한 문서, 디어셈블러, 라이브러리, 리소스 컴파일러들을 포함하고 있다. 아울러 명령어 라인과 GUI 버전, 안내서, 샘플 코드, 온라인 수정, 표준 템플레이트 라이브러리 등을 수반하고 있다. Digital Mars 웹 사이트에 접속하면 더 많은 정보를 얻을 수 있다.

이 컴파일러는 http://www.digitalmars.com/에서 내려받을 수 있다.

Codc::Blocks

Code::Blocks는 개방형 C/C++ IDE로서 사용자들의 요구에 충실하도록 개발되었으며 확장성과 조정성이 매우 좋다. 맞춤형 프레임웍으로 개발된 Code::Blocks는 플러그인으로 확장될 수 있다. http://www.codeblocks.org/에 접속하면 더 많은 정보를 얻을 수 있다.

부록 B

MATLAB®

MATrix LABoratory를 의미하는 MATLAB은 프로그램 언어로서의 기능뿐만 아니라 수치계산을 위한 환경도 제공하여 준다. 원래의 MATLAB 프로그램은 1970년 Cleve Moler에 의하여 개발되었으며 MathWorks 사가 창립된 1984년 C 언어로 다시 작성되었다.

오늘날 MATLAB은 학계와 산업계에서 백만 명 이상이 사용하여 오고 있다. 공학영역의 연구에서 가치있는 도구로 인식되어 화학공학에서도 사용되고 있으며 학생들에게 컴퓨터 프로그래밍을 교육할 때 이용되고 있다.

MathWorks 사이트는 MATLAB 사용자들을 지원하고 있는데 http://www.mathworks.com/products/matlab에 접속하면 더 많은 정보를 얻을 수 있다.

이 사이트는 또한 다른 제품들, 서비스, 그리고 MATLAB 사용자 커뮤니티에 대한 링크를 제공하여 준다.

부록 C

C/C++ 함수와 프로그램 문장

다음은 사용 가능한 C/C++ 함수 및 프로그램 문들의 일부이다.

C 표준 입력/출력 함수

<stdio.h> 헤더파일에 포함된 요소:

printf(string) – 포맷된 결과를 스크린에 프린트
scanf(string&address) – 입력을 스캔하고 포맷
getchar(void) – 문자를 취한다.
putchar(char) – 문자를 출력
puts(string) – 문자열을 출력

C 콘솔 입력/출력 함수

<conio.h> 헤더파일에 포함된 요소:

clreol(void) – 텍스트 창의 끝 라인까지 삭제
clrscr(void) – 텍스트 모드 창을 삭제
cprintf(string) – 포맷된 결과를 스크린에 프린트
cscanf(string) – 콘솔로부터 입력을 스캔하고 포맷
getch(void) – 키보드로부터 문자를 취하지만 스크린에는 프린트하지 않는다.
getche(void) – 키보드로부터 문자를 취하고 스크린에 제시

gotoxy(int x, int y) - 창의 커서 위치를 지정
kbhit(void) - 현재 이용 가능한 키스트로크를 조사
wherex(void) - 창 내에서 수평위치를 제공
wherey(void) - 창 내에서 수직위치를 제공

C 기본수학함수

<math.h> 헤더파일에 포함된 요소:
acos(double x) - x의 arc cosine 값을 반환
asin(double x) - x의 arc sine 값을 반환
atan(double x) - x의 arc tangent 값을 반환
cos(double x) - x의 cosine 값을 반환
exp(double x) - 자연로그 e의 x승 값을 반환
fabs(double x) - x의 절대값을 반환
fmod(double x, double y) - x/y의 나머지를 반환
log(double x) - x의 자연로그 값을 반환
pow(double x, double y) - x의 y승 값을 반환
sin(double x) - x의 sine 값을 반환
sqrt(double x) - x의 제곱근 값을 반환
tan(double x) - x의 tangent 값을 반환

C 문자분류 및 변환함수

<ctype.h> 헤더파일에 포함된 요소:
tolower(char) - 소문자로 변환
toupper(char) - 대문자로 변환

C 표준 라이브러리 함수

<stdlib.h> 헤더파일에 포함된 요소:
abs(int) - 정수의 절대값을 반환
atof(string) - 문자열을 부동 소수점으로 전환
atoi(string) - 문자열을 정수로 전환
rand(void) - 불규칙 양의 정수를 반환
system(string *command) - 운영 시스템에 명령어를 제시

C 문자열 처리함수

<string.h> 헤더파일에 포함된 요소:

strcat(string, string) – 하나의 문자열을 다른 문자열에 이어붙임
strchr(string, char) – 주어진 문자가 처음 나타나는 문자열을 스캔
strcmp(string, string) – 하나의 문자열을 다른 문자열과 비교
strcpy(string variable, string) – 하나의 문자열을 다른 문자열에 복사
strlen(string) – 문자열의 길이를 규명
strrev(string) – 문자열을 거꾸로 배열
strstr(string, substring) – 주어진 substring이 나타나는 문자열을 스캔

C++ 입력/출력 스트림 객체

<iostream.h> 헤더파일에 포함된 요소:

cout – 데이터를 표준출력장치에 디스플레이. C의 printf()와 대등.
cin – 데이터를 표준입력장치로부터 읽는다. C의 scanf()와 대등.
cerr – 버퍼되지 않은 출력을 표준 오류 장치에 기록
clog – cerr과 유사하지만 버퍼된 출력을 이용.

C/C++ 키워드

아래에 보인 키워드들 가운데 일부는 이 책에서 사용된 것들이다. 이들은 C와 C++에서 이용 가능한 모든 키워드들의 완전한 복록이 아님을 유의하자.

C와 C++에 공통		배타적인 C++ 키워드
break	if	bool
case	int	class
char	return	delete
const	switch	false
default	void	private
do	while	public
double		throw
else		true
float		using
for		virtual

부록 D

MATLAB® 함수와 명령어

다음은 MATLAB 함수 및 명령어들의 일부이다.

MATLAB® 입력/출력 함수 및 명령어

clc – 명령어 창을 삭제
야네(string) – 배열이나 문자열을 디스플레이
fprintf(string) – 포맷된 결과를 스크린에 기록
input(string) – 입력을 포맷
; – 스크린 상에의 기록을 억제
format – 숫자의 디스플레이를 포맷. short, long, e, bank, 혹은 +와 함께 사용.

MATLAB® 수학함수

abs(x) – x의 절대값을 반환
acos(x) – x의 arc cosine 값을 반환
asin(x) – x의 arc sine 값을 반환
atan(x) – x의 arc tangent 값을 반환
ceil(x) – 양의 무한대까지 가장 근접한 정수값으로 반올림된 값을 반환
cos(x) – x의 cosine 값을 반환
exp(x) – 자연로그 e의 x승 값을 반환

상수 e – 자연로그의 기저(2.71828182845904와 같음)
floor(x) – 음의 무한대까지 가장 근접한 정수값으로 반올림된 값을 반환
log(x) – x의 자연로그 값을 반환
log10(x) – x의 기저 10인 로그 값을 반환
sin(x) – x의 sine 값을 반환
sqrt(x) – x의 제곱근 값을 반환
tan(x) – x의 tangent 값을 반환

다항식 함수

eig() – 행렬의 고유치를 반환
polyfit() – 가장 우수한 다항 접합식의 계수들을 반환
polyval() – 계산된 다항식 값을 반환
roots() – 다항방정식 근을 반환

최적화 함수

fminbnd() – 단일변수 함수의 최소값을 반환
fminsearch() – 다변수 함수의 최소값을 반환
fzero() – 함수값이 0과 같을 때 변수값을 반환

안짐작 함수

interp1() – 단일변수 함수의 안짐작을 수행
interp2() – 단일변수 함수의 안짐작을 수행

수치적분과 ODE 함수

quad() – 적응 Simpson 규칙을 이용하여 수치적분을 수행
quadl() – 함수의 수치적분을 수행
ode23() – 저차수 풀이기
ode45() – 중간차수 풀이기

MATLAB® 그래프 함수 및 명령어

axis – 축 한계를 설정하는 명령어
grid – 격자를 on하거나 off하는 명령어

loglog - 로그-로그 그래프를 생성
mesh - 3D 격자표면 그래프를 생성
plot() - xy 그래프를 작성하는 함수
surf() - 음영이 있는 3D 격자표면 그래프를 생성
title() - 그래프 상부에 텍스트 타이틀을 제공
xlabel() - x 축에 텍스트 라벨을 제공
ylabel() - y 축에 텍스트 라벨을 제공

MX 및 MEX 함수

mexFunction - MEX 파일의 입구점
mexGetVariable - 특정변수를 복사하고 mxArray를 반환
mexGetVariablePtr - 특정변수에 대한 읽기전용 포인터를 취한다.
mexPutVariable - MEX 함수로부터 포인터에서 mxArray를 복사
mxGetScalar - mxArray의 첫 번째 실수원소 값을 취한다.
mxCreateDoubleMatrix - 2차원 이중정밀도 부동소수점 mxArray를 생성
mxCreateDoubleScalar - 이중정밀도 스칼라를 생성
mxGetPr - mxArray의 실수 데이터의 시작주소를 결정
mxDestroyArray - mxCreate에 의하여 배정된 동적 메모리를 비운다.

MATLAB® 엔진함수

engPutVariable - MATLAB 엔진 작업공간에 변수를 위치
engEvalString - MATLAB 엔진 작업에서 문자열 표현을 수행
engGetVariable - MATLAB 엔진 작업공간으로부터 변수를 복사
engOpen - 엔진이 MATLAB 작업을 시작하도록 허용
engClose - MATLAB 엔진에 quit 명령어를 전달

부록 E

MATLAB® 그래픽 사용자 접속기(GUI) 입문

그래픽 사용자 접속기(GUI)는 사용자가 그래픽 디스플레이를 통하여 작업을 수행할 수 있도록 하여준다. 이에 따라 어떤 작업을 수행할 때 컴퓨터와 사용자 사이에 소통이 이루어지게 된다. MATLAB에는 그래픽 결과물의 개발에 이용될 수 있는 GUI 요소들이 있다. 아래에 보인 것들은 흔히 이용되는 요소들 가운데 일부이다.

Push 버튼 – 명령어 버튼으로도 지칭되며 이를 누르거나 클릭했을 때 컴퓨터가 수행하게 될 기능을 나타내는 텍스트 라벨을 포함하는 사각형 모양을 지닌다.

슬라이더 – 흔히 스크롤바로 알려져 있으며 사각형 골과 슬라이더, 그리고 화살표 버튼들로 구성된다. 이 슬리이더, 혹은 스크롤바는 대부분 사용자가 골을 따라 슬라이더를 마우스로 끌어 움직이거나 화살표 버튼을 클릭하여 움직임으로써 어떤 범위 내의 값을 선택할 수 있게 하여 주는 데에 사용된다.

Radio 버튼 – 옆에 라벨이 있는 버튼이다. 이 라벨은 버튼이 나타내는 옵션을 제시하여 준다. 선택되지 않은 버튼은 움푹 들어간 부분을 지니며 선택되거나 클릭된 버튼은 색깔로 채워진다. 이는 서로간에 관계없이 하나, 혹은 그 이상의 옵션들을 선택하는 데에 이용된다.

Check 박스 – Radio 버튼과의 차이는 그 모양에 있다. Radio 버튼은 대개 원형이지만 check 박스는 정사각형이며 선택된 박스는 체크 표시를 포함한다.

Edit 텍스트 – 이는 정사각형 공간으로서 사용자가 텍스트나 숫자들을 추가할 수 있다. 기본 텍스트를 포함할 수 있지만 사용자에 의하여 편집되거나 변경될 수 있다.

Static 텍스트 – 타이틀이나 라벨, 혹은 사용자에 의하여 편집되거나 변경될 수 없는 지시사항들을 나타내는 데에 사용된다.

Pop-up 메뉴 – 드롭다운 메뉴로도 알려져 있으며 가능한 옵션들을 나타내고 이를 목록에 제시하는 데에 이용된다. 하나의 옵션이 선택되고 메뉴가 닫혀지면 선택된 옵션의 라벨만이 가시적인 것이 된다.

List 박스 – 사용자가 목록으로부터 하나, 혹은 그 이상의 옵션을 선택할 수 있도록 하는 다중라인 텍스트를 갖는 박스이다. Pop-up 메뉴와 달리 list 박스는 닫혀질 수 없으며 목록은 언제나 가시적인 상태이다.

Toggle 버튼 – on(버튼을 누를 때)이나 off(버튼이 올려질 때)의 두 조건들을 나타내는 버튼으로서 각 조건은 프로그래머가 고안한 어떤 기능에 해당된다.

Axes – GUI의 선택된 부분에 그래프나 이미지를 나타낼 수 있도록 하여준다.

Panel – 선으로 경계지어진 음영이 있는 사각형이다. 이는 다른 요소들을 그룹으로 만드는 데에 이용된다.

Button 그룹 – Panel과 유사하지만 radio 버튼과 toggle 버튼들의 배타적인 선택만을 허용하는 점이 다르다. 사용자가 버튼을 클릭하면 이 버튼이 선택되며 그룹 내의 다른 모든 버튼들은 선택되지 않은 상태로 된다.

위의 요소들은 callback이라고 불리는 기록된 지시사항이나 일련의 프로그램 루틴들과 연결되어 있다. 예를 들어 사용자가 버튼을 클릭하거나 메뉴로부터 하나의 항목을 선택함으로써 그래픽 접속기와 작용하면 callback이 수행된다.

프로그래밍 작업을 최소화하기 위해 MATLAB은 GUIDE(GUI Development Environment)라고 불리는 환경을 제공하고 있다. 여기에서는 이용 가능한 성분들을 클릭하고 이끌어 냄으로써 접속기를 생성하고 레이아웃할 수 있다. GUIDE를 시작하려면 MATLAB 주 데스크탑 창의 메뉴바에서 GUIDE 아이콘을 클릭한다(그림 E.1 참조).

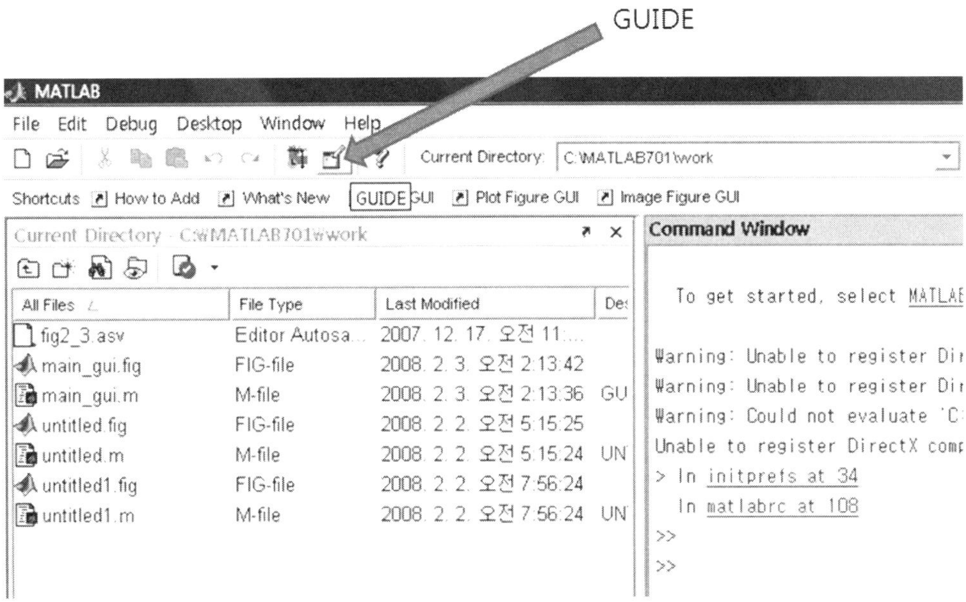

그림 E.1: GUIDE 아이콘.

GUIDE(GUI 구축기)를 선택하면 GUIDE Quick Start 창이 나타나며 기능이나 항목의 선택을 대기하고 있다.

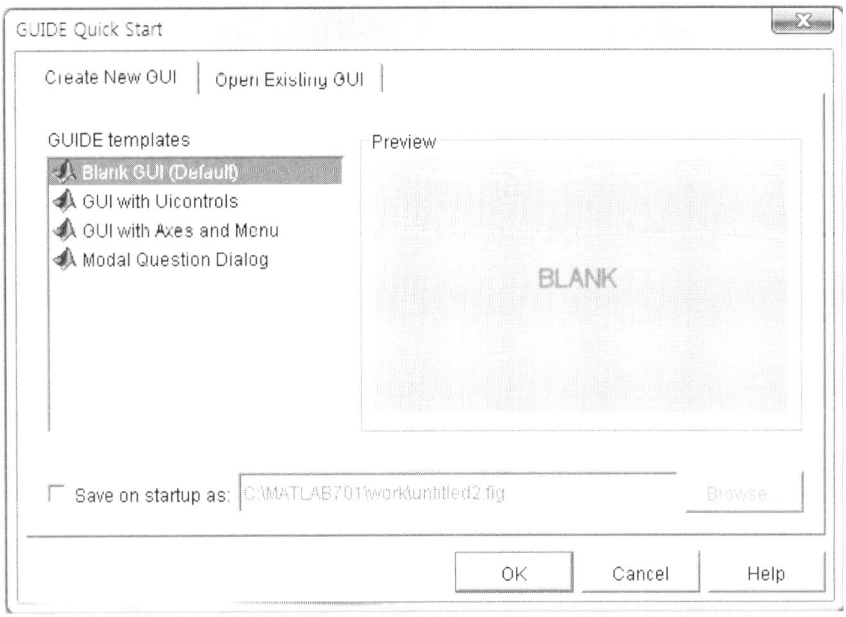

그림 E.2: GUIDE Quick Start 창.

이에 따라 우리는 (Default 옵션을 선택함으로써) 새로운 GUI를 생성하거나 (.fig 파일 이름 확장자를 갖는) 기존의 GUI를 열 수 있다. Blank GUI 템플레이트를 선택하여 새로운 GUI를 시작하여 보자. 이는 미리 구성된 GUI로서 우리가 원하는 디자인 레이아웃을 수정하고 적용할 수 있게 하여 준다.

템플레이트를 선택한 후에는 빈 레이아웃 영역을 갖는 Layout 편집기가 나타난다. 이 영역을 왼쪽의 Layout 편집기 부분에서 이용 가능한 서로 다른 요소들로 채울 수 있다. 왼쪽 부분의 성분을 우리가 원하는 위치로 끌어서 추가할 수 있다.

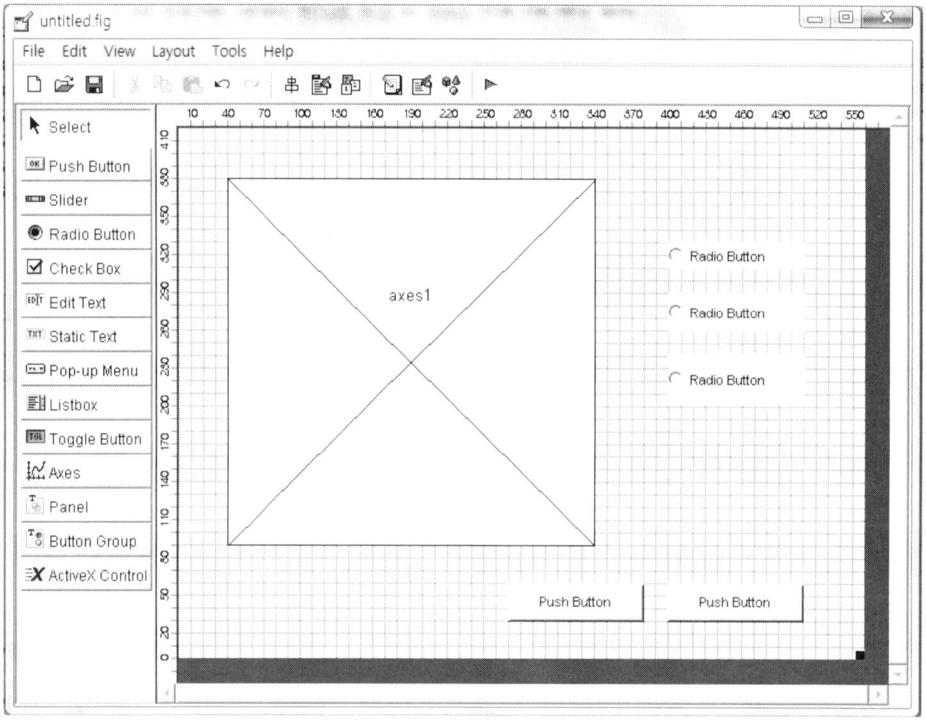

그림 E.3: MATLAB® Layout 편집기.

다음에 레이아웃을 저장하여 Fig 파일과 M 파일이 생성되도록 한다. Fig 파일은 GUI의 그림 레이아웃을 포함하며 M 파일은 GUI callback들을 포함한다. 우리가 원하는 방식으로 기능을 수행할 수 있도록 하려면 생성된 M 파일에 약간의 프로그램 작업이 더 필요하다.

다른 보기로서 Claudio Gelmi가 개발한 프로그램을 열어보자. 이 파일은 MATLAB 중앙 웹사이트 http://www.mathworks.com/matlabcentral/fileexchange/loadFile.do?objectId=10387&objectType=file에 게시되어 있다. 여기에는 또한 접속기와 함께 프로그램을 수행하기 위한 해당되는 M 파일도 제공되어 있다.

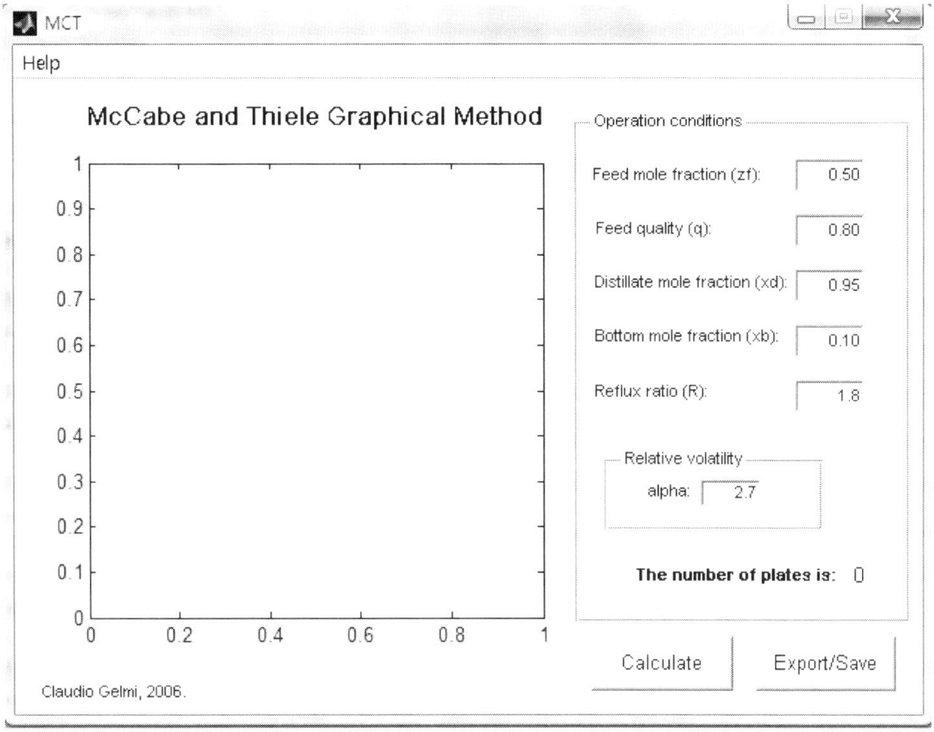

그림 E.4: MCT.fig 레이아웃.

```
function varargout = MCT(varargin)
% MCT M-file for MCT.fig
%      MCT, by itself, creates a new MCT or raises the existing
%      singleton*.
%
%      H = MCT returns the handle to a new MCT or the handle to
%      the existing singleton*.
%
%      MCT('Property','Value',...) creates a new MCT using the
%      given property value pairs. Unrecognized properties are
%      passed viavarargin to MCT_OpeningFcn.  This calling syntax
%      produces a warning when there is an existing singleton*.
%
%      MCT('CALLBACK') and MCT('CALLBACK',hObject,...) call the
%      local function named CALLBACK in MCT.M with the given input
%      arguments.
%
%      *See GUI Options on GUIDE's Tools menu.  Choose "GUI allows
%      only one instance to run (singleton)".
```

```
%
% See also: GUIDE, GUIDATA, GUIHANDLES

% Edit the above text to modify the response to help MCT

% Last Modified by GUIDE v2.5 11-Feb-2006 15:04:42

% Begin initialization code - DO NOT EDIT
gui_Singleton = 1;
gui_State = struct('gui_Name',       mfilename, ...
    'gui_Singleton',  gui_Singleton, ...
    'gui_OpeningFcn', @MCT_OpeningFcn, ...
    'gui_OutputFcn',  @MCT_OutputFcn, ...
    'gui_LayoutFcn',  [], ...
    'gui_Callback',   []);
if nargin && ischar(varargin{1})
    gui_State.gui_Callback = str2func(varargin{1});
end

if nargout
    [varargout{1:nargout}] = gui_mainfcn(gui_State, varargin{:});
else
    gui_mainfcn(gui_State, varargin{:});
end
% End initialization code - DO NOT EDIT


% --- Executes just before MCT is made visible.
function MCT_OpeningFcn(hObject, eventdata, handles, varargin)
% This function has no output args, see OutputFcn.
% hObject    handle to figure
% eventdata  reserved - to be defined in a future version of MATLAB
% handles    structure with handles and user data (see GUIDATA)
% varargin   unrecognized PropertyName/PropertyValue pairs from
%            the command line (see VARARGIN)

% Choose default command line output for MCT
handles.output = hObject;

% Update handles structure
guidata(hObject, handles);

% UIWAIT makes MCT wait for user response (see UIRESUME)
```

```
% uiwait(handles.figure1);


% --- Outputs from this function are returned to the command line.
function varargout = MCT_OutputFcn(hObject, eventdata, handles)
% varargout  cell array for returning output args (see VARARGOUT);
% hObject    handle to figure
% eventdata  reserved - to be defined in a future version of MATLAB
% handles    structure with handles and user data (see GUIDATA)

% Get default command line output from handles structure
varargout{1} = handles.output;

function zf_Callback(hObject, eventdata, handles)
% hObject    handle to zf (see GCBO)
% eventdata  reserved - to be defined in a future version of MATLAB
% handles    structure with handles and user data (see GUIDATA)

% Hints: get(hObject,'String') returns contents of zf as text
%        str2double(get(hObject,'String')) returns contents of zf
%        as a double

% --- Executes during object creation, after setting all properties.
function zf_CreateFcn(hObject, eventdata, handles)
% hObject    handle to zf (see GCBO)
% eventdata  reserved - to be defined in a future version of MATLAB
% handles    empty - handles not created until after all
%             CreateFcns called

% Hint: edit controls usually have a white background on Windows.
%       See ISPC and COMPUTER.
if ispc && isequal(get(hObject,'BackgroundColor'),...
       get(0,'defaultUicontrolBackgroundColor'))
    set(hObject,'BackgroundColor','white');
end

function q_Callback(hObject, eventdata, handles)
% hObject    handle to q (see GCBO)
% eventdata  reserved - to be defined in a future version of MATLAB
% handles    structure with handles and user data (see GUIDATA)

% Hints: get(hObject,'String') returns contents of q as text
%        str2double(get(hObject,'String')) returns contents of q
```

```
%       as a double

% --- Executes during object creation, after setting all properties.
function q_CreateFcn(hObject, eventdata, handles)
% hObject    handle to q (see GCBO)
% eventdata  reserved - to be defined in a future version of MATLAB
% handles    empty - handles not created until after all
%             CreateFcns called

% Hint: edit controls usually have a white background on Windows.
%      See ISPC and COMPUTER.
if ispc && isequal(get(hObject,'BackgroundColor'),...
        get(0,'defaultUicontrolBackgroundColor'))
    set(hObject,'BackgroundColor','white');
end

function xd_Callback(hObject, eventdata, handles)
% hObject    handle to xd (see GCBO)
% eventdata  reserved - to be defined in a future version of MATLAB
% handles    structure with handles and user data (see GUIDATA)

% Hints: get(hObject,'String') returns contents of xd as text
%       str2double(get(hObject,'String')) returns contents of xd
%       as a double

% --- Executes during object creation, after setting all properties.
function xd_CreateFcn(hObject, eventdata, handles)
% hObject    handle to xd (see GCBO)
% eventdata  reserved - to be defined in a future version of MATLAB
% handles    empty - handles not created until after all
%             CreateFcns called

% Hint: edit controls usually have a white background on Windows.
%      See ISPC and COMPUTER.
if ispc && isequal(get(hObject,'BackgroundColor'),...
        get(0,'defaultUicontrolBackgroundColor'))
    set(hObject,'BackgroundColor','white');
end

function xb_Callback(hObject, eventdata, handles)
% hObject    handle to xb (see GCBO)
% eventdata  reserved - to be defined in a future version of MATLAB
% handles    structure with handles and user data (see GUIDATA)
```

```
% Hints: get(hObject,'String') returns contents of xb as text
%        str2double(get(hObject,'String')) returns contents of xb
%        as a double

% --- Executes during object creation, after setting all properties.
function xb_CreateFcn(hObject, eventdata, handles)
% hObject    handle to xb (see GCBO)
% eventdata  reserved - to be defined in a future version of MATLAB
% handles    empty - handles not created until after all
%            CreateFcns called

% Hint: edit controls usually have a white background on Windows.
%       See ISPC and COMPUTER.
if ispc && isequal(get(hObject,'BackgroundColor'),...
       get(0,'defaultUicontrolBackgroundColor'))
    set(hObject,'BackgroundColor','white');
end

function R_Callback(hObject, eventdata, handles)
% hObject    handle to R (see GCBO)
% eventdata  reserved - to be defined in a future version of MATLAB
% handles    structure with handles and user data (see GUIDATA)

% Hints: get(hObject,'String') returns contents of R as text
%        str2double(get(hObject,'String')) returns contents of R
%        as a double

% --- Executes during object creation, after setting all properties.
function R_CreateFcn(hObject, eventdata, handles)
% hObject    handle to R (see GCBO)
% eventdata  reserved - to be defined in a future version of MATLAB
% handles    empty - handles not created until after all
%            CreateFcns called

% Hint: edit controls usually have a white background on Windows.
%       See ISPC and COMPUTER.
if ispc && isequal(get(hObject,'BackgroundColor'),...
       get(0,'defaultUicontrolBackgroundColor'))
    set(hObject,'BackgroundColor','white');
end

function alpha_Callback(hObject, eventdata, handles)
```

```
% hObject    handle to alpha (see GCBO)
% eventdata  reserved - to be defined in a future version of MATLAB
% handles    structure with handles and user data (see GUIDATA)

% Hints: get(hObject,'String') returns contents of alpha as text
%        str2double(get(hObject,'String')) returns contents of
%        alpha as a double

% --- Executes during object creation, after setting all properties.
function alpha_CreateFcn(hObject, eventdata, handles)
% hObject    handle to alpha (see GCBO)
% eventdata  reserved - to be defined in a future version of MATLAB
% handles    empty - handles not created until after all
%             CreateFcns called

% Hint: edit controls usually have a white background on Windows.
%       See ISPC and COMPUTER.
if ispc && isequal(get(hObject,'BackgroundColor'),...
       get(0,'defaultUicontrolBackgroundColor'))
    set(hObject,'BackgroundColor','white');
end

% --- Executes on button press in calculate.
function calculate_Callback(hObject, eventdata, handles)
% hObject    handle to calculate (see GCBO)
% eventdata  reserved - to be defined in a future version of MATLAB
% handles    structure with handles and user data (see GUIDATA)

% Get data from GUI
alpha = str2double(get(handles.alpha,'String'));
R = str2double(get(handles.R,'String'));
q = str2double(get(handles.q,'String'));
zf = str2double(get(handles.zf,'String'));
xb = str2double(get(handles.xb,'String'));
xd = str2double(get(handles.xd,'String'));

% Error checks
if any([zf xb xd] >= 1) || any([zf xb xd] <= 0)
    errordlg('The molar fractions (zf,xb,xd) must be between 0 and 1!')
    return
end

if q > 1 || q < 0
```

```
    errordlg('The feed quality must be between 0 and 1 (0 <= q <= 1)!')
    return
end

if alpha < 1
    errordlg('Alpha must be greater than 1!')
    return
end

% Computation of equilibrium curve
ye = 0:0.01:1;
xe = equilib(ye,alpha);

% Computing the intersection of feed line and operating lines
xi = (-(q-1)*(1-R/(R+1))*xd-zf)/((q-1)*R/(R+1)-q);
yi = (zf+xd*q/R)/(1+q/R);

% plotting operating feed lines and equilibrium curve
axes(handles.axes1)
cla
hold on
plot(xe,ye,'r','LineWidth',1)
xlabel('X','FontWeight','bold'), ylabel('Y','FontWeight','bold')
axis([0 1 0 1])
set(line([xd xi,zf xi,xb xi],[xd yi,zf yi,xb yi]),'Color','b')
set(line([0 1],[0 1]),'Color','k')

% Stepping off stages
% Rectifying section
i = 1;
xp(1) = xd;
yp(1) = xd;
y = xd;
while xp(i) > xi
    xp(i+1)= equilib(y,alpha);
    yp(i+1)= R/(R+1)*xp(i+1)+xd/(R+1);
    y = yp(i+1);
    set(line([xp(i) xp(i+1)],[yp(i) yp(i)]),'Color','m')
    text(xp(i+1),yp(i),num2str(i))
    if xp(i+1) > xi
        set(line([xp(i+1) xp(i+1)],[yp(i) yp(i+1)]),'Color','m')
    end
    i = i+1;
```

```
    if i > 20
        errordlg('The distillation is not possible! Try a
                    different operation condition')
        return
    end
end

% Stripping section
ss = (yi-xb)/(xi-xb);
yp(i) = ss*(xp(i)-xb)+xb;
y = yp(i);
set(line([xp(i) xp(i)],[yp(i-1) yp(i)]),'Color','m')

while xp(i) > xb
    xp(i+1) = equilib(y,alpha);
    yp(i+1) = ss*(xp(i+1)-xb)+xb;
    y = yp(i+1);
    set(line([xp(i) xp(i+1)],[yp(i) yp(i)]),'Color','m');
    text(xp(i+1),yp(i),num2str(i))
    if xp(i+1) > xb
        set(line([xp(i+1) xp(i+1)],[yp(i) yp(i+1)]),'Color','m')
    end
    i = i+1;
end
hold off

% Write on the GUI the final number of plates
set(handles.numplates,'String',i-1);

%%%%%%%%%%%%%%%%%%%%%%%%%%%
function x = equilib(y,alpha)
% Constant relative volatility model
x = y./(alpha-y*(alpha-1));

% --- Executes on button press in pushbutton9.
function pushbutton9_Callback(hObject, eventdata, handles)
% hObject    handle to pushbutton9 (see GCBO)
% eventdata  reserved - to be defined in a future version of MATLAB
% handles    structure with handles and user data (see GUIDATA)

fig2 = figure;

alpha = get(handles.alpha,'String');
```

```
R = get(handles.R,'String');
q = get(handles.q,'String');
zf = get(handles.zf,'String');
xb = get(handles.xb,'String');
xd = get(handles.xd,'String');

% copy axes into the new figure (this is not trivial)
new_handle = copyobj(handles.axes1,fig2);
set(new_handle, 'units', 'normalized', 'position',...
   [0.13 0.11 0.775 0.815]);
text(0.75,0.35,['zf = ' zf]); text(0.75,0.3,['q = ' q]);...
     text(0.75,0.25,['xd = ' xd])
text(0.75,0.2,['xb = ' xb]); text(0.75,0.15,['R = ' R]);...
     text(0.75,0.1,['alpha = ' alpha])
rectangle('Position',[0.7,0.05,0.25,0.35])

% Save the graph with a unique name
hgsave(new_handle,genvarname(['mctd_' datestr(clock, 'HHMMSS')]))

% --------------------------------------------------------------------
function HelpMenu_Callback(hObject, eventdata, handles)
% hObject    handle to HelpMenu (see GCBO)
% eventdata  reserved - to be defined in a future version of MATLAB
% handles    structure with handles and user data (see GUIDATA)

% --------------------------------------------------------------------
function AboutMenu_Callback(hObject, eventdata, handles)
% hObject    handle to AboutMenu (see GCBO)
% eventdata  reserved - to be defined in a future version of MATLAB
% handles    structure with handles and user data (see GUIDATA)

% Credits and final reference (Text Box in Help/About)
help.message = {{'This GUI was created following the McCabe and
Thiele Graphical Method in: ' ...
    '''McCabe, Smith and Harriott. Unit Operations of Chemical
Engineering, ' ...
    'McGraw-Hill, 7th Edition, 2004.' ...
    '''The autor wants to acknowledge the function "McCabe-Thiele
Method for an Ideal Binary Mixture" (FileID = 4472) by Housam
Binous.'...
    '''Comments, bugs or suggestions, please write to
cgelmi@gmail.com' ...
    '''                                          Claudio Gelmi,
```

```
2006'};'About this GUI'};
msgbox(help.message{1},help.message{2}
```

이 프로그램은 GUI를 이용하여 사용자가 McCabe와 Thiele 그래프 방법에 의해 증류탑에서의 실제 단 수를 구하는 데에 필요한 운전조건들을 입력하도록 하고 있다. 이 프로그램은 또한 일정한 상대휘발도를 이용하여 평형곡선을 추정하고 있다.

이 절에서 GUI를 이용한 MATLAB 프로그램의 개발 방법에 관한 상세한 내용을 논의하려고 한 것은 아니다. 이 절에서는 다만 그래픽 사용자 접속기 개발에 관한 MATLAB의 특징들에 대한 개요를 제공하고 있다. 따라서 이 주제에 대하여 더 알기를 원한다면 http://www.mathworks.com/access/helpde나/help/pdf_doc/matlab/buildgui.pdf 사이트에서 얻을 수 있는 MATLAB7 그래픽 사용자 접속기 생성하기 문서를 참조하기를 권장한다.

부록 F

다른 행렬기반 프로그램 언어

MATLAB®을 학생들이 구입하기가 어려운 점을 고려하여 MATLAB과 유사한 특성을 가지며 인터넷에서 확보가 가능한 다른 소프트웨어 프로그램들을 소개하고자 한다. 이 소프트웨어들 역시 행렬을 기본 데이터 형태로 취하며 복소수에 대한 지원도구를 내장하고 있다. 무엇보다 중요한 것은 이들이 무료라는 점이다. MATLAB과 유사한 특징을 갖는 소프트웨어들 가운데 잘 알려진 두 가지는 Scilab과 GNU Octave이다.

Scilab

INRIA의 Scilab 그룹에 의하여 개발된 Scilab은 MATLAB과 유사한 구문과 특징들을 갖는다. 이 언어는 행렬기반 언어이므로 행렬처리와 수학적 연산을 수행할 수 있다. 또한 이 언어는 개방형 프로그래밍 환경으로서 사용자가 스스로의 함수를 개발하는 것을 권장하고 있다. 마지막으로 이 언어는 우수한 도움말과 지원도구를 지니고 있으며 용이한 설치를 위해 소스 및 이진버전으로 확보가 가능하다.

홈페이지: http://www.scilab.org

도움말페이지: http://www.scilab.org/product/index_product.php

내려받는 페이지: http://www.scilab.org/download/index_download.php?page=release.html

GNU Octave

GNC Octave는 MATLAB 및 Scilab과 마찬가지로 수치계산에 적합하다. 이 언어는 또한 공학계산의 수행과 선형 및 비선형 방정식의 풀이를 위한 명령어 라인 접속기를 지니고 있다. 무엇보다 좋은 점은 이 언어가 무료라는 사실뿐만 아니라 Free Software Foundation에서 간행된 GNU General Public License(GPL) 하에 수정과 재배포가 가능하다는 점이다.

유닉스(혹은 이와 유사한 운영체계) 사용자에게는 Octave가 MATLAB과 호환성이 보다 우수하기 때문에 Scilab보다 뛰어나다. 그러나 윈도우즈 사용자에게는 Octave 수행이 어려울 수 있다. 이에 대한 해결책은 GNU Octave 프로그램 언어를 위한 통합 개발환경인 Octave Workshop을 설치하는 것이다.

GNU Octave

홈페이지: http://www.gnu.org/software/octave
도움말페이지: http://www.gnu.org/software/octave/docs.html
내려받는 페이지: http://www.gnu.org/software/octave/download.html

Octave Workshop

홈 및 내려받는 페이지: http://www.math.mcgill.ca/loisel/octave-workshop

부록 G

IAPWS 95C 프로그램

(by Stephen L. Moshier)

```
/* iapws95.c
  Thermodynamic properties of water and steam
  IAPWS copyright applicable to the numerical tables and formulas
  reproduced herein:
    The International Association for the Properties of Water and
    Steam
                        Frederica, Denmark
                          September 1996
    Release on the IAPWS Formulation 1995 for the Thermodynamic
          Properties of Ordinary Water Substance for General
          and Scientific Use
     (c) International Association for the Properties of Water and
     Steam. Publication in whole or in part is allowed in all
     countries provided that attribution is given to the International
     Association for the Properties of Water and Steam.
  This computer program copyright (c) 2007 by Stephen L. Moshier
  Permission is granted to use and distribute this work freely,
  provided that these notices are retained.
*/
#include <stdio.h>
#include <stdlib.h>
extern double log (double), exp (double);
extern double pow (double, double);
extern double sqrt (double);
/* Use only pow if powi not available.  */
#define powi pow
```

```
/* extern double powi (double, int); */
/* Notations:
   T : absolute temperature on the International Temperature Scale
       of 1990
   rho: mass density, kg m^-3
   delta = rho / rho_c
   tau = T_c / T
*/
static double T_c = 647.096; /* Critical absolute temperature,
       degrees K */
static double rho_c = 322.; /* Critical mass density, kg m^-3 */
static double R = 0.46151805; /* Specific gas constant, kJ kg^-1
       K^-1 */
  /* Table 1 of IAPWS95.
     Numerical values of the coefficients and parameters of
     the ideal-gas part phi_0 of the dimensionless Helmholtz free
     energy Eq(5).  */
static double gc[8] = {
  -8.32044648201,
  6.6832105268,
  3.00632,
  0.012436,
  0.97315,
  1.27950,
  0.96956,
  0.24873
};
static double ge[5] = {
  1.28728967,
  3.53734222,
  7.74073708,
  9.24437796,
 27.5075105
};
/* Table 2 of IAPWS95.
   Numerical values of the coefficients and parameters of the
   residual part of the dimensionless Helmholtz free energy,
   Eq.(6)  */
struct iapws_term_float
{
  int ci;
  int di;
  double ti;
```

```
  double ni;
};
struct iapws_term
{
  int ci;
  int di;
  int ti;
  double ni;
};
static struct iapws_term_float p[] = {
  /*  i     ci  di   ti       ni  */
  /*  0 */ /* {-1, -1, -1.0,   -1.0},*/
  /*  1 */ {-1,  1, -0.5,    0.12533547935523e-1},
  /*  2 */ {-1,  1,  0.875,  0.78957634722828e1},
  /*  3 */ {-1,  1,  1.0,   -0.87803203303561e1},
  /*  4 */ {-1,  2,  0.5,    0.31802509345418e0},
  /*  5 */ {-1,  2,  0.75,  -0.26145533859358e0},
  /*  6 */ {-1,  3,  0.375, -0.78199751687981e-2},
  /*  7 */ {-1,  4,  1.0,    0.88089493102134e-2},
};
static struct iapws_term q[] = {
  /*  i     ci  di   ti       ni  */
  /*  8 */ { 1,  1,  4,   -0.66856572307965e0},
  /*  9 */ { 1,  1,  6,    0.20433810950965e0},
  /* 10 */ { 1,  1, 12,   -0.66212605039687e-4},
  /* 11 */ { 1,  2,  1,   -0.19232721156002e0},
  /* 12 */ { 1,  2,  5,   -0.25709043003438e0},
  /* 13 */ { 1,  3,  4,    0.16074868486251e0},
  /* 14 */ { 1,  4,  2,   -0.40092828925807e-1},
  /* 15 */ { 1,  4, 13,    0.39343422603254e-6},
  /* 16 */ { 1,  5,  9,   -0.75941377088144e-5},
  /* 17 */ { 1,  7,  3,    0.56250979351888e-3},
  /* 18 */ { 1,  9,  4,   -0.15608652257135e-4},
  /* 19 */ { 1, 10, 11,    0.11537996422951e-8},
  /* 20 */ { 1, 11,  4,    0.36582165144204e-6},
  /* 21 */ { 1, 13, 13,   -0.13251180074668e-11},
  /* 22 */ { 1, 15,  1,   -0.62639586912454e-9},
  /* 23 */ { 2,  1,  7,   -0.10793600908932e0},
  /* 24 */ { 2,  2,  1,    0.17611491008752e-1},
  /* 25 */ { 2,  2,  9,    0.22132295167546e0},
  /* 26 */ { 2,  2, 10,   -0.40247669763528e0},
  /* 27 */ { 2,  3, 10,    0.58083399985759e0},
  /* 28 */ { 2,  4,  3,    0.49969146990806e-2},
```

```
  /* 29 */ { 2,  4,  7,   -0.31358700712549e-1},
  /* 30 */ { 2,  4, 10,   -0.74315929710341e0},
  /* 31 */ { 2,  5, 10,    0.47807329915480e0},
  /* 32 */ { 2,  6,  6,    0.20527940895948e-1},
  /* 33 */ { 2,  6, 10,   -0.13636435110343e0},
  /* 34 */ { 2,  7, 10,    0.14180634400617e-1},
  /* 35 */ { 2,  9,  1,    0.83326504880713e-2},
  /* 36 */ { 2,  9,  2,   -0.29052336009585e-1},
  /* 37 */ { 2,  9,  3,    0.38615085574206e-1},
  /* 38 */ { 2,  9,  4,   -0.20393486513704e-1},
  /* 39 */ { 2,  9,  8,   -0.16554050063734e-2},
  /* 40 */ { 2, 10,  6,    0.19955571979541e-2},
  /* 41 */ { 2, 10,  9,    0.15870308324157e-3},
  /* 42 */ { 2, 12,  8,   -0.16388568342530e-4},
  /* 43 */ { 3,  3, 16,    0.43613615723811e-1},
  /* 44 */ { 3,  4, 22,    0.34994005463765e-1},
  /* 45 */ { 3,  4, 23,   -0.76788197844621e-1},
  /* 46 */ { 3,  5, 23,    0.22446277332006e-1},
  /* 47 */ { 4, 14, 10,   -0.62689710414685e-4},
  /* 48 */ { 6,  3, 50,   -0.55711118565645e-9},
  /* 49 */ { 6,  6, 44,   -0.19905718354408e0},
  /* 50 */ { 6,  6, 46,    0.31777497330738e0},
  /* 51 */ { 6,  6, 50,   -0.11841182425981e0},
};
struct z_coef {
  int ci;
  int di;
  int ti;
  double ni;
  int alphai;
  int betai;
  double gammai;
  int epsiloni;
};
static struct z_coef z[3] = {
  /* i      ci  di ti    ni             alphai betai gammai epsiloni */
  /* 52 */ {-1,  3,  0,  -0.31306260323435e2,  20,   150,  1.21,    1},
  /* 53 */ {-1,  3,  1,   0.31546140237781e2,  20,   150,  1.21,    1},
  /* 54 */ {-1,  3,  4,  -0.25213154341695e4,  20,   250,  1.25,    1}
};
struct y_coef {
  double ai;
  double bi;
```

```
  double Bi;
  double ni;
  int Ci;
  int Di;
  double Ai;
  double betai;
};
static struct y_coef y[2] = {
  /* i      ai    bi   Bi        ni               Ci  Di    Ai  betai */
  /* 55 */ {3.5, 0.85, 0.2, -0.14874640856724e0, 28, 700, 0.32, 0.3},
  /* 56 */ {3.5, 0.95, 0.2,  0.31806110878444e0, 32, 800, 0.32, 0.3}
};
static double delta;  /* rho / rho_c  */
static double tau;    /* T_c / T  */
static double dm1;     /* delta - 1  */
static double d2;     /* (delta - 1)^2  */
static double t1;     /* 1 - tau */
static double t2;     /* (1 - tau)^2  */
/* Temporary variables  */
static double psi, theta, Delta, dc, de, te, ex;
static double phi_0, phi_r;
static double d_phi_d_tau_0, d_phi_d_tau_r;
static double d2_phi_d_tau2_0, d2_phi_d_tau2_r;
static double d_phi_d_delta_0, d_phi_d_delta_r;
static double d2_phi_d_delta2_0, d2_phi_d_delta2_r;
static double d2_phi_d_delta_d_tau_0, d2_phi_d_delta_d_tau_r;
static double d_Delta_d_delta;
static double d2_Delta_d_delta2;
static double d_Deltabi_d_delta;
static double d2_Deltabi_d_delta2;
static double d_Deltabi_d_tau;
static double d2_Deltabi_d_tau2;
static double d2_Deltabi_d_delta_d_tau;
static double d_psi_d_delta;
static double d2_psi_d_delta2;
static double d2_psi_d_delta_d_tau;
static double d_psi_d_tau;
static double d2_psi_d_tau2;
/* Evaluate derived parameters used by all the routines.  */
int
iapws_common (double T, double rho)
{
  if (T <= 0.0)
```

```
    return -1;
  delta = rho / rho_c;
  tau = T_c / T;
  /* (delta - 1.0) ^2 */
  dm1 = (rho - rho_c)/ rho_c;
  d2 = dm1 * dm1;
  /* 1 - tau */
  t1 = (T - T_c) / T;
  /* (tau - 1) ^ 2 */
  t2 = t1 * t1;
  return 0;
}
/* Dimensionless Helmholtz free energy, phi. */
double
iapws_helmholtz (void)
{
  double s;
  int i;
  /* Ideal gas part, phi_0 */
  s = log (delta)
  + gc[0]
  + gc[1] * tau
  + gc[2] * log (tau)
    /* should use log1p */
  + gc[3] * log (1.0 - exp (-ge[0] * tau))
  + gc[4] * log (1.0 - exp (-ge[1] * tau))
  + gc[5] * log (1.0 - exp (-ge[2] * tau))
  + gc[6] * log (1.0 - exp (-ge[3] * tau))
    /* check for exponential underflow */
  + gc[7] * log (1.0 - exp (-ge[4] * tau));
  phi_0 = s;
  /* Residual part, phi_r.  */
  s = 0.0;
  for (i = 0; i < 7; i++)
    {
      s = s + p[i].ni * powi (delta, p[i].di) * pow (tau, p[i].ti);
    }
  for (i = 0; i < 44; i++)
    {
      dc = powi (delta, q[i].ci);
      s = s + q[i].ni * powi (delta, q[i].di) * powi (tau, q[i].ti)
              * exp (-dc);
    }
```

```
  for (i = 0; i < 3; i++)
    {
      de = delta - z[i].epsiloni;
      te = tau - z[i].gammai;
      ex = -z[i].alphai * de * de - z[i].betai * te * te;
      s = s + z[i].ni * powi (delta, z[i].di) * powi (tau, z[i].ti)
              * exp(ex);
    }
  for (i = 0; i < 2; i++)
    {
      psi = exp (-y[i].Ci * d2 - y[i].Di * t2);
      theta = t1 + y[i].Ai * pow(d2, 0.5 / y[i].betai);
      Delta = theta * theta + y[i].Bi * pow(d2, y[i].ai);
      s = s + y[i].ni * pow(Delta, y[i].bi) * delta * psi;
    }
  phi_r = s;
  return (phi_0 + phi_r);
}
/* Derivative of phi with respect to delta.  */
double
f_d_phi_d_delta_r (void)
{
  double s;
  int i;
  s = 0.0;
  for (i = 0; i < 7; i++)
    {
      s = s + p[i].ni * p[i].di * powi (delta, p[i].di - 1)
            * pow (tau, p[i].ti);
    }
  for (i = 0; i < 44; i++)
    {
      dc = powi (delta, q[i].ci);
      s = s + q[i].ni * exp (-dc)
            * (powi (delta, q[i].di - 1) * powi (tau, q[i].ti)
              * (q[i].di - q[i].ci * dc));
    }
  for (i = 0; i < 3; i++)
    {
      de = delta - z[i].epsiloni;
      te = tau - z[i].gammai;
      ex = -z[i].alphai * de * de - z[i].betai * te * te;
      s = s + z[i].ni * powi (delta, z[i].di) * powi (tau, z[i].ti)
```

```
      * exp(ex) * (z[i].di / delta  -  2.0 * z[i].alphai * de);
    }
  for (i = 0; i < 2; i++)
    {
      psi = exp (-y[i].Ci * d2 - y[i].Di * t2);
      theta = t1 + y[i].Ai * pow(d2, 0.5 / y[i].betai);
      Delta = theta * theta + y[i].Bi * pow(d2, y[i].ai);
      d_psi_d_delta = -2.0 * y[i].Ci * dm1 * psi;
      d_Delta_d_delta = dm1 * (y[i].Ai * theta
                * (2.0 / y[i].betai) * pow(d2, (0.5/y[i].betai) - 1)
                + 2.0 * y[i].Bi * y[i].ai * pow(d2,y[i].ai - 1));
      d_Deltabi_d_delta = y[i].bi * pow(Delta, y[i].bi - 1)
                * d_Delta_d_delta;
      s = s + y[i].ni * (pow(Delta, y[i].bi) * (psi + delta
                * d_psi_d_delta) + d_Deltabi_d_delta * delta * psi);
    }
  return s;
}
/* Ideal gas part of the derivative of phi with respect to delta.  */
double
f_d_phi_d_delta_0 (void)
{
  return (1.0 / delta);
}
/* Second derivative of phi with respect to delta.
   Residual part.  */
double
f_d2_phi_d_delta2_r (void)
{
  double s, d, dd;
  double Delta_bim1;
  int i;
  s = 0.0;
  for (i = 0; i < 7; i++)
    {
      s = s + p[i].ni * p[i].di * (p[i].di - 1)
          * powi (delta, p[i].di - 2) * pow (tau, p[i].ti);
    }
  for (i = 0; i < 44; i++)
    {
      dc = powi (delta, q[i].ci);
      s = s + q[i].ni * exp (-dc)
        * (powi (delta, q[i].di - 2) * powi (tau, q[i].ti)
```

```
      * ((q[i].di - q[i].ci * dc) * (q[i].di - 1 - q[i].ci * dc)
      - q[i].ci * q[i].ci * dc));
  }
for (i = 0; i < 3; i++)
  {
    de = delta - z[i].epsiloni;
    te = tau - z[i].gammai;
    ex = -z[i].alphai * de * de - z[i].betai * te * te;
    dd = powi (delta, z[i].di);
    s = s + z[i].ni * powi (tau, z[i].ti) * exp(ex)
    * (-2.0 * z[i].alphai * dd
      + 4.0 * z[i].alphai * z[i].alphai * dd * de * de
      - 4.0 * z[i].di * z[i].alphai * powi (delta, z[i].di - 1) * de
      + z[i].di * (z[i].di - 1) * powi (delta, z[i].di - 2));
  }
for (i = 0; i < 2; i++)
  {
    psi = exp (-y[i].Ci * d2 - y[i].Di * t2);
    theta = t1 + y[i].Ai * pow(d2, 0.5 / y[i].betai);
    Delta = theta * theta + y[i].Bi * pow(d2, y[i].ai);
    d_psi_d_delta = -2.0 * y[i].Ci * dm1 * psi;
    d2_psi_d_delta2 = (2.0 * y[i].Ci * d2 - 1.0) * 2.0 * y[i].Ci
                    * psi;
    d_Delta_d_delta = dm1 * (y[i].Ai * theta
            * (2.0 / y[i].betai) * pow(d2, (0.5/y[i].betai) - 1)
            + 2.0 * y[i].Bi * y[i].ai * pow(d2,y[i].ai - 1.0));
    d = (y[i].Ai / y[i].betai) * pow (d2, 0.5/y[i].betai - 1.0);
    d2_Delta_d_delta2 = (d_Delta_d_delta / dm1)
      + d2 * (4.0 * y[i].Bi * y[i].ai * (y[i].ai - 1)
            * pow (d2, y[i].ai - 2.0)
        + 2.0 * d * d
        + y[i].Ai * theta * (4.0/y[i].betai)
            * (0.5/y[i].betai - 1.0)
            * pow (d2, 0.5/y[i].betai - 2.0));
    Delta_bim1 = pow (Delta, y[i].bi - 1);
    d_Deltabi_d_delta = y[i].bi * Delta_bim1 * d_Delta_d_delta;
    d2_Deltabi_d_delta2 = y[i].bi * (Delta_bim1
            * d2_Delta_d_delta2
            + (y[i].bi - 1) * pow(Delta, y[i].bi - 2)
            * d_Delta_d_delta * d_Delta_d_delta);
    s = s + y[i].ni * (pow(Delta, y[i].bi)
            * (2.0 * d_psi_d_delta + delta * d2_psi_d_delta2)
            + 2.0 * d_Deltabi_d_delta * (psi + delta
```

```
                * d_psi_d_delta)
                + d2_Deltabi_d_delta2 * delta * psi);
    }
  return s;
}
/* Second derivative of phi with respect to delta.
   Ideal gas part.  */
double
f_d2_phi_d_delta2_0 (void)
{
  return (-1.0 / (delta * delta));
}
/* Derivative of phi with respect to tau.
   Residual part.  */
double
f_d_phi_d_tau_r (void)
{
  double s;
  int i;
  s = 0.0;
  for (i = 0; i < 7; i++)
    {
      s = s + p[i].ni * p[i].ti * powi (delta, p[i].di)
        * pow (tau, p[i].ti - 1);
    }
  for (i = 0; i < 44; i++)
    {
      dc = powi (delta, q[i].ci);
      s = s + q[i].ni * q[i].ti * powi (delta, q[i].di)
        * powi (tau, q[i].ti - 1) * exp (-dc);
    }
  for (i = 0; i < 3; i++)
    {
      de = delta - z[i].epsiloni;
      te = tau - z[i].gammai;
      ex = -z[i].alphai * de * de - z[i].betai * te * te;
      s = s + z[i].ni * powi (delta, z[i].di) * powi (tau, z[i].ti)
        * exp(ex) * (z[i].ti/tau  -  2.0 * z[i].betai * te);
    }
  for (i = 0; i < 2; i++)
    {
      psi = exp (-y[i].Ci * d2 - y[i].Di * t2);
      theta = t1 + y[i].Ai * pow(d2, 0.5 / y[i].betai);
```

```
        Delta = theta * theta + y[i].Bi * pow(d2, y[i].ai);
        d_psi_d_tau = 2.0 * y[i].Di * t1 * psi; /* t1 is (1 - tau) */
        d_Deltabi_d_tau = -2.0 * theta * y[i].bi
                          * pow (Delta, y[i].bi - 1.0);
        s = s + y[i].ni * delta * (d_Deltabi_d_tau * psi
                                   + pow(Delta, y[i].bi) * d_psi_d_tau);
      }
    return s;
}
/* Derivative of phi with respect to tau.
   Ideal gas part.  */
double
f_d_phi_d_tau_0 (void)
{
  double s;
  s = gc[1]
    + gc[2] / tau
    + gc[3] * ge[0] * (1.0/ (1.0 - exp (-ge[0] * tau)) - 1)
    + gc[4] * ge[1] * (1.0/ (1.0 - exp (-ge[1] * tau)) - 1)
    + gc[5] * ge[2] * (1.0/ (1.0 - exp (-ge[2] * tau)) - 1)
    + gc[6] * ge[3] * (1.0/ (1.0 - exp (-ge[3] * tau)) - 1)
    + gc[7] * ge[4] * (1.0/ (1.0 - exp (-ge[4] * tau)) - 1);
  return s;
}
/* Second derivative of phi with respect to tau.
   Residual part.  */
double
f_d2_phi_d_tau2_r (void)
{
  double s, d, dd;
  double Delta_bim1;
  int i;
  s = 0.0;
  for (i = 0; i < 7; i++)
    {
      s = s + p[i].ni * p[i].ti * (p[i].ti - 1)
          * powi (delta, p[i].di) * pow (tau, p[i].ti - 2);
    }
  for (i = 0; i < 44; i++)
    {
      dc = powi (delta, q[i].ci);
      s = s + q[i].ni * q[i].ti * (q[i].ti - 1)
          * powi (delta, q[i].di)
```

```
          * powi (tau, q[i].ti - 2) * exp (-dc);
    }
  for (i = 0; i < 3; i++)
    {
      de = delta - z[i].epsiloni;
      te = tau - z[i].gammai;
      ex = -z[i].alphai * de * de - z[i].betai * te * te;
      dd = powi (delta, z[i].di);
      d = (z[i].ti / tau) - 2.0 * z[i].betai * te;
      s = s + z[i].ni * dd * powi (tau, z[i].ti) * exp(ex)
        * (d * d - (z[i].ti / (tau * tau)) - 2.0 * z[i].betai);
    }
  for (i = 0; i < 2; i++)
    {
      psi = exp (-y[i].Ci * d2 - y[i].Di * t2);
      theta = t1 + y[i].Ai * pow(d2, 0.5 / y[i].betai);
      Delta = theta * theta + y[i].Bi * pow(d2, y[i].ai);
      d_psi_d_tau = 2.0 * y[i].Di * t1 * psi; /* t1 is (1 - tau) */
      d2_psi_d_tau2 = (2.0 * y[i].Di * t2 - 1.0) * 2.0 * y[i].Di
                      * psi;
      Delta_bim1 = pow (Delta, y[i].bi - 1.0);
      d_Deltabi_d_tau = -2.0 * theta * y[i].bi * Delta_bim1;
      d2_Deltabi_d_tau2 = 2.0 * y[i].bi * Delta_bim1
        + 4.0 * theta * theta * y[i].bi * (y[i].bi - 1)
        * pow(Delta, y[i].bi - 2);
      s = s + y[i].ni * delta * (d2_Deltabi_d_tau2 * psi
                      + 2.0 * d_Deltabi_d_tau * d_psi_d_tau
                      + pow (Delta, y[i].bi) * d2_psi_d_tau2);
    }
  return s;
}
/* Second derivative of phi with respect to tau.
   Ideal gas part.  */
double
f_d2_phi_d_tau2_0 (void)
{
  double s, e, em1;
  int i;
  s = gc[2] / (tau * tau);
  for (i = 0; i < 5; i++)
    {
      e = exp (-ge[i] * tau);
      em1 = 1.0 - e;
```

```
      s = s + gc[3 + i] * ge[i] * ge[i] * e / (em1 * em1);
    }
  return (-s);
}
/* Second derivative of phi with respect to delta and tau.
   Residual part.
   The ideal gas part = 0.  */
double
f_d2_phi_d_delta_d_tau_r (void)
{
  double s, d, dd;
  double Delta_bim1;
  int i;
  s = 0.0;
  for (i = 0; i < 7; i++)
    {
      s = s + p[i].ni * p[i].di * p[i].ti * powi (delta, p[i].di - 1)
            * pow (tau, p[i].ti - 1);
    }
  for (i = 0; i < 44; i++)
    {
      dc = powi (delta, q[i].ci);
      s = s + q[i].ni * q[i].ti * powi (delta, q[i].di - 1)
        * powi (tau, q[i].ti - 1) * (q[i].di - q[i].ci * dc)
        * exp (-dc);
    }
  for (i = 0; i < 3; i++)
    {
      de = delta - z[i].epsiloni;
      te = tau - z[i].gammai;
      ex = -z[i].alphai * de * de - z[i].betai * te * te;
      dd = powi (delta, z[i].di);
      s = s + z[i].ni * dd * powi (tau, z[i].ti) * exp(ex)
        * ((z[i].di / delta) - 2.0 * z[i].alphai * de)
        * ((z[i].ti / tau) - 2.0 * z[i].betai * te);
    }
  for (i = 0; i < 2; i++)
    {
      psi = exp (-y[i].Ci * d2 - y[i].Di * t2);
      theta = t1 + y[i].Ai * pow(d2, 0.5 / y[i].betai);
      Delta = theta * theta + y[i].Bi * pow(d2, y[i].ai);
      /* Note in the following two lines, t1 is (1 - tau) */
      d_psi_d_tau = 2.0 * y[i].Di * t1 * psi;
```

```
        d_psi_d_delta = -2.0 * y[i].Ci * dm1 * psi;
        d2_psi_d_delta_d_tau = -4.0 * y[i].Ci * y[i].Di * dm1 * t1
                             * psi;
        d2_psi_d_tau2 = (2.0 * y[i].Di * t2 - 1.0) * 2.0 * y[i].Di
                             * psi;
        Delta_bim1 = pow (Delta, y[i].bi - 1);
        d_Deltabi_d_tau = -2.0 * theta * y[i].bi * Delta_bim1;
        d2_Deltabi_d_tau2 = 2.0 * y[i].bi * Delta_bim1
          + 4.0 * theta * theta * y[i].bi * (y[i].bi - 1)
          * pow(Delta, y[i].bi - 2.0);
        d_Delta_d_delta = dm1 * (y[i].Ai * theta
                  * (2.0 / y[i].betai)
                  * pow(d2, (0.5/y[i].betai) - 1.0)
                  + 2.0 * y[i].Bi * y[i].ai * pow(d2,y[i].ai - 1.0));
        d_Deltabi_d_delta = y[i].bi * Delta_bim1 * d_Delta_d_delta;
        d2_Deltabi_d_delta_d_tau = -y[i].Ai * y[i].bi
            * (2.0/y[i].betai)
            * Delta_bim1 * dm1 * pow (d2, 0.5/y[i].betai - 1.0)
          - 2.0 * theta * y[i].bi * (y[i].bi - 1)
          * pow(Delta, y[i].bi - 2.0)
          * d_Delta_d_delta;
        s = s + y[i].ni * (pow(Delta, y[i].bi)* (d_psi_d_tau
                  + delta * d2_psi_d_delta_d_tau)
                  + delta * d_Deltabi_d_delta * d_psi_d_tau
                  + d_Deltabi_d_tau * (psi + delta * d_psi_d_delta)
                  + d2_Deltabi_d_delta_d_tau * delta * psi);
    }
  return s;
}
/* Pressure in M Pa, as a function of temperature and density.  */
double pressure (double T, double rho)
{
  double s;
  iapws_common (T, rho);
  d_phi_d_delta_r = f_d_phi_d_delta_r ();
  s = (1.0 + delta * d_phi_d_delta_r) * rho * R * T;
  return (0.001 * s);
}
/* Specific isochoric heat capacity, kJ kg^-1 K^-1  */
double cv (double T, double rho)
{
  double s;
  iapws_common (T, rho);
```

```
  d2_phi_d_tau2_0 = f_d2_phi_d_tau2_0 ();
  d2_phi_d_tau2_r = f_d2_phi_d_tau2_r ();
  s = -tau * tau * (d2_phi_d_tau2_0 + d2_phi_d_tau2_r) * R;
  return s;
}
/* Speed of sound, m s^-1.  */
double sound (double T, double rho)
{
  double s;
  iapws_common (T, rho);
  d_phi_d_delta_r = f_d_phi_d_delta_r ();
  d2_phi_d_delta2_r = f_d2_phi_d_delta2_r ();
  d2_phi_d_delta_d_tau_r = f_d2_phi_d_delta_d_tau_r ();
  d2_phi_d_tau2_0 = f_d2_phi_d_tau2_0 ();
  d2_phi_d_tau2_r = f_d2_phi_d_tau2_r ();
  s = 1.0 + delta * d_phi_d_delta_r - delta * tau
       * d2_phi_d_delta_d_tau_r;
  s = - (s * s) / (tau * tau * (d2_phi_d_tau2_0
       + d2_phi_d_tau2_r));
  s = s + delta * delta * d2_phi_d_delta2_r;
  s = s + 2.0 * delta * d_phi_d_delta_r;
  s = (s + 1.0) * R * T * 1000.0;
  s = sqrt (s);
  return s;
}
/* Specific entropy, kJ kg^-1 K^-1 */
double entropy (double T, double rho)
{
  double s;
  iapws_common (T, rho);
  d_phi_d_tau_0 = f_d_phi_d_tau_0 ();
  d_phi_d_tau_r = f_d_phi_d_tau_r ();
  s = tau * (d_phi_d_tau_0 + d_phi_d_tau_r) - iapws_helmholtz ();
  return (R * s);
}
/* Specific enthalpy, J kg^-1 */
double enthalpy (double T, double rho)
{
  double s;
  iapws_common (T, rho);
  d_phi_d_tau_0 = f_d_phi_d_tau_0 ();
  d_phi_d_tau_r = f_d_phi_d_tau_r ();
  d_phi_d_delta_r = f_d_phi_d_delta_r ();
```

```
  s = 1.0 + tau * (d_phi_d_tau_0 + d_phi_d_tau_r) + delta
       * d_phi_d_delta_r;
  return (s * R * T);
}
/* Specific internal energy  */
double internal_energy (double T, double rho)
{
  double s;
  iapws_common (T, rho);
  d_phi_d_tau_0 = f_d_phi_d_tau_0 ();
  d_phi_d_tau_r = f_d_phi_d_tau_r ();
  s = tau * (d_phi_d_tau_0 + d_phi_d_tau_r) * R * T;
  return s;
}
/* Table 7 of IAPWS95.
   Thermodynamic property values in the single-phase region for
   selected values of T and rho  */
struct test
{
  double T;    /* Temperature, Kelvin */
  double rho;  /* Density, kg m^-3 */
  double p;    /* Pressure, M Pa  */
  double cv;   /* Isochoric heat capacity, kJ kg^-1 K^-1 */
  double w;    /* Speed of sound, m s^-1 */
  double s;    /* Entropy, kJ kg^-1 K^-1 */
};
#define N_TEST 11
static struct test test_vec[N_TEST] = {
 /* T        rho          p              cv              w              s */
{300., 0.9965560e3, 0.99242e-1,   0.413018111e1, 0.150151914e4, 0.393062642e0},
{300., 0.1005308e4, 0.200022514e2, 0.406798347e1, 0.153492501e4, 0.387405401e0},
{300., 0.1188202e4, 0.700004704e3, 0.346135580e1, 0.244357992e4, 0.132609616e0},
{500., 0.4350000e0, 0.999679423e-1, 0.150817541e1, 0.548314253e3, 0.794488271e1},
{500., 0.4532000e1, 0.999938125e0, 0.166991025e1, 0.535739001e3, 0.682502725e1},
{500., 0.8380250e3, 0.100003858e2, 0.322106219e1, 0.127128441e4, 0.256690918e1},
{500., 0.1084564e4, 0.700000405e3, 0.307437693e1, 0.241200877e4, 0.203237509e1},
{647., 0.3580000e3, 0.220384756e2, 0.618315728e1, 0.252145078e3, 0.432092307e1},
{900., 0.2410000e0, 0.100062559e0, 0.175890657e1, 0.724027147e3, 0.916653194e1},
{900., 0.5261500e2, 0.200000690e2, 0.193510526e1, 0.698445674e3, 0.659070225e1},
{900., 0.8707690e3, 0.700000006e3, 0.266422350e1, 0.201933608e4, 0.417223802e1},
};
/* Compare computed values with the table above.  */
void
```

```
check_test(double ref, double y)
{
  double e;
  e = (y - ref) / ref;
  if (e < 0)
      e = -e;
  if (e > 7e-9)
      printf ("\n%.16e should be %.16e\n", y, ref);
}
/* Test program.  */
/* Compute and print tables from the IAPWS95 document.
   Calculation using the 80-bit extended-precision floating point
   arithmetic on an Intel PC yields the same results as double
   precision */
void
print_tables (void)
{
  double T, rho;
  double p, y;
  int i;
  T = 500.0;
  rho = 838.025;
  i = iapws_common (T, rho);
  if (i)
    {
      printf ("Invalid input.\n");
      cxit (1);
    }
  printf ("\nComputing Table 6 of IAPWS95.\n");
  printf ("T = 500K, rho = 838.025 kg m-3\n");
  iapws_helmholtz ();
  printf ("phi_0 = %.8e,  ", phi_0);
  printf ("phi_r = %.8e\n", phi_r);
  d_phi_d_delta_0 = f_d_phi_d_delta_0 ();
  printf ("d_phi_d_delta_0 = %.8e,  ", d_phi_d_delta_0);
  d_phi_d_delta_r = f_d_phi_d_delta_r ();
  printf ("d_phi_d_delta_r = %.8e\n", d_phi_d_delta_r);
  d2_phi_d_delta2_0 = f_d2_phi_d_delta2_0 ();
  printf ("d2_phi_d_delta2_0 = %.8e,  ", d2_phi_d_delta2_0);
  d2_phi_d_delta2_r = f_d2_phi_d_delta2_r ();
  printf ("d2_phi_d_delta2_r = %.8e\n", d2_phi_d_delta2_r);
  d_phi_d_tau_0 = f_d_phi_d_tau_0 ();
  printf ("d_phi_d_tau_0 = %.8e,  ", d_phi_d_tau_0);
```

```
d_phi_d_tau_r =  f_d_phi_d_tau_r ();
printf ("d_phi_d_tau_r = %.8e\n", d_phi_d_tau_r);
d2_phi_d_tau2_0 = f_d2_phi_d_tau2_0 ();
printf ("d2_phi_d_tau2_0 = %.8e,  ", d2_phi_d_tau2_0);
d2_phi_d_tau2_r = f_d2_phi_d_tau2_r ();
printf ("d2_phi_d_tau2_r = %.8e\n", d2_phi_d_tau2_r);
d2_phi_d_delta_d_tau_r = f_d2_phi_d_delta_d_tau_r ();
printf ("d2_phi_d_delta_d_tau_r = %.8e\n",
d2_phi_d_delta_d_tau_r);
printf ("\nComputing Table 7 of IAPWS95.\n");
printf (
   "  T    rho          p            c_v         w            s\n");
for (i = 0; i < N_TEST; i++)
  {
    T = test_vec[i].T;
    printf ("%4.0f ", T);
    rho = test_vec[i].rho;
    printf ("%.6e ", rho);
    y = pressure (T, rho);
    printf ("%.8e ", y);
    if (i != 0) /* Table gives only 5 decimals */
       check_test(test_vec[i].p, y);
    y = cv (T, rho);
    printf ("%.8e ", y);
    check_test(test_vec[i].cv, y);
    y = sound (T, rho);
    printf ("%.8e ", y);
    check_test(test_vec[i].w, y);
    y = entropy (T,  rho);
    printf ("%.8e ", y);
    check_test(test_vec[i].s, y);
    printf ("\n");
  }
/* Table 8 and the program disagree in two computations.  The
   tabulated p_sigma at T=275 is 6.98451167e-04.  The program
   gives agreement for the gas pressure, but for the liquid, the
   density is not tabulated to a high enough precision to
   reproduce p_sigma.
   Thus a change of 1 in the ninth decimal of the density yields
   pressures differing in the third decimal:
     liquid pressure at T=275, density 9.99887406e+02 =
     6.98212475e-04
     liquid pressure at T=275, density 9.99887407e+02 =
```

```
    7.00204064e-04
   Similarly for the enthalpy, the computed values for a change
   of 1 in the ninth decimal bracket the tabulated value of
   enthalpy, 7.75972200e+00:
    enthalpy at  T=275, density 9.99887406e+02 = 7.75972154e+00
    enthalpy at  T=275, density 9.99887407e+02 = 7.75972355e+00
   More precise density solutions for liquid pressure and
   enthalpy are not identical, however, so the discrepancy is
   not entirely explained by rounding error in the tabulations.  */
printf ("\nComputing Table 8.\n");
T = 275.;
rho = 0.550664919e-2;
y = pressure (T, rho);
printf ("vapor pressure at  T=%3.0f, density %.8e = %.8e\n", T,
        rho, y);
y = enthalpy (T, rho);
printf ("enthalpy at  T=%3.0f, density %.8e = %.8e\n", T, rho, y);
y = entropy (T, rho);
printf ("entropy at  T=%3.0f, density %.8e = %.8e\n", T, rho, y);
T = 275.;
/* rho = 0.999887406e3; */
rho = 0.99988740611985e3;
p = pressure (T, rho);
printf ("liquid pressure at T=%3.0f, density %.13e = %.8e\n", T,
        rho, p);
/* rho = 0.999887406e3; */
rho = 0.99988740623e3;
y = enthalpy (T, rho);
printf ("enthalpy at  T=%3.0f, density %.10e = %.8e\n", T, rho, y);
rho = 0.999887406e3;
y = entropy (T, rho);
printf ("entropy at  T=%3.0f, density %.8e = %.8e\n", T, rho, y);
T = 450.;
rho = 0.481200360e1;
y = pressure (T, rho);
printf ("vapor pressure at  T=%3.0f, density %.8e = %.8e\n", T,
        rho, y);
T = 450.;
rho = 0.890341250e3;
p = pressure (T, rho);
printf ("liquid pressure at T=%3.0f, density %.8e = %.8e\n", T,
        rho, p);
T = 450.;
```

```
rho = 0.481200360e1;
y = enthalpy (T, rho);
printf ("enthalpy at  T=%3.0f, density %.8e = %.8e\n", T, rho, y);
T = 450.;
rho = 0.890341250e3;
y = enthalpy (T, rho);
printf ("enthalpy at  T=%3.0f, density %.8e = %.8e\n", T, rho, y);
T = 625.;
rho = 0.118290280e3;
y = pressure (T, rho);
printf ("vapor pressure at  T=%3.0f, density %.8e = %.8e\n", T,
        rho, y);
T = 625.;
rho = 0.567090385e3;
p = pressure (T, rho);
printf ("liquid pressure at T=%3.0f, density %.8e = %.8e\n", T,
        rho, p);
T = 625.;
rho = 0.118290280e3;
y = enthalpy (T, rho);
printf ("enthalpy at  T=%3.0f, density %.8e = %.8e\n", T, rho, y);
T = 625.;
rho = 0.567090385e3;
y = enthalpy (T, rho);
printf ("enthalpy at  T=%3.0f, density %.8e = %.8e\n", T, rho, y);
T = 647.096;
rho = 332.0;
p = pressure (T, rho);
printf ("critical pressure at T=%3.0f, density %.8e = %.8e\n",
        T, rho, p);
/* Triple point pressure = 0.000611657 MPa  */
/* Normal pressure = 0.101325 MPa */
T = 273.16;
rho = 891.9426578193017; /* solid */
p = pressure (T, rho);
printf (" solid pressure at T=%6.2f, density %.15e = %.8e\n", T,
        rho, p);
rho = 999.792520032755; /* liquid */
p = pressure (T, rho);
printf ("liquid pressure at T=%6.2f, density %.14e = %.8e\n", T,
        rho, p);
rho = 4.854593429e-3; /* gas */
p = pressure (T, rho);
```

```
  printf ("   gas pressure at T=%6.2f, density %.9e = %.8e\n", T,
          rho, p);
}
/* Melting curve
 *
 * IAPWS, 1993:
 * Release on the Pressure along the Melting and the Sublimation
 * Curves of Ordinary Water Substance
 * Unrestricted publication allowed in all countries.
 * Issued by the International Association for the Properties of
 * Water and Steam
 */
double
melting_pressure (double T)
{
  double t, p;
  if (T < 251.165)
    {
      printf ("melting_pressure: T < 251.165 K limit of
              validity.\n");
      return 0.0;
    }
  /* Melting pressure of ice I */
  if ((T >= 251.165) && (T <= 273.16))
    {
      t = T / 273.16;
      p = 1.0 - 0.626000e6 * (1.0 - t*t*t)
        + 0.197135e6 * (1.0 - pow(t, 21.2));
      return p * 0.000611657;
    }
#if 1
  if (T > 273.16)
    {
      printf ("melting_pressure: T > 273.16 K limit of
              validity.\n");
      return 0.0;
    }
#else
  /* High pressure region, 209.9 M Pa and up */
  /* Melting pressure of ice III */
  if ((T >= 251.165) && (T < 256.164))
    {
      t = T / 251.165
```

```
      p = 1.0 - 0.295252 * (1.0 - pow(t, 60.);
      return p * 209.9;
    }
  /* Melting pressure of ice V */
  if ((T >= 256.164) && (T < 273.31))
    {
      t = T / 256.164;
      p = 1.0 - 1.18721 * (1.0 - pow(t, 8.));
      return p * 350.1;
    }
  /* Melting pressure of ice VI */
  if ((T >= 273.31) && (T < 355.))
    {
      t = T / 273.31;
      p = 1.0 - 1.07476 * (1.0 - pow(t, 4.6));
      return p * 632.4;
    }
  /* Melting pressure of ice VII */
  if ((T >= 355.) && (T < 715.))
    {
      t = T / 355.;
      p = 0.173683e1 * (1.0 - 1.0/t)
      - 0.544606e-1 * (1.0 - pow(t, 5.0))
      + 0.806106e-7 * (1.0 - pow(t, 22.0));
      p = 2216. * exp (p);
      return p;
    }
  if (T > 715.)
    {
      printf ("melting_pressure: Temperature exceeds 715 K.\n");
      return 0.0;
    }
#endif
}
/* Saturation vapor pressure.
 *
 * Formula from IAPWS 1992:
 * "Revised Supplementary Release on Saturation Properties
 * of Ordinary Water Substance
 * Unrestricted publication allowed in all countries.
 * Issued by the International Association for the Properties of
 * Water and Steam"
 *
```

```
 *                       6
 *                       -       k_i
 * ln (p / p )  = tau    >  F    t
 *      s   c            -   k_i
 *                      i=1
 *
 * t = (T_c - T) / T_c
 *
 * p  = critical pressure
 *  c
 *
 * T  = critical temparature
 *  c
 *
 * T = temperature, degrees Kelvin
 *
 * tau = T_c/T, T = Kelvin temperature
 *
 */
/* Critical point pressure, M Pa  */
#define PC 22.064
double
psat (double T)
{
  double t, th, t2, t3, t4, p;
  /* Domain checks */
  if ((T >= 190.) && (T <= 273.16))
    {
      printf ("psat: T in sublimation range.\n");
      goto ice_sub;
    }
  if (T < 190.)
    {
      printf ("psat: T lower than valid function range.\n");
      return 0.0;
    }
  if (T > T_c)
    {
      printf ("psat: Temperature exceeds T_c.\n");
      return 0.0;
    }
  t = (T_c - T) / T_c;
  th = sqrt (t);
```

```
  t2 = t * t;
  t3 = t2 * t;
  t4 = t2 * t2;
  p = (1.80122502 * t3 * th - 15.9618719) * t4
    + (22.6807411 * th - 11.7866497) * t3
    + (1.84408259 * th - 7.85951783) * t;
  p = PC * exp (p * T_c / T );
  return p; /* Mega Pascals */
  /* Sublimation pressure */
ice_sub:
  t = T / 273.16;
  th = sqrt (t);
  t3 = t * th;
  t4 = t * sqrt (th);
  p = -13.9281690 * (t3 - 1.0) / t3
    + 34.7078238 * (t4 - 1.0) / t4;
  p = 0.000611657 * exp (p);
  return p;
}
/* Iterate to find density as a function of pressure and
   temperature.  */
double
density (double p0, double T, int vapor)
{
  double lr, r, hr, lp, p, hp, z;
  int iter;
  /* Boyle's law approximation for the vapor phase.  */
  if (vapor)
    {
      r = 220. * p0 / T;
      p = pressure (T, r);
      z = 0.707;
    }
  else
    {
      r = 999.79;            /* kg / m^3 */
      p = pressure (T, r);
      z = 0.99;
    }
  /* Bracket the solution. */
  iter = 0;
  if (p > p0)
    {
```

```
      hp = p;
      hr = r;
      while (p > p0)
        {
          r = z * r;
          z = z * z;
          p = pressure (T, r);
          if (++iter > 10)
            {
              printf ("iter > 10");
              return -1;
            }
        }
      lp = p;
      lr = r;
    }
  else
    {
      lp = p;
      lr = r;
      z = 1.0 / z;
      while (p < p0)
        {
          r = z * r;
          z = z * z;
          p = pressure (T, r);
          if (++iter > 10)
            {
              printf ("iter > 10");
              return -1;
            }
        }
      hp = p;
      hr = r;
    }
  /*  printf ("bracket %d, ", iter); */
  do
    {
      /* New guess.  */
      z = (p0 - lp) / (hp - lp);
      if (z < 0.1)
        z = 0.3;
      if (z > 0.9)
```

```
      z = 0.7;
    r = lr + z * (hr - lr);
    p = pressure (T, r);
    if (p > p0)
      {
        hp = p;
        hr = r;
      }
    else
      {
        lp = p;
        lr = r;
      }
    z = (hp - lp) / p0;
    if (++iter > 40)
      {
        printf ("density: iterations > 40\n");
        break;
      }
  }
  while (z > 1.0e-9);
#if DEBUG
  printf ("iter = %d\n", iter);
#endif
  return (r);
}
/* Interactive test program.  */
int
main ()
{
  double T, rho, p, u, s, v, h, ps, pm;
  int vapor, input_pressure, tables;
  printf ("\nEnter 1 to compute and print tabulated IAPWS
         values\n");
  printf ("or 0 to begin interactive program.  ? \n");
  scanf ("%d", &tables);
  if (tables == 1)
    {
      print_tables ();
      exit (0);
    }
  printf ("\nSteam tables according to IAPWS, 1995.\n");
  printf ("  p: Pressure in mega pascals.\n");
```

```
  printf ("  v: Specific volume, cubic meters per kilogram.\n");
  printf ("  r: Density, kilograms per cubic meter.\n");
  printf ("  u: Specific internal energy, kilojoules per
        kilogram.\n");
  printf ("  h: Specific enthalpy, kilojoules per kilogram.\n");
  printf ("  s: Specific entropy, kilojoules per kilogram degree
        Kelvin.\n");
  printf ("  psat: Saturation pressure, mega pascals.\n");
  printf ("\nEnter 1 for vapor, 0 for liquid phase ? \n");
  scanf ("%d", &vapor);
  printf ("\nEnter 1 to input the pressure, 0 to input density ?
        \n");
  scanf ("%d", &input_pressure);
loop:
  printf ("Temperature (deg K) ? ");
  scanf ("%lf", &T);
  if (input_pressure == 0)
    {
      /* Input is density.  */
      printf ("Density (kilograms per cubic meters) ? ");
      scanf ("%lf", &rho);
      p = pressure (T, rho);
      printf ("p = %.9g\n", p);
    }
  else
    {
      /* Input is pressure.  */
      printf ("Pressure (MPa) ? ");
      scanf ("%lf", &p);
    }
  /* Domain checks.  */
  if (vapor && ((T < 190) || (T > 1588) || (p < 0) || (p > 103.4)))
    {
      printf ("Limits are T <= 1588 deg K, p < 1034 bar.\n");
      goto loop;
    }
  if ((vapor == 0) && ((T < 190) || (T > 650) || (p < 0) || (p >
      137.8)))
    {
      printf ("Limits are T <= 650 deg K, p < 1378 bar.\n");
      goto loop;
    }
  if (input_pressure == 1)
```

```
    rho = density (p, T, vapor);
  u = internal_energy (T, rho);
  h = enthalpy (T, rho);
  s = entropy (T, rho);
  printf ("r %.9g\n", rho);
  printf ("u %.9g\n", u);
  printf ("h %.9g\n", h);
  printf ("s %.9g\n", s);
  ps = psat (T);
  printf ("psat = %.9g\n", ps);
  if (vapor && (p > ps))
    printf ("Pressure of vapor exceeds saturation pressure.\n");
  if ((vapor == 0) && (p < ps))
    printf ("Pressure of liquid is less than saturation
             pressure.\n");
 if ((T >= 251.165) && (T <= 273.16))
   {
    pm = melting_pressure (T);
    printf ("melting pressure = %.9g\n", pm);
   }
  goto loop;
}
```

부록 H

Antoine 방정식 상수

Antoine 방정식: $\log p^{*}(bar) = A - \dfrac{B}{T(K) + C}$.

주의: 주어진 온도범위에 적합한 상수들을 선택한다.

특정물질들에 대한 Antoine 방정식 상수

물질	온도범위(K)	A	B	C
아세트알데히드	293.3~377.4	3.68639	822.894	-69.899
	272.9~307.5	5.1883	1637.083	22.317
아세트산	290.26~391.01	4.68206	1642.54	-39.764
아세톤	259.16~507.60	4.42448	1312.253	-32.445
암모니아	164.0~239.5	3.18757	506.713	-80.78
	239.5~371.4	4.86886	1113.928	-10.409
벤젠	287.70~354.07	4.01814	1203.835	-53.226
	333.4~373.4	4.72583	1660.652	-1.461
	421.56~554.7	4.60362	1701.073	20.806
염소	155.0~239.3	3.0213	530.591	-64.639
	239.3~400.2	4.28814	969.992	-12.791
에탄올	364.8~513.91	4.92531	1432.526	-61.819
	292.77~366.63	5.24677	1598.673	-46.424
	273.0~351.70	5.37229	1670.409	-40.191

포름산	273.6~307.3	2.00121	515.000	-139.408
n-헵탄	185.29~295.60	4.81803	1635.409	-27.338
	299.07~372.43	4.02832	1268.636	-56.199
메탄올	353.4~512.63	5.15853	1569.613	-34.846
	288.0~356.83	5.20409	1581.341	-33.500
	353.0~483.0	5.31301	1676.569	-21.728
n-펜탄	268.7~341.37	3.9892	1070.617	-40.454
스티렌	305.5~355.34	4.0593	1459.909	-59.551
	303.07~417.92	4.21948	1525.059	-56.379
톨루엔	273.13~297.89	4.23679	1426.448	-45.957
	303.0~343.0	4.08245	1346.382	-53.508
	420.0~580.0	4.54436	1738.123	0.394
물	273.0~303.0	5.40221	1838.675	-31.737
	304.0~333.0	5.20389	1733.926	-39.485
	334.0~363.0	5.0768	1659.793	-45.854
	344.0~373.0	5.08354	1663.125	-45.622
	379.0~573.0	3.55959	643.748	-198.043

부록 I

학생의 T-분산표

t-분산의 유효값 $t_v(\alpha)$ $[|t| > t_v(\alpha)] = \alpha$

d.f.(v)	확률(유효성 수준)					
	0.50	**0.10**	**0.05**	**0.02**	**0.01**	**0.001**
1	1.00	6.31	12.71	31.82	63.66	636.62
2	0.82	0.92	4.30	6.97	6.93	31.60
3	0.77	2.32	3.18	4.54	5.84	12.94
4	0.74	2.13	2.78	3.75	4.60	8.61
5	0.73	2.02	2.57	3.37	4.03	6.86
6	0.72	1.94	2.45	3.14	3.71	5.96
7	0.71	1.90	2.37	3.00	3.50	5.41
8	0.71	1.80	2.31	2.90	3.36	5.04
9	0.70	1.83	2.26	2.82	3.25	4.78
10	0.70	1.81	2.23	2.76	3.17	4.59
11	0.70	1.80	2.20	2.72	3.11	4.44
12	0.70	1.78	2.18	2.68	3.06	4.32
13	0.69	1.77	2.16	2.65	3.01	4.22
14	0.69	1.76	2.15	2.62	2.98	4.14
15	0.69	1.75	2.13	2.60	2.95	4.07
16	0.69	1.75	2.12	2.58	2.92	4.02
17	0.69	1.74	2.11	2.57	2.90	3.97
18	0.69	1.73	2.10	2.55	2.88	3.92
19	0.69	1.73	2.09	2.54	2.86	3.88
20	0.69	1.73	2.09	2.53	2.85	3.85
21	0.69	1.72	2.08	2.52	2.83	3.83

22	0.69	1.72	2.07	2.51	2.82	3.79
23	0.69	1.71	2.07	2.50	2.81	3.77
24	0.69	1.71	2.06	2.49	2.80	3.75
25	0.68	1.71	2.06	2.49	2.79	3.73
26	0.68	1.71	2.06	2.48	2.78	3.71
27	0.68	1.70	2.05	2.47	2.77	3.69
28	0.68	1.70	2.05	2.47	2.76	3.67
29	0.68	1.70	2.05	2.46	2.76	3.66
30	0.68	1.70	2.04	2.46	2.75	3.65
∞	0.67	1.65	1.96	2.33	2.58	3.29

출처: Goyal, M. and Watkins, C. *Computer-Based Numerical and Statistical Techniques*, Infinity Science Press, 2007.

부록 J

참고문헌

Black, Ken (2001). *Business Statistics: Contemporary Decision Making*, 3rd ed. Singapore: Thomson Learning Asia.

Bluman, Allan G. (2004). *Elementary Statistics: A Step by Step Approach*. 5th ed. New York: McGraw-Hill.

Chapman, Stephen J. (2004). *MATLAB Programming for Engineers*. 3rd ed. Canada: Nelson.

Chapra, Steven C. and Canale, Raymond P. (2006). *Numerical Methods for Engineers*. 5th ed. Singapore: McGraw-Hill International.

Crockett, William E. (1986). *Chemical Engineering: A Review for the P.E. Exam*. New York: John Wiley and Sons.

Dean, John A. (1999). *Lange's Handbook of Chemistry*. 15th ed. New York: McGraw-Hill Inc.

Deitel, H.M. and Deitel, P.J. (2002). *C How to Program*. 3rd ed. Singapore: Pearson Education South Asia.

Edgar, Thomas F., Himmelblau, David M. and Lasdon, Leon S. (2001). *Optimization of Chemical Processes*, 2nd ed., McGraw-Hill International.

Epperson, James F. (2002). *Introduction to Numerical Methods and Analysis*. New York: John Wiley and Sons.

Etter, Dolores M., Kuncicky, David C. and Hull, Doug (2002). *Introduction to MATLAB 6*, New Jersey: Prentice Hall.

Fausett, Laurence V. (2003). *Numerical Methods Algorithm and Applications*. Singapore: Prentice-Hall International.

Foust, A. S., Wenzel L. A., Clump, C.W., Maus, L. and Anderson L. B. (1980). *Principles of Unit Operations*. New York: John Wiley and Sons.

Gander, W. and Gautschi W. (1998). *Adaptive Quadrature – Revisited*. Zurich.

Geankoplis, Christie J. (2005). *Principles of Transport Process and Separation Processes*. 4th ed. Singapore: Pearson Education South Asia.

Hanselman, Duane and Littlefield, Bruce. (2002). *Mastering MATLAB 6*. New Jersey: Prentice Hall.

Hillier, Frederick S. and Lieberman, Gerald J. (2005). *Introduction to Operations Research*. 8th ed. Singapore: McGraw-Hill International.

Himmelblau, David M. and Riggs, James B. (2004). *Principles of Chemical Engineering*. 7th ed. Singapore: Prentice-Hall International.

IAPWS (The International Association for the Properties of Water and Steam) September 1996. Released on the IAPWS Formulation 1995 for the Thermodynamic Properties of Water and Steam, Fredericia, Denmark.

Linstrom, P.J. and Mallard, W.G., Eds. *NIST Chemistry Web Book, NIST Standard Reference Database Number 69*. June 2005. National Institute of Standards and Technology, Gaithersburg MD, 20899. http://webbook.nist.gov

Jamsa, Kris (2002). *Jamsa's C/C++/C# Programmers' Bible*. 2nd ed. Singapore: Thomas Learning Asia.

Jensen, M.E., R.D. Burman, and R.G. Allen (ed.).(1990). *Evapotranspiration and irrigation water requirements*. ASCE Manual 70.

Kent, Jeff(2005). *C++ Demystified*. Philippines: McGraw-Hill International.

Kyle, B.G. (1999). *Chemical and Process Thermodynamics*. 3rd ed. Singapore: Prentice-Hall International Edition.

Levenspiel, Octave (2001). *Chemical Reaction Engineering*. 3rd ed. New York: John Wiley and Sons.

McCabe, Warren L., Smith, Julian C. and Harriott, Peter (2006). *Unit Operations of Chemical Engineering*. 7th ed. Singapore: McGraw-Hill International.

Palm, William J. (2001). *Introduction to MATLAB 6 for Engineers*. New York: McGraw-Hill Book.

Pepito, Copernicus P. (2006). *Introduction to Turbo C Programming*. Philippines: National Book Store.

Perry, Robert H. and Green, D. (1997). *Perry's Chemical Engineers' Handbook*. 7th ed. New York: McGraw-Hill.

Peters, Max S., Timmerhaus, Klaus D. and West, Ronald E. (2004). *Plant Design and Economics for Chemical Engineers*. 7th ed. Singapore: McGraw-Hill International.

Riggs, James B. (1998). *An Introduction to Numerical Methods for Chemical Engineering*. Texas: Texas Tech University Press.

Schildt, Herbert(2000). *Programmer's Reference C/C++*. 2nd ed. New York: McGraw-Hill.

Smith J.M. and Van Ness, H.C. (2005). *Introduction to Chemical Engineering Thermodynamics*. 7th ed. New York: McGraw-Hill.

Speight, James G. (2003). *Perry's Standard Tables and Formulas for Chemical Engineers*. New York: McGraw-Hill.

Spiegel, Murray R., Schiller, John and Srinivasan, R. Alu (2001). *Probability and Statistics Schaum's Easy Outlines Series*. New York: McGraw-Hill.

Spiegel, Murray R. (2000). *Statistic Schaum's Easy Outlines Series*, New York: McGraw-Hill.

Winnick, Jack. (1997). *Chemical Engineering Thermodynamics*. New York: John Wiley and Sons.

찾아보기

역자약력 • 여 영 구

1972년: 서울대학교 화학공학과(공학사)
1982년: 서울대학교 화학공학과(공학석사)
1986년: AUBURN대학교 화학공학과(공학박사)
1993년: KIST 책임연구원
현 재: 한양대학교 화학공학과 교수
주요저서: 화학공학열역학(아진출판사)
MATLAB® 공정제어(아진출판사)
Moler의 MATLAB® 수치해석학(아진출판사)
필터링 MATLAB® 이미지 처리(아진출판사)
MATLAB® 금융분석(아진출판사)
MATLAB® 프로그래밍 응용(아진출판사)
MATLAB® 미적분학(아진출판사)
MATLAB® 미분방정식(아진출판사)
MATLAB® 고급 GUI 개발(아진출판사)
MATLAB® 유한요소 입문(아진출판사)

화공전산
C, C++, MATLAB 응용

A-JIN

지은이와 협의 인지 생략

인 쇄 : 2008년 9월 5일
발 행 : 2008년 9월 10일
역 자 : 여 영 구
발 행 처 : 도서출판 아진
135-010
서울시 강남구 논현동 148-9
한미빌딩 201호
TEL:02-737-0663 FAX:02-737 0004
Homepage:ajin.to
E-mail:kgb@ajin.to
발 행 인 : 김 근 배
등록번호 : 제300-1995-56호
I S B N : 978-89-5761-261-3 93570

가격 22,000원
(CD 포함)